本书为2021年度浙江省哲学社会科学规划课题一般课题"中国语言哲学之'兴思维'研究"（项目批准号：21NDJC184YB）最终成果。

2018年度国家哲学社会科学基金重大项目"中国语言哲学史（多卷本）"（项目批准号：18ZDA019）阶段性成果。

兴思维

一种汉语哲学路径的阐明

李志春 著

目 录

导 论 1

释 义 篇

引 言 15

第一章 "兴"之古义要疏：通向本源之思 16
  第一节 先秦"兴"义 16
  第二节 汉代"兴"义 37
  第三节 魏晋"兴"义 46
  第四节 唐代"兴"义 61
  第五节 宋代"兴"义 64
  第六节 元明清"兴"义 85

第二章 近现代"兴"义要疏："迂回"他者的旅行与反思 ... 96
  第一节 西方译介、文论中的"兴"概念 98
  第二节 对西方译介、文论之"兴"的反思 108
  第三节 近代中国的"兴"概念释义与反思 114

结语 通向本源的"迂回"之旅 145

结 构 篇

引　言 …………………………………………………… 151

第三章　"兴"之生成的直感结构：价值视域中现象学意向性的直接性 …………………………………………… 153
第一节　"现量"与"兴" ……………………………… 153
第二节　胡塞尔现象学意向性的直接性 …………… 160
第三节　价值而非认知："兴思维"与现象学意向性的区别 ……………………………………………… 168

第四章　"兴"之生成的过程结构：生命时、境中的价值生成 ………………………………………………… 172
第一节　生命展开的时间及其发生结构 …………… 172
第二节　生命境域的意义空间与具身结构 ………… 180

第五章　"兴"之生成的情感结构：内在而整体的情动 …… 201
第一节　"即生言性"传统与《性自命出》中的情感 …… 202
第二节　当代理论视域中的性情之向与道德之所 …… 211
第三节　内在而整体的情动：对自然情感与道德情感之执的反思 ……………………………………… 218
第四节　余论 …………………………………………… 223

第六章 想象力的两层构造:"比"、"兴"关系的千年疑难 225
第一节 "比"、"兴"关系的千年迷思 225
第二节 想象力的两层构造,内时间意识与生命之时的纯意生发 233
第三节 内隐记忆对生产性想象力的确证 238
第四节 "比"、"兴"之别及其内在关系 241

结语 "兴"即本体:生命时境中的意义生成 244

描 述 篇

引 言 251

第七章 "兴"之韵:"由音见义"的意义生成机制及其本体论向度 253
第一节 声音中的自指性与意义生成 255
第二节 中国语言思想中的自指、声音与意义生成的本体论向度 259
第三节 诗语言中的"由音见义"及其本体论向度 264
第四节 声训中的声音复沓及其意义生成的本体论向度 273
第五节 孔子正名思想中的声训及与"兴"之关系 279

第八章 "兴"之象:出入于"象",本之以"兴" 298
第一节 "兴象"的提出与"兴"之价值自律性的确立 298

第二节　由"象"入"兴"：释"象"的"非—定思"性 ……… 305
　　第三节　"兴象"的"非—定思"特质 ………………………… 315

第九章　"兴"之绘："寄兴于笔墨"何以可能 ……………… 326
　　第一节　价值直感 …………………………………………… 327
　　第二节　内源性真理 ………………………………………… 331
　　第三节　作为生命中介的活的身体 ………………………… 338
　　第四节　"寄兴"何以可能的过程性描述 …………………… 344

结语　"兴"的生成：中国人的思与在 …………………… 364

参考文献 ………………………………………………………… 370

后　记 …………………………………………………………… 391

导　论

思维、语言与存在方式间具有同构性,从语言叙述的独特性入手可以了解一个民族的精神旨趣。洪堡特(Wilhelm von Humboldt)认为一个民族的生活环境、宗教、社会建制一定程度上可以和这个民族脱离开来,但是有一样东西是这个民族无论如何不能舍弃的,那就是它的语言,民族的特性在其语言中完整的铸刻下来。他说诗歌和散文"它们不仅极其突出地汇集了民族性与语言相互影响的全部细节,而且显示出一种整体的强烈影响,以致个别、具体的概念会失去其意义"①。之所以个别、具体的概念会失去意义,是因为语言不是人的工具,反而人是语言的工具——混沌世界包含无穷可能,语言的澄明对混沌世界来说产生了"别异",而对某物的别异就意味着对其他差异的视而不见。这种命名上的"别异",也是思维方式、存在方式上的"别异"。萨丕尔(Edward Sapir)指出:"不同的社会所生活于其中的世界是不同的世界,不只是贴上不同的标签的同一个世界……我们确实可以看到、听到和体验到许许多多的东西,但这是因为我们这个社团的语言习惯预先给了我们解释世界的一些选择。"②正如"river"与"stream"在英语世界中按河流的宽窄来区分,但在法语世界中,"fleuve"与"rivière"的区别在于它们是否流入大海。

对于中国的思想文化来说,从带有显著民族特色的语言、思维入手,不少中外学者已有研究。如葛兰言(A. C. Graham)、李约瑟(Joseph Needham)、安乐哲(Roger T. Ames)等人对中国"关联性思维"的关注;梁漱溟看到意欲之不同对生活样法的影响;张东荪从中西语言差异洞见中西思维之不同;贺麟指出朱、陆两派的直

---

① [德]威廉·冯·洪堡特:《论人类语言结构的差异及其对人类精神发展的影响》,姚小平译,商务印书馆1999年版,第224页。
② [美]萨丕尔:《关于语言、文化和个性的论文选》,瞿铁鹏译,载霍克斯:《结构主义和符号学》,上海译文出版社1997年版,第23页。

觉法与西方科学法的区别；牟宗三比较了中国"圆而神"与西方"方以智"之间的差异等等。这些研究各有所长，从宏观上把握了中国独特的思想文化，但讨论有待深化，进一步研究应在具体中找到显著具有中国特色的语言，把握其独特的思维、存在方式，并在本源性上作如何运思及意义如何生成的构成性分析与过程性描述。

一、"兴"之独特性的揭示

"兴"（赋、比、兴）语言在中国文化中独具特色。宇文所安（Stephen Owen）意识到"兴"处在西方隐喻理论之外，有前反思的特质(2003)；彭锋看到"兴"是中国人审美式的"生存状态"(2003)；叶嘉莹从文论中的"形象"(image)入手，发现西方文论中情意与"形象"间的关系只类似中国赋、比、兴三种表现手法中的"比"，而"兴"在西方没有相当的概念来表达(2004)；王树人提及中国人的"象思维"在"象之流动与转化"中进行，表现为诗意比兴(2007)；张祥龙用现象学方法展示了"兴"的纯意境生发与纯价值赋予(2009)……"兴"的独特性越发受到学者关注，近二十年来代表性著作有三：彭锋《诗可以兴——古代宗教、伦理、哲学与艺术的美学阐释》(2003)、李健《比兴思维研究——对中国古代一种艺术思维方式的美学考察》(2003,2019)、张节末《比兴美学》(2020)。

彭锋通过对"兴"之审美活动的阐释，揭示出中国人独特的审美理解，提供了与西方现代美学(存在论美学)内在相契(对话)的可能与理论支持。"兴"作为一种本质性的"存在状态"，彭锋从宗教、伦理、哲学三种对原初世界之领会的基本精神活动入手，考察"兴"在其中的基础作用。就此，彭锋以"兴"为把手，揭示出中国人的一种精神文化，及其在基本生活世界中的显现。虽然，彭锋触及了"兴"的本源性问题，但对本源性的分析不够，在揭示"兴"之"存在状态"后,需要进一步追问"兴"是如何生成的,"兴"之运思如何发生、运作,涉及哪些方面,中国人的"兴"之存在论结构、内容与海德格尔对存在的揭示有何异同,从中体现出中国人怎样的精神旨趣等等。

李健与彭锋类似,也注意到"兴"在审美存在论上的价值,将之表述为"整体性思维"("把认识对象作为一个整体,整一性地看待这一对象,而不是将对象肢解"①;"摒弃理智、语言、视觉带来的物累,而直取本真"②)。与彭锋注重横向研究关注"兴"与哪些领域有关不同,李健注重纵向研究,关注"兴"思维到底是怎么一回事。通过中西比较,李健发现"兴思维""是一种受某一(类)事物的启发或借助于某一(类)事物,综合运用联想、想象、象征、隐喻等手法,表现另一(类)事物的美的形象、展示其美的内涵的艺术思维方式"③。李健的思考路径很有价值,但在分类上,想象、直觉是思维活动,象征、隐喻是表现手法,意象是意向对象,它们分属不同范畴,把它们都看成思维方式不妥。

张节末的《比兴美学》从语言中见出"兴"是以"比类看"的思维方式,是一种古人世界观的逻辑表达("比兴似乎是古人在艺术创作中诸事物间偶然发生的勾连",其实"它在古代遵循着一整套规则而运作"④,这套遵循的语言规则,即"比类规则"),其在语言上表现为一种结撰勾连技术。张节末在语言逻辑形式的历史转变中看古人世界观的变化,在变化中梳理"比"、"兴"语言从产生到消亡的逻辑脉络,很好地体现了语言、思维与人存在方式间的同构关系。在这个意义上,张节末与彭锋、李健殊途同归。然而,彼此的

---

① 李健:《比兴思维研究》(修订版),商务印书馆2019年版,第15页。
② 同上书,第23页。
③ 同上书,第32页。
④ 张节末:《比兴美学》,浙江大学出版社2020年版,第1页。

逻辑前提大相径庭,张节末从"认识论"①出发,而彭锋、李健注重"存在论"。由于"认识论"的立场,张节末思考的是古人的认识方式"是什么"?而彭锋、李健站在"存在论"上讨论万物合一的基础存在及其怎样存在。两者的差别体现在语言上,张节末将语言当作一种逻辑表达以体现、传递属类逻辑关系。彭锋、李健则强调先有人与世界如此这般打交道,再有某种确定性的产生。上述差别,使张节末在起点处就将语言、思维、存在封进了"逻辑"的口袋,这一倒转令"比兴美学"终成"以比注兴"。

在"研究史"中,鲁洪生《赋比兴研究史》(2017)是目前国内外系统研究赋、比、兴研究史的首作。鲁洪生看到赋、比、兴在共时性上,可以划分为《诗经》经学、文学研究两个角度,而在《诗经》经学研究中又可以分为《周礼》"六诗"赋、比、兴本义,汉代经师对赋、比、兴的认识,以及作为《诗经》表现方法,三个方面,这是鲁洪生梳理的横向面。除了横向面,还有纵向面,鲁洪生沿着经学、文学两条发展脉络,考察赋、比、兴理论的发生发展,分作先秦、两汉、魏晋南北朝、隋唐、宋元明清,现当代六个时期。通过纵横两个方向的结合,令过去混为一谈的各类说法,可以按照其产生的时代、解说的目的、诠释的角度进行分类,并在此基础上思考它们的本义,产生的原因、意义,以及与它说的关系。经由对梳理总结的统握,鲁洪生注意到,从思维方式上看"中国传统思维在《诗经》的运用与创作中可称为比兴思维,在《周易》中称为象数思维,在《大学》中称为格物思维……赋比兴不仅是'诗学之正源,法度之准则',也是中国文化之正源,法度之准则"②。

---

① "《周易》的比兴,是比兴的源头。存在着大量运用比兴的情况。这是中国古人原始的比兴经验,是上古中国人非理性的比类世界观和认识论的产物。"张节末:《比兴美学》,浙江大学出版社2020年版,第7页。

② 鲁洪生:《赋比兴研究史》,人民文学出版社2017年版,第2—3页。

以上研究或是看到语言、思维与世界的内在关系,或是注意到"兴"的独特性及其映射出的中国思想文化的独特方面,但与揭示由"兴"而来的作为一种生活世界的思想特质还有相当的距离。造成这一遗憾的根本原因,在于缺少"汉语哲学"的视野。

二、"汉语哲学"作为一种视角与方法

2021年,孙向晨在《中国社会科学》发表《"汉语哲学"论纲:本源思想、论域与方法》一文,阐述今天中国哲学研究需要以"汉语哲学"面貌登场,通过"汉语世界"的思想资源和语言特质来直面人类广泛而共同的问题。① 论述中,孙向晨就如何展开"汉语哲学"研究作了说明:

在目的上,"'汉语哲学'……绝不仅是一种'汉语言哲学',并不采取一种语言决定论立场,而是意在揭示作为一种生活世界的'汉语世界'之思想特质,重视基于汉语思维特征的言说方式。"

在方法上,"'汉语哲学'强调以'迂回西方'的方式'反观'自身,强调中西思想之间的'本源性差异';深切反思'汉语世界'中涌现的'框架性理念'。"不将外部(西方)思维看作"普遍标准",而在比较中关注自身语言世界"如何存在"的问题,反思其在本源性、框架性上的特点,并予以勾勒。

在过程上,实现上述目的与方法,需要"迂回"的活动。其内在环节有三:"离开自己、深入他者、反观自身。"防止以"普遍性"的名义遮蔽各文明对于"自身"的理解,最终使我们对来自"他者"的思想有清晰的意识,对源自"自身"的传统有充分体认,为中西融合与创造性发展提供可能。

---

① 孙向晨:《"汉语哲学"论纲:本源思想、论域与方法》,载《中国社会科学》2021年第12期,第153—175页。

以具有显著中国特色的"兴"语言为对象，以前人研究成果为基础，以"汉语哲学"本源性研究为路径，有了本书的诞生。

本书分为"释义篇"、"结构篇"与"描述篇"。"释义篇"在简梳古今中外"兴"义的同时，揭示其语言存在论维度；"结构篇"从本源性层面揭示"兴"之生成的框架性构造；本源性揭示不能仅停留在品性罗列，还要看它对主流文化的影响，把握其在思想传统中的主导性与整体中的逻辑性，因此"描述篇"转入汉语语境，在中国文化的具体经验中，对由"兴"而来的作为一种生活世界的"汉语世界"之思想特质如何展开，作过程性描述。呈现逻辑契于孙向晨汉语哲学"迂回"阐释三环节。

三、"兴"语言的本源性特质

哲学研究始终以人为基本视野，推进人类对自身境况的理解，境况不是抽象的存在，它总在语言中存在，或以希腊拉丁语为载体，或以汉语为载体，因此我们应该设想一种不讲希腊语，而讲汉语的哲学。这不是简单的语言选择问题，语言中蕴藏文明的基因，语言会以一种前反思的方式把这种基因暗藏在我们的思想中。[①] 哲学源于人对自身境况的理解，而这样的哲思要存续下来，形成传统，需要内在的意义发生与保持机制，机制在活的技艺中开启、维持着哲人们的原发思想，好似游戏可以不断再来。语言便是活的技艺中最根本的思想游戏。

在古希腊，毕达哥拉斯发现了纯形式的本原之数，巴门尼德在古希腊语中找到系词"存在"(on)这样的类似"数"的绝对的纯形式前提，围绕屈折语的构成理解与活动展开，后来柏拉图的理念论、

---

① 详见 2023 年 9 月 23 日"当代中国哲学五人谈·第六季"("哪一个动词能动员所有哲学问题")孙向晨教授的发言。

亚里士多德实体观(亚氏将"on"的阴性分词"ousia"称为"实体")、"十范畴"(与词性、状态有关)等一系列哲思为人知晓、理解。无论赞同与否,后人都悄无声息地继承了其思想中"形式"感突出的方面,并化身在西方的文化传统中,在主流的唯理论、经验论、知识论中,呈现出概念化、范畴化、形式化、对象化等特点。

与屈折语不同,作为孤立语的汉语"从表面上看不具备任何语法,汉民族的精神才得以发展起一种能够明辨言语中的内在形式联系的敏锐意识"①。我们不在确定的纯形式中构意,在"Am"中理解第一人称单数,现在主动陈述,并在变化的"am"、"is"、"are"中把握现象背后不变的本质"be",而在意义发生的过程中,即在发生情境的原结构中理解意义及其何以是意义。这样的思想可以追溯到《周易》,而维持住此原发思想并形成传统,令一代代哪怕不懂《周易》的中国人依然能亲熟其中,这样的活的语言游戏,便是"兴"。

"兴"以缘在的物事为中介,呈现实在的生命活动与其所处世界内在而整体的意义关系,具有前反思、非概念化的特质,并在中国文化的具体经验中,以"整体性"(返身)、"内源性"(内生)、"过程性"(生成)的方式展开出来。

(一)"整体性"

《易》之原爻(阴、阳)不是可被对象化的物理对象,不是可被分析的二元之二,而是阴阳交合、互补对生的整体关系,成为引发情境赋意的发生结构。

在"兴"语言中,桃花、杨柳、日出、雨雪、黄鸟、草虫不是诗人分析的对象,枯藤、老树、昏鸦不是游子辨识的在场,不是通过它们的"累加"、"聚集",诗人的世界才被拼凑了出来。相反,它们首先就

---

① [德]洪堡特:《论人类语言结构的差异及其对人类精神发展的影响》,姚小平译,商务印书馆1997年版,第316页。

在诗人的生命世界中,是与诗人打成一片的生命自然的有机组成部分,这即是说它们参与在诗人生命活动所引起的全局性过程中,同时这个全局过程也把它们包含在内,使它们成为不可分离的部分,在此情境赋意的整体结构中,才有了桃花之"鲜"、杨柳之"貌"、出日之"容"、雨雪之"状"、黄鸟之"声"、草虫之"韵",有了"枯"、"老"、"昏"、"小"等意义的呈现。

(二)"内源性"

《易》邀请人进入变化、感受变化、理解变化,把人的领会与动态思维置于时间的冲势中,得"时中"的答案,而不朝向超时空的本体,固化为硬性的存在形式。

"兴"语言中,"起句"与"应句"始终包含心物之间的"互动",其中,意义的赋予与由物的触发而生成意义,是更深层的生命活动的一体两面。内在的"相似"不同于西方知觉表象的相似、抽象之"类"的相似,不走向确定的逻辑概念和完满的彼岸世界;它是世界深处的相似,物物在其所处的世界中内源一体而动态关联,这便是"内源性相似"。因此,不能用"隐喻"、"象征"、"联想"等富有形上本质与知性想象(经验性想象)的概念意涵来理解"兴"。

"内源性相似"意味着,"取类"事物就在"称名"之象的建立过程中内生,对其相似性的把握,即在事物生成活动的世界中理解事物。"象"之有形是"所成象者",但"所成象者"不是既成的器形,而是立象过程中的客形、痕迹,是卷入内源性相似的广义语言。因此,"兴"不是一种工具语言,它打破了概念的封闭性,成为体道过程与道体活动的实践与表达。人们"寄兴于笔墨,假道于山川"(《石涛画语录》),在纯情境赋意中,"随物以宛转"、"与心而徘徊"(《文心雕龙·物色》),周身充盈着力量,去生存充满了意义。

(三)"过程性"

《易》充满了流变,流变不是杂乱无章,有内在的尺度。卦与卦在"互体"、"旁通"、"往来"中,爻与爻在"承"、"乘"、"比"、"应"中辗转腾挪,于适当的时"几"出现适宜的含义。这般的勾连,不出于静态的孤立系统,而示见构意时、空中动态的生命关联,寓于其中,兴发之力油然而生。

在"兴"中,"因物触发"与相关主体已有的生命境域不分离,在同样之景(物、事)的引发下,具有不同观念世界的主体,生成不同的意义世界,有了各异的"兴发",肯定这一点,与肯定"兴"的时空性、过程性相联系。生命境域关乎生命生存展开的时间及其具身的意义空间:对于生命时间来说,过去、现在与未来相互依存,以活泼的、非定序化的溢出自身的方式赢得当前;对于与时谐行的具身空间而言,它不是与我们相对的客观图景、框架,而以活的身体为中介,在物我活动的耦合关系中理解彼此,并对耦合关系有切身的体验、自觉。以此为基础,在自己实在的生命活动及其所处世界之内,中国人建立起属于本民族一元的活的生命自然。

在活的生命自然中,没有哪个地方存在着生命的全部意蕴等着人去发现,生命的全部价值就在具体的生命中,通过具体的生命活动来呈现,对本体的理解只能在有限中通过对有限之超越的"非一定思"活动,赢得自身。"非一定思"意味着生命活动的在世内容不一致,自己就有显、隐结构,因此,符号、文化世界上的不一致,意识、思想上的不一致,不是人之有限带来的,而是生命活动的内在要求。

如此一来,以缘在为中介,"兴"的生成在内容上必然表现为定在的不一致,也就是语言、思维上的不一致,从而在"非一定思"的关系活动中赢得生命价值。从这个意义上说,"兴"即本体。

也正是在这里,"兴"语言作为最根本的思想游戏,开启并维持着本民族中哲人思想的原发性,成为中国思想文化的重要方面。

释义篇

引 言

"兴"自诞生起,主要以虚指的形式表现主体与生命自然交互时情感、精神向外、向上生发的意义活动。在"兴"之中,外部图景与内在情意交织,物事作用于人,引发人心的感触,以情意为直接的形式,表现为当下的精神感奋,并进一步通过诗等载体,形成一定的意义世界。这种载体反过来又可以引发新的意义感物,所谓"诗可以兴"。以上视域中"兴"的过程关乎广义的成己与成物,呈现出前反思、非概念化的特点,具有本体论(存在论)[①]的意味。

现实中,"兴"自诞生起的本体论意味没有很快被人揭示,衍生出一段精神活动史,出离自身,在深入并经由他者的历事活动中返回,现实化自己的价值自律性。期间,它寄居于经学,驻足在文学,做过用诗方法的婢女,当过"以比注兴"的替身,又在近代中西文明的历史性碰撞中被人"张冠李戴"。然而,也正是这些经历,使"兴"自身的价值意义丰满起来,令其在语言存在论维度上示现的思维、存在方式有了更高的自觉。

[①] 本体论问题经海德格尔有了从存在者向存在的转向,产生了不同于古典罗格斯中心主义的另一种架构。本书中"兴"的本体论意涵取对海德格尔思想的批判性继承,写为"本体论(存在论)",出于语义的连贯,后文有时写作本体论,但意涵不变。这种批判性继承,曾海龙说:"基于中国古典与海德格尔哲学的批判性继承,将超越的本体论消解,引入时间性因子建构一种基于有限性的非超越论的本体论。这种基于时间性的本体论乃是基于有限性的延续而成就无限性,并试图在文明与自然之间重新建立起连续统一的关系。"(曾海龙:《时间性与本体论的建构》,载《思想与文化》第三十一辑,华东师范大学出版社 2023 年版,第 179—197 页)

第一章 "兴"之古义要疏：
通向本源之思

理解事物是一个开放的过程，对事物特质的把握，需要在历史的长河中，经过种种事变才能有所体会，"兴"的理解便是如此。"兴"自诞生起，便主要表现主体与生命自然交互时的情意活动，人们在"兴"中扎根大地，与万物打成一片，歌咏中、舞动中，如此这般的"兴"天然地呈现出前反思、非概念化的特点，具有本体论（存在论）的意味。然而，现实中"兴"的这层意涵被人理解，经历了漫长的过程，其间"兴"化身他处，他处不是可有可无的偶然，而是经由它们，理解的"兴"路历程才能展开，作为中介，它们是通向"兴"的必然环节。

第一节 先秦"兴"义

"兴"字最初表示"起"、"共举"。先秦时期，经《周礼》、孔子，"兴"从"通名"走向"专名"，又因"兴"在孔子思想中居基础性地位，经后学发展，成为中国思想文化的重要方面。

一、作为通名的"兴"

甲骨文中"兴"的形状酷似众手托举，一般把它解释为"起"、"共举"[①]，围绕这个解释的来历主要有两种观点，一种观点认为

---

① 徐中舒编：《甲骨文字典》，四川辞书出版社1990年版，第254页。

"兴"是虚指,描绘人模拟性地举起某物,举物本身不重要,情感、精神的上升是关键,如陈世骧认为"兴"是"初民合群举物旋游时所发出的声音,带着神采飞逸的气氛"①。在祭祀、节庆活动中,举物行为也烘托、助力着祭祀者、舞者情绪、精神的向上超越;还有一种观点认为"兴"是实指,反映人在现实劳动中真实地举起某物,如杨树达认为:"物自起为起,内动字也。举物使起亦为起,外动字也。兴之训起,以字形核之,当为外动举物使起之义。"②

那么"共举"之"兴",究竟是虚指还是实指呢?哈佛燕京学社引得编撰处对"兴"在先秦文献中是"内动字"还是"外动字"的情况做了统计:③

"兴"在先秦文献中的使用情况

	纯内动字	次内动字	次外动字	纯外动字
《诗经》	9	3	2	
《周易》	4	1	1	
《论语》	7		3	
《春秋经传》	41	25	4	
《孟子》	12	1		
《墨子》	10	5	23	
《庄子》	6		5	
《荀子》	6	3	4	
总计(%)	95(53.7%)	40(22.6%)	42(23.7%)	

资料来源:哈佛燕京学社引得编撰处

---

① 陈世骧:《原兴:兼论中国文学特质》,载《陈世骧文存》,辽宁教育出版社1998年版,第155页。

② 杨树达:《积微居小学金石论丛》,载周发高编:《金文诂林》,香港中文大学出版社1974年版,第1479页。

③ 哈佛燕京学社引得编撰处,上海古籍出版社1986年影印版,转引自彭锋:《诗可以兴》,安徽教育出版社2003年版,第57页。

所谓"纯内动字"是指"兴"字后面不接宾语,如夙兴夜寐。"次内动字"指"兴"字后面接宾语,但宾语做施动方出现,如兴师动众。"次外动字"指"兴"字后面虽然出现宾语,但宾语不需要真实举起,如兴利除害。"纯外动字"指"兴"字后面的宾语既是被动方,又是真实共举的对象,如大兴土木。

统计上看,"兴"在先秦文献中大多作内动字使用("纯内动字"加"次内动字"76.3%),出现的42次"外动字"都是"次外动字","纯外动字"的情况为零。

可见,"兴"之"共举"以虚指为主。在现实场景中,真实地举起某物不是"兴"义的焦点,陈世骧结合商承祚"兴是群众合力举物时所发出的声音"与郭沫若"盘旋"之意,①指出"兴"保留有"升举的意味……但最重要的还是其中感情精神方面激动的现象,纯粹而且自然"②。"兴"不是人们刻意为之的结果,而是处身境地中生命情意自然而然地展开,"'兴'的呼喊……起初这呼喊可能都发乎欢情,合群的劳作渐化为联系的游乐,也可能都因为古老节庆场合里人们因肢体结合感受到一种愉悦才发出'兴'的呼喊。无论如何,快活的劳动和节庆的游戏是产生呼喊的原动力,这种呼喊带有节奏的因素,而且变化无穷,可以说是初民合群歌乐的基础"③。"兴就是来自'新鲜世界'……带着……自然节奏……兴是即时流露的,甚至包括筋肉和想像两方面的感觉。"④

"兴"扎根大地与万物打成一片,劳动、节庆、游戏是其发生的现实中介,"兴"不沉溺现实举起实质对象,人们生存展开时情意的

---

① 陈世骧:《原兴:兼论中国文学特质》,载《陈世骧文存》,辽宁教育出版社1998年版,第155页。

②③ 同上书,第158页。

④ 同上书,第165页。

自然流露是其自身的实现。在歌咏中、在舞动中,如此这般的"兴"天然地呈现出前反思、非概念化的特点,具有本体论(存在论)的意味。

二、作为专名的"兴"

"兴"自诞生起主以虚指表现情感、精神向外、向上生发的意义活动,具有前反思的本体论(存在论)意味,然而自从通名转为专名,"兴"便跃出自身开始了客体化旅行,"原始的歌呼转化润饰而成为诗艺技巧和风尚,产生各种不同的意思"[①],"咏唱于肃穆的宫廷和宗庙,以及其他各种社会仪礼……一直到毛公传诗的时代……演化出中国诗学理论的基础"[②]。"兴"的原初特质被人遗忘,至其返身现实化自身,已经千年后的事了。

"专名"之"兴"发端于《周礼》,经孔子成为中国思想文化的重要方面。

(一)《周礼》中的"兴"

把"兴"作为独立概念提出的现今最早文献是《周礼》,《周礼》中"兴"是"乐语"、"六诗"中的一员。

> 大司乐:……以乐德教国子,中、和、祗、庸、孝、友;以乐语教国子,兴、道、讽、诵、言、语;以乐舞教国子,舞《云门》、《大卷》、《大咸》、《大磬》、《大夏》、《大濩》、《大武》。以六律、六同、五声、八音、六舞、大合乐。以致鬼、神、示,以和邦国,以谐万民,以安宾客,以说远人,以作动物。
>
> ……

[①] 陈世骧:《原兴:兼论中国文学特质》,载《陈世骧文存》,辽宁教育出版社1998年版,第156页。

[②] 同上书,第159页。

> 大师：掌六律、六同，以合阴阳之声。阳声：黄钟、大蔟、姑洗、蕤宾、夷则、无射。阴声：大吕、应钟、南吕、函钟、小吕、夹钟。皆文之以五声：宫、商、角、徵、羽。皆播之以八音：金、石、土、革、丝、木、匏、竹。教六诗：曰风、曰赋、曰比、曰兴、曰雅、曰颂。以六德为之本，以六律为之音。（《周礼·春官·宗伯》）

第二段中"兴"属"乐教"是"六诗"之一。"六诗"是什么？今天没有定论，可以知道的是，"六德"是"六诗"之本，"六律"为"六诗"之音。所谓"六德"，从第一段引文看，指"中"、"和"、"祗"、"庸"、"孝"、"友"六种品德；所谓"六律"既可以指阴阳十二声（阳声六加阴声六），合称十二律，也可以指六阳律（阳声六），从第一段引文看，应该指六阳律，因为后面的"六同"，即六吕，指六阴律，那么六阳律加六阴律，"以合阴阳之声"。

"六诗"与后世"六义"不同，不能用"六义"解释"六诗"，那么"六诗"及"兴"如何理解？鲁洪生梳理了"古今对赋比兴本义的解说"："六诗皆体说"、"三体三用说"、"六诗皆用说"、"六种作用说"、"用诗方法说"、"教诗方法说"。[①] 李健在《比兴思维》第一章第一节、第三章第一节中也作了论述。综合来看，"六诗"是针对古代音乐提出的命题，之所以叫"诗"是因为那时候的"诗"是配乐而唱、配舞而动的[②]，今天只有文字的"诗"只是先秦"诗"的组成部分之一。因此可以说，"六诗"着眼于"诗"之组成部分中的音乐，"六诗"中"风"、"赋"、"比"、"兴"、"雅"、"颂"是与音乐传述有关的概念，它们是官方之"正音"，掌握在瞽矇手中，通过记诵、辨审、传授得以教

---

① 鲁洪生：《赋比兴研究史》，人民文学出版社2017年版，第10—12页。
② 《墨子·公孟》有："诵《诗三百》，弦《诗三百》，歌《诗三百》，舞《诗三百》。"

化、传播。

除了"六诗",《周礼》提出的"乐语"也有"兴",如何理解？也没有定论。李健在反思王昆吾研究的基础上,有个相对可信的说法。王昆吾认为,"乐语"、"六诗"都是音乐、语言的训练项目,只是训练对象不同,"乐语"的对象是国子,"六诗"的对象是瞽矇,之所以把"乐语"、"六诗"分列,"缘由应在于乐语的顺序反映了另一种声教的顺序,其教学目的在于正语"①。进而王昆吾认为"六诗"、"乐语"有相关性,可以互相参考。

乐语：兴、道、讽、诵、言、语。
六诗：风、赋、比、兴、雅、颂。

以国子为对象时,"诗"对他们的声教要求不同于瞽矇,需要的是"正语",于是"六诗"之声经他们之口以"讽"、"诵"等方式呈现。王昆吾说:"'风'和'讽'通假;'兴'是两者共有的节目;据刘向所言'不歌而诵谓之赋','赋'是对应于'诵'的。因此,六诗的含义应参考'乐语'来确定。"②而对瞽矇的音乐训练:"'六诗'之教有两项基本要求,一是合于音律,二是合于乐序。六诗的顺序是乐序的反映,其教学目的在于正音。风、赋、比、兴、雅、颂指的是六种传述诗的方式,具体地说,风指方音诵,赋是雅言诵,比是赓歌,兴是和歌,雅为乐歌,颂为舞歌。"③

李健反思王昆吾的研究后认为,依据"六诗"、"乐语"的适用对

---

① 王昆吾:《诗之义原始》,载王昆吾:《中国早期艺术与宗教》,东方出版中心1998年版,第221页。
② 同上书,第222页。
③ 同上书,第221—240页。

象不同且单列,两个"兴"的内涵肯定不同。如果相同,那么相同的项目为什么出现在两种观念中?"风"和"讽"通假,那么为什么"六诗"记载的是"风",而"乐语"记载的却是"讽"。如此,如果断定"六诗"中的"兴"是歌唱传述,那么"乐语"中的"兴"显然与语言问题有关,这从"兴"后"道"、"讽"、"诵"、"言"、"语"均指语言表达可以判断。①

因此就现有研究来看,只能说"六诗"之"兴"是音乐问题,与音乐传述有关,"乐语"之"兴"是语言问题,和语言传述有关。此外,《周礼·地官司徒·封人/均人》中提到"舞师掌教兵舞……凡小祭祀,则不兴舞","兴舞"不是起舞而是专名,《周礼·地官司徒·乡师/比长》中有:"退而以乡射之礼,五物询众庶:一曰和,二曰容,三曰主皮,四曰和容,五曰兴舞。"这也间接地说明,将"六诗"、"乐语"归于音乐、语言的合理性。

在音乐中、在舞蹈中、在语言中,从润饰为用"诗"技巧与礼仪风尚的不同意涵的"兴"中,我们能隐隐地想象它们原初浑一的天然情态。"在场者踏足上举而成舞……或可能仅仅是一片恍惚的呼喊……兴的呼喊……那'呼声'之后,总会有一人脱颖而出……把握当下的情绪,贯注他特具的才能,在群众游戏的高潮里……发出更明白可感的话语。如此,这个人回溯歌曲的题旨,流露出有节奏感有表情的章句……如此以发起一首歌诗,同时决定此一歌诗音乐方面乃至于情调方面的特殊形态。此即古代诗歌里的'兴'……这时兴的呼声可以想见已逐渐发展为灵感的章节,配合了群众集体的音乐和舞蹈,'领唱者'不断顺着原有的主题,不断扩大,发出更多恰当有关的言语。……从这个时期到《诗经》成篇,时代非常长久,也许连高度文明的周人都不容易想象其间的种种的

---

① 李健:《比兴思维研究》(修订版),商务印书馆2019年版,第75页。

变迁。"①

值得注意的是,之后郑玄在注解"六诗"、"乐语"时,混淆了音乐与语言的不同,用"乐语"解释了"六诗"。郑玄注"乐语"之"兴"说:"兴者以善物喻善事"。注"道":"道读曰导。导者,言古以剀今也。"注"讽"、"诵":"倍文曰讽。以声节之曰诵。"注"言"、"语":"发端曰言。答述曰语。"②且不论他用"六义"之"兴"解"乐语"之"兴"是否合适,单就他用"乐语"之"兴"解"六诗"之"兴",便有很大的疑问。

(二)《论语》及后学注疏中的"兴"

发轫于《周礼》的"兴"有特定的内涵,但没有那么重要,真正重视"兴",将它从"六诗"、"乐语"中拎出来,给予重要位置的人是孔子。自孔子后,"兴"不仅是儒学中的重要概念,它的意义影响溢出了儒学范畴,成为中国思想文化的重要组成部分。

根据杨伯峻的统计,"兴"在《论语》中共出现了9次③,分在以下七则中:

> 君子笃于亲,则民兴于仁,故旧不遗,则民不偷。(《泰伯》)
> 兴于《诗》,立于礼,成于乐。(《泰伯》)
> 名不正则言不顺,言不顺则事不成,事不成则礼乐不兴,礼乐不兴则刑罚不中,刑罚不中则民无所措手足。(《子路》)
> 定公问:"一言而可以兴邦,有诸?"孔子对曰:"言不可以若是其几也。人之言曰:'为君难,为臣不易。'如知为君之难

---

① 陈世骧:《原兴:兼论中国文学特质》,载《陈世骧文存》,辽宁教育出版社1998年版,第158—159页。
② 〔汉〕郑玄注,〔唐〕贾公彦疏:《周礼注疏》卷二十二,《十三经注疏》第7册,聚珍仿宋本,中华书局2020年版,第5页。
③ 杨伯峻注译:《论语译注》,中华书局2009年版,第299页。

也,不几乎一言而兴邦乎?"(《子路》)

在陈绝粮,从者病,莫能兴。(《卫灵公》)

小子何莫学夫《诗》?《诗》可以兴,可以观,可以群,可以怨。迩之事父,远之事君,多识于草兽鸟木之名。(《阳货》)

兴灭国,继绝世,举逸民,天下之民归心焉。(《尧曰》)

九处"兴"的基本意思都是"起",都不表示现实中举起重物。它们或发自人,如"民兴于仁"、"兴于诗"、"莫能兴"、"《诗》可以兴",或即使在以宾语的身份出现时,也不作为实在共举的对象,如"兴邦"、"兴国"。前者是人精神、思想上的生发,后者通过人的实践使对象旺达。

九处"兴"中,对后世产生重大影响的是其中的两处,一处是"兴于《诗》,立于礼,成于乐",一处是"《诗》可以兴,可以观,可以群,可以怨"。

先看"兴于《诗》"。

[集解]包曰:"兴,起也,言修身当先学《诗》也。"①

包咸认为"兴"是"起","起"是起于《诗》,作为修身的方法,应从学《诗》开始。学《诗》为什么助于修身?因为人能通过学《诗》领会《诗》中的意义,这个意义可以让人明心见性、变化气质,达到修身的目的。而包咸这里,似乎只是在说修身次序上的"开端义"。

[唐以前古注]皇《疏》引江熙云:览古人之志,可起发其

---

① 程树德撰,程俊英、蒋见元点校:《论语集释》,中华书局2013年版,第610页。

志也。①

同样把"兴"解释为"起",皇疏引江熙的话就体现出"兴"的"作用义"了。"览古人之志"是学《诗》,通过观览、体会《诗》中的古人之志可以启发自己的心志。

包、江之说侧重点不同。包说的重点在修身环节,江说的重点在《诗》的内容作用。之后《正义》的理解与包咸同,"此章记人立身成德之法也。兴,起也。言人修身当先起于《诗》也"②。

> [论语集注]兴,起也。《诗》本性情,有邪有正,其为言既易知,而吟咏之间,抑扬反覆,其感人又易人。故学者之初,所以兴起其好善恶恶之心而不能自已者,必如此而得之。③

朱熹的理解偏《诗》之作用义。作用对象是人的"好善恶恶之心",作用手段是人对《诗》的学习,学习的方式之一是反复吟咏。《诗》基于人的性情而作,邪正善恶都在其中,通过熟读吟咏,读者能够感同身受,导引出好善恶恶之心。

比较朱熹之说与江说,两人都取作用义,不同的是朱熹多了如何作用的讨论。有趣的是,在讨论"兴"如何作用时,朱熹采用"吟咏"的方法,"吟咏"既与语言,也与音乐(节奏)相关,这暗合了《周礼》中的"六诗"(音乐)与"乐语"(语言),虽然彼此的传述方式不同,但都认为音乐、语言的传述能对人的德性产生影响,在这一点

---

① ③ 程树德撰,程俊英、蒋见元点校:《论语集释》,中华书局 2013 年版,第 610 页。

② 〔三国魏〕何晏注,〔宋〕邢昺疏:《论语注疏·泰伯第八》,《十三经注疏》第 18 册,聚珍仿宋版,中华书局 2020 年版,第十二页。

上,它们是相通的。

《论语集注述要》:故知《论语》所谓学《诗》,所谓兴于《诗》,必除诸淫诗外指其正者而言。其诸淫诗,当如天子采录,备以知其美恶得失,非即以其宣淫之语,端人正士所不乐闻者,令诸学者朝夕讽诵,噪聒于先生长者之前也。其学《诗》而有所兴,乃《诗》之教孝者可以兴于孝,教贞者可以兴与贞,兴于善则恶不期远而自远,非必学淫诗始可以惩淫也。学淫诗而惩淫,学之成者或能之。初学知识初开,血气未定,导以淫诗,直如教猱升木,劝之云耳,何惩之有?《大学》之"上老老则民兴孝,上长长则民兴弟。一家仁,一国兴仁。一家让,一国兴让",皆言以此感者以此应,无有言以邪感以正应者。兴之为义,因感发力之大,沁入于不自知,奋起于不自已之谓,是惟诗歌为最宜,教者宜如何慎重选择。①

《论语集注述要》在朱熹作用义的基础上,进一步对"兴"如何作用作了说明,认为"兴"有"感发力大"(效果强烈)、"不自知"(非知性)、"不自已"(不可控)的特点。由于这些特点的存在,所以对学《诗》的内容,也就是起兴的内容有要求,对初学者来说,起兴的内容必须是"正者"、"正应"("必除诸淫诗外指其正者")。《述要》对起兴内容的要求,既是关于修身成德如何展开的问题,也反映了人们对"兴"之作用义的价值取向。

总体来说,"兴于《诗》"中的"兴"或与修身方法有关,或与解《诗》有关,前者属修身次第义,后者是《诗》之作用义,它们虽然不同,但在"用诗"的背景下,联系在起来。

---

① 程树德撰,程俊英、蒋见元点校:《论语集释》,中华书局2013年版,第611页。

再看"《诗》可以兴"。

> [集解]孔曰:"兴,引譬连类。"郑曰:"观风俗之盛衰。"孔曰:"群居相切磋。怨,刺上政。"①

孔安国认为"兴"是"隐譬连类",今人把"引譬连类"当"比喻"看,这是不对的。"引譬连类"中的"引"与"连类",和先秦"用诗"、"赋诗"的大环境有关,后面郑玄说的"观风俗之盛衰"也是如此,不能将它们简单地看作知性联想,在 A 物与 B 物间作物性特征上的抽象比类。在"用诗"的时代背景下,"引"、"连"之类与作者、作品、赋诗者、读者(听者)之间的视域融合有关,在此前提下,"赋诗断章,余取所求焉"(《左传·襄公二十八年》)而来的创见与听者对创见即时的意义领会连在一起②,类之意义在延续社会历史义(作为语境背景)的同时也是鲜活的。朱自清说:"春秋时赋诗引诗,是即景生情的;在彼此晤对的背景之下,尽管断章取义,还是亲切易晓。"③

孔安国的"隐譬连类",还需和郑玄注《周礼》时引郑众释"比"、"兴"的内容比照看:

> 刘氏《正义》:《周官》:"太师教六诗:曰风,曰赋,曰比,曰兴,曰雅,曰颂。"(郑)注:"赋之言铺,直铺陈今之政教善恶。

---

① 程树德撰,程俊英、蒋见元点校:《论语集释》,中华书局 2013 年版,第 1389 页。
② "赋诗引诗确立了一种引申联想、譬喻类比式的理解方式。赋诗引诗要求在诗句和用诗者的主观情志之间建立起某种联系,这种联系的方式通常是取其某种相似性而带有譬喻类比的性质,建立这种联系的关键又诉诸人们的引申联想能力。"与此同时,"通过赋他人之诗,暗示或隐喻赋诗者的思想感情,听者则在正确把握对方所表达的情意的基础上,进一步探求起赋诗行为背后所隐藏的深层动机"(尚学锋、过常宝、郭英德:《中国古典文学接受史》,山东教育出版社 2000 年版,第 19 页)。
③ 朱自清:《诗言志辨》,载朱乔森编:《朱自清文集 5——学术论著卷 2》,开今文化事业有限公司 1994 年版,第 118 页。

比,见今之失,不敢斥言,取比类以言之。兴,见今之美,嫌于媚谀,取善事以喻劝之。郑司农云:'比者,比方于物也。兴者,托事于物。'"案先郑解比兴就物言,后郑就事言,互相足也。赋比之义皆包于兴,故夫子止言兴。①

郑众在郑玄之前,郑众认为"比"以类分("方"),"兴"是"托事于物",一个"托"字溢出了"比"中物性特征的抽象规定。"托"有寄托的意思,人们的心志、情感在没有遇到可寄托、触发的事物前,其生命内容是以隐没的方式综合、积淀着的,后在有意无意间与物邂逅,积存的内容通过邂逅之物抒发出来。宇文所安说:"仔细考察,固然可以在'兴'(有感发力的形象)里发现某种隐喻基础,但中国传统文学思想中的'兴'处在西方隐喻理论领域之外:'兴'不是一个言辞如何从其'本来的'意思被带到一个新意思,它是某物在语言中的表现如何能够神秘地兴发某种反应或唤起某种情绪。……对'兴'的经典解释大多喜欢采用'托'这个词,……被托之物浸满作家的感情,一经阅读的碰撞,这些情感就发泄出来。"②将孔安国的解释与郑众比照,孔安国"引譬连类"之"引"、"连"与郑众"托事于物"之"托"有相似性,"诗"也好,物(事)也罢,说到底都是情境赋意的通道与展开。

再看郑玄的解释,郑玄认为"比"、"兴"都是言说方式,不一样的地方在于"比"和言说丑恶相关("见今之失"),"兴"和言说美善相关("见今之美"),郑玄从"譬"义上把握"比"、"兴",但在内容上将"比"与丑恶相连,不合传统。

孔子:"能近取譬,可谓仁之方也。"(《论语·雍也》)墨子:"辟

---

① 程树德撰,程俊英、蒋见元点校:《论语集释》,中华书局2013年版,第1389页。
② [美]宇文所安:《中国文论:英译与评论》,王柏华、陶庆梅译,上海社会科学院出版社2003年版,第267页。

(譬)也者,举也(他)物而以明之也。"(《墨子·小取》)都没有把"比"同丑恶联系起来,郑玄有强分之嫌,强分的思想来源或与《春秋》有关。朱自清说:"'美刺'之称实本于《春秋》家。公羊、穀梁解经多用'褒贬'字,也用'美恶'字……毛郑大概也受到了影响。"①

比较孔安国与郑玄的解释,两人都认为"兴"有"譬"的特点,与先秦以来的"用诗"传统有关。不同的是,郑玄时代"用诗"的政教意识形态极强,产生的譬义教条、僵化,丧失了心志、性情的生命力。孔安国的"引譬连类"在运思环节上虽然也存在"类"之抽象(意义确定性)的需要,以和政教结合,但比之郑玄,"引"、"连"带来的视域融合留给生命活动、心志情感更大的空间,其内在的意义生成构造从本源性上看,跃出了"比"的范畴,属"兴"的领地。

综合上述三人的说法,孔安国的"引譬连类"在意义领会上和人的处身情景有关,与郑众"托物说"相近,不能简单地将它们等同于运思上抽象、归纳、提取、连接之"比类",而还有不作比类看的可能,即有前反思、非概念的情境赋意活动参与其中。也正是在这里,有了"比"、"兴"的本源性区别,虽然古人没作进一步的分析,但后人不可不察。

> [集注]:感发志意,考见得失,和而不流,怨而不怒,人伦之道,《诗》无不备。二者举重而言,其绪余又足以资多识。②

朱熹认为"兴"是人"志意"(道德情感)的生发,而道德情感之

---

① 朱自清:《诗言志辨》,载朱乔森编:《朱自清文集5——学术论著卷2》,开今文化事业有限公司1994年版,第120页。
② 程树德撰,程俊英、蒋见元点校:《论语集释》,中华书局2013年版,第1389页。

所以能发生,正如朱熹在"兴于《诗》"中说,是《诗》的内容唤起了人们"好善恶恶之心"。那么《诗》如何能唤起"好善恶恶之心"之心?那便是通过理解《诗》的不同内容("有邪有正")来"考见得失,和而不流,怨而不怒",领悟"人伦之道"。将两处连起来看,"志意"由"心"发用,而如何发用则要通过《诗》等学习,这样正心诚意得以可能。

  刘氏《正义》:焦氏循《毛诗补注序》:"夫诗,温柔敦厚者也。不质直言之而比兴言之,不言理而言情,不务胜人而务感人。自理道之说起,人各挟其是非以逞其血气。激浊扬清,本非谬戾,而言不本于情性,则听者厌倦,至于倾轧之不已,而怨毒之相寻。"①

  刘宝楠《论语正义》引焦循的观点:《诗》言有温柔敦厚的特点,它不和人直接论理,也不求辩赢,而以委婉柔情的"兴言"感动他者。说理的方式虽然有它的道理,但是这种言说容易在论辩中带上血气,有时还会发生激烈冲突,直接论理之所以会产生这种糟糕效果,是因为这类言说不从人的情性出发。焦循言下之意,不是不能说理,而是如何说理能让人"中心悦",以情感人是更好的方式。
  焦循"不质直言之"的说理方式,与汉代"主文谲谏"的委婉表达功能有相通之处,而与"主文谲谏"不同的是,焦循说理的对象可以是任何人,"主文谲谏"的对象是君王。除了对象不同,温婉言说的方式也不同,"主文谲谏"常常通过另一件事映射、隐喻当下事,重在劝谏,而焦循说的是《诗》对人的影响以及怎样影响,那便是通

---

① 程树德撰,程俊英、蒋见元点校:《论语集释》,中华书局2013年版,第1388页。

过"温柔敦厚"的语言在情感上打动人、影响人,这种"以情动人"便是"兴"。

总体来说,"《诗》可以兴"中的"兴"主要指一种具有生意功能的运思活动,狭义上在作者、读者围绕作品(《诗》)的创作与理解中展开,广义上渗入人们的日常活动,在"用诗"的背景下于政治("美刺"、"主文谲谏")、修身领域发挥作用。

综合"兴于《诗》"与"《诗》可以兴"来看,"兴"都与人的精神状态、运思活动有关,感人又易人。

那么这样的"兴",与"礼"、"乐"、"群"、"观"、"怨"又是什么关系呢?从"兴"与"礼"、"乐"的关系看:

> 皇《疏》引王弼云:言有为政之次序也。夫喜惧哀乐,民之自然,感应而动,则发乎声歌,所以陈诗采谣,以知民知。风既见其风,则损益基焉,故因俗立制,以达其礼也。娇俗检刑,民心未化,故必感以声乐,以和神也。若不采民诗,则无以观风;风乖俗异,则礼无所立;礼若不设,则乐无所乐;乐非则礼,则功无所济;故三体相扶而用有先后也。①

王弼认为,"兴"与"礼"、"乐"的关系在为政过程中互为需要,是一个整体,而在实施过程中有先后次序。"兴"包括了观民风的政治目的,由于原初的诗歌是情不自禁的自然流露,没有人为掩饰的痕迹,通过采诗官的采集,统治者能从这些"纯天然"中获悉国家治理的好坏。这里的"兴"不仅指创作中自发、无伪的情意,而且加入了"用诗"的目的,成为政治的一个环节。

再来,如果发现国家在治理上出现问题,那么君王便"设礼"予

---

① 程树德撰,程俊英、蒋见元点校:《论语集释》,中华书局2013年版,第612页。

以解决,又因为规范只能浮于表面无法感人入心,所以需要"乐"来调和。最终,在三种为政方式的互配下,国家长治久安。

《笔解》:韩曰:"三者皆起于《诗》而已。"李曰:"《诗》者,起于吟咏性情者也。发乎情,是起于《诗》也。止乎礼义,是立于礼也。删《诗》而乐正雅颂,是成于乐也。三经一原也,退之得之矣。"①

韩愈、李翱认为,"兴"、"礼"、"乐"是《诗》不同面向的展开,在自然情性("发乎情")方面是"兴于《诗》",在道德("止乎礼义")方面是"立于礼",在修缮("乐正雅颂")方面是"成于乐"。三者同源,但非并列关系,"发乎情"之"兴"与"止乎礼义"之"礼"有内在联系,所谓"始者近情,终者近义"(《性自命出》),而从修缮角度理解"乐",内在逻辑上似与"兴"、"礼"之关系脱节。

[集注]:兴,起也。《诗》本性情,有邪有正,其为言既易知,而吟咏之间,抑扬反覆,其感人又易人。故学者之初,所以兴起其好善恶恶之心而不能自已者,必如此而得之。②

[集注]:礼以恭敬辞逊为本,而有节文度数之详,可以固人肌肤之会,筋骸之束,故学者之中,所以能卓然自立而不为事物之所摇夺者,必于此而得之。③

[集注]:乐有五声十二律,更唱迭和,以为歌舞。八音之节,可以养人之性情,而荡涤其邪秽,消融其渣滓,故学者之终,所以至于义精仁熟而自和顺于道德者,必于此而得之,是

---

① 程树德撰,程俊英、蒋见元点校:《论语集释》,中华书局2013年版,第612页。
② 同上书,第610页。
③ 同上书,第611页。

学之成也。①

[四书翼注]：兴《诗》立礼易晓，成于乐之理甚微。盖古人之教，以乐为第一大事。舜教胄子，欲其直温宽简，不过取必于依永和声数语言。……俾学其俯仰徐周旋进退起讫之节，劳其筋骨，使不至怠惰废驰；束其血脉，使不至猛厉愤起……《集注》"荡涤其邪秽"，指淫心不生，此句亦易晓。"消融其渣滓"，指傲气不作，此养到事，非得力于乐不能矣。②

朱熹《集注》中，"兴"、"礼"、"乐"在修身境界上呈现出递进关系。《诗》的内容有正有邪，处理不好容易"为事物之所摇夺"，所以需要"礼"来约束。"礼"的约束可以持守本心不为外物所动，但这样的状态较为刻意，"战战兢兢，如履薄冰"，不融贯，所以需要"乐"来"和顺于道德"，"荡涤其邪秽，消融其渣滓"，实现自然而然的"义精仁熟"，自由畅荡而淫心不起，举手投足而礼义自在。三者环环相扣，后者针对前者可能出现的流弊做补充，同时也是前者在道德境界上更高的要求。

在上述关系中，"兴"以情意的自然生发为基础，或是关联道德修身，或是关联国家政治。对于道德修身来说，"兴"的情意发作不是胡乱生发的，不能"怠惰废驰"、"猛厉愤起"，而要恰到好处，令人温柔敦厚。就国家政治来说，当人的情感以诗为载体发作出来，它们既是作者，也是对象，作为国家政治得失的价值显象，有其价值。而无论是对个体修身还是群体治理，"兴"都处于内在逻辑的基础性环节中，所以当孔子把"兴"、"观"、"群"、"怨"并提，并把"兴"放在首位时，就意味着对它们的理解不能割裂开来看，而应从整体出

---

①② 程树德撰，程俊英、蒋见元点校：《论语集释》，中华书局 2013 年版，第 612 页。

发。王夫之说:"于所兴而可观,其兴也深;于所观而可兴,其观也审。"①

(三)《周礼》"比"、"兴"与《论语》之"兴"

"兴"从通名到专名历经《周礼》、孔子,从《周礼》、《论语》的文本比较上看,孔子重视的专名之"兴"和《诗》联系在一起,这与西周以来的《诗》学传统有关,那么在此传统中,《周礼》"六诗"、"乐语"之"兴"和《论语》中的"兴"有什么关系呢?

《周礼》"六诗"中"比"、"兴"并举,"乐语"只言"兴"不言"比",在《论语》中孔子也只言"兴"不并及"比"。后世注意到这个现象,在注疏时多取"糅合说"。如汉代孔安国注"《诗》可以兴"时说:"兴,引譬连类。"邢昺疏:"若能学《诗》,《诗》可以令人能引譬连类,以为比兴也。"②清代刘宝楠《论语正义》:"案先郑解比兴就物言,后郑就事言,互相足也。赋比之义皆包于兴,故夫子止言兴。《毛诗传》言兴百十有六而不及赋比,亦此意也。"③孔安国将"兴"、"譬"结合,言外之意"兴"中含"比";刘宝楠同样认为孔子讲"兴"已经包含了"比"义。可这并不符原意,鲁洪生说:"'六诗'首先标榜比、兴,其中之'兴'与'乐语'之'兴'和孔子之'兴'有不同的内涵。六诗之'兴'是传述《诗》的方式、技巧和方法;'乐语'之'兴'和孔子之'兴'则是《诗》的引譬和感发。古往今来的很多学者混同着两种不同'兴'的用意,以为'六诗'之'兴'与'乐语'之'兴'和孔子之'兴'同义。"④鲁洪生对"六诗"、"乐语"和孔子之"兴"的理解可

---

① 〔清〕王夫之:《姜斋诗话·诗译二》,载《船山全书》第 15 册,岳麓书社 2011 年版,第 808 页。
② 〔三国魏〕何晏集解,〔宋〕邢昺疏:《论语注疏·阳货第十七》,《十三经注疏》第 18 册,聚珍仿宋本,中华书局 2020 年版,第四页。
③ 程树德撰,程俊英、蒋见元点校:《论语集释》,中华书局 2013 年版,第 1389 页。
④ 鲁洪生:《从赋、比、兴产生的时代背景看其本义》,《中国社会科学》1993 年第 3 期,第 213—223 页。

以商榷,但他注意到不能混淆,是有道理的。

那么孔子论"兴"与《周礼》之"兴"是什么关系呢?《周礼》中的"兴"是"六诗"、"乐语"两种教学节目中的内容,一个和音乐有关,一个和语言有关,并与西周"用诗"的政治功能结合在一起。随着时间的推移,"周文疲弊",人们不再固守、服膺于西周百年的典章制度,审美方式、情感诉求、思想内容有了新变,"郑卫之音"正是变化的体现,至"季札观乐"、"五声和,八风平,节有度,守有序"(《左传·襄公二十九年》),隐隐还能感受到西周音乐的风韵。然而,季札没有像"六诗"就音乐论音乐,他的讨论剥落了过往"诗"中对音乐典范技艺的要求,凸显了"诗"的社会价值。在这个"只重义而不重声"①的时代,人们"赋诗言志"、"教诗明志"、"作诗言志"②,至《毛诗》,用"六义"解释了"六诗"。

孔子的理解和别人都不同,既有音乐性的一面,也有语言表达的一面,还有社会性的一面,虽然它们同《周礼》中"六诗"、"六语"之"正音"、"正语"不同,但可以大胆猜测,认为孔子在消化、吸收了《周礼》之"诗"音乐与语言表达精髓的基础上,有了他自己的独到见解,并在思想的不同方面体现出来。比如在"兴"、"礼"、"乐"与"兴"、"观"、"群"、"怨"的关系中,看到自然情感的兴发与道德修身、社会治理之间的内在关联;又比如孔子有对如何言说的理解,"不学《诗》无以言"(《论语·季氏》),"言必有中"(《论语·先进》),如果把西周传述"诗"之"正语"的最终目的理解为导达人心,进而处事中正的话,那么可以认为孔子在理解了《周礼》语言传述的意涵后,做了引申和广义的理解,背后仍有"乐语"的旨趣。

---

① 朱自清:《诗言志辨》,载朱乔森编:《朱自清文集 5——学术论著卷 2》,开今文化事业有限公司 1994 年版,第 55 页。

② 同上书,第 46—53、54—64、65—86 页。

再说"六诗"的音乐传述,孔子无论是"正乐声"的学术贡献,还是"三月不知肉味"的巅峰体验,无论是与师襄子的音乐对话,还是在"文王操"上的精神超越,都显示出孔子极高的音乐造诣,其中必有传承西周乐理的一面,更有对"音乐传述"中声音、情感、意义之关系的深刻洞见。要知道,正是从孔子开始,声训现象(从音见义)在儒家文献中的出现频率,比起其他学派高得不可思议!清代张金吾《广释名》集声训遗文,至东汉止,记153种书,多属儒家或与儒家有关。① 为什么声训会大量出现在儒家思想中?孔子"君君,臣臣,父父,子子"、"政者,正也",无不体现着声训"从音见义"的价值,并成为孔子"正名"思想的重要方面,这里面声音与意义生成间的关系很有讲究。可惜,荀东锋《孔子正名思想研究》综述古代解:形名、名实、名言、名分、历史解,近代解:柏拉图主义、马克思主义、语言哲学派、还原主义、当代新儒家。② 古今中外,无不缺失从声义关系看孔子"正名"思想的应有之意,这种缺失切断了自"六诗"之"音乐传述"至孔子深化、拓展其要义的思想脉络,不可不察(详见《描述篇》第一节《"兴"之韵》)。

最后,从整体上看,孔子的思想呈现出"前反思"、"非概念化"的特质,在具体实践中以"整体性"(返身)、"内源性"(内生)、"过程性"(生成)的方式体现在方方面面。诸如孔子仁学的重心不在第三人称上外部反思"仁是什么",而关心如何在第一人称上自生德性之力;孔子之教不停留在确定性而超越既成性,令人领会非现成性思维与处身情景中的内在情态,不给出现成答案而基于学者已有的积淀,使之自得;是非不在确定性标准中评判,而在具体的时、位关系中内生;技艺不是对职业技能的专门学习,而通过灵动把握

---

① 张以仁:《中国语文学论集》,台湾东昇出版事业公司1981年版,第53—84页。
② 荀东锋:《孔子正名思想研究》,上海人民出版社2016年版,第32—58页。

超越工具性存在,领会"不器"之道与"从心所欲"之能。由此实现的"成己"在"成物"中进一步发挥作用,"能近取譬"不仅是在言说,更是一种忠恕通达的仁性方法;"三年无改"不仅是在行孝,更有生命时间上的生存意义。

上述精神旨趣和原初通名之"兴"的存在状态极为契合,而同《周礼》中润饰成固定诗艺技巧、仪礼风尚,具有不同意涵的"兴"格格不入。通名之"兴"扎根大地,示见人与世界交互活动时当下的生命情意,内蕴着深邃的天人关系。到底是怎样的力量,能令孔子绕开既成规范,将思维、存在方式迁跃至原初、素朴的"兴"态?原因之一或许和孔子习《易》有关,由对《易》思想的把握,令孔子的思想格外生动。倘若情况真是如此,那么为什么不从"易"进入,以之为基础性概念,进而延展出"礼"、"乐"、"观"、"群",而要从"诗"之"兴"入手呢?"兴"和"易"是什么关系?回答这个问题,从"兴"与"象"的关系入手是一种方案(详见《描述篇》第八章《"兴"之象》),王树人认为:中国人的"象思维"在"象之流动与转化"中进行,表现为诗意比兴。[1]

第二节 汉代"兴"义

汉代"兴"义,传统认为多从毛、郑,作为解经方式融于"譬"。至于毛《传》、郑《笺》之异同,鲁洪生考证后总结说:"毛《传》、郑《笺》之不同主要是出于对诗句的理解不同,他们对兴的理解基本上是一致的。毛《传》、郑《笺》都是以'喻'释'兴'……以'喻'释

---

[1] 王树人:《中国哲学与文化之根——"象"与"象思维"引论》,《河北学刊》2007年第5期,第21—25页。

'兴',缘于毛《诗》标兴说诗,《传》、《笺》主观上是沿用兴法说诗,当将运用兴法感发的兴义说成是诗本义,就如同说诗人用此兴法而使诗具有此兴义,这就涉及诗的表现方法,故曰郑玄在《笺》中是侧重从《诗》之表现方法的角度解说兴。《传》、《笺》运用兴法解说诗本义,客观上促使赋、比、兴的含义由用《诗》方法转变为《诗》之表现方法。"①

毛《传》标"兴",朱自清统计有116处,3处在第一章第一句,102处在第一章第二句,8处在第一章第三句,2处在第一章第四句,只有1处不在第一章,可见"通例注在首章次句下"②。

《毛诗》有注意到"兴"与"赋"、"比"的不同,但不能认为其对"兴"、"比"有了明晰的区分,传统认为更可能的是,"比"、"兴"合流在了一起。这里的疑难之一是如何理解"比"、"譬"?是不是能说《毛诗》中的"比"、"譬"是今天理解的"比喻"?未必。焦循在批评孔颖达申明毛义时,说:

惟以比方为"诸言如"者,其在经文"如日之生,如月之恒","如匪行迈谋",'如彼飞虫'之类,此乃行文取喻,无关诗之一义。且秩秩斯干,幽幽南山,如竹苞矣,如松茂矣。"明言"如"字,而《传》则标以"兴"也,不得谓首二句无"如"字为"兴",次二句有"如"字为"比"也。比方于物,不足以为比,指

---

① 鲁洪生:《赋比兴研究史》,人民文学出版社2017年版,第121—122页。
② 朱自清:《诗言志辨》,载朱乔森编:《朱自清文集5——学术论著卷2》,开今文化事业有限公司1994年版,第91—21页。("《毛诗》注明'兴也'的共一百一十六篇,占全诗百分之三十八。《国风》一百六十篇中有兴诗七十二;《小雅》七十四篇中就有三十八,比较最多;《大雅》三十一篇中只有四篇;《颂》四十篇中只有两篇,比较最少。……一百十六篇中,发兴于首章次句下的共一百零二篇,于首章首句下的共三篇,于首章三句下的共八篇,于首章四句下的共二篇。")

以言如,未为达也。①

文中出现"如"和看作"比"是两回事,如果只是有"如",说某物像某物,这叫"行文取喻",只是在"行文"的内容中有了喻义,但是这"无关诗之一义",和作为"六义"的"比"不是一回事。

焦循的解释,让我们意识到时人所谓的"比"、"譬"、"类"与今天理解的比喻,不能简单地混为一谈。

"比"字在甲骨文中已经出现,武振玉、王业慧通过对殷墟甲骨、两周金文、战国秦汉文字等出土文献和传世文献的考察,梳理了先秦汉语中"比"的词义发展②:综合来看,甲骨文中"比"有两组不同的字形,一组突出部件间的"并列",一组表示部件间距离"相近",进而衍生出各相关意涵。如表所示:

"比"的词义发展路径(从左至右)

比	并列	齐同、等同	比拟、比作	
			比较	考校、考核
	近	合	辅助	
		亲近、亲附	勾结	
		(动词)至、及	(介词)至、及	
		密	皆、都	
			连续	
		近来		

---

① 焦循撰:《毛诗补疏》,夏传才、董治安主编:《诗经要籍集成》第29册,学苑出版社2003年版,第6页。
② 武振玉、王业慧:《先秦汉语中"比"的词义发展》,《汉语史研究集刊》第二十九辑,2020年,第1—9页。

从意涵与使用上看,武振玉、王业慧发现"比"自诞生起多在与战争、田猎有关的卜辞中,前者表示"联盟",后者以"惠某比"的组合("某"多为官职)表示"随从""跟随"。这意味着,"比"在源头处就与亚里士多德以来的西方逻辑比类性质不同,具有很强的价值、实践特质。这种价值实践之"比"后与"譬"、"类"涵融在了一起,形成中国文化中独特的比类观。

"譬,谕也"(《说文》),古代文献中常与"比"义通。黄朝阳指出:先秦的譬有逻辑之譬与修辞之譬两类,逻辑之譬的功能在推理,修辞之譬的功能在形象化描述或"美辞"。[①] 如果 x 之真由 y 确定,这是逻辑学意义的譬;如果 x 仅由 y 加以描述和说明,这是修辞学意义的譬。[②] 两种意义的譬在说服他人的目的上趋于一致。[③] 由此,譬作为一种思维方式,出现在中国说理、论辩的价值实践中。

推"类"自《易》时代起便极具中国特色。据李巍研究,从字源上看"类"的早期含义一般指"族类"[④],所谓"非我族类,其心必异"(《左传·成公四年》),又由于祖先的优秀品质在德,族类相似便有了对祖先之德的继承,所谓"予小子不明于德,自厎不类"(《尚书·太甲中》),"类"发展出了"德之相似"的"善"义。春秋以降,"类"的这一内涵扩展至社会生活领域,诸子以"知类"、"不知类"讨论定向于人事行为的价值性问题[⑤],并在"推类"的价值实践中,将某些场合中确立的正当言行,依其"类"推广到其他场合[⑥]。

---

① 黄朝阳:《中国古代的类比——先秦诸子譬论》,社会科学文献出版社 2006 年版,第 9 页。
② 同上书,第 253 页。
③ 同上书,第 10 页。
④ 黄德宽主编:《古文字谱系疏证》,商务印书馆 2007 年版,第 2505 页。
⑤ 李巍:《行为、语言及其正当性——先秦诸子"类"思想辨析》,《中国社会科学》2013 年第 11 期,第 121—139 页。
⑥ 李巍:《逻辑方法还是伦理实践——先秦儒墨"推类"思想辨析》,《文史哲》2016 年第 5 期,第 115—125 页。

由此说来,汉代的"比"、"譬"与今天人们的理解,内涵并不一致。

第一,时人的"比"和今天的比喻句不等价。

《郑笺》有:"兕虎,比战士也。"①(《小雅·何草不黄》)同时郑玄在注《周礼》时,将"比"、"兴"解释为:"比,见今之失,不敢斥言,取比类以言之;兴,见今之美,嫌于媚谀,取善事以喻劝之。"②可以发现,前者作为比喻词,在文内有本体和喻体,属于今人理解的比喻范畴,后者是郑玄理解的作为"六义"之一的"比",两者虽然都叫"比",但意涵不同。

第二,时人的"比"、"譬"在词句上是孤立的,在解释上是发散的,在功能上是道德、政教的。

无论是"取比类以言之"之"比",还是"取善事以喻劝之"的"兴",它们都是"主文谲谏"的手段与政教活动有关,这意味着"比"、"兴"合流之"譬"在价值意涵上多从文"内"指向文"外",这使得汉代对文本中"比"、"兴"的理解,在行文上多以孤立、个别的词句为参照,而不在乎篇章内的意义完整性,无怪乎朱熹说:"但见'勿践'、'行苇',便谓'仁及草木'。但见'戚戚兄弟',便谓'亲睦九族'。但见'黄耇台背',便谓'养老'。但见'以祈黄耇',便谓'乞言'。但见'介尔景福',便谓'成其福禄'。"③

以上说明当时的"比"、"譬",和今天的理解不同。

把"比"理解成喻词之比,集中出现在魏晋的《文心雕龙》中,如刘勰所选"比"例中的第一个"瞻彼淇奥,绿竹如箦。有匪君子,如金如锡,如圭如璧。宽兮绰兮,猗重较兮。善戏谑兮,不为虐兮"

---

① 〔汉〕毛亨传,〔汉〕郑玄笺,〔唐〕孔颖达疏,〔唐〕陆德明音释:《毛诗注疏》,上海古籍出版社2013年版,第1359页。

② 〔汉〕郑玄注,〔唐〕贾公彦疏:《周礼注疏》卷二十三,《十三经注疏》第7册,聚珍仿宋本,中华书局2020年版,第8页。

③ 〔宋〕黎靖德编,王星贤点校:《朱子语类》卷八十,中华书局2020年版,第2527页。

(《卫风·淇奥》第三章)。刘勰取"有匪君子,如金如锡,如圭如璧",文本之内有本体,有喻体,有喻词,至于前面"瞻彼淇奥,绿竹如箦"的文外意,刘勰没有考虑。之后,唐代孔颖达《毛诗正义》将"比"作为比喻词解释为"如"("郑司农云:'比者,比方于物。'诸言'如'者,皆比辞也。"①)。

综上所述,毛《传》、郑《笺》里的"比"、"兴"之"譬",价值意涵主要体现在文本之内的词句譬义文本之外的内容,具有孤立、发散、政教的特质,不表示文本之内的兴句(起句)"兴起"文本之内的被兴句(应句),不关心文本之内的本体指向文本之内的喻体。注意到句与句的意义关系,以章为单位,从文本整体出发理解"比"、"兴"是汉代以后,直到宋代朱熹才完成的事。另外,虽然毛《传》、郑《笺》与《文心雕龙》有异,但它们又都以个别、孤立的词句为参照,和朱熹以"章"为单位,从文本整体的意思出发理解"比"、"兴"不同。大体如下表所示(《文心雕龙》与朱熹的"兴"思想后文再谈):

譬之"比"、"兴"在不同文本中的意涵与关系

	参照对象	文内义与文外义	"比"、"兴"关系
《毛诗》	以个别、孤立的词句为参照	文外义	交叉关系:"比"皆相似比类;"兴"可相似、可相关联想②
《郑笺》			比见失 兴见美
《文心雕龙》		文内义	"比显而兴隐"
朱熹	以"章"之整体为参照		比:只有喻体,不见本体 兴:喻体说破,出现本体

---

① 〔汉〕毛亨传,〔汉〕郑玄笺,〔唐〕孔颖达疏,〔唐〕陆德明音释:《毛诗注疏》,上海古籍出版社2013年版,第14页。

② 鲁洪生:《赋比兴研究史》,人民文学出版社2017年版,第120—121页。

第一章 "兴"之古义要疏:通向本源之思

再看"譬"义中的"比"、"兴"。

《左传·文公七年》:"公族,公室之枝叶也;若去之,则本根无所庇荫矣。葛藟犹能庇其本根,故君子以为比,况国君乎?"①《葛藟》出自《诗经·王风》,由葛藟能庇护它的本根,引出人应该亲其公室。比较同为古文经学的《毛传》,《葛藟》被标为"兴",可见"比"、"兴"的区别较为模糊,清楚的是它们都归于"譬",作为解经的手段,具有经学价值。

在经学中,"譬"作为解经手段是理解《诗经》的一种方式。《礼记·学记》有"不学博依,不能安诗"。郑玄注:"博依,广譬喻也。"孔颖达疏:"博,广也。依,谓依倚也。谓依倚譬喻也。"②"博依"就是"广博譬喻",想要学诗,先要学习其中的"广博譬喻",不能理解"广博譬喻"就不能很好地理解《诗》。

那么作为解经手段的"譬"之"比"、"兴",有什么区别呢?难以区别。

就毛《传》来看,虽然标"兴"的地方有百余处,但它很少解释里面的诗意,对标"兴"处的解读就更少了,在标"兴"的35处释义中,只有16处或明或暗地解释了"兴"。罗雨涵列《毛诗》16处"兴"义释义,除《大雅·棫朴》、《曹风·蜉蝣》释为"兴盛"、"繁盛"外,其余的解释都是:"犹"、"如"、"喻"③,和"比"同。

之后的郑玄,在解释"譬"之"比"、"兴"时,强行将"譬"义分成"失"与"美",分别与"比"、"兴"对应,成为"比,见今之失"、"兴,见今之美"。郑玄的解释巩固了汉代经义,但不和本意。其一,郑玄的这个解释是在注"乐语"时说的,随后用"乐语"解释了"六诗"的

---

① 杨伯峻编注:《春秋左传注》(修订本)第2册,中华书局2009年版,第557页。
② 〔清〕朱彬撰,饶钦农点校:《礼记训纂》卷十八,中华书局1996年版,第549页。
③ 罗雨涵:《中国文论"兴"词族研究》,2021年硕士学位论文。

"比"、"兴",将"兴者以善物喻善事"嫁接到"六诗"之"兴"上,因此他实际上混淆了"六诗"和"乐语"。其二,他用汉代的"六义"解释了前代的"兴",将"兴"框于经学中。

至此,"兴"作为解经方式与"比"合流固于"譬"①,这和"兴"本身已经没有关系了,而是出于"用诗"的理解。汉人通过"用诗"在政治生活中展开诗的效用,他们关注诗言如何影响社会的规范秩序,这既有对先秦诗教的继承,也进一步将其僵化,剥脱了诗原本活泼的生命情意,立起了一种讽谏教化、政治隐喻下"知性化"的诗学。朱自清说:"《毛诗》比兴受到了《左传》的影响。但春秋时赋诗引诗,是即景生情的;在彼此晤对的背景之下,尽管断章取义,还是亲切易晓。《毛诗》一律用赋诗引诗的方法,却没了那背景,所以有时便令人觉得无中生有了。郑《笺》力求系统化,力求泯去断章的痕迹,但根本态度与《毛传》同。"②从本体论(存在论)上看,这种执于解经的牵强附会,在运思上和前反思、非概念化的纯意境赋予没有关系,是一种以"比"注"兴"的理解。

然而,"兴"不只有"譬"义,还有情境赋意之"发端"。朱自清考察毛、郑后认为:"'兴'是譬喻,'又是'发端,便与'只是'譬喻不同。前人没有注意兴的两重义,因此缠夹不已。他们多不敢直说兴是譬喻,想着那么一来便与比无别了。其实《毛传》明明说兴是譬喻。"③甚至朱自清有看到"只有发端才是兴,兴以外的譬喻是比"④。可

---

① "毛郑解《诗》却不如此。《诗三百》原多即事言情之作,当时义本易明。到了他们手里,有意深求,一律用赋诗引诗的方法去说解,以断章之义为全章全篇之义,结果自然便远出常人想象之外了。而说比兴时尤然。"(朱自清著:《诗言志辨》,载朱乔森编:《朱自清文集——学术论著卷2》,开今文化事业有限公司1994年版,第113—114页)

② 朱自清:《诗言志辨》,载朱乔森编:《朱自清文集5——学术论著卷2》,开今文化事业有限公司1994年版,第118—119页。

③ 同上书,第97页。

④ 同上书,第105页。

惜,孔安国"引譬连类"之"引",郑众"托事于物"之"托",内蕴的意涵,至郑《笺》将"兴"固执于经学的政教义,"兴"的情境赋意旁落了。极端时,汉代的政教甚至只重美、刺,连作品是否用了譬义都无关紧要。

以上是传统对汉代"兴"义的理解,从思想史上说汉代固化、僵化,剥脱掉了"比"、"兴"的生命感。问题是,这是汉代的真实情况,还是被人"做进"思想史的结果?实际上,生命体验是不分时代的,最自由的时代和最僵化的时代生命都经历着自己的生存展开,只是对它的"揭示"与"自觉"在思想史中有澄明与遮蔽,或是"计算在内"或是"排除在外",但无论是不是显学,都不能说任何时代的人不在生命中,不在情感中,不在基础存在中!《古诗十九首》等作品的情真意切便是最好的写照。

从这个视角看,生命情意不会因为时代的强力而真的丧失,正如上文所说"引譬连类"、"托事于物"中的"引"、"托"与人的生命体验有关。王逸说:"《离骚》之文,依《诗》取兴,引类譬谕。故善鸟香草,以配忠贞;恶禽臭物,以比谗佞。"①王逸认为"兴"是"依《诗》"的,且不论这句话后的譬类关系,单就《诗》中的鸟兽草木来说,它们首先是作为屈原内在情意之组成呈现的,而不是僵化、教条的"样板戏",生命情意首先是主动、鲜活的,"离骚者,犹离忧也"(《史记·屈原列传》)。没有"离忧"的生命体验,何来《离骚》,更别谈善鸟香草配忠贞了。

传统"引譬连类"的解读,错失了对鲜活生命的生存理解。对此,郑毓瑜注意到汉人"引譬连类"背后意义原初发生的存在维度,她从体气关系出发,探讨了汉人是如何与"整全厚实的生存所在"

---

① 〔宋〕洪兴祖撰:《楚辞补注》第1册,商务印书馆1939年版,第2页。

发生关系的。① 她注意到"类"概念在中国人的思维方式中能逆回至当初形成类概念的意义生成境域,进而讨论了各种具有"引譬连类"特质的语言构造如何将人从对象化的日用伦常中超越出来,跃入前反思、前观念的境遇中(近年来郑毓瑜在众多学术场合提到,"兴"是生命经验的感物连类)。郑氏阐释出完全不同于对象化思维的"引譬连类",揭示了"引譬连类"在本体论(存在论)层面的内涵。

第三节　魏晋"兴"义

　　这一时期社会动荡,朝代更替频繁、纷争不断,人们放浪形骸于自然,试图在精神超越中寻求寄托、自适,对"兴"的理解逐渐摆脱政教转向对情感的体味,文的自觉与人的自觉显露出来。

　　情境赋意是"兴"的本有之义,作为重视"兴"之情感的时代,不能说只在这个时代"兴"才有了人情解,人类情感无时无刻不在发生,因此,只能说魏晋时人们对情感的真切触动,在"感时兴思"②、"感物兴想"③、"感物兴怀"④等状态中,有了对"兴"之纯情境赋意

---

①　郑毓瑜指出:"借助概念譬喻所源初的身体经验"可以看出"任何感知恐怕都不是孤立现象,而是属于一种经验'域'或甚至融会两个以上的经验'域'……借助'譬类'……让底层深处不可见的相互贯通浮现出可以沟通与理解的形式……浸润出整全厚实的生存所在。"(郑毓瑜:《引譬连类:文学研究的关键词》〔导言〕,生活·读书·新知三联书店2017年版,第12—14页)

②　"感时兴思想,企首延伫。"(〔三国魏〕阮籍:《咏怀》,罗仲鼎编:《阮籍咏怀诗译解》,南京大学出版社1999年版,第231页)

③　"感物兴想,念我怀人。"(〔晋〕陆云:《谷风》,黄葵点校:《陆云集》,中华书局1988年版,第56页)

④　"感物兴怀,愤思郁纡。"(〔晋〕曹摅:《答赵景猷·季秋惟末》,逯钦立辑校:《先秦汉魏晋南北朝诗》,中华书局1983年版,第753页)

第一章 "兴"之古义要疏:通向本源之思

的自觉,并表现在生命实践中("辩论释郁结,授笔兴文章"[①]、"慷慨有悲心,兴文自成篇"[②]、"余昔所处,切有感焉,兴赋云尔"[③]等)。

汉代后,"兴"义理解有了两条路径,"比兴寄托"与"触物感兴"。"比兴寄托"尝试寻找某一对象来描摹人心中已有的情感,赋予形象、传达价值,不过这与其说是对"兴"的理解,不如说是"以比注兴"的"比思维"。真正对"兴"有见地的阐释在"触物感兴"中,人们将它和"比"之知性区别开,描述感发时的直接性及与物无距的意义关系,并因"去知"的直感特质和无距的意义关系,认其为把握形上之道的思维、存在方式,一条从本体论(存在论)上理解"兴"的路径开显了出来。

"兴者,有感之辞也。"[④]挚虞开门见山地把"兴"的感性特质点了出来。"诗有三义焉,一曰兴,二曰比,三曰赋。文已尽而意有余,兴也。因物喻志,比也。直书其事,寓言写物,赋也。"[⑤]与前人的排列顺序不同,钟嵘将"兴"放在"比"、"赋"之前,突出"兴"的地位。为什么"兴"重于"比"、"赋"?因为"兴"、"文已尽而意有余",有"文已尽而意有余"特质的语言不是工具语言,没有"所指"的确定性,"能指"的无穷义无法被有限("已尽")的文面涵盖。从体道上说,"文已尽而意有余"与"得意忘言"的旨趣有关,当钟嵘用"文已尽而意有余"来描述"兴",便意味着"兴"与形上之道有关,"兴"

---

① 〔汉〕应场:《公宴诗》,吴云主编:《建安七子集校注》,天津古籍出版社2005年版,第490页。
② 〔三国魏〕曹植:《赠徐干》,〔清〕沈德潜编,王晓东、崔晨曦校注:《古诗源》,哈尔滨出版社2011年版,第118页。
③ 〔晋〕陆云:《寒蝉赋序》,〔晋〕陆机、陆云:《陆机文集·陆云文集》,上海社会科学院出版社2000年版,第223页。
④ 〔晋〕挚虞:《文章流别论》,载严可均:《全上古三代秦汉三国六朝文》,中华书局1958年版,第1905页。
⑤ 〔梁〕钟嵘著,曹旭笺:《诗品笺注》,人民文学出版社2009年版,第25页。

的本体论(存在论)向度显露了出来。

说起"兴"的本体论(存在论)向度,钟嵘之前的刘勰及其《文心雕龙》必需关注,这不仅因为钟嵘《诗品》的创作受刘勰影响很大,而且《文心雕龙》本身就是讨论"兴"概念的重要文献,加之刘勰人生经历涵融了儒、释、道三家,这使刘勰对形上之道及"兴"在本体论(存在论)方面的理解更透彻、独到。

一、内源性相似:《文心雕龙》"兴"概念的本体论向度与内在理路

《文心雕龙》中"兴"在本源性上有其本体论(存在论)意涵。刘勰在继承汉代解经传统时,关注到"兴"义背后的"隐幽"、"微妙"。与今人理解的"譬"、"类"相似不同,起兴、所兴间的相似不属外部反思上的抽象逻辑,不是概念思维中可见物之间的相似,不是反思、归纳之类与类的抽象相似,不是事物与原型(理念)的本质性相似,而是一种"内源性相似"。"内源性相似"意味着,"取类"事物就在"称名"之象的建立过程中内生,对其相似性的把握,即在事物生成活动的世界中理解事物。因此,"兴"不是一种工具语言,它打破了概念的封闭性,在本体论(存在论)上示见纯情境赋意。

(一)"称名也小,取类也大"的两重内涵

刘勰对"兴"的理解有承汉的部分,也有自己的创发,经刘勰,"兴"义跃出了汉代僵化的解经思维。

刘勰说:

> 《诗》文宏奥,包韫六义;毛公述《传》,独标"兴体",岂不以"风"通而"赋"同,"比"显而"兴"隐哉?故比者,附也;兴者,起也。附理者切类以指事,起情者依微以拟议。起情故兴体以立,附理故比例以生。比则畜愤以斥言,兴则环譬以托讽。盖

第一章 "兴"之古义要疏：通向本源之思

随时之义不一,故诗人之志有二也。

观夫兴之托谕,婉而成章,称名也小,取类也大。关雎有别,故后妃方德;尸鸠贞一,故夫人象义。义取其贞,无疑于夷禽;德贵其别,不嫌于鸷鸟;明而未融,故发注而后见也。(《文心雕龙·比兴》)

通过关雎的贞一形象说明后妃的贞德,刘勰用"环譬以托讽"解释"兴",承接了孔安国、郑玄等汉儒们的思想,这个解释如范文澜所说"题云比兴,实则注比"[1],"兴"的特质没有得到彰显。

可贵的是,刘勰在不否定旧说的基础上,注意到"兴"在意义生成方面的独特性。刘勰说:"称名也小,取类也大",作为"譬"义得以可能的前提,"譬"中本体的内涵比喻体大很多,"明而未融,故法注而后见也"也有这层意思,"关关雎鸠"给人的感受,不是"后妃之德"能容纳的,本体的意义可能性大于所指的确定性。如此,刘勰在理解前代"兴"义的同时,注意到其丰富的意义可能性有更深远的价值。

刘勰说"起情者,依微以拟议",认为事物隐幽、微妙的地方是"起情"之"起"的根源,以"微"的隐幽、不可测来描述意义的生成。那隐微之处又是什么?刘勰说:"起情,故兴体以立",隐微与"体"有内在关联,这"体"不能简单地当作文体来看,而与钟嵘"文已尽而意有余,兴也"的说法相通,都对"兴"的纯意之发生给予了重视,有通达形上之道的本体论(存在论)意味。

如何能判断刘勰用"隐微"、"体"等词对"兴"的描述与形上的纯意之发生有关呢?这就要回到"称名也小,取类也大"上看,这句话表面在说"兴"的"托谕"、"环譬",是一种汉代的解经思维,但它的出处在《周易·系辞》:

---

[1] 〔南朝梁〕刘勰著,詹锳义证:《文心雕龙义证》卷八,上海古籍出版社1989年版,第1331页。

夫易,彰往而察来,而微显阐幽,开而当名。辨物,正言,断辞,则备矣。其称名也小,其取类也大。其旨远,其辞文,其言曲而中,其事肆而隐。因贰以济民行,以明失得之报。

孔颖达说:"其称名也小者,言易辞所称物名多细小,若见豕负涂噬腊肉之属,是其辞碎小也。其取类也大者,言虽是小物,而比喻大事,是所取义类而广大也。"①单看孔颖达的解释似乎在说"小物"与"大事"通过喻性取类的方式获得联系,这个解释贴近汉代经说,但联系上下文,《系辞》讨论的应该是"卦象"与"意义"的关系问题,即"立象以尽意"的问题。

"称名也小,取类也大"中的"称名"对应的是"象",而"取类"对应的是"意义","象"如何指涉意义,"意义"如何通过"象"得到彰明?安乐哲在解《系辞上》"子曰:'书不尽言,言不尽意。''然则圣人之意,其不可见乎?''圣人立象以尽意'"时说:"在'象'中建立起来的意义,就是建立'象'本身的行为。与个人天真的预期(以及许多微妙的美学理论的建议)不同,在一件艺术作品中,一个人最终的所'见',是产生该作品的创造性行为。创造的过程而非创造的对象构成意义的存贮,所成象者,就是过程本身。"举例来说,"个人的书法风格是……艺术家自身的展示。其心境、时代、悲欢和地位,都蕴涵在他所书写的汉字之中。一个人的书法就是其自传"②。这意味着,"意义"就在"象"中,"象"不是静止、单一的殊象,而是一个意义生成的过程,人们对"象"之"意义"的把握,就在立象的过程中把握到经由过程而引出的

---

① 〔魏〕王弼注,〔唐〕孔颖达疏:《周易注疏·系辞下第八》,《十三经注疏》第一册,聚珍仿宋版,中华书局2020年版,第十页。
② [美]安乐哲:《自我的圆成:中西互镜下的古典儒学与道家》,彭国翔编译,河北人民出版社2006年版,第229页。

意义。

那"立象过程"如何展开？放下工具语言式思维（认为"文字有特权、有独立的身份，可以创立它独有的世界，现象世界的事物到头来，只为文字所造的世界服役"①），诗人不会"把自我的视角强加在现象世界上"②，相反，他们会"极度推崇视觉意象和事件的演出，让它们在自然的并置并发中解释自己，让空间的张力反映种种情境和状态，而不是通过人类的解释策略将自然现象强行塞进预想的人为秩序中"③。这需要"在创作之前，诗人已经变成了现象本身，允许事物以本来的样子涌现，而不是受智力的干扰。诗人并不干预，他看待事物的方式正如事物看待自己那样"④。立象者这种自我还原的过程便是"立象过程"，用叶维廉的话说便是"自我融入浑一的宇宙现象里，化作眼前无尽演化生成的事物整体的推动里，去'想'，就是去应和万物素朴的自由兴现"⑤。宇宙生成往复，物象再小也是浑一宇宙中的物象，是生生活动之整体的有机组成部分，人的活动同样如此，在浑一的宇宙中与万物并作，"其取类也大"、"其旨远"意指着这种关联整体及在此整体中的事物活动与意义生成，去应和，即是与世界打交道，在与世界打成一片的过程中，万物自然而然地成其所是。此时，"象"与其意义生成的关系是一种"内生关系"，"取类"事物就在"称名"之

---

① 叶维廉：《无言独化：道家美学论要》，载《叶维廉文集》第 2 册，安徽教育出版社 2002 年版，第 124 页。

② Wai-lim Yip, *Chinese Poetry: Major Modes and Genres*, Berkeley: University of California Press, 1976, p.19.

③ Ibid, pp. 22–23.

④ Wai-lim Yip, *Hiding the Universe: Poems by Wang Wei*, New York: Grossman, 1972, p. vi.

⑤ 叶维廉：《无言独化：道家美学论要》，载《叶维廉文集》第 2 册，安徽教育出版社 2002 年版，第 133 页。

象的建立过程中内生,对"微显阐幽"的把握,即是对此内生存在的领会,把握人与万物的原初关联,及在此关联中内生的生命情意。

如此说来,对"称名也小,取类也大"的理解存在两种不同的视角,从对象化视角看,"称名"、"取类"间的相似,是一种基于抽象逻辑的观念化产物,用叶维廉的说法是"以我观我",即"以自我来解释'非我'的大世界,观者不断地以概念观念加诸具体现象的事物上……'倾向于'用分析性、演绎性、推论性的文字(或语态),用直线追寻、用因果律的时间观,由此端达到彼端地推进使意义明确地界定"①。而从本体论(存在论)上看,这里的"相似"不是"以我观物"的模式,不是概念思维中可见物之间的相似,不是反思、归纳之类与类的抽象相似,不是事物与原型(理念)的本质性相似,而是隐藏在世界深处的相似,是万物同体共流中的相似,可以称为"内源性相似"。

以《文心雕龙·物色》为例,刘勰说:

> 故灼灼状桃花之鲜,依依尽杨柳之貌,杲杲为出日之容,瀌瀌拟雨雪之状,喈喈逐黄鸟之声,喓喓学草虫之韵,皎日彗星,一言穷理,参差沃若,两字连形,并以少总多,情貌无遗也。(《文心雕龙·物色》)

"灼灼"何以能状桃花之鲜,"依依"如何能尽杨柳之貌?"灼灼"、"依依"、"杲杲"、"瀌瀌"、"喈喈"、"喓喓"作为双声叠韵的声韵大都伴随在《诗》的兴句中,"参差"、"沃若"一个双声一个叠韵,刘

---

① 叶维廉:《无言独化:道家美学论要》,载《叶维廉文集》第 2 册,安徽教育出版社 2002 年版,第 133 页。

勰说的"两字连形"就指的它们,虽然数量上只有区区两字,但能"以少总多,情貌无遗"。如果两字作为能指指向所指,形成一一对应的确定性关系,那么两字无法"总多",反之两字要能"总多"且"无遗情貌",意味着两字"所见"的意义要大于两字"所指"的意义,且各类情貌要在两字之义的总括中经由两字所见之义内生出来,这样才能既"总多"又"无遗",这种意义生成活动如何可能?这和理解刘勰"称名也小,取类也大"一个道理,指向"兴"的"内源性相似"、意义生成的本体论(存在论)向度。

对于诗人来说,桃花、杨柳、日出、雨雪、黄鸟、草虫不是他分析的对象,不是因为它们的"累加"和"聚集",诗人的世界才被描绘了出来,相反,它们首先就在诗人的世界中,是与诗人打成一片的生命世界的有机部分。这即是说它们参与在作者生命活动引起的全局性过程中,同时这个全局过程把它们包含在内,使它们成为不可分离的部分,桃花、杨柳、日出、雨雪、黄鸟、草虫首先在与诗人交互活动引发的世界里,然后它们才以如此这般的姿态,从世界中呈亮出来,"自然灵妙"的生存"情貌"依此内生,才能"无遗"地表现。桃花之鲜、杨柳之貌、出日之容、雨雪之状、黄鸟之声、草虫之韵与"灼灼"、"依依"、"杲杲"、"漉漉"、"喈喈"、"喓喓"间的关系,不是能指与所指般外在而任意的二元分立,而是"鲜"、"貌"、"容"、"状"、"声"的"意义"就从"灼灼"、"依依"、"杲杲"、"漉漉"、"喈喈"、"喓喓"所开见出的前概念的生命自然中内生。"灼灼"、"依依"不是单一、静态化的指称,而是一种打通形上的意义生成活动。①

综上所述,"称名也小,取类也大"除了汉代僵化的解经思维

---

① 这里的意义生成活动与"双声叠韵"的声音形式有关,若问"双声叠韵"如何能在本体论(存在论)层面创生意义,详见《描述篇》第七章《"兴"之韵》。

外,还能从本体论(存在论)看,"称名"、"取类"间的关系不是二元分立的外部指称关系,而是"取类"事物的意义生成就在"称名"之象的建立过程中内生,对其相似性的把握,即在事物生成活动的世界中理解事物。

(二)《文心雕龙》本体论向度的两重理路

整体上看,《文心雕龙》文本的内在理路与"兴"的本体论(存在论)视角相契,而和汉代僵化的解经思维不合,因而"兴"的"内源性相似"应属刘勰思想的应有之意。具体来说,《文心雕龙》文本内在的本体论(存在论)理路有"自上而下"和"自下而上"两个方面。

1. 自上而下,天道垂象

《文心雕龙》以《原道》开篇,从天道的视角理解文章的产生。

> 文之为德也,大矣;与天地并生者,何哉?夫玄黄色杂,方圆体分,日月叠璧,以垂丽天之象;山川焕绮,以铺理地之形。此盖道之文也。仰观吐曜,俯察含章;高卑定位,故两仪既生矣。惟人参之,性灵所钟,是谓三才。为五行之秀,实天地之心。心生而言立,言立而文明,自然之道也。(《文心雕龙·原道》)

文之大德能彰显天地的生生运行,天道直贯、垂显出种种象、形,即文,此文不是提供所指的工具,它是天之活动在象、形上的自身显现,是"道之文"。文作为天道的显象,只有人的"仰观"、"俯察"能参之,"仰观"、"俯察"不是去分析、认知天地及其活动,而是保有"性灵"与天地相通,这样的人是"五行之秀"人。文中"五行之秀"的说法源出《礼运》。《礼记·礼运》说:"人者天地之心也,五行之端也。"孙希旦解:

> 徐氏师曾曰：上天之载，无声无臭，而实造化之枢纽，品类之根柢，此天地之实理，而为生人之本也。理一而已，动而为阳，阳变交阴，静而生阴，阴合交阳，此实理之流行，而为生人之机也。……形生而四肢、百骸无有偏塞，五行之质之秀也，神发而聪明睿知无有驳杂，五行之气之秀也，此实理之全具，而人之所以灵于物也。
>
> 愚谓天地之德以理言，阴阳、鬼神、五行以气言。人兼此而生，……天地之生人物，皆予之理以成性，皆赋之气以成形。然以理而言，则其所得于天者，人与物未尝有异；以气而言，则惟人独得其秀，此其所以为万物之灵而能全其性也。[①]

人是天地造化的枢纽，当天理流行，阴阳变通融贯在人上，全其性而不麻痹堕聪明——"四肢、百骸无有偏塞"，"神发而聪明睿知无有驳杂"——成全理、气，也就成就了"五行之秀气"。这样的人通达天地，与万物发生关系，也只有这样的人才能"心生而言立，言立而文明"，在与万物打成一片中兴发，在贯通自在中道说，当道说以文，则道得隐微之示明，于不可见处可见。

文因"原道"而成天道流行的肉身显现，纵使刘勰主张对对偶、声律、骈文等内容的拥护，主张用字时要考虑笔画多寡的搭配等等需要人为"知性"参与的"奇技淫巧"式活动，但最终的落脚点仍然在"酌奇而不失其贞，玩华而不坠其实"（《文心雕龙·辨骚》）。只有这样，文的显现才是最自然而然的"贞"、"实"。

如果用语言来描述"文"的上述特质，那么在《文心雕龙》中只有"兴"可担此重任。当刘勰以"隐幽"、"依微"来描述"兴"时，实际上就

---

① 〔清〕孙希旦撰，沈啸寰、王星贤点校：《礼记集解》卷二十二，中华书局1989年版，第608页。

把"兴"指向了天道,此时挚虞所谓的"兴者,有感之辞"中的"感",就不是一般说来的心影响物,还是物影响心的主客关系问题,而是心物一体,同体共根的本体论(存在论)问题。所谓"应物斯感,感物吟志"因为与"神理共契",所以"莫非自然"(《文心雕龙·明诗》)。

2. 自下而上,入兴务本

除了自上而下,从天道视角看文章的产生、意义的生成,刘勰又自下而上讨论了对象化思维的人如何能超越有限,向存在畅开,与万物发生关系。

刘勰在修身上提出了"贵乎反本"(《文心雕龙·情采》)、"入兴归闲"(《文心雕龙·物色》)的方式。刘勰说:《贲》象穷白,贵乎反本",贲有文饰的意思,《周易·贲》下离上艮,其"上九"爻辞:"白贲无咎","穷"即终了,"白"是质素之意,整句话连起来是说事物发展到最后、最高时,最可贵的状态是回归素朴本始。《情采》中,这句话是在讨论"采滥辞诡"之际的反向归正时提出的,但"反向"哪里,又如何得正?不正是复见"原道"才能得正吗?只有将自我融入浑一宇宙生成的整体推动中,在与万物的关系中自由而自然的展开,才能平和中正地做到不执滞在辞采上。

那么如何才能指归"原道"呢?刘勰说:"是以四序纷回,而入兴贵闲。"(《文心雕龙·物色》)四时不是指纯自然的春夏秋冬,而是与万物打成一片的生命自然,人沉入其中"凄然似秋,暖然似春,喜怒通四时"(《庄子·大宗师》),在这境域里,虽然有形的世界纷扰着人的耳目,但若"安时处顺"不陷溺,便能"应物无累",刘勰名之曰"闲"。"闲"体现作者在洒落无碍中体味物色,超越有限与万物浑一,在贯通天道中安然适从,得心灵大愉悦的状态。正如程颢说:"闲来无事不从容,睡觉东窗日已红。万物静观皆自得,四时佳兴与人同。道通天地有形外,思入风云变态中。"(《秋日偶成》)

"入兴"需要做"闲"法,而要做成"闲"法需要别样的思维方式,

它与知性不同。《文心雕龙·隐秀》说:

> 夫心术之动远矣,文情之变深矣,源奥而派生,根盛而颖峻,是以文之英蕤,有秀有隐。隐也者,文外之重旨者也;秀也者,篇中之独拔者也。隐以复意为工,秀以卓绝为巧。斯乃旧章之懿绩,才情之嘉会也。夫隐之为体,义主文外,秘响傍通,伏采潜发,譬爻象之变互体,川渎之韫珠玉也。故互体变爻,而化成四象;珠玉潜水,而澜表方圆。始正而末奇,内明而外润,使玩之者无穷,味之者不厌矣。彼波起辞间,是谓之秀。纤手丽音,宛乎逸态,若远山之浮烟霭,娈女之靓容华。然烟霭天成,不劳于妆点;容华格定,无待于裁熔;深浅而各奇,秾纤而俱妙,若挥之则有余,而揽之则不足矣。
>
> ……
>
> 凡文集胜篇,不盈十一,篇章秀句,裁可百二。并思合而自逢,非研虑之所课也。或有晦塞为深,虽奥非隐,雕削取巧,虽美非秀矣。故自然会妙,譬卉木之耀英华;润色取美,譬缯帛之染朱绿。朱绿染缯,深而繁鲜;英华曜树,浅而炜烨。隐篇所以照文苑,秀句所以侈翰林,盖以此也。(《文心雕龙·隐秀》)

有一种运思能使文情深远,所谓根深才能叶茂,因此真正的隽美之文应蕴"隐"、"秀"。"隐",意在言外("文外之重旨"),这呼应了上文所说,本体自身的意义比所指内容丰富得多("隐以复意为工"),具有本体论的意味("隐之为体,义主文外"),本体令人回味无穷("使玩之者无穷,味之者不厌"),回甘似文辞间涌起的波澜,这便是"秀"("彼波起辞间,是谓之秀")。"隐"好像潜藏的道体,暗中蛰伏,似爻象的互体,触类旁通,它的涨现是"秀","秀"超越了一般的工巧,是"天地有大美",如果一定要描述这样的"秀"美,只能说是远山漂浮的云霭,不用人工装点;是自然生成的容貌,不经人为修饰,放浪形骸其中妙味十足,若想占为己有则失去得更多。

"秀"建立在"隐"中,它们的关系和上文"称名之象"与"取类之大"一致,甚至可以说"称名之象"是"隐","取类之大"是"秀","秀"就在"隐"的建立过程中内生,彼此一体两面,是本体自身显隐活动的体现。从思维方式上看,"隐秀"不属于知性,篇章秀句不是苦心经营的结果,而是自然展开的:"晦塞为深"不是"隐","雕削取巧"不是"秀",真正的"隐秀"源于"自然会妙",就像闪烁着光华的草木,而知性的修饰如同大红大绿的丝绸,失了美的分寸,草木的光华之所以闪耀是因为内合于自然的尺度,因而明丽广大。

用语言来描述上述特质,那么在《文心雕龙》中只有"兴"可以担当。正如上文所说,"兴"不是通过知性分析可见物的属性、抽象物的特征类型与原型本质,而将自我融入浑一宇宙,化作事物整体的推动里,应和万物而自由兴现,当兴现的结果落实在"文"上,"譬卉木之耀英华","若远山之浮烟霭"(《文心雕龙·隐秀》),"垂丽天之象"(《文心雕龙·原道》),尽显"贞"、"实"(《文心雕龙·辨骚》)。

最后,在下学上达的过程中,刘勰还注意到"入兴"之"閟"法受到"心气"的影响,《神思》说:

> 神居胸臆,而志气统其关键;物沿耳目,而辞令管其枢机。枢机方通,则物无隐貌;关键将塞,则神有遁心。(《文心雕龙·神思》)

志,心之所至,人不是被动的禀赋天性,它有自身的主动性,主动性在古代通过"心"来表述。"心"的活动在天之禀赋和应物的中间,天性的显现需要通过"心"与外物的对接才能实现,如果"心"塞住了,那么天性就无法周流贯通于物。同时,心在与外物的对接活动中有其主动性,耳目接触物象,经心发用于文("辞令")来见示天物,因此说文作为天物的枢机,也就是在说心是天、物的枢机。如果心放失了,那么天道无法直贯于文,文不能指归原道,物的意义无法保全。因此,生活中需要对"志气",也就是对"心"有所养,刘勰的方法是"贵在虚静,疏瀹五藏,澡雪精神",以达到"从容率情,优柔适会"、"意得则舒怀以命笔"(《文心雕龙·养气》)的状态。

刘勰的"虚静"不是要空无一物,是用做减法的思维方式不执滞在一物上而与万物相逢,相逢即在合于自然的内生尺度间"随物以宛转"、"与心而徘徊"(《文心雕龙·物色》),情意感发与对道体的领会贯通在了一起。

二、余论

综上所述,刘勰在继承汉代解经传统的同时,注意到"兴"义背后的"隐幽"、"微妙",看到"称名之象"与"取类之大"在本体论(存在论)上的"内源性相似","取类"事物就在"称名"之象的建立过程中内生,因此"兴"不是一种工具语言,它能打破概念的封闭性,在前概念、前反思的维度上,示见万物的原初关联与意义的内在生成。之所以刘勰能超越汉代僵化的解经思维,与他涵融了儒释道的思想背景分不开,诸如同时期的慧远说:

> 是故如来或晦先迹以崇基。或显生涂而定体。或独发于莫寻之境。或相待于既有之场。独发类乎形。相待类乎影。推夫冥寄为有待耶。为无待耶。自我而观则有间于无间矣。求之法身,原无二统,形影之分,孰际之哉?[①]

---

① 〔晋〕慧远撰:《万佛影铭》,载〔唐〕释道宣撰:《广弘明集》卷十五,《四部丛刊》,上海商务印书馆1929年版,第9页。

佛以法身的形式存在,"无色身相"人们无法看到,所以是"独发于莫寻之境",但是法身会冥寄于形物之中示现自身,即"相待于既有之场",显现是于幽隐而入可感域且无二分。

在《文心雕龙》中,刘勰从"自上而下"与"自下而上"两个方面给予了本体论(存在论)理路的阐发:自上而下看,文是天道流行的肉身显现;自下而上说,刘勰提出了"贵乎反本"、"入兴归闲"的功夫,它们构成了《文心雕龙》"兴"概念能如此这般理解的合理性前提。

此外,能从本体论(存在论)层面理解"兴",与魏晋的时代境域也有关系。这一时期社会动荡,朝代更替频繁、纷争不断,人们放浪形骸于自然,试图在精神超越中寻求寄托、自适。由此,与形上之道直面是当时很多人的精神追求,于是有了通过"兴"的方式,体会真趣、道境的生命实践。

王子猷居山阴"乘兴而行,尽兴而返"[①];"每览昔人兴感之由"、"以之兴怀"(王羲之《兰亭集序》)。个体情感的自然流露与对流露之情境的生命观照,令人区别于动物性存在,领会、抓紧着生命(存在)的色彩(意义)。进而有了"若夫应感之会,通塞之际,来不可遏,去不可止。藏若景灭,行犹响起,方天机之骏利,夫何纷而不理"[②](陆机《文赋》),兴发之际,体道过程与道体活动连接在了一起。

有了兴发之际体道过程与道体活动融贯之自觉,进而有了"标举兴会",将"兴"与"性灵"联系起来。沈约《宋书·谢灵运传》有:"爰逮宋代,颜、谢腾声,灵运之兴会标举。"[③] 颜之推:"文章之体,

---

① 〔南朝宋〕刘义庆撰,张㧑之译注:《世说新语》,上海古籍出版社2007年版,第361页。

② 吴建民:《中国古代诗学原理》,人民文学出版社2001年版,第69页。

③ 李运富编注:《谢灵运集》,岳麓书社1999年版,第419页。

标举兴会,发引性灵。"(《严氏家训·文章第九》)"兴会"来临之际的体道过程,不属知性的刻意安排,而在"神与物游"中玄冥于宇宙,应和万物而自由兴现,与道体活动连接在一起,因此当沈约用"兴会"来评价诗文,颜之推将"兴会"与"性灵"结合,都已在本体论(存在论)上领会人的生命存在与内在情意了。

又当体道过程与道体活动相接的存在状态趋于稳定,就成为一种人生境界、道德人格。冯友兰将魏晋的这类"人格"称为"风流"并析出四重特质。冯友兰说:"这样的人必有玄心,玄心就是超越之心,超越自我……这样的人必有洞见,他不借逻辑理性而通过直觉把握真知(情理)……这样的人必有妙赏,他能带着审美的态度对待世界从而使得宇宙人生艺术化……最后这样的人必有深情,这种深情是人超越自我之后对宇宙人生的深切同情,其中有着超越日常生活的更深切的哀乐,推其极致来说,超越的情感是忘情。"[1]而这又何尝不是"兴"的品性,正如上文刘勰所说"惟人参之,性灵所钟……为五行之秀,实天地之心"(《文心雕龙·原道》)。

第四节 唐代"兴"义

唐代,思想领域相对自由灵动,科举制的推行对经学与文学的发展起了积极的作用,"比"、"兴"的讨论有了经学、文学交融的特点。

以孔颖达为中心的注经团体认为"赋"、"比"、"兴"在表现手法上是"诗篇之异辞",对"兴"在文学领域的发展起了作用;经学在承袭汉代的基础上,提出"三体三用"说。虽然他们也沿用了刘勰提

---

[1] 冯友兰:《三松堂学术文集》,北京大学出版社1984年版,第348—355页。

出的"比显而兴隐",但并没有延续魏晋时期"兴"在本体论(存在论)向度上的意涵。鲁洪生说:"由于《孔疏》主要是疏解《毛传》、《郑笺》,不能从诗文本身探求其本意,仍旧是把《诗经》奉为字字句句都饱含政治寓意的经典,使他不可能认识到《诗经》的真实内容,因此使他也无法真正认识到《诗经》所运用表现方法的真实面貌。最终只能说孔颖达比较忠实地总结并发展了汉儒对赋、比、兴的认识。孔颖达的功绩在于提出'三体三用'说,将汉儒含混的认识发展成为含义比较明确的概念。"①

除了孔颖达团体的"三体三用说",彭锋②、鲁洪生③对相关概念作了系统梳理,他们分析了郑玄、章太炎("全为诗体说")、二程("全为诗用")、朱熹("三经三纬说")及近人的不同理解。

除了"经学义"还有"文学义",两者在唐代时常交融在一起。如在疏《诗经·樛木》时孔颖达首次将"兴"与"象"联系起来,"以兴必取象,以兴后妃上下之盛"④。进一步,在文学领域,殷璠于《河岳英灵集》提出"兴象"概念。自殷璠提出"兴象"概念后,其现实、物我之超越与在前反思维度上对价值意蕴之领会的一面,对后世司空图("韵外之致")、严羽(妙悟说)、王士贞(神韵说)等人的诗境理论产生了重要影响。随着理论的进一步发展,"兴象"不再只是对某种时代风格与诗歌品调的评价,由之延展出的概念更是成为体道过程与道体活动的表达与实践。再如皎然说:

取象曰比,取义曰兴,义即象下之意。凡禽鱼、草木、人

---

① 鲁洪生:《赋比兴研究史》,人民文学出版社 2017 年版,第 163 页。
② 彭锋:《诗可以兴》,安徽教育出版社 2003 年版,第 70—78 页。
③ 鲁洪生:《赋比兴研究史》,人民文学出版社 2017 年版,第 10—12 页。
④ 〔汉〕毛亨传,〔汉〕郑玄笺,〔唐〕孔颖达疏,〔唐〕陆德明音释:《毛诗注疏》,上海古籍出版社 2013 年版,第 52 页。

物、名教，万象之中义类同者，尽入比兴。关雎即其义也。①

皎然认为"比"偏于"象"，而"兴"偏于"意"，但这个"意"不是和"象"断裂的、二元分立的意，而是"象下之意"，是由"象"引出的"意"，也就是说"意"即"象—意"，两者是一体的，这和上文刘勰关于"称名"、"取类"在"内源上相似"上的说法一致。生活中，人们不是因为被"显象"之物的官能刺激打动，而是参与在"禽鱼、草木"的生命活动中，在彼此生存展开的关系里，领会到生命存在的意义，进而情满于怀。鲁洪生说皎然认为："比、兴是两种不同的表现方法……认为内在的义（兴），需要通过外在的象（比）来表现。两者联系紧密……是一个形象（喻体）的两个方面（象与义）……他所说的'比兴'，是不重在外象的相似，而在其内在义类的相同……它所说的'象下之意'，也就是他反复强调的具有'两重意以上'的'文外之旨'，也就是他所说的'但见情性，不睹文字'的具体阐发。"②

情满于怀，不能流于滥情虚靡，为了反思、矫正初唐时期文学自齐梁而来的奢靡浮华、过度形式的风气，经学对文学的积极意义体现了出来。滤去汉代"兴"譬僵化的政教义，保留其政治抱负的情志内核，"兴寄"、"兴谕"、"兴托"等强调社会作用的概念发展了出来。朱自清说："后世所谓'比兴'虽与毛、郑不尽相同，可是论诗的人所重的不是'比'、'兴'本身，而是诗的作用。白居易是这种诗论最重要的代表。他在《与元九书》中说从周衰秦兴，六义渐微，到了六朝，大家'嘲风雪，弄花草'，六义尽去。唐兴二百年，诗人不胜数，'索其风雅比兴，十无一焉'。就是杜甫，'……亦不过十三四

---

① 〔唐〕皎然撰：《诗式》（卷一），商务印书馆1940年版，第4页。
② 鲁洪生：《赋比兴研究史》，人民文学出版社2017年版，第164页。

首'。这是'诗道崩坏'。他说诗歌应该上以'捕察时政',下以'泄道人情',又说'歌诗合为事而作'。"①陈子昂也在《与东方左史虬修竹篇序》里主张"兴寄",用"兴"的方式,寄托、表现诗人的思想情怀。

第五节 宋代"兴"义

宋代《诗经》研究有疑经、改经的新变,变化不是突然发生的,孔颖达注经团体在主修《五经正义》时有辨伪的议论,如讨论"孔子删诗说"可不可信;唐代刘知己《史通》中有《疑古》、《惑经》的论述等,发展到宋代形成了疑经、辨伪的风气。宋代经学研究的另一个特点是从注重训诂到注重义理,这影响了《诗经》的阐释。

文学方面,对"兴"的认识依然延续自汉代以来的"比兴寄托"、"触物感兴",略有不同的是,宋人在"触物感兴"中揭示出隐含的"即目所见"义,"兴"的"现场性"被挖掘了出来。

以上理解都偏内容解,忽视了语言的形式特征,直到朱熹由于"理一分殊"的理学背景,有了文章中自有天理的结论,"比"、"兴"的语言形式义得到注意,它们在朱熹思想中绝不像今人理解的比喻、无义之发端那么粗陋。

一、文理即天理:朱熹"比"、"兴"思想的语言哲学旨趣

朱熹"比"、"兴"思想与众不同,形式上区别前人以局部词句为参照,改以"章"为单位,根据"本体"是否在"章"中出现区别"比"、

---

① 朱自清:《诗言志辨》,载朱乔森编:《朱自清文集 5——学术论著卷 2》,开今文化事业有限公司 1994 年版,第 158—159 页。

"兴";内容上认为整体重于部分。这种理解与"理一分殊"背景有关,文理中自有天理,通过涵泳把握文理,进而贯通天理。由此,"比"、"兴"在朱熹理学体系中的位置不可取代,它们是天理显现自身的"精神骨架",从上往下看,天理显为文理"赋"、"比"、"兴"三种逻辑架构,朱熹称为"骨子";从下往上看,骨架的组织形式是单一直陈"赋"、隐显婉转"比"和发端起承"兴",它们映射两种理解天理的思维方式,单一直陈、隐显婉转对应知性理性,发端起承对应直觉感通,两者共同作用,成为朱熹把握天理的过程路径。比之道家言与道的负向关系,朱熹"比"、"兴"思想为语言把握形上之道的正向路径提供了方案。

中国古代思想看似松散,但内在有极高的体系性,今人需要用更具说服力的方式从整体看,才能见出古代思想的理论形态与深刻洞见。朱熹"比"、"兴"就是一例。

对朱熹"比"、"兴"的理解,今人常从"比者,以彼物比此物也"①与"兴者,先言他物,以引起所咏之词也"②着眼,认其为比喻与无义之发端,这种解读过于粗陋。朱自清说:"后世用'比兴'说诗的还有不少。开端的是宋人。这可分为两类:一类可以说是毛、郑的影响,不过破碎支离,变本加厉……另一类是系统的用赋比兴或'比兴'说诗,朱子《楚辞集注》是第一部书,他用《诗集传》的办法将《楚辞》各篇分章注明赋比兴。不过他所谓'比'、'兴'与毛、郑不尽同……这一类价值自然比前一类高得多。"③撇开后世的毛、郑角度不谈,单从朱熹来说,如何"系统地"理解他的"比"、"兴"

---

① 〔宋〕朱熹集撰,赵长征点校:《诗集传·蟊斯》注》,中华书局2017年版,第7页。
② 同上书,第2页。
③ 朱自清:《诗言志辨》,载朱乔森编:《朱自清文集5——学术论著卷2》,开今文化事业有限公司1994年版,第155—157页。

思想？这里的系统涉及两方面内容：向内看，朱熹标注"比"、"兴"的统一原则是什么？向外看，朱熹对"比"、"兴"的理解在他的理学体系中处于什么位置？看清这两个方面，才能见出朱熹"比"、"兴"思想的理论形态与深刻洞见，即朱自清说的：有比毛、郑更高的价值。

"比"、"兴"首先是个语言问题，因此文章从语言入手，先分析朱熹"比"、"兴"标注的原则，再说原则的根据及与朱熹理学思想的整体性关系，最后阐释此种语言形态的意义价值。

（一）朱熹"比"、"兴"语言的区辨原则

朱熹是宋代《诗经》研究的集大成者，其《诗集传》经过三次重要修改①，在方法上废除《毛序》，改从文本入手探求诗义，和前人相比，有了新的理解原则。

1."章"与"本体"显隐："比"、"兴"之辨的语言形式原则

朱熹对"比"、"兴"的理解②在语言形式上与众不同，"和前人区别比、赋的标准不一样，孔颖达以是否譬喻来区分比、兴与赋，而朱是以本体在诗中是否出现为标准来区分"③。在朱熹以前，人们以有没有譬喻来区分"赋"与"比"、"兴"，又以"比显而兴隐"，比得直不直接来区分"比"和"兴"。

朱熹不同，以"本体"是否在诗中出现为准。朱熹说：

---

① "对于《毛诗》各篇前附加的小序，有一个从尊崇到反对的过程。……'某向作《诗解》文字，初用小序，至解不行处，亦曲为之说。后来觉得不安，第二次解者，虽存《小序》，间为辨破，然终是不见诗人本意。后来方知，只尽去《小序》，便自可通，于是尽除旧说，诗意方活。'……大概到淳熙十三年（一一八六），《诗集传》方才定稿。"（〔宋〕朱熹集撰，赵长征点校：《诗集传》前言，中华书局2017年版，第2页）

② 鲁洪生整理指出："整部《诗经》，朱熹共分1141章；其中标赋726章。标比者110章。标兴者274章。标比而兴等兼类31章。在《毛传》所标的116处兴中，朱熹将其中19处改标为赋，28处改标为比，3处改标为兼类。"（鲁洪生：《赋比兴研究史》，人民文学出版社2017年版，第171—172页）

③ 鲁洪生：《诗经学概论》，辽海出版社1998年版，第206页。

> 说出那物事来是兴,不说出那物事是比。如"南有乔木",只是说个"汉有游女";"奕奕寝庙,君子作之",只说个"他人有心,予忖度之";《关雎》亦然,皆是兴体。比底只是从头比下来,不说破。①

和"赋"之直言不同,"比"、"兴"都在说两件事,区别在于要说出的物事(本体)出不出现,如果"从头比下来"只有喻体,要说的物事隐含其中,是"比";如果"说破",出现了要说的物事,是"兴"。无独有偶:

> 且如"关关雎鸠"本是兴起,到得下面说"窈窕淑女",此方是入题说那实事。盖兴是以一个物事贴一个物事说,上文兴而起,下文便接说实事。如"麟之趾",下文便接"振振公子"……及比,则却不入题了……如"螽斯羽诜诜兮,宜尔子孙振振兮"!"螽斯羽"一句,便是说那人了,下面"宜尔子孙",依旧是就"螽斯羽"上说,更不用说实事,此所以谓之比。大率《诗》中比、兴皆类此。②

"关关雎鸠"和"窈窕淑女"是两件事,"窈窕淑女"作为实际要说的物事出现了,"麟之趾"和"振振公子"的关系同样如此,所以它们是"兴"。反之,像"螽斯羽"从第一句开始就已经在喻人了,下面"螽斯羽"继续喻说,没有出现要说出的本体,所以是"比"。

朱熹的这种区辨令人困惑,明明下句出现了上句喻体对应的

---

① 〔宋〕黎靖德编,王星贤点校:《朱子语类》卷八十,中华书局2020年版,第2519页。
② 同上书,第2520页。

本体,却被认为是"兴"不是"比",为什么?这不得不提朱熹理解"比"、"兴"的基本单位,比之前人从孤立的词句出发,朱熹以"章"为单位看"比"、"兴"。

除少数如《硕鼠》从"篇"上讨论"比"之情况外,《毛诗》、《郑笺》、《文心雕龙》、《毛诗正义》都从孤立的词句义出发讨论"比"、"兴",如汉人好引申词句,谈其言外之意以为政教服务。朱熹与众不同,以"章"为单位讨论整个诗章之内,诗句与诗句如何连续,如何关联。比较刘勰"比"义之例看与朱熹标注的差异,在刘勰所选的"比"例子中,如"瞻彼淇奥,绿竹如箦。有匪君子,如金如锡,如圭如璧。宽兮绰兮,猗重较兮。善戏谑兮,不为虐兮"。朱熹标为"兴",朱熹说:"以竹之至盛,兴其德之成就,而又言其宽广而自如,和易而中节也。"①"颙颙卬卬,如圭如璋,令闻令望。岂弟君子,四方为纲。"朱熹标为"赋","承上章,言得冯翼孝德之助,则能如此,而四方以为纲矣"②。

例一中,刘勰因为"如"字认其为"比",朱熹则以"章"为单位将上下句当作整体看。从"章"之整体看,"绿竹如箦"引出"君子"如金如锡等内容,本体出现了,所以是"兴"。至于具体内容中出现"如"字,只是词义表达,不能和整体意涵混同,如焦循所说:"惟以比方为'诸言如'者,……此乃行文取喻,无关诗之一义。"③文中出现"如"与从"章"之整体看为"比"是两回事,说某物像某物是"行文取喻",和作为"六义"之一的"比"不等效,因此"无关诗之一义"。例二同样如此,《大雅·卷阿》第六章从头至尾都是对君子的盛赞,

---

① 〔宋〕朱熹集撰,赵长征点校:《诗集传·卫风〈淇奥〉》,中华书局 2017 年版,第 54 页。
② 同上书,第 302 页。
③ 〔清〕焦循:《毛诗补疏》,中国诗经学会编:《诗经要藉集成》卷二十九,学苑出版社 2002 年版,第 6 页。

虽然盛赞过程用了圭璋之喻,但整章没有引发别的内容,没有隐笔,所以朱熹标为"赋"。

就此,朱熹以"章"为单位从整体出发,根据"本体"是否在"章"中出现,立起了一个新的"比"、"兴"解释系统,在这个系统中"所谓'比',就是'表面—隐含'两重语脉的对应模式;所谓'兴'……是'发端—承接'两重语脉的转折模式;至于'赋',则是诗章从头至尾直述主体,只有单一的语脉"①。当然,在此系统中,有时未必整体意涵连贯,会有变化的情形,这就有了除"赋"、"比"、"兴"外,朱熹在《诗集传》中还标出了"赋而比"、"赋而兴"、"赋而兴又比"、"比而兴"、"兴而比"几种情况,然而无论情况怎样,同一时空内只存在一种"比"、"兴"状态,没有"兼"之的可能,这里的缘由需从内容上看。

2. 整体重于部分:"比"、"兴"之辨的语言内容原则

中国思想中形式总是具体的形式,朱熹"比"、"兴"语言的形式特征和他对内容的理解分不开,以"章"为单位意味着内容上整体重于部分。以整体为单位意味着同一时空中只有一种语言特征,没有诸如"兴兼比"这类叠加态的可能。

对此,朱熹分析了前人眼中"兼"有的情况,以整体原则分出"取义之兴"和"不取义之兴",将前人的一阶逻辑视角,转为从整体的二阶逻辑上看。

> 问:"《诗》中说兴处,多近比。"曰:"然。如《关雎》、《麟趾》相似,皆是兴而兼比。然虽近比,其体却只是兴。"②

---

① 陈万民:《朱熹赋比兴体系新探》,《中国古代文学理论学会第十七届年会暨国际学术研讨会论文集》2011年8月,第320—326页。
② 〔宋〕黎靖德编,王星贤点校:《朱子语类》卷八十,中华书局2020年版,第2520页。

朱熹知道"兴而兼比",他举例了《关雎》、《麟趾》,其中"兴"的部分和"比"很像,可以说既是"兴"又是"比",但朱熹不满意这个说法,认为从"体"上看"只是兴"。

如何理解"体"上看?以朱熹举"《关雎》相似"为例:

> 兴者,先言他物,以引起所咏之词也。周之文王,生有圣德,又得圣女姒氏以为之配,宫中之人于其始至,见其有悠闲贞静之德,故作是诗。言彼关关然之雎鸠,则相与和鸣于河洲之上矣。此窈窕之淑女,则岂非君子之善匹乎?言其相与和乐而恭敬,亦若雎鸠之情,挚而有别也。后凡言"兴"者,其文意皆放此云。①

> 如雎鸠是挚而有别之物,荇菜是洁净和柔之物,引此起兴,犹不甚远。其他亦有全不相类,只借他物而起吾意者,虽皆是兴,与《关雎》又略有不同。②

> 且如"关关雎鸠"本是兴起,起得下面说"窈窕淑女",此方是入题说那实事。盖兴是以一个物事贴一个物事说,上文兴而起,下文便接说实事。③

第一段中"兴"是"先言他物,以引起所咏之词",这句话说完后,朱熹讨论起"关雎"譬喻"有别之物"来,最后指出《诗集传》往下"兴"的意涵都是如此。这里的"兴"义原则没有变化,如上文所言,朱熹以"章"为单位根据"本体"是否出现区分"比"、"兴":先说"关

---

① 〔宋〕朱熹集撰,赵长征点校:《诗集传·〈关雎〉注》,中华书局 2017 年版,第 2 页。
② 〔宋〕黎靖德编,王星贤点校:《朱子语类》卷八十一,中华书局 2020 年版,第 2554 页。
③ 同上书,第 2520 页。

关雎鸠",再讨论"关雎"譬喻"有别之物"进而说到"窈窕淑女",在这个过程中"关雎"与"窈窕淑女"是二件事,也就是朱熹讲的"上文兴而起,下文便接说实事","窈窕淑女"作为接说的实事"本体"入了题,符合朱熹对"兴"的理解,所以他能在讨论完大段的譬喻问题后,重申《诗集传》往后的"兴"义参照此处。

"兴"的意涵没有变,但在《语类》中朱熹又说:"其它亦有全不相类,……虽皆是兴,与《关雎》又略有不同。"如何理解"略有不同"? 这里的不同,是语言组织过程的不同,即在一阶逻辑层面上有不同,而不是意涵有差,即从整体的二阶逻辑上看没有问题。用朱熹的说法"略有不同"是"全不相类"与"相类"的不同,体现为"兴之全不取义"与"兴之取义"[①]的不同。

造成这种不同的根源,在"兴"语言的组织过程中,即从一阶逻辑的层面看,"比"是不是在局部发挥作用,如果不发挥作用,即是"全不相类",体现为"兴之全不取义",如果出现了"比"的局部作用,即在语言上产生"相类"的组织关系,就体现为"此兴之取义者"。在关雎与窈窕淑女的"兴"之组织关系中,朱熹认为"比"在一阶的语言组织关系中发挥了作用,属"此兴之取义者",和"其它亦有全不相类,只借他物而起吾意者,虽皆是兴,……略有不同"。这里"皆是兴"是从"兴"的质性上说,即从二阶逻辑上看,"略有不同"是从局部的语言组织上说,即一阶逻辑上看:从"兴"的质性上说(二阶),"关雎"与"窈窕淑女"是二件事,符合朱熹对"兴"的理解。从局部的语言组织上看(一阶),不同的是语言承接关系中局部"比"义作用的存寡,是《语类》中说的:"关雎是挚而有别之物,荇菜是洁净和柔之物,引此起兴"。"关雎"譬喻"有别之物"、"荇菜"譬

---

① 朱熹注《南有嘉鱼》第三章时引吕祖谦"兴兼比"的解读,说"此兴之取义者,似比而实兴也",又在第四章标"兴",并说:"此兴之全不取义者也"。〔宋〕朱熹集撰、赵长征点校:《诗集传·〈南有嘉鱼〉注》,中华书局2017年版,第172页。

喻"洁净和柔之物",由于"挚而有别"、"洁净和柔"的指引,被兴句之物事生发了出来。虽然从"兴"上看两者没有直接的关系——和"关雎"、"荇菜"有直接关系的是"挚而有别"、"洁净和柔"两个观念,它们没有在后文中直接出现——但又不能说完全没有关系,因为被兴句之物事是由兴句之物事的这两个观念引发出来的,所以《语类》说是"引此起兴,犹不甚远",在一阶逻辑上前后的承接关系有迹可循,一定程度上可以被分析。在这种情况中,"兴"之整体(二阶)的语言组织结构在局部(一阶)有了"比"的参与。

在一阶逻辑中,有"比"之参与,就有没有"比"参与的情况,即朱熹说"其它亦有全不相类",这即是说在整体诗句(二阶)的承接关系中,没有譬喻的局部(一阶)联结,只是纯粹地先言一物引出作者实际的内容,即"全不取义"的情况。

在朱熹之前与之后,都有人讨论"取义"与"全不取义"的"兴"。吕祖谦说:"有两例兴:有取所兴为义者,则以上句形容下句之情思,下句指言上句之事类;有全不取其义者,则但取一二字而已。"①季本说:"兴则因物发端引起下句,亦有二义,有取于义而发者,有因所见而发者。"②但无论是吕祖谦还是季本,他们都和朱熹以"章"为单位的整体(二阶)视角不同,站在了孤立的词句上讨论局部(一阶)的意义关系。此间的差异,朱熹在标注《大雅·行苇》"敦彼行苇,牛羊勿践。方苞方体,维叶泥泥。戚戚兄弟,莫远具尔"时说得分明,并在最后批评道:

毛首章以四句兴二句,不成文理……郑首章有起兴,而无

---

① 〔宋〕吕祖谦:《吕氏家塾读诗记》卷一,《景印文渊阁四库全书》第73册,台湾商务印书馆1983年版,第19页。
② 〔明〕季本撰:《诗说解颐》卷一,《景印文渊阁四库全书》第79册,台湾商务印书馆1983年版,第7页。

第一章 "兴"之古义要疏:通向本源之思

所兴。皆误。①

《毛诗》、《郑笺》侧重孤立的譬喻与文本之外的政教义,所以《毛诗》"以四句兴二句"的方式在朱熹看来"不成文理",没有从"章"之整体上看,拘泥在局部,成为:

> 但见"牛羊勿践",便谓"仁及草木";但见"戚戚兄弟",便谓"亲睦九族"。②

如此牵强附会、政教美刺,"多就诗中采撷言语",凿坏了文意,流为"随文生义,无复理论"③。古人作诗和今人一样,是感物兴情、自然而发的,不可能篇篇涉及目的性极强的喻旨,因此要从文章本身看,在整体中照见文意,他说:

> 此诗章句本甚分明,但以说者不知比兴之体、音韵之节,遂不复得全诗之本意,而碎读之,逐句自生意义,不暇寻绎血脉,照管前后。④

诗章的意涵是清楚的,但是前人不从"体"上,即不以"章"为单位从整体看,在局部"逐句"、"碎读"、"自生意义",造成无法"照管前后",不得完整意旨的局面。

---

① 〔宋〕朱熹集撰,赵长征点校:《诗集传·〈行苇〉注》,中华书局 2017 年版,第 296 页。
②③ 〔宋〕黎靖德编,王星贤点校:《朱子语类》卷八十,中华书局 2020 年版,第 2527 页。
④ 〔宋〕朱熹集撰,赵长征点校:《诗集传·诗序辨说》,中华书局 2017 年版,第 53 页。

（二）文理即天理："比"、"兴"之辨的思想根据与实践主张

为什么完整的意旨对朱熹来说那么重要？这和他的理学思想有关。研究发现，重整体的标注原则与文理即天理的理学旨趣、实践主张内相关，是朱熹下学上达、把握天理的内在路径与必要环节。

朱熹反拨孤立向的词句与断章取义的理解，以"章"为单位从整体看，是为了把握文章的本意，彰显文理。为此，朱熹认为不能只训诂字义、逐句理会，而要"血脉贯通"：

> 读书，须看他文势语脉。①
> 教小儿读《诗》，不可破章。②
> 授书莫限长短，但文理断处便住。③
> 读《孟子》……便晓作文之法：首尾照应，血脉通贯。④
> 凡说诗者，固当句为之释，然亦但能见其句中训诂字义而已，至于一章之内，上下相承、首尾相应之大指，自当通全章而论之，乃得其意……而放《诗传》之例，一以全章为断，先释字义，然后通解章内之意云。⑤

需要注意的是，虽然朱熹认为重点在理解整体的"文理"上，但局部的字句也很重要，它们是理解"文理"的第一步，只是不能偏执其上，应层层递进"通透"文理。朱熹说："大凡看书，要看了又看，逐段、逐句、逐字理会，仍参诸解、传，说教通透，使道理与自家心相

---

① 〔宋〕黎靖德编，王星贤点校：《朱子语类》卷十，中华书局2020年版，第219页。

②③ 同上书，第156页。

④ 同上书，第533页。

⑤ 〔宋〕朱熹撰：《楚辞集注·楚辞辩证》，载朱杰人、严佐之、刘永翔主编：《朱子全书》（修订本）第19册，上海古籍出版社、安徽教育出版社2010年版，第185页。

肯,方得。读书要自家道理浃洽透彻。"①

朱熹为什么对"文理"那么强调呢？这与"理一分殊"的理学背景有关,"理一分殊"意味着"文理即天理",它是朱熹如此理解"比"、"兴"的理论根据。

在朱熹之前,刘勰就有类似的理解。《文心雕龙·原道》说:"日月迭璧,以垂丽天之象；山川焕绮,以铺理地之形,此盖道之文也。"文是天道流行的肉身显现。横向看,朱熹和《文心雕龙》没有直接的关系,但他受到佛、老思想的影响是肯定的,其中有类似的道理；纵向看,朱熹对文理即天理的理解,直承理学,这里的要点在朱熹反复提及的"血脉"、"通"等概念上,它们与二程的理学思想紧密相关,并直接影响了朱熹。

二程有贯通血脉、识得仁体之说：

> 医书言手足痿痹为不仁,此言最善名状。仁者以天地万物为一体,莫非己也。认得为己,何所不至？若不有诸己,自不与己相干。如手足不仁,气已不贯,皆不属己。……欲令如是观仁,可以得仁之体。(《河南程氏遗书》)②

在对什么是仁的解释中,二程化用中医"手足痿痹"的类比,来说明"仁者"的本质是"通",如果气血不通手足就会麻木,"仁"也是一样,"以天地万物为一体",即与天地万物相贯通,这便是得仁体。那如何与天地万物贯通呢？首先要"认得为己"、"有诸己",对此,二程继续用血脉贯通喻说：

---

① 〔宋〕黎靖德编,王星贤点校：《朱子语类》卷十,中华书局 2020 年版,第 200 页。
② 〔宋〕程颢、程颐著,王孝鱼点校：《河南程氏遗书》,载《二程集》,中华书局 2004 年版,第 15 页。

若夫至仁,则天地为一身,而天地之间,品物万形为四肢百体。夫仁岂有视四肢百体而不爱者哉……医术有以手足风顽谓之四体不仁,为其疾痛不以累其心故也。夫手足在我,而疾痛不与知焉,非不仁而何世之忍心无恩者,其自弃亦若是而已。(《河南程氏遗书》)①

四体不通是因为手足失去了和心的联系,因此所谓"认得为己"实质是认得本心不"自弃"。进而当以天地为身体时,在识得本心的基础上推扩出去,成己、成物,这和血脉贯通一个道理。

为什么个体可以推扩,与天地为一体呢?因为"理一分殊"。天下万物禀赋同一个天理,天理在人为人之性,在物为物之性,它们是同一个理的不同表现,而对一理的体察在"诚":

天下万古,人心物理,皆所同然,有一无二,虽前圣后圣,若合符节,是乃所谓诚,诚即天道也。(《河南程氏经说》)②

"诚"是万物合乎理节的状态,是万物率性而行和对天道的遵循与实践。如此这般的"诚"是一种"通",与天道相通、与符节相合。

朱熹文理即天理,承接上述思想。从上往下看,既然万物同一个天理,而文本为一物,那么文本自然蕴含天理表现为文理,文理是天理在文本上的自身显现;从下往上看,文本是圣人所作,圣人

---

① 〔宋〕程颢、程颐著,王孝鱼点校:《河南程氏遗书》,载《二程集》,中华书局2004年版,第74页。
② 〔宋〕程颢、程颐著,王孝鱼点校:《河南程氏经说》,载《二程集》,中华书局2004年版,第1158页。

通天理并将心得做于文,后人通过文本学习圣人之道,把握文理,进而贯通天理。朱熹说:

> 圣人言语,皆天理自然。①
> 读书以观圣贤之意;因圣贤之意,以观自然之理。②

那么如何把握文理,进而贯通天理?上文二程认为,与天地万物为一体的前提是"认得为己",在自家身上体贴本心,落实到朱熹把握文理上看:

> 今人读书,多不就切己上体察,……古人读书,将以求道。不然,读作何用?③
> 本心陷溺之久,义理浸灌未透,且宜读书穷理。常不间断,则物欲之心自不能胜,而本心之义理自安且固矣。④

有了把握文理"认得为己",二程"人心物理,皆所同然"得实现,朱熹描述为:

> 放宽心,以他说看他说。以物观物,勿以己观物。⑤
> 以书观书,以物观物,不可先立己见。⑥

---

① 〔宋〕黎靖德编,王星贤点校:《朱子语类》卷十一,中华书局 2020 年版,第 221 页。
② 同上书,第 200 页。
③ 同上书,第 223 页。
④ 同上书,第 218 页。
⑤ 同上书,第 222 页。
⑥ 同上书,第 223 页。

"宽心"不单是读书法,更是一种存在状态。朱熹说:"不可终日思量文字,……亦须空闲少顷,养精神,又来看。"①如何"空闲"、"养神"?"闲来无事不从容,睡觉东窗日已红。万物静观皆自得,四时佳兴与人同。道通天地有形外,思入风云变态中。"(程颢:《秋日偶成》)这是最佳应答,从本体论(存在论)上看,其中已有"成己"、"成物"的味道,有对天理的观照。

(三)语言与天道:"比"、"兴"作为形上之道的"精神骨架"

朱熹"比"、"兴"的语言特征和他的理学思想一以贯之,既然"理一分殊",那么文理中自有天理,这才有了不以辞句害意的整体感,与通过文理把握天理的成德路径。因此,以把握天理为目的,语言形态的"比"、"兴"在朱熹理学体系中的位置不可取代,是天理显现自身的"精神骨架"。

从上往下看,它们是天理显现为文理的三种逻辑架构,朱熹把这种架构称为"三经",把"三经"称作"骨子",随后对"三经"、"三纬"作了进一步解释。

> "三经"是赋、比、兴,是做诗底骨子,无诗不有,才无,则不成诗。……如《风》、《雅》、《颂》却是里面横弗底,……故谓之"三纬"。②
>
> 盖所谓"六义"者,《风》、《雅》、《颂》乃是乐章之腔调,如言仲吕调、大石调、越调之类;至比、兴、赋,又别:直指其名,直叙其事者,赋也;本要言其事,而虚用两句钓起,因而接续去者,兴也;引物为况者,比也。立此六义,非特使人知其声音之

---

① 〔宋〕黎靖德编,王星贤点校:《朱子语类》卷十一,中华书局2020年版,第220页。
② 同上书,第2521页。

所当,又欲使歌者知作诗之法度也。①

"赋"、"比"、"兴"、"三经"是做诗的"骨子",《风》、《雅》、《颂》"三纬"是成《诗》的腔调。

诗文从语言组织上看,必然以三种架构呈现:"赋"或"比"或"兴",通过它们就能意会文理,进而贯通天理。换句话说,它们承接天理,并经由它们化显为文理,是天理肉身于语言的三种样式。

从下往上看,这种语言逻辑映射两种理解天理的思维方式。"赋"、"比"、"兴"在朱熹思想中是天理显现于文理的逻辑架构,这种架构诚如上文陈万民指出:"赋"是单一直陈,"比"是隐显婉转,"兴"是发端起承,基于语言、思维与存在的同构性关系,它们映射着两种理解天理的思维方式,单一直陈、隐显婉转对应知性理性,而发端起承对应直觉感通,彼此相互配合,成为朱熹把握天理的过程路径。以朱熹解读《小雅·鹤鸣》为例:

> 盖鹤鸣于九皋,而声闻于野,言诚之不可掩也;鱼潜在渊,而或在于渚,言理之无定在也;园有树檀,而其下维萚,言爱当知其恶也;他山之石,而可以为错,言憎当知其善也。由是四者引而申之,触类而长之,天下之理,其庶几乎。②

"鹤鸣于九皋"、"鱼潜在渊"、"园有树檀"、"他山之石",朱熹认为这四处都是"比",《鹤鸣》通过四比方意指"诚"、"理"、"爱"、"憎"四对象的所当然之理,又由对"诚"、"理"、"爱"、"憎"当然之理的理

---

① 〔宋〕黎靖德编,王星贤点校:《朱子语类》卷八十,中华书局 2020 年版,第 2518 页。
② 〔宋〕朱熹集撰,赵长征点校:《诗集传·〈鹤鸣〉注》,中华书局 2017 年版,第 189 页。

解,"引而申之",实现对"天下之理"的认识。从文理上看,此处在说"比",但从贯通天理的实践路径看,朱熹认为不仅需要"比"之理性,还要"引"、"触"的运思方式,引向他者,触及旁通,这与"兴"的直觉感通相关。

为什么说朱熹通达天理的思维方式,不仅需要"比"之理性,还要"引"、"触"的直觉感通,对照《大学·格物补传》能看得分明:

> 盖人心之灵莫不有知,而天下之物莫不有理,惟于理有未穷,故其知有不尽也。是以《大学》始教,必使学者即凡天下之物,莫不因其已知之理而益穷之,以求至乎其极。至于用力之久,而一旦豁然贯通焉,则众物之表里精粗无不到,而吾心之全体大用无不明矣。

达到"表里精粗无不到"与"全体大用无不明"的一步在"豁然贯通","豁然贯通"是一种当即顿悟,它不属认知心的范畴,因为"理有未穷,故其知有不尽",因此最终能通达天理的一击是"直觉感通",即"引"、"触"的方式。但是,"直觉感通"要最终实现又离不开认知理性,因为直觉感通的体证式思维不会凭空发生,它以当量的内容为前提,需要和"比"之理性配合,建立在渐修的基础上。只有先学习了一定的道理,如《鹤鸣》以"四比方"意指"诚"、"理"、"爱"、"憎"四对象的所当然之理,对这些道理有了体贴,"认得为己",才能通过"引"、"触"之直觉,对同理之天理有不偏不倚地把握,而不至于过于"简易"。

从上述意义看,朱熹说的"比意虽切而却浅,兴意虽阔而味长"[①]便不只区辨了"比"、"兴",还将语言、思维与成德工夫联系在

---

① 〔宋〕黎靖德编,王星贤点校:《朱子语类》卷八十,中华书局2020年版,第2520页。

第一章 "兴"之古义要疏：通向本源之思

一起。"比"虽隐去主题，但能通过物象较容易地认识到，可以作为一种明理学习的起手方法；"兴"的发端与主题看似远阔分殊，但意味深长，内蕴"理一"之关联，领会起来需要"豁然贯通"。因此，"比"、"兴"虽然思维方式不同，但在自下而上的成德工夫中，两者是不可分割的整体，正如前节对《论语》"兴于诗"后学注疏的比较分析，发现"兴"或与修身方法有关，或与解《诗》有关，前者属修身次第义，后者是《诗》之作用义，它们在"用诗"（诗教）的背景下联系起来。同样，"比"、"兴"在朱熹这里作为思理方式不可做纯思之形式理解，而是一种内嵌于成德工夫的价值活动。

此外，除了理学体系中的重要位置，"精神骨架"作为朱熹的语言旨趣还有更深远的意义。言与道的关系一直是中国思想的核心议题之一，比之道家的负向关系，朱熹为语言通达形上之道提供了正向方案。老子认为命名无法规避执着之命，因此摒弃"人为"以使万物"自化"、"自正"，对此老子取喻说（水、赤子等）与正言若反的措辞展开对"道"的成全，后有庄子"三言"继任。这是一条语言路径。

与老庄对照，儒家同样注意到名言的局限性，但在与"言"相剥离的同时，给予"名"积极的态度。孔子说："四时行焉，百物生焉，天何言哉？"（《论语·阳货》）孟子说："天不言，以行与事示之而已矣。"（《孟子·万章上》）一方面，"天"与其具体体现的"四时"、"百物"并不依附"言"而存在；另一方面，孔子将"名"与"天"、"四时"、"百物"、"行"、"事"相连，认为只有出自代表天意的"名"才有神圣性和正统性，所谓"必也正名乎"，正是这个道理。那"名"如何能贯通天道，"道名"又如何表现？

从与道的关系上看，苟东锋将"名"分为"可名之名"与"常名"，所谓："道，可道，非常道；名，可名，非常名。"（《老子》）"可名之名"是日常意义的"名"，在能指与所指的确定性中言说事物，也因此有执着之命。有执着之言,就有不执着之言,即"常名",它对应"常道",不在"所指"的范畴中,是"道"自己呈现自己。① 问题在于,儒家思想不设彼岸世界,"常名"也不例外,这意味着无有所指的"常名"不是空洞的,有其内容,又由于它不在"所指"范畴中,"常名"的内容无法通过分析的方式作为客观对象出现,但又因属道的特性而必然出现,作为"所指"内容得以可能的前提,贯穿在所有具体的内容中,自己展开、呈现自己。这种贯通天道,又作为所有具体内容得以可能之前提的内容,怎么可能?

朱熹在这方面显出了深邃的洞见,虽然"常名"是道家概念,狭义来说以朱熹对之不合法,但此处借之作广义解,讨论从语言层面看,中国文化中存在的规定而不被规定的本体内容,如何从语言层面理解?朱熹给出了答案,这便是"比"、"兴":作为贯通形上之道的"精神骨架"。作为内容,它是天理肉身显现的逻辑架构。作为架构,它表现为隐显婉转("比")、发端起承("兴");作为与架构同构的思维方式,它对应着认知理性与直觉感通。此时,"比"、"兴"之名不是"可名之名"的所指内容,而是具体内容得以成形的前提,在此前提下,人们涵泳内容把握文理,通过文理领会天道。一条找到变之不变的内在精神框架,进而"与万物为一体"的正向的语言路径出现了。

二、"兴"的"现场性"、"即时性"

朱熹将"兴"的直觉性做进语言,没有对直觉如何活动的过程做思考,其他人注意到了这个问题。在文学领域中,李仲蒙说:

---

① 苟东锋:《论"常名"》,载陈鼓应主编:《道家文化研究》第三十五辑,中华书局2023年版,第429—460页。

> 叙事以言情谓之赋,情尽物也;索物以托情谓之比,情附物也;触物以起情谓之兴,物动情也。故物有刚柔缓急荣悴得失不齐,则诗人之情性亦各有所寓。非先辨乎物则不足以考情性,情性可考,然后可以明礼义而观乎诗矣。①

李仲蒙对"情"格外关注,他将物与情的不同处置方式与诗中"赋"、"比"、"兴"的不同意涵对应起来,认为"比"是借助外物寄托情感("索物以托情");"兴"是由外物的激发引起感动("触物以起情")。"索物以托情"之"比",情在先、物在后,要求寻找适当的物象寄托内心的情感;"触物以起情"之"兴",物在先、情在后,与物象的邂逅产生了情感。

"索物以托情"关键在"索",它要求一种知性的安排,以找到合适的物象安放情感;"触物以起情"关键在"触",它是一种自然无意的感发,情感的发生不受知性控制,是刹那间呈现的。

"索物以托情"的"物"是"对象物",通过知性安排找到具体对象来描画、表达、安置情感;"触物以起情"的"物"是"虚化物",它只提供起情的缘起,人们通过这个缘起,触及缘起背后,涵融了人的生命活动的整个世界。宗白华说:"山水虚灵化,也情致化了。陶渊明、谢灵运这般人的山水诗那样的好,是由于他们对于自然有那一股新鲜发现时身如化境浓酣忘我的趣味;他们随手写来,都成妙谛,境与神会,真气扑人。"②妙谛自然不是对象化的自然,而是与人的生存活动打成一片的生命自然,登高望远的现实提供陶渊明、谢灵运发现的缘起,发现已是"身如化境浓酣忘我"的情态,澄怀于生存之境与生命共情,而不是当理中客,去索契形质上的类通。

---

① 〔宋〕胡寅撰:《致李叔易书》,载胡寅《斐然集》卷十八,中华书局1993年版,第386页。
② 宗白华:《宗白华全集》第2卷,安徽教育出版社1994年版,第276页。

在李仲蒙的物情关系里,"兴发"之"情"是在与"物"的照面中直见的,呈现诗人当下(现场性)的生命活动,这层特质苏辙也注意到了,苏辙说:

> 夫兴之为言,犹曰其意云尔。意有所触乎,当此时已去而不可知,故其类可以意推而不可以言解也。《隐其雷》曰"隐其雷,在南山之阳",此非有所取乎雷也,盖必其当时之所见而有动乎其意,故后之人不可以求得其说,此其所以为兴也。①

"殷其雷,在南山之阳"是"当时"人的所见,由当时之所见而有当时之所动,后人可以通过知性去类推臆测,但当时究竟产生了怎样的情意是不可解的,这种直接、当下的"触意"便是"兴"。由此可以说,在"兴"中人与境域是同体共流的,由当时之所触而有当时之所动、意,人就在意义中,意义就在人(生命活动)中。

杨万里推崇的兴诗同样如此,"大抵诗之作也,兴上也,……我初无意于作是诗,而是物是事适然触乎我,我之意亦适然感乎是物是事。是触先焉感随焉,而是诗出焉,我何与哉?天也,斯之谓兴"②。张戒也提及"兴"的"触景而得","目前之景,适与意会,偶然发于诗声,六义中所谓兴也"③。

---

① 〔宋〕苏辙:《栾城应诏集卷五·诗论》,《四部丛刊》,上海涵芬楼影印版,第七—八页。
② 〔宋〕杨万里著,辛更儒笺校:《杨万里集笺校》第6册,中华书局2007年版,第2841页。
③ 〔宋〕张戒撰:《岁寒堂诗话》,载丁福保辑:《历代诗话续编》上,中华书局2006年版,第474页。

第六节　元明清"兴"义

元、明、清时期人们对"兴"的理解又有稍许不同。在经学领域,朱熹的《诗集传》一度取代《毛诗》、《郑笺》成为权威。在元代,朱熹《诗集传》受到官方重视,明时科举考试的科目有《诗集传》,清代康熙《钦定诗经传说汇纂》以《诗集传》为纲,但清代汉学"比"、"兴"研究仍重毛、郑。

在艺术领域,自唐代殷璠提出"兴象"概念后,"兴"与诗境理论、审美活动联系在一起,作为体道过程与道体活动的枢机,"兴"正式从"比兴"喻说路径中独立出来,历时千年,重新在本体论(存在论)层面确立起自身的自律性(详见《描述篇》第八、九章)。

仅就诗学领域看,"比"、"兴"与"情"、"景"("物"、"我")之关系有关,多数人认为"比"、"兴"与直接陈述不同,表现出委婉的特质,若再进一步比较"比"、"兴",那么大体上都会揭示出"兴"的直觉直接性、时几化、情境化之价值赋意,及在本体论(存在论)层面的奠基作用。

明代李东阳与前代一样从"情"上着眼,在以"托物寓情"总说"比"、"兴"的同时,又将重点落在"兴"上。他说:

> 诗有三义,赋居一,而比兴居二。所谓比与兴者,皆托物寓情而为之者也。盖正言直述,则易于穷尽,而难于感发。唯有所寓托,形容摹写,反复讽咏,以俟人之自得,言有尽而意无穷,则神爽飞动。手舞足蹈而不自觉,此诗所以贵情思而轻事实也。①

---

① 〔明〕李东阳撰:《麓堂诗话》,载丁福保辑:《历代诗话续编》下,中华书局2006年版,第1374—1375页。

李东阳以"托物寓情"总说"比"、"兴",和它对应的是"赋"之"正言直述","正言直述"以陈述的方式应说尽说,缺点是停留在字面上"难于感发",而"托物寓情"不同,它能"感发",得言外之意和不可遏的磅礴情感。

那如何感发呢?从作者角度看"唯有所寓托,形容摹写,反复讽咏",从读者角度看"俟人之自得,言有尽而意无穷",它们统一于"托物寓情"。李东阳这里的"托物寓情"和宋代李仲蒙"索物以托情"不同,他的"托物寓情"更像是融合了李仲蒙"索物以托情"与"触物以起情"的产物。

创作上,作者一方面"形容摹写,反复讽咏"将情感附于物的同时,给予读者自得感发的空隙,令读者感动,另一方面也在创作中"反复讽咏"从读者的角度理解他自己的创作,看看是否能产生新意,以期未来的读者在他的作品中回味无穷。意义领会上,作者即读者,他因物感而"手舞足蹈"、"不自觉","诗作"尽显他"神爽"、"自得"、"意无穷"。

虽然,李东阳对"比"、"兴"的讨论统一在"托物寓情"这个看似与"比"相关,需要借助知性理性才能完成的名目下,但实际上李东阳更重视"兴"。李东阳继承了钟嵘"文已尽而意有余,兴也"的定义,认为"诗"、"贵情思而轻事实",诗歌的真正价值在"自得"感发和前概念的表达("言有尽而意无穷")而不必拘泥于指称逻辑。这种超越有限经验直指本体(存在)的理解,明代谢榛有讨论,他说:

> 诗有不立意造句,以兴为主,漫然成篇,此诗之入化也。

(卷一)

> 诗有天机,待时而发,触物而成,虽幽寻苦索,不易得也。

(卷二)

> 作诗本乎情景,孤不自成,两不相备。凡登高致思,则神

交古人，穷乎遐迹，系乎忧乐，此相因偶然，著形于绝迹，振响于无声也。夫情景有异同，模写有难易，诗有二要，莫切于斯者。观则同于外，感则异于内，当自用其力，使内外如一，出入此心而无间也。景乃诗之媒，情乃诗之胚，合而为诗，以数言而统万形，元气浑成，其浩无涯矣。同而不流于俗，异而不失其正，岂徒丽藻炫人而已。然才亦有异同，同者得其貌，异者得其骨。人但能同其同，而莫能异其异。①（卷三）

"诗"中有不刻意造句的语言表达，这种表达主要以"兴"的方式呈现，表现为了无形迹、充盈自然，是诗的最高境界。"漫然成篇"的"兴"语言之所以能将诗"入化"，是因为这样的语言与"时"、"天机"有关（"诗有天机，待时而发"），诗的产生并非你想获得就能获得，也不是你刻意回避就能回避的，它"待时而发"，在合于时、几的生命境域中情不自禁，是直接、当下的"触物而成"，它过时不候，不是人为"幽寻苦索"，通过知性理性去苦思冥想、类推臆测的结果。

又由于这种直接、当下的触意是时机化、境域化的，所以"情"、"景"在此同体共流，它们是情境赋意活动的一体两面，而绝不是市面上所谓的由物及心，或由心及物（这种言说心物关系的方式仍是二分）。由于"情"、"景"属同体共流的一体两面，所以谢榛说"情、景，孤不自成，两不相备"，"情"与"景"不能单独成立，两者都是"触物而成"这个时机化、境域化活动整体的组成部分，其中"景"让诗人有所感，所以是"媒"，"情"让诗人有所"发"，是"胚"，两者相辅相成，"合而为诗"。

---

① 〔明〕谢榛撰：《四溟诗话》，载丁福保辑：《历代诗话续编》下，中华书局2006年版，第1152、1161、1180页。

当情境和合、同体共流,涌现出的诗言就不是工具语言,对具体事物之性状作描摹,相反人是语言的工具,因而诗言作为原初的命名合于生命自然的内在道说,所以能"以数言统万形"。这和上文刘勰对"兴"的阐述"称名也小,取类也大"如出一辙,是"内源性相似",是人融入浑一宇宙,化作无尽生成的整体的推动里,以活泼地自生自发的姿态去应和万物的自由兴现,那"漫然成篇"便是"自由兴现"之言,它不拖泥带水地用知性"立意造句",而洞穿了概念的封闭性,回到意义生成活动的原初境域中领会意义生成过程本身。此时,人"神爽"于"言有尽而意无穷",自得在"元气浑成,其浩无涯"中。

和谢榛类似,清代吴乔也在情物关系与言说方式上讨论"比"、"兴",他说:

> 人有不可已之情,而不可直陈于笔舌,又不能已于言,感物而动则为兴,托物而陈则为比。是作者固以酝酿而成之也。①

工具语言无法述尽情感,但是人又不可能没有情感的传达,当人情满于怀时,总会"情动于中而形于言",这种情不自禁地言说,吴乔认为是"感物而动则为兴,托物而陈则为比"。和李东阳与"正言直述"相对的"托物寓情"一样,吴乔也将"感物而动"之"兴"和"托物而陈"之"比"并举,以与"直陈于笔舌"相对,认为不可遏的情感无法通过"直陈"的方式表达,但又不能不表达,那么只有通过"感物"、"托物"的语言来委婉表达。

---

① 〔清〕吴乔撰:《围炉诗话》卷一,载《历代诗话论作家》下编,湖南人民出版社1984年版,第131页。

"比"、"兴"并举以与"直陈于笔舌"相对的同时,吴乔对"比"、"兴"既作了区分又给予了统一。它们在"感物"与"托物"上不同,这和上文李仲蒙"触物以起情"、"索物以托情"的不同类似,但吴乔又认为它们都是作者"酝酿而成"的,用"酝酿"这个概念将两者统一起来。如何理解这里的"酝酿"呢?

"酝酿"可以分为"主动酝酿"和"被动酝酿"。"主动酝酿"是"托物"式的"酝酿",以创作者的姿态,通过知性理性,像李东阳说的"形容摹写,反复讽咏",谢榛说的"幽寻苦索",借物来精刻情感;"被动酝酿"是"感物"式的"酝酿",像谢榛说的"待时而发"、"漫然成篇",在与物同体共流的生存展开中情满于怀。为什么说"被动酝酿"也是"酝酿"?上文介绍孔安国"引譬连类"与郑众"托事于物"时提到,人们的心志、情感在没有遇到可寄托、触发的事物前,其生存活动是以隐没的方式原初综合、历史积淀着的,后在有意无意间与物邂逅,积存的内容通过邂逅之物抒发出来,这也是一种"酝酿"。更为重要的是,这种"被动酝酿"是原初的、根本的"酝酿",只有以此为前提,人们以为的"主动酝酿"才有可能。从本体论(存在论)上说,"被动酝酿"之"兴"对意义的生成起了奠基性的作用。

"兴"对意义生成的奠基性作用,在清代叶燮的论述中也有呈现。叶燮说:

> 原夫作诗者之肇端,而有事乎此也,必先有所触以兴起其意,而后措诸辞,属为句,敷之而成章。当其有所触而兴起也,其意,其辞,其句劈空而起,皆自无而有,随在取之于心。[1]

---

[1] 〔清〕叶燮、沈德潜著,孙之梅、周芳批注:《原诗·内篇上》,载《〈原诗〉〈说诗晬语〉》,凤凰出版社2010年版,第13页。

有触而有意,有意而有"辞"、"句"、"章"。"辞"、"句"、"章"是对所起之"意"的描述,是一种有形,而有形的言说建基在"劈空而起"的无意"触兴"上,"触而兴起"凭空发生是有形者的源头,它规定而不被规定,引发而不被引发,所以是"皆自无而有"。"无"并非什么都没有,恰恰相反,"无"是尚未被区分、被规定的万有,"作诗者"无论"作"不"作"诗,都先在地生存展开着,与其所处的生命自然打交道,因此当临事作诗时,"作诗者"总已有了经历而来的生存领会,并将领会之意呈现出来("皆自无而有,随在取之于心")。

越来越多人开始从本体论(存在论)角度理解"兴",将之作为体道过程与道体活动的枢机,"兴"从"比兴"的喻说路径中脱离,确立起原初的自律性。

从本体论(存在论)角度理解"兴",最核心的工作是从正面勾勒"兴"的生成机制,看其如何运思、如何生成意义,这最后的一步,也是最重要的一步工作,由清代王夫之在其诗论中完成。

王夫之认为,诗之根本不在"意"、"史"、"理",他说:

  诗之深远广大与夫舍旧趋新也,俱不在意。唐人以意为古诗,宋人以意为律诗绝句,而诗遂亡。①(不在"意")
  诗有叙事叙语者,较史尤不易……诗则即事生情,即语绘状,一用史法,则相感不在永言和声之中,诗道废矣。②(不在"史")
  王敬美谓"诗有妙悟,非关理也",非谓无理有诗,正不得

---

① 〔清〕王夫之撰:《明诗评选·高启〈凉州词〉评》,载《船山全书》第14册,岳麓书社2011年版,第1576—1577页。
② 〔清〕王夫之撰:《古诗评选·古诗〈上山采蘼芜〉评》,载《船山全书》第14册,岳麓书社2011年版,第651页。

第一章 "兴"之古义要疏：通向本源之思

以名言之理相求耳。①（不在"理"）

一首诗歌总有它的意义，总有相应的"史"、"理"，但如果反过来，从逻辑前提处说诗以"意"为主，那么诗的深远广大就会被遏制，唐人、宋人无法在前人的基础上"舍旧趋新"，诗歌的生命力就将终结。为什么以"意"为主，会扼杀诗歌的生命力呢？因为以"意"为主就像对"史"、"理"的追求那样，是用知性理性处理对象的方式，用这种方法讲清楚历史、道理都不容易（"有叙事叙语者，较史尤不易"），又怎么能创作好诗呢？诗是瞬时发生、当下呈现（"即事生情，即语绘状"）的，不是对既成事实、既有之理的复现、宣教与逻辑表达。

诗之所以为诗，自它诞生的那一刻起就不是在指称确定的意义，诗之发生、肇端是前概念、前反思的，"史"、"理"之"意"是肇端之诗伴随出的内容，所以"非谓无理有诗"，不是说诗中没有"意"、没有"理"，而是"诗有妙悟，非关理也"，不能用概念化的名言、"史法"去对待诗。这与上文叶燮的说法一个道理，有触而有意，有意而有"辞"、"句"、"章"，所以诗一旦发作出来必有"意"、"史"、"理"，它们作为"有触"而"有意"的必然结果存在，但"史"、"理"之"有意"不能本末倒置，成为诗之肇端。与叶燮认为"劈空而起"的"兴"才是它们的根本一样，王夫之认为"兴"才是诗的根本。

诗的根本在"兴"，王夫之说：

> 以言起意，则言在而意无穷。以意求言，斯意长而言乃短。言已短矣，不如无言。故曰"诗言志，歌永言"，非志即为

---

① 〔清〕王夫之撰：《古诗评选·古诗〈上山采蘼芜〉评》，载《船山全书》第14册，岳麓书社2011年版，第687页。

诗,言即为歌也。或可以兴,或不可以兴,其枢机在此。①

诗之为诗的关键在"兴",虽然诗可以表达心志,但不能说能表达心志的就是诗,成不成关键看可不可以"兴"。

"兴"是什么呢？王夫之用唯识宗的"现量说"来解释"兴"的本质,为此他先解释了什么是"现量",他说：

> "现量"现者,有现在义,有现成义,有显现真实义。现在,不缘过去作影。现成,一触即觉,不假思量计较。显现真实,乃彼之体性本自如此,显现无疑,不参虚妄。②

"不缘过去做影",即它的发生不以既定事实为条件,不通过知性而在直觉感通中生发("一触即觉,不假思量计较"),从而呈现事物之"真"("显现真实,乃彼之体性本自如此")。

这个说法和王夫之讲"诗则即事生情,即语绘状",和他引严羽《沧浪诗话》"非关理也"的旨趣一致,也与李仲蒙"触物以起情",苏辙"当时之所见而有动乎其意",谢榛"待时而发,触物而成"、吴乔"感物而动"、叶燮"劈空而起,皆自无而有"等对"兴"的理解相通。只是和他们相比,王夫之用"现量说",对"兴"的这种运思方式给予了最直接、正面的表达。

接着,他把"现量"引入诗歌,将之与知性理性(认知心)对比,见出"兴"的特质。

---

① 〔清〕王夫之撰：《唐诗评选·孟浩然〈鹦鹉洲送王九之江左〉评》,载《船山全书》第14册,岳麓书社2011年版,第897页。

② 〔清〕王夫之撰：《相宗络索·(六)三量》,载《船山全书》第13册,岳麓书社2011年版,第536页。

> "僧敲月下门"只是妄想揣摩,如说他人梦,纵令形容酷似,何尝毫发关心?知然者,以其沉吟"推"、"敲"二字,就他作想也。若即景会心,则或推或敲,必居其一,因景因情,自然灵妙,何劳拟议哉?"长河落日圆",初无定景;"隔水问樵夫",初非想得:则禅家所谓现量也。①

王夫之认为像贾岛"推"、"敲"式的创作"纵令形容酷似",虽然能条分缕析、"拟议"、"知然"于对象,但依然不真实,而与之相对的"长河落日圆"、"隔水问樵夫","初无定景"、"初非想得",因其"现量"式运思反而显见了性体之真。为什么几近酷似,"知然"对象,反复揣摩被王夫之认为如梦般不真实,而"即景会心"、"自然灵妙"能彰显事物之真呢?

> 物无遁情,字无虚设。两间之固有者,自然之华,因流动生变而成其绮丽。心目之所及,文情赴之。貌其本荣,如所存而显之,即以华奕照耀,动人无际矣。古人以此被之吟咏,而神采即绝。后人惊其艳,而不知循质以求,乃于彼无得,则但以记识外来之华辞,悬想题署:遇白皆"银",逢香即"麝"……何当彼情形,而曲加影响。②

原来王夫之区分出了经验世界(认识论意义上)和纯意生发的本体界,对于经验自然来说它的绮丽精工是相对的("流动生变")、观念化的("记识外来之华辞"),自以为的"绮丽"其实是对"天地有

---

① 〔清〕王夫之撰:《姜斋诗话·夕堂永日绪论内编五》,载《船山全书》第15册,岳麓书社2011年版,第820—821页。
② 〔清〕王夫之撰:《古诗评选·谢庄〈北宅秘园〉评》,载《船山全书》第14册,岳麓书社2011年版,第752页。

"大美"的遮蔽,如若人从本体出发("貌其本荣……被之吟咏"),那么其所散发的光彩才是最能打动人的真实("华奕照耀,动人无际矣……神采即绝")。

如何进入天地大美,进入此纯意之生发的本体界呢?那便是通过"兴"。"兴"既是运思方式,也是人的基础存在状态,前人既将"兴"同知性理性区别开("不可言解"、"幽寻苦所,不易得也"),又将"兴"认作时几化、境域化的纯意境赋予("待时而发"、"自无而有"),和他们相比,王夫之对此思维、存在状态给予了更充分、更自觉的正面论述。王夫之说:

> 有识之心而推诸物者焉,有不谋之物相值而生其心者焉。知斯二者,可与言情矣。天地之际,新故之迹,荣落之观,流止之几,欣厌之色,形于吾身以外者化也,生于吾身之内者心也;相值相取,一俯一仰之际,几与为通,而勃然兴矣。①

情感的呈现有两种方式:一种是"有识之心而推诸物者",通过知性理性("有识之心")有意地将情感对象化成客体形象;另一种是"有不谋之物相值而生其心者焉","不谋之物"大化于天地,没有确定的意义形象,当人和"不谋之物"相遇("相值")时情感触发了出来("生其心"),这个过程没有认识心参与,是直接发生的,这种直接性即是人在世界中与万物打成一片("一俯一仰之际,几与为通")。

至此,"兴"有了直面本身的阐述:人除了用认知心与世界打交道外,还有一种融于浑一宇宙,与物同体共流的思维、存在方式,

---

① 〔清〕王夫之撰:《诗广传·〈豳风·三 论〈东山〉二〉》,载《船山全书》第3册,岳麓书社2011年版,第383—384页。

这便是"兴"。"兴"的生成,是人以"不谋之物"为中介(在具体的缘在中),示见实在的生命活动与其所处世界之内在而整体的意义关系("一俯一仰之际,几与为通"),其中"心"、"物"、"相值相取",直接作用。

"兴"如何运思、如何存在、如何生意,王夫之借助唯识宗"现量说"给予了勾勒,"兴"在本体论(存在论)上的直觉直接性运思,时几化、情境化之价值赋意,及其对经验认知的奠基性作用,呈现了出来。

第二章 近现代"兴"义要疏:"迂回"他者的旅行与反思

思维、语言与生存方式间具有同构性,从语言叙述的独特性入手可以见出一个民族的精神旨趣,当不同民族间的旨趣发生对话、转译,"我注六经"与"六经注我"的阐释张力在本族与异族的双向互嵌中发生。

"兴"概念从《诗》之时代起就构成了中国文化极具特色的一个方面,西方以自身的文化背景将其译介,展开对"兴"概念的格义。20世纪后的中国人从拼音到语法、启蒙到理性,潜移默化地受到西方文化影响,在西方文明的成果中丈量中国的古代概念。尴尬的局面产生了:由于中西方语言、思维、存在方式上的差异,在19世纪至今的中西对话中,当西方人以自身文化为依托展开对"兴"概念的格义时,20世纪后的中国人受西方影响,对自身文化的理解渗入西方思维,使得西方人格义着中国的"兴"概念时,中国人又不自觉地以西方的理解来理解中国传统概念,造成今日对"兴"概念理解的双重遮蔽。

叶嘉莹曾以"比"、"兴"为中心比较中西文论间的差异。她指出:西方的诗在创作上多出于理性安排,降低了"兴"在诗歌创作中的地位并因此成为不重要的一环。为了言说这一差异,叶嘉莹从西方文论的"形象"(image)入手,对"形象"作了如下八种情况的概括①,分别为:

---

① 叶嘉莹:《中西文论视域中的"赋、比、兴"》,《河北学刊》2004年第3期,第116—122页。

(1) 明喻：诸如"美人如花"。

(2) 隐喻：诸如杜牧的赠别诗："娉娉袅袅十三余,豆蔻梢头二月初。"在不出现"像"、"似"、"如"等明显表示比喻义的汉字的情况下,把少女比作枝头初放的花朵。

(3) 转喻：诸如"黄屋非尧意。""黄屋"原本是指皇帝坐的车子,这里转借过来代表皇帝本人,意思是做皇帝并不是尧自己的意愿。

(4) 象征：诸如"雪松"与顽强的生命力之间的关系。

(5) 拟人：诸如红烛自己流泪。

(6) 举隅：诸如"过尽千帆皆不是",把船的局部"帆"代替船本身。

(7) 寓托：诸如金灿灿的一轮朝阳再一次从东方升起,象征了对未来美好的期望。

(8) "objective correlative"（外应物象）：不直截了当地表达情感,而全借外物来表达。诸如"锦瑟无端五十弦,一弦一柱思华年"。

通过对以上八种"形象"（image）的比较,叶嘉莹发现这些西方文论中的"形象"在中国诗歌中都出现过,但是有一点非常不同,那便是："所有这八种情意与形象的关系,只类似于中国诗歌赋、比、兴三种表现手法中的'比'……而中国所说的'兴'的这种关系,在西方没有相当的一个字来表达……说明'兴'的作用在西方的诗歌创作中不是重要的一环。他们（西方）内心的情意与形象的关系,主要是用理性的客体跟主体的安排和思索说出来的……可是,有时候这个'兴',却讲不出什么道理来。"①叶嘉莹

---

① 叶嘉莹：《中西文论视域中的"赋、比、兴"》,《河北学刊》2004年第3期,第116—122页。

的考察揭示出"兴"在中国思想中的独特价值,代表了一种与西方知性理性、主客分立范畴完全无关的,却融于中国人血液中的思维方式、待物之道。

一方面"兴"概念保藏着中国文化的独特内涵,另一方面中西文化的直面对话在19、20世纪不可避免地发生,由语言之不同映射出的民族思维、存在方式之不同,必然在时代的浪潮中碰撞,其中的图式转换、格义理解,值得反思。

"兴"思的"迂回"之旅,正是这一时期的代表。

第一节　西方译介、文论中的"兴"概念

西方译介"兴"概念的文本主要基于《诗经》、《论语》和《文心雕龙》。其中,对《诗经》的译介或是从翻译《毛诗序》中的"六义"而来,或是在诗歌翻译的解析、概述中体现;对《论语》的译介主要以"诗可以兴"和"兴于诗"两句为主;《文心雕龙》的译介出现较晚,其中《比兴》篇的翻译在1950年后启动。

近代东学西渐的文化传播传教士起了重要作用,理雅各(James Legge)是突出的一位,他详细研究过"兴",如在其1871年、1876年与1879年的三处《诗经》译本中。在1871年的散译本中,理雅各将"兴"解释为:两句一组起始,在诗节中重复出现,成为诗歌的叠句或副歌。① 在1876年韵译本题解中,他将《诗经》的"赋"、"比"、"兴"解读为陈述(narrative),比喻(metahorical)与暗

---

① James Legge, *The Chinese Classics: with a Translation, Critical and Exegetical Notes, Prolegomena, and Copious Indexes*, Hong Kong: The Author's, 1871.

指性(allusive)。① 对于"比"、"兴"之别,理雅各认为"兴"后面的诗句直接陈述作者要表达的主题,而"比"之前的内容与"比"之后相比,没有特征变化。在 1879 年版绪言中,他进一步分析"比"、"兴"之别:前者陈述脑海里的主题,后者则没有这样的暗指。②

苏州大学沈岚的博士论文《跨文化经典阐释:理雅各〈诗经〉译介研究》阐述理雅各以上述三者为区分(陈述、比喻、暗指)对《诗经》"赋"、"比"、"兴"作了新的统计。"理雅各认为,陈述性的诗篇占了半数以上,为 55.4%;其次是暗指性,占了 18%;第三是兼具暗指性和叙述性的诗篇,为 8%;第四才是隐喻性的诗篇,为 5.5%。"③理雅各的这一理解与《毛传》标注的 116 处"兴"不同;与朱熹《诗集传》"标赋 726 章。标比者 110 章。标兴者 274 章"④也不同。

除了《诗经》,理雅各对《论语》中的"兴"概念也进行了翻译⑤,其中"诗可以兴"翻译为"The Odes serve to stimulate the mind";"兴于诗"翻译为"It is by the Odes that the mind is aroused"。两者都可以理解为"促发心志"。

"暗指性"(allusive)与"促发心志"(stimulate/arise the mind)构成了理雅各对"兴"的两种理解,此后西方对"兴"的译介大体不出其右。如詹宁斯(William Jennings)在 1895 翻译的《论语》中把

---

① James Legge, *The She King, or, The Book of Ancient Poetry: Translated in English Verse with Essays and Note*, London: Trübner, 1876.
② James Legge, *The Chinese Classics: Translated into English with Preliminary Essays and Explanatory Notes*, London: K. Paul, Trench, Trübner & Co. Ltd, 1895.
③ 沈岚:《跨文化经典阐释:理雅各〈诗经〉译介研究》,苏州大学 2013 年博士学位论文。
④ 鲁洪生:《赋比兴研究史》,人民文学出版社 2017 年版,第 172 页。
⑤ James Legge, *The Analects of Confucius*, *The Chinese Classics*, vol. 1 (Revised 2nd edition), Hong Kong: Hong Kong University Press, 1960.

"诗可以兴"译为"They are adapted to rouse (the mind)","兴于诗"译为"From the Book of Odes (we receive) impulses"。① 阿连璧(Romilly Allen)在 1891 年的《诗经》译本中,认为"Fu"是"Descriptive","Pi"是"Metaphorical","Hsing"是"Allusive"②。

自理雅各将大量中国古典文献翻译给西方世界,至清末民初,在将汉籍译成外文并有国际影响力的华人中辜鸿铭是佼佼者。他在 1898 年翻译《论语》时将"诗可以兴"翻译为"Poetry calls out the sentiment. It stimulates observation","兴于诗"翻译为"Confucius remarked 'In education Sentiment is called out'"。③ 他在翻译"兴于诗"时,添加了华兹华斯对诗的感言:"Nourish the imagination in her growth, And give the mind that apprehensive power, Whereby she is made quick to recognize. The moral properties and scope of things."④

苏慧廉(William Edward Soothill)在评价辜鸿铭的译本时说:"辜鸿铭的译本是为不熟悉汉语的英语读者服务的,这个译本在更大程度上是释义,而非翻译。"随之,苏慧廉将"诗可以兴"译为"Poetry is able to stimulate the mind","兴于诗"译为"Let the character be formed by the Poets"。⑤

20 世纪后半叶,《文心雕龙》逐渐进入西方译者的视野,英译

---

① William Jennings, *Confucian Analects*, London: George Routledge And Sons, Ltd, 1895.

② Clement Francis Romilly Allen, *The Book of Chinese Poetry-The Shih Ching or Classic of Poetry*, London: Kegan Paul, Trench, Trübner & Co, Ltd, 1891, p. v.

③ Hong-Ming Gu, *The Discourses And Saying Of Confucius: A New Special Translation Illustrated With Quotations From Goethe and Other Writers*, Shanghai: Kelly and Walsh, Ltd, 1898.

④ 辜鸿铭:《辜鸿铭文集》下卷,黄兴涛等译,海南出版社 1996 年版,第 401 页。

⑤ William Edward Soothill, *The Analects of Confucius*, The Presbyterian Mission Press: Yokohama, 1910, pp. 2 – 3.

本从 1959 年起出现,西班牙、意大利语本在 1995 年出版,德语版 25 篇于 1997 年出版,法语版 5 篇于 1964 年出版,法语完整版由陈蜀玉于 2006 年完成。其中,《文心雕龙·比兴》在通行的英语译本中,施友忠(Vincent Yu-Chung Shih)将标题"比兴"译为"Metaphor"(暗喻)①;杨国斌译为"Comparison and Metaphor"(比较和暗喻)②;宇文所安(Stephen Owen)的译文是"Comparison and Affective Image"(比较和情感形象)③;法语全译本的翻译是"La Comparaison et la Metaphore",德语的译文是"Metapher und Allegorie"(暗喻和类比)④。

在 20 世纪后半叶的《论语》翻译中,"兴"在延续前人翻译思路的同时被指出,促发心志的"情感审美"与"道德教化"是两个不同的方面。刘殿爵(D. C. Lau)将"诗可以兴"翻译为"An apt quotation from the Odes may serve to stimulate the imagination","兴于诗"翻译为"Be stimulated by the Odes"⑤。安乐哲与罗思文(Roger T. Ames & Henry Rosemont)将"兴于诗"翻译为"I find Inspiration by intoning the songs","诗可以兴"翻译为"Songs can arouse your sensibilities"⑥。这种将"兴"翻译为

---

① Vincent Yu-Chung Shih, *The Literary Mind and the Carving of Dragons*, Taibei: Cave Bookstore Co, Ltd, 1970.
② Yang Guobin, *30 Chapters of Wenxin Diaolong in A New English Translation with a Critical Introduction*, Beijing: Beijing Foreign Studies University, 1992.
③ [美]宇文所安:《中国文论:英译与评论》,王柏华、陶庆梅译,上海社会科学院出版社 2003 年版,第 265 页。
④ 陈蜀玉:《〈文心雕龙〉法语全译及其研究》,四川大学 2006 年博士学位论文。
⑤ D. C. Lau, *The Analects (Penguin Classics)*, New York: Penguin Classics, 1998.
⑥ [美]安乐哲、[美]罗思文:《〈论语〉的哲学诠释》,余瑾译,中国社会科学出版社 2003 年版,第 233、290 页。

"stimulate"、"inspire"的理解又可以分为两类。华裔美籍学者刘若愚(James J. Y. Liu)在《中国文学理论》中指出:"兴"可以分为两派,一派将"兴"解释为唤起、激发,另一派把它当作专门术语,在前者中,有人认为激发或激起的对象是情感,有人认为是道德意向或情怀。若是情感,那么他对诗的概念,看来有一部分是审美的;若是后者,那么他的概念就完全是实用的。刘氏赞同后者,他将"兴"评论为"实用理论",是达到政治、社会、道德或教育目的的手段。刘若愚认为孔子是从读者而非作者的角度来论诗的,"可以"("诗可以兴")表示孔子关切的是诗的功用,而不是诗的起源或性质。① 与之相应,美国学者海伦娜(Helena Wan)在其博士论文《孔子的教育思想》中认为"兴于诗,立于礼,成于乐"是孔子最为重视的情感教育(affective education),可以使人的感受(sentiments)与情感(emotions)得到适当宣泄,使之趋于缓和并向合乎规范的方向发展。② 英国汉学家雷蒙德·道森(Raymond Dawson)在《孔子》一书中认为孔子的诗教观是实用性的,对于《诗经》孔子关注的不是审美趣味(aesthetic appeal)而是实用目的(practical purpose),"兴、观、群、怨"可以丰富人的感受力(sensibilities),使其更好地履行社会职责(social duties)。③ 美国汉学家范佐伦(Steven Van Zoeren)在《诗与人格:中国传统经解与阐释学》中梳理了《论语》中孔子论《诗》的三个发展阶段,以时间为序有一条清晰的线索,依次为音乐、修辞、学习的对象。他指出"兴、观、群、怨"是其晚期的思想,其中"兴"指的是通过适时地应用《诗经》作为道

---

① [美]刘若愚:《中国文学理论》,杜国清译,江苏教育出版社2006年版,第160页。

② Helena Wan, *The Educational Thought of Confucius*, Chicago: Loyola University of Chicago, 1980.

③ Raymond Dawson, *Confucius*, New York: Hill and Wang, a division of Farrar, Straus and Ciroux, 1981, pp. 22 – 23.

德教育的素材,来激起一种道德感。①

除了著作翻译,近几十年来西方对"兴"概念的文论研究也颇有成果。哈佛燕京学社引得编撰处对"兴"在部分先秦文献中是"内动字"还是"外动字"做过统计(见上文),发现先秦文献中"兴"大多做内动字出现("纯内动字"加上"次内动字"达到了76.3%),而"纯外动字"一次都没出现。

与译介相似,在文论研究中,与"暗指性"相关的各类喻性分析和对促发心志(情)的探讨,同样是主流。

德国汉学家卜松山(Karl-Heinz Pohl)认为"比"、"兴"较难区分:"'比'是一种'清晰、明确的'(显),而'兴'则是'不明确的'(阴)……《毛诗》称诗的前两句为'兴'(暗示或隐喻)。这里所描写的无疑是自然景象,然而与同样也经常运用自然景象的'比'不同的是,这里的景象(喻体)与人类世界(本体)之间的关系并非清晰明确,而是间接的,晦暗不明的……它们之间的关系大多来自一种理解习惯或阐释传统。换言之,它们常常被经学者们首先冠以隐喻的含义,……因此'兴'也就被理解为'间接比喻'或者'隐喻'。"②与之类似的说法,卜松山指出另有高辛勇(Karl S. Y. Kao)《修辞》(Rhetoric)③,以及于连《隐喻价值》(La valeur allusive)④。

---

① Steven Van Zoeren, *Poetry and Personality: Reading, Exegesis, and Hermeneutics in Traditional China*, Stanford: Stanford University Press, 1991, pp. 48 – 50.

② [德]卜松山:《中国的美学和文学理论》,向开译,华东师范大学出版社2010年版,第28—29页。

③ William H. Nienhauser, *The Indiana Companion to Traditional Chinese Literature*, Bloomington: Indiana University Press, 1986, p. 127.

④ Julian S., *La valeur allusive*, Paris: Ecole Francaise d' Extreme-Orient, 1985.

进一步，把作为修辞手段（隐喻）的"兴"放在诗的开头，"且常常使用重叠的方法（该汉字诸多含义中的一个就是'开始'或'激发'）。就这一点而言，它所指的其实是诗歌的一种暗示、启发或者激励性的起始方式"①。对此"暗示"、"促发"义的理解，卜松山指出又可见余宝琳（Pauline Yu）《中国诗歌传统中的意象解读》。②再将此形式深入探索，发现之所以能开启全诗，是因为"兴"描述的是人心与外物世界的情感关系，"在'比'与'兴'这两种修辞手法中表现出一种自然界与人类世界以及人类情感世界之间的某种富于启示的相关性"③。可见于顾彬（Wolfgang Kubin）《中国诗歌史》引论部分④，程抱一（Francois Cheng）《中国诗歌写作》（*Chinese Poetic Writing*）⑤，宇文所安《中国传统诗歌与诗学》（*Traditional Chinese Poetry and Poetics. Omen of the World*）⑥，以及葛瑞汉（A. C. Graham）《阴阳及关联性思维的实质》（*Yin-Yang and Nature of Correlative Thinking*）⑦。

人心与外物的情感关系不仅交融，也通向着更高的精神世界，与"意境"、"境界"等内容有关。在分析钟嵘《诗品序》时，卜松山说："作者赋予'兴'以最高意义，因为它具备一种启示、隐喻的功

---

① ［德］卜松山：《中国的美学和文学理论》，向开译，华东师范大学出版社 2010 年版，第 29 页。

② Pauline Yu, *The Reading of Imagery in the Chinese Poetic Tradition*, New Jersey: Princeton University Press, 1987, pp. 44–83.

③ ［德］卜松山：《中国的美学和文学理论》，向开译，华东师范大学出版社 2010 年版，第 29 页。

④ Wolfgang Kubin, *Die chinesische Dichtkunst*, Munich: Saur, 2002.

⑤ Francois Cheng, *Chinese Poetic Writing*, Bloomington: Indiana University Press, 1982.

⑥ Stephen Owen, *Traditional Chinese Poetry and Poetics*, in *Omen of the World*, Madison: University of Wisconsin Press, 1985.

⑦ A. C. Graham, *Yin-Yang and Nature of Correlative Thinking*, Singapore: Institute of East Asian Philosophies, 1986.

能——'文已尽而意有余'。"①从而把"兴"与"意境"、"境界"的关系揭示了出来。在分析王国维的境界论时，卜松山从"兴"之隐喻说起，指出"人们始终在努力创造一种富有暗示效果的诗意（poetische Idee），而这种诗意通常产生于诗歌里形象生动的'景'与人类的'情'的交融。从这个意义上看，'境界'这一概念虽然简单说来是要求诗歌中的景物和语句生动形象、合乎情感，以求打动读者，但它更追求一种'艺术完美性'（Kunstlerische Vollkommenheit）或整体性（Totalitat）"②。对"兴"指向完满性与整体性的理解，卜松山认为现代西方研究中与之类似的理论家有英伽登（Ingarden）③和伊瑟尔（Iser），伊瑟尔使用了在卜松山看来相似的术语，比如"Vorsellungsbild"、"Leerstellen"、"Suggestivitat"，详见伊瑟尔：《阅读行为》(*Der Akt des Lesens*)④。

"兴"与情景交融相关，除上文境界的导向外，也有学者将它解读为"历史语境"：一种文化传统与习惯。余宝琳认为西方的"比喻"不能概括"兴"所建立的自然与道德之关联，古代评论家在自然与人类事件间看到一种基于"呼应"（Korrespondenz）原理产生的

---

① ［德］卜松山：《中国的美学和文学理论》，向开译，华东师范大学出版社 2010 年版，第 97 页。
② 同上书，第 344 页。
③ 卜松山并未指出英伽登的何种理论与整体性类似，根据我的判断应该是"形而上质"概念。英伽登认为文学作品有四个层次：语音、语义、多重图式层、再现客体层，而"形而上质"不属于这四个基本层次，却是最本质的因素，特别是在伟大的作品中。这具体指：读者在文学作品中感受到的一种氛围、情调，例如崇高、悲剧、神圣等。"这些性质并不是通常意义上的事物的'属性'，也不是一般所说的某种心理状态的'特点'，而往往是在复杂而又迥异的情episode或事件中显示为一种氛围的东西。这种氛围凌驾于这些情episode所包含的人和事物之上，用它的光辉穿透并照亮一切。"（参见朱立元主编：《西方美学思想史》下卷，上海人民出版社 2009 年版，第 1379—1380 页）
④ Wolfgang Iser, *Der Akt des Lesens*, Munich: Wihelm Fink Press, 1976.

相似性,这就是说,诗歌描述的自然和人世间发生的事件是没有区别的:它们属于同一范畴(类)。所以,可将诗歌看作是对历史现实(历史背景)的隐晦描述。①

美国比较文学学会前会长苏源熙(Haun Saussy)同样将"兴"放在"喻性"系统中,把它解释为"讽寓"(allegory),但与众不同的是苏源熙的"讽寓"概念师承德曼,与历史语境相关。

传统把《诗经》之"兴"作"讽寓"解,以法国汉学家葛兰言(Marcel Granet)和英国汉学家魏理(Arthur Waley)为代表,对葛兰言来说,"讽寓"是一种"象征"、"道德",他认为传统对之道德性的解说是"荒唐"的,对此他采取摒弃的态度并探求其他的解释。②而魏理认为儒家学者的注释方式发挥了诗的道德功能,这和西方对《圣经》的道德诠释相似。③ 由此,两人都认为"讽寓"是意在言外,不同点在于两人对意在言外持相反的态度。

苏源熙的讽寓内涵师承德曼,德曼对讽寓的重视与阐发通过对浪漫主义重象征轻讽寓的批评揭示出来。他说:"在象征世界里,意象与实体可能是合一的,因为实体及其表征在本质上并无差别,所不同的仅是其各自的外延:它们是同一范畴中的部分与整体,它们之间的关系是共时性的,因而实际上在类别上是空间性的,即使有时间的介入也是十分偶然的。但是,在讽寓的世界里,时间是其最早的构成性的范畴,讽寓符号及其意义之间的关系并不由某种教条来规定……在讽寓中我们所拥有的仅仅是符号与符

---

① Pauline Yu, *The Reading of Imagery in the Chinese Poetic Tradition*, New Jersey: Princeton University Press, 1987, pp. 44 – 83.

② [法]葛兰言:《古代中国的节庆与歌谣》,赵丙祥、张宏明译,广西师范大学出版社 2005 年版,第 5 页。

③ Arthur Waley, *The Book of Songs*, New York: Grove Press,1960,pp. 335 – 336.

号之间的关系,其中,符号所指涉的意义已变成次要的。"①苏源熙继承其师的这个思想,将讽寓理解成连续的、扩展的隐喻,而不是一般的"言此意彼"的讽寓。"言此意彼"的讽寓概念可见《新普林斯顿诗学辞典》的讽寓词条:"讽寓性的创作是指创作出的作品的表面意义指向一种'另外的'意涵。讽寓性的阐释是指把作品视为其指向'另外的'意义的结构来阐释。"②苏源熙则从西塞罗、昆体良等人的文本中寻找依据,"见西塞罗(Cicero)《论演讲者,并献给布鲁图》(*Orator ad M. Brutum*);以及昆体良《雄辩术原理》[('隐喻的'连续使用形成讽寓及谜语)以及 44('一系列的隐喻产生出最早类型的讽寓')……米歇尔·查尔斯(Michel Charles)搁置了大多数修辞学者陈陈相因的观点,称讽寓为一种加强的隐喻,是'作为修辞的话语',载《文学修辞》(*Rhetorique de la lecture*)]"③。

由此苏源熙不把"讽寓"视为狭义的修辞,而是一种对文学作品无止境的意义生发。在历史的不断解读中,"它会依次产生一种替补式的比喻叠加,用以说明先前叙述的不可读性"④。如此,"兴"作为一种讽寓,不是一种修辞方式,而是一种阅读、分析方式。之所以"兴"是历史迭代中的比喻叠加(讽寓),是因为苏源熙认为从文献可证的最早的"诗歌应用"的历史上看,《诗经》字面以外的意义就是诗歌交流场合中被应用的意义,它们先在地规定了解读诗歌的原则和目的就是道德、教化的,同时这

---

① Paul de Man, *Blindness and Insight: Essays in the Rhetoric of Contemporary Criticism*, Minneapolis: University of Minnesota Press, 1983, p. 207.
② Alex Preminger and T. V. F. Brogan(ed.), *The New Priceton Encyclopedia of Poetry and Poetics*, New Jersey: Princeton University Press, 1993, p. 31.
③ [美]苏源熙:《中国美学问题》,卞东波译,江苏人民出版社 2009 年版,第 28 页。
④ 同上书,第 19 页。

种诗歌的应用是整体解读结构的准则,而不是在具体注释中偶然散发的意识形态色彩,这就使得用"讽寓义"来理解具有可行性。

由于苏源熙重视历史中的意义生成问题,因而在"赋"、"比"、"兴"中,他更看重"赋",认为"比"、"兴"只是"构成赋的可能的情境材料"。① 而"兴"作为辅助性的情境材料是让自然物赋予各种意义,这从苏源熙分析郑玄注解《沔水》中"比"、"兴"的不合理性见出。"沔彼流水,朝宗于海",苏源熙认为如果水的意象是对诸侯的一种"比",那么这句诗仅仅描绘了水流于海的画面,完全没有其他含义——水就是水,不是其他别的什么,但《毛传》的注释却说水"犹有所朝宗",这意味着水不仅是自然流入大海的水,它还是一种"朝宗"的水。苏源熙认为这一行诗已把什么东西加入自然之中了,意味着诗歌的创造性语言"朝宗"使得它不仅是自然中的水,还同时生发出别的意味。②

第二节 对西方译介、文论之"兴"的反思

当中国的"兴"概念在 19、20 世纪与西方对话,西语世界的译介、文论成为重要桥梁,而当语言背后的思想文化差异影响了理解与阐释时,"我注六经"不可避免,这样的交流沟通一方面丰富了"兴"的内涵,另一方面与理解中国的目的背离。于是,出现了对西方译介、文论的反思,反思不仅发生在中国学者中,西语世界里也

---

① [美]苏源熙:《中国美学问题》,卞东波译,江苏人民出版社 2009 年版,第 156 页。

② 同上书,第 148 页。

有人注意到这方面的问题。

传教士身份的理雅各在译介的过程中意识到不能以西释中，他在《易经》英译本绪言中提道："译者参与作者的思维，译者要用心灵的眼睛读出原文的根本核心内涵。"①为此，理雅各"每治一经，必先广泛搜集历代评注，详加对比、分析，在此基础上作出自己的判断"②。但即便如此，理雅各对"赋"、"比"、"兴"的理解——赋(narrative)，比喻(metaphorical)，兴之暗指性(allusive)——仍然是阐释《圣经》的方法与习惯用语。正如上文魏理认为儒家注释发挥诗的道德功能和西方对《圣经》的道德诠释相似，而这类理解实际上是"用另一种文化、另一种语言、另一种文本、另一种能指来解释、补充或替换原来的文化、语言、文本和能指。这是一个开放的过程。它需要将词和意义分离，然后跨越意义进入另一种语言，进行重新组合"③。

除开《圣经》解释学，把"兴"理解为"暗指性"、"隐喻"本身也有以西释中的问题，它们从属于西方"喻性传统"，这不仅是诗歌的特征，更是西方文化的特征。经验世界短暂、偶然，唯有背后的理念、本质永恒常存，经验世界中的模仿写照、分析综合并非单纯的复刻，而是对本真、神性的形上追求。由此，隐喻是西方绕不开的话题，无论是赞同如亚里士多德："最重要的莫过于恰当使用隐喻字。这是一件匠心独运的事，同时也是天才的标志，因为善于驾驭隐喻

---

① Norman J. Girardot, *The Victorian Translation of China: James Legge's Oriental Pilgrimage*, Berkeley: University of California Press, 2002, p. 336.
② 王辉:《理雅各英译儒经的特色与得失》,载《深圳大学学报》(人文社会科学版)2003 年第 4 期,第 115—120 页。
③ 李庆本:《中华文化的跨文化阐释与传播》,载《人民日报》2008 年 6 月 19 日。

意味着能直观洞察事物之间的相似性"①,还是批评如洛克"隐喻只是花言巧语……与真理南辕北辙"②,都在是否照见形上之真的原则下展开讨论的。

宇文所安意识到了这个问题,并提给了与众不同的翻译和理解。当其他人看到《文心雕龙·比兴》篇,认为刘勰承接汉儒的思想,将以"譬"释"兴"之"譬"与西方"喻性传统"等价时,宇文所安没有采纳。他指出:"仔细考察,固然可以在'兴'(有感发力的形象)里发现某种隐喻基础,但中国传统文学思想中的'兴'处在西方隐喻理论领域之外:'兴'不是一个言辞如何从其'本来的'意思被带到一个新意思,它是某物在语言中的表现如何能够神秘地兴发某种反应或唤起某种情绪。这样的反应,就像它的发生一样,是前反思的(prereflective),超出知性范围。"③为此,宇文所安将《文心雕龙·比兴》中的"兴"翻译为"Affective Image"④。

宇文所安试图绕开西方"喻性传统",注意到"兴"在本体论(存在论)层面的前反思性,其内涵在隐喻"之外","之外"不是说与隐喻不同,而是说整个的不在西方传统的世界图式这一根目录下。在另一根目录(中国的图式)中,情物关系是另一种存在。宇文所安指出:"在中国文学传统中,一般都认为诗是非虚构的(nonfictional):其陈述被认为是相当真实的。以某种隐喻的方式

---

① [古希腊]亚里士多德:《论诗》,载苗立田主编:《亚里士多德全集》第9卷,崔延强译,中国人民大学出版社2016年版,第677页。

② John Locke, *An essay Concerning Human Understanding*, in Abrams, M. H. *A Glossary of Literary Terms*, Beijing: Foreign Language Teaching and Research Press, 2004, p.156.

③ [美]宇文所安:《中国文论:英译与评论》,王柏华,陶庆梅译,上海社会科学院出版社2003年版,第267页。

④ 同上书,第265页。

是发现不了意义的,因为在隐喻的方式中,文本的词语指言外之物。"①

比起其他汉学家,宇文所安对"兴"的理解都更接近"兴"义本身,然而由于其西语思维的潜在影响,纵使宇文所安极力还原"兴"在本体论(存在论)层面的原貌,仍不自觉地陷入以西方传统格义中国概念的怪圈。这表现在,宇文所安将情物关系中的"物"囿于"认识论"的经验意识中,成为知性理性建构的"智思物"。如《文心雕龙·神思》,宇文所安翻译为"Spirit Thought"(精神思想),《物色》之"物"宇文所安译为"The Sensuous Colors of Physical Things"(物理事物的官能性色彩)、"the appearances of things"(事物的外形)。② 不得不说,语言限制了他的思想。

"神思"的渊源,或可上溯至庄子"庖丁解牛"之"以神遇而不以目视",人、物(事)间无执无碍、浑然一体,作为知性活动的基础,神思总在体身中前反思地向生命自然敞开:匿名地接受、自发地组织,此即刘勰说的"神与物游"。

反观宇文所安以"Spirit Thought"理解"神思",这就将"物"装进了思想的口袋,内藏着一条西方罗格斯中心主义以来的本体论、认识论传统,关乎柏拉图的"灵魂"对理念世界的关照、笛卡尔的"我思"对精神主体的直觉、黑格尔的绝对精神囿于意识中的自身辩证运动……,而如此之物是思想的对象。体现在宇文所安的语言中,"物色"之"物"成了"the Sensuous Colors of Physical Things"(物理事物的官能性色彩),把物之呈现和人的经验感觉(官能、生理性意识)联系在一起,这使得他在理解唐代诗歌时,认

---

① Stephen Owen, *Traditional Chinese Poetry and Poetics: Owen of the World*, Madison: The University of Wisconsin Press, 1985, p.34.
② [美]宇文所安:《中国文论:英译与评论》,王柏华、陶庆梅译,上海社会科学院出版社2003年版,第206、289页。

为诗是处于特定历史时刻的诗人对于历史瞬间和场景的描述,是诗人对历史的观察和解释。①

这种经验认识论,同样出现在余宝琳的阐发中,虽然余氏承认中国文化与西方二元论不同。"中国固有的哲学传统认同一种本质性的一元宇宙观……真正的现实不是超凡的,而是此时此在的,而且在这个世界中,宇宙图式(文)、运动与人类文化的图式、运动之间及其内部存在着根本对应……由此《诗序》假定,内在的东西(感情)自然会找到一些相应的外在形式或活动。"②"意义并不是外在地随意附着于意象的,而在逻辑上遵循传统上相信对象与情境属于一个或多个并不互相排斥的、先验的及自然的类属的事实。"③但是,"内在感情"的对应、"先验"、"类属的事实"等用语,暴露了知性活动建构事物的西方形上传统,只是和西方传统相比,余宝琳认为中国的抽象、认知行为发生在现实世界,而不至彼岸世界。在"Metaphor and Poetry"中,这种思想倾向尤为明显,余宝琳以"隐喻"为中心区分了中西诗学中的隐喻之别,西方"隐喻"从感官现实超越至彼岸,中国隐喻主要体现在比兴中,而"比和兴都指两物之关联,其中一物属自然界,另一物属人类世界"。"人类世界和自然世界,都是现实世界的一部分,而不是超越感官之外的世界","因此,诗中的事物指向自身之外的另一物,但是这另一物也是属于现实世界"。这指向的另一物,"很多时候……只是因为这个事物属于特定的范畴……范畴是一种抽象……不过并不是柏拉图意义上的普遍","因为所处的共同的文化想象或语境才被解读

---

① Stephen Owen, "Transparencies: Reading the T'ang Lyric", *Harvard Journal of Asiatic Studies*, Vol. 39. 2 (1979.12): 233.

② Pauline Yu, *The Reading of Imagery in the Chinese Poetic Tradition*, New Jersey: Princeton University Press, 1987, pp. 32 - 33.

③ Ibid., p. 43.

成其他的事物。这些文化想象大多来自文学传统的积累……并且很快就变成了固定的套路"。在解释王维《终南山》、《汉江临泛》、《终南别业》这些极具生意的诗歌时,余宝琳说:"这些描写很多来自普遍的人类经验,并且很快也变成了固定的套路,花瓣和柳絮象征着脆弱和短暂……表明了中国诗人眼中的'自然事物总是合适的象征物'……它们就存在于事物中,理念即事物,事物即理念。因此……中国诗的意象只是特定的语义范畴或是智力、情感意蕴的体现。"①扑面而来完型世界在现实世界落成的味道。

此外,上文中提及"兴"概念译介的两类方向,促发心志的审美情感与道德教化之不同,在西方学者眼中或是非此即彼,或是层次、境界的递进,前者如刘若愚选择道德教化而不赞同审美,后者如范佐伦关注《论语》中孔子论《诗》的三个发展阶段。事实上二者既有分别,也有联系,需要分开讨论,也要观照内在统一。关于分别,成复旺在《艺文理论志》中说:"起初,有两个'兴'。一个是'赋、比、兴'的'兴',另一个是'兴、观、群、怨'的'兴'。这两组概念……读音不同,前者读去声,后者读平声;含义也不同,前者为托物起词,后者为兴起人的情志。甚至词性也不同,前者作为一种修辞方式,是名词;后者作为一种文艺功能,是动词。但细按其义,托物起词与兴起情志又含有某种微妙的联系。"②而上述西方学者对"兴"概念的理解或是站在审美、情感一边(卜松山、宇文所安),或是站在道德实用一边(刘若愚、海伦娜、道森),既看不到两者有区别不能混同讨论,也看不到内在理路上的一以贯之,令人遗憾。

---

① Pauline Yu,"Metaphor and Chinese", *Chinese Literature：Essays, Articles, Reviews*, Vol. 3.2 (1981.7)：205－224.
② 成复旺:《艺文理论志》,上海人民出版社1998年版,第33页。

第三节 近代中国的"兴"概念释义与反思

20世纪以来,从拼音到语法、启蒙到理性,中国人无不受着西方文化的影响,对中国传统概念的理解避不开西方话语的力量。当西方人格义中国文化中的"兴"概念时,中国人又不自觉地以西方的理解来理解中国传统概念,在反向格义的道路上促成了近代以来对"兴"概念理解的双重遮蔽。

一、20世纪以来的比兴研究

李健《比兴思维研究》第一章第一节系统概述了"20世纪以来的比兴研究现状"[①],归纳出20世纪比兴研究的观点:

> (1)兴是起头协韵;(2)比兴为两种表现手法;(3)比兴是两种乐教方法;(4)比兴是两种乐歌之名;(5)比兴是两种修辞手段;(6)兴是气氛象征;(7)兴是一种宗教礼仪活动;(8)兴的功能具有诗学上复沓、叠韵,尤其是反覆回增法的本质;(9)比兴是形象思维;(10)兴是宗教观念向艺术形式的积淀;(11)兴是感物兴情、是直觉;(12)比兴是类比思维;(13)比兴是两种不同的心物交换方式。

"(1)、(2)、(5)、(7)、(9)、(10)、(12)、(13)"观点不同,但共性上多是对象化思维的产物,它们或是矮化了"兴"义,或与其说在讨

---

① 李健:《比兴思维研究》,商务印书馆2019年版,第2—14页。

论"兴",不如说在讨论"比"(如顾颉刚、钟敬文、何定声、刘大白协韵起头;朱自清联想、象征、"谲谏";日本青木正儿"比"显"兴"隐,白川静民俗学与"发想法";周策纵、赵沛霖、叶舒宪,民俗学、"文化人类学—类比联想";周英雄"合并联结的语言结构";朱光潜"隐喻—形象";李泽厚"情感客体化";鲁洪生"比类思维";黄霖"心物关系";"形象思维")。

"(3)、(4)"对"兴"之"专名"作了本义探究。"(8)"可看作是"(3)、(4)"的延伸,讨论兴句中的音乐特性(如陈世骧韵律"复沓"、张震泽"诗用"、章必功"教学纲领"、王昆吾"乐教项目—歌唱传述方式")。

"(6)、(11)"有从本体论(存在论)理解"兴"的倾向,但待深入。(如日本的松本雅明"直观、即兴"、"气氛象征")。

在众多"兴"义研究中,徐复观的解读格外重要而前人研究没有详述。徐复观的理解不仅可以回应、解释部分上述观点的不足(特别是对象化思维的产物),更重要的是他的解读具有本体论(存在论)视角,对辨清"比"、"兴"极具价值。

1958年8月1日徐复观在《民主评论》发表《释诗的比兴——重新奠定中国诗的欣赏基础》一文。文章首先梳理了"比兴在传注中的纠结","把许多不同的解释归纳起来,不外下述二端,即是第一,兴对于诗的主题,是有意义的联结,还是无意义的联结?其次,若是有意义的联结,则它与比有何分别?若是无意义的联结,则它在诗的构成中有何价值?"[①]

接着,徐复观"从诗的本质来区别赋比兴"。徐复观肯认"赋比兴,是作诗的方法。但并不是先规定出这三种方法",而是"这三种

---

① 徐复观:《中国文学论集》,九州出版社2014年版,第85页。

东西只是自然而然地产生出来的"①。自然产生和诗的本质紧密相关,诗的本质是什么? 是情,"情,才是诗的真正来源,才是诗的真正血脉"。情"本身无形象可见,因而不能在客观上加以捕捉的。诗人须通过语言和外在的事物,而赋予以音节与形象。并且由此而可把蕴蓄在主观里的东西倾吐出来,亦即是客观化了出来"②。情虽然"无形象可见",但有其内容,情的内容是"蕴蓄在主观里的东西",把主观里蕴蓄的东西"倾吐出来",便是情的"客观化",情的客观化过程需要语言和外在的事物,蕴蓄的东西与语言、外物结合,以音节、形象呈现为诗,结合的方式不同,即"作"的方法不同,就自然地形成了"赋"、"比"、"兴"。

先看"赋"。"把与内心感情有直接关联的事物说了出来,这即是所谓《诗经》上的赋。由赋所描写出的'情象',也是直接的情象。"如果"内心感情",也就是"蕴蓄的东西"与说出的外物有直接的关系,是"赋",同时"赋"中的物象是"情象","情象"、"不是纯客观的、死的、冷冰冰的事物,而是……有一个看不见的生命在那里蠕动着的事物"③。这即是说,诗歌中的形象("情象")是基于情感活动的意向对象(价值物)。

再看"比"。"赋是感情的直接的形象,则兴和比,乃是感情的间接的形象。"这种间接的形象"是在两种情景之下发生的。一是直感的抒情诗,由感情的直感而来;一是经过反省的抒情诗,由感情的反省而来。属于前者是兴,属于后者是比"④。"兴"与"比"的区别在直感与反省,前者不经过逻辑理性且在情感发生的过程中体验情感,后者通过逻辑理性且在情感过去后,在情感之外反思情

---

① 徐复观:《中国文学论集》,九州出版社 2014 年版,第 89 页。
② 同上书,第 90 页。
③ 同上书,第 90—91 页。
④ 同上书,第 91 页。

感。对于"比"来说"把热热的情,经过由反省而冷却后所浮出的理智,主导着情的活动……因此,比是由感情反省中浮出的理智所安排的,使主题与客观事物发生关联的自然结果"①。

> 兴所叙述的主题以外的事物,不是情感经过了反省后所引入,而是由情感的直接活动所引入的……因此,兴的事物和诗的主题的关系,不是像比样,系通过一条理路将两者连结起来,而是由感情所直接搭挂上、沾染上……因而即以此来形成一首诗的气氛、情调……用作兴的事物,诗人并没有想到在它身上找出什么明确的意义,……明确的目的……而只是作者胸中先积累蕴蓄了欲吐未吐的感情,偶然由某种事物……把它触发了。未触发时的感情,有的像潜伏的冰山,尚未浮出水面……一经触发,则潜伏的浮了出来……它和主题的关系,不是平行并列的,而是先后相生。先有了内蕴的感情,然后才能为外物所触发;先有了外物的触发,然后才能引出内蕴的感情。所以兴所用的事物,因感情的融合作用,而成为内、外、主、客的交会点。此时内、外、主、客的关系,不是经过经营、安排,而只是"触发",只是"偶然的触发";这便是兴在根源上和比的分水岭。②

徐复观对"比"、"兴"的讲解,非常漂亮、极具智慧。其中有几点需要强调:

第一,"赋"、"比"、"兴"中的形象都是"情象","情象"是情意行为与情意对象的统一。虽然徐复观用感情的"直接形象"与"间接

---

① 徐复观:《中国文学论集》,九州出版社2014年版,第92页。
② 同上书,第92—93页。

形象"区分"赋"和"比"、"兴",但它们的本质都是诗情,因此形象都是"情象"。"情象"有什么特点?徐复观说"情象"、"不是纯客观的、死的、冷冰冰的事物,而是……有一个看不见的生命在那里蠕动着的事物"。所谓生命事物,即是说"情象"不是一个物理对象,而是以情感为意向行为的意向对象,是价值意味的物。如何理解情感与价值意味物的关系?胡塞尔现象学讨论了人的意向行为与意向对象的关系,与胡塞尔现象学的认识论不同,中国文化中的直感活动不是认知性的而是价值性的,关注价值形态的意义生成,详见"结构篇"第三章"'兴'之生成的直感结构"。

第二,"蕴蓄在主观里的东西"意味着"情象"作为价值意义的活动是变化的、生成的。从情感活动(意向行为)来理解作为意向对象的"情象",还只是一种静态现象学,而徐复观用生命活动说"情象",看到赋予"情象"以价值意味的最终根据在徐复观称为"蕴蓄在主观里的东西",则跳出了静态现象学的思维框架,进入了发生乃至生成现象学的领地。什么是"蕴蓄在主观里的东西"?徐复观说它是"潜伏的冰山,尚未浮出水面……一经触发,则潜伏的浮了出来"。正如前文在讨论"引譬连类"之"引"与"托事于物"之"托",以及吴乔"被动酝酿"时说的那样,人们的心志、情感在没有遇到可寄托、触发的事物前,其生存活动是以隐没的方式原初综合、历史积淀着的,后在有意无意间与物邂逅,积存的内容通过邂逅之物抒发出来。其中的运作机理,康德在"生产性想象力"、胡塞尔在"内时间意识"的"被动综合"中作了解释,后来海德格尔将之存在论化,这意味着由"蕴蓄在主观里的东西"为根据引发的"情象"活动,实际是本体论(存在论)向度上的意义生成问题,是发生乃至生成现象学的问题。徐复观以"蕴蓄在主观里的东西"为前提,讨论"兴"的产生,对理解"兴"之生成关系重大。

第三,"比"、"兴"的区别之一是以何种方式形象化情感:由思维方式上"理性"是否参与,存在状态中"情感"是否冷却,产生了两种"情感观",分别对应"比"、"兴"。如果经由理性参与并在情感冷却了的事后形象化情感,则是一种主客二分的情感观,这种情感观是对情感的一种外部反思,它从外部把情感当作主体的对象,通过静观、分析来把握,"比"有这种情感特质。与之相对,还有一种整体且内在的情动观,人们之所以能客观化情感,在于他先要经历情感,在情感之中,且只有以"在之中"为基础,"在之外"才得以可能。此时,之所以徐复观说没有"找出什么明确的意义,……明确的目的"是因为"在之中"自身就是目的,之所以说"形成一首诗的气氛、情调"是因为"在之中"本身就是生命场域、意义世界。中国自古以来就对整体且内在的情动观有充分的自觉,详见"结构篇"第五章"'兴'之生成的情感结构"。

最后,在区别"比"、"兴"的同时,徐复观在"概念与创作间的距离及差异"中又看到了"比"、"兴"的一体关系(统一性),而它们的分别"只是发抒过程中的分别,而非性质上的分别",是"在情上的程度之分"。之所以这样说,是因为"比与兴中的事物,都是情在那里牵线;不过比是经过反省的冷却而坚实之情,兴则是未经反省的热烘烘的飘荡之情。……比依然是以情为基底,故比之附理,绝不同于纯理之理。兴虽然是纯情,但在纯情中若没含有一点理智之光,则将浮游灰暗,又如何能凝结成一首诗呢?"[①]如果说上文徐复观区分了"比"、"兴",那么在这个部分中他将两者统一了起来,看到了彼此的一体关系。"比"再怎么冷却、反省情感,它依然以情为基底,即对情感的反思总是基于经历的反思,它脱离不了历事的内容,总是以冰山下"蕴蓄在主观里的东西"为前提,不像纯理那样把内容抽象掉,只在纯形式中讨论问题。与之相应,"兴"再怎么隐没

---

① 徐复观:《中国文学论集》,九州出版社2014年版,第97—98页。

于边缘视域被动综合,它总会对手边、眼前的事物产生影响,涌现出相应的价值意义。由此说来,"兴"是"比"之前提(基础),"比"是"兴"之展开,它们的发生是情意活动的一体两面。上文讨论《文心雕龙》中"称名也小,取类也大"的内源性相似,同样是这个道理,取类的意义是在称名之象的建立过程中内生的。问题在于,如何理解以"蕴蓄"为前提又以理附的情感运思,它和"纯理之理"的运思方式有什么差别?这同样与"结构篇"第四、五、六章有关。

总结起来,在思维、存在方式上,徐复观看到了"兴"前反思、非概念的直接性与纯价值赋意的特质。在后文"兴的演变发展"中,徐复观说:"作者并不一定有表现技巧上的自觉,所以出于'天籁'者为多。尤其是兴的出现,正是天籁的、直感的抒情诗的产物"①。这种自然、直感、内生的思维、存在方式与王夫之"现量说"论"兴"异曲同工。在价值生成上,徐复观注意到"兴"因物触发时,生产性综合的一面,"兴"的发生要以生命生存展开的原初综合、历史积淀为基础,虽然它隐没在边缘处,是"蕴蓄在主观里的东西",但以此为前提,情感的生发才有可能。最后,"比"、"兴"的差别说到底是如何理解情动的差别,前者通过理智,在情感之外将情感对象化,是一种主客二分的情感观;后者不通过理智,在情感之中体验情感,是一种整体且内在的情动观。虽然,在逻辑上人们可以对"比"、"兴"作出区分,但在实际生活中,它们连同"赋"一起构成了情动的一体三面,情感涌现的形象化表达与情感隐没处的生命积淀,总是相互伴随,相辅相成的,或许历来"比"、"兴"为人说不清道不明的真正原因就在这里。

对结论中,价值生成上"兴"的纯情境赋意与"比"、"兴"互为表里的一体之别,还要多说两句,徐复观在"兴的演变发展"中说:

---

① 徐复观:《中国文学论集》,九州出版社2014年版,第103页。

兴,常不以自己的本来面貌出现,而是假借赋比的面貌出现,因而把赋比转化为更深更微的兴,这样,便常能在一句诗中,赋予它以无限的感叹流连的生命感。此时的兴,已升华而与诗人的生命合流……①

钟嵘所说的"文已尽而意有余"……"意有余"之"意",绝不是"意义"的"意",而只是"意味"的"意"。"意义"的"意",是以某种明确的意识为其内容;而"意味"的"意",则并不包含某种明确意识,而只是流动着一片感情的朦胧飘渺的情调。此乃诗之所以为诗的更直接的表现,所以是更合于诗的本质的诗。……在有限的具体事物之中,敞开一种若有若无、可意会而不可以言传的主客合一的无限境界。兴……恰恰发挥了此一功能……由内蕴的感情……于不知不觉之中,鼓荡出去,以直接凑泊于某一客观事物之上……在这种情调、气氛中,主客难分……以直接显出作者无穷无限之情。……古人常把由不知不觉而直接凑泊于客观事物上去的创作情境,说成是'神来之笔';所谓'神来'者,系未经意匠经营,而直接来自感情醇化以后的激荡,因而不知其所以然而然的意思。这种兴体,经常出现于最好的绝句,以构成绝句的无穷韵味。②

情感是以生命"蕴蓄"为基础的一体三面的活动,生命之流起伏涨落,一次次的涌现便是一次次的对象化,也就是一次次"赋"、"比"的过程,这就是徐复观说的"兴,常不以自己的本来面貌出现,而是假借赋比的面貌出现",但每一次涌现的内容又将复归深渊,从冰山上进入冰山下,成为边缘视域的组成部分,对未来的对象化

---

① 徐复观:《中国文学论集》,九州出版社 2014 年版,第 104 页。
② 同上书,第 106—107 页。

情感产生影响,这就是徐复观说的"赋比转化为更深更微的兴",从这个意义上说:

> 即是赋比兴各以独立形态而出现的机会较少,以互相渗和融合的方式而出现的机会特多。这种渗和融合,不仅表现在一篇之中,更有将三种要素,凝铸于一句之内。即是最高作品中最精彩的句子,常是言在环中,意超象外,很难指明它到底是赋,是比,是兴,而实际则是赋比兴的浑合体。①

上述引文体现了徐复观"兴"义理解的本体论(存在论)向度,其中对"兴"之意涵及其生成过程的讨论,有四点需要注意:

其一,由于没有逻辑理性的参与,所以"兴发"活动有内容但内容没有分别相与确定性,徐复观称之为有"意味"。叶朗后来称之为"意蕴"以和"意义"区别。②

其二,对无分别相之"意味"的整体领会、把握,徐复观称之为"情调"、"气氛"。

其三,"情调"、"气氛"的产生,"由内蕴的感情"为基础,并"直接凑泊于某一客观事物之上",可见情境赋意既不以客观事物为重,也不以主观精神(主体极)为重,而在"身体-环境"的"耦合关系"中自然地生发。徐复观说情感"朦胧飘渺"、"鼓荡"、"激荡"描述的正是此种意义生成过程,而对此意义生成的领会,徐复观称为"感叹流连的生命感"。

其四,"神来之笔"之"神"、"兴体"之"体",徐复观在本源性上

---

① 徐复观:《中国文学论集》,九州出版社 2014 年版,第 104 页。
② 叶朗:《胸中之竹——走向现代之中国美学》,安徽教育出版社 1998 年版,第 114 页。

揭示了"兴"的本体论(存在论)向度。所谓人"在有限的具体事物之中,敞开一种……主客合一的无限境界",即是向存在敞开,在前反思、前逻辑("未经意匠经营")的生命自然生生活动的纯价值赋意("感情醇化以后的激荡")中自由兴见("不知其所以然而然"、"天籁"),徐复观说是诗的本质,而"兴……恰恰发挥了此一功能"。

二、反思近代中国"以西释中"的"兴"概念

20世纪以来的"比"、"兴"研究受到西方文化的影响很大,诚然对中国文化的理解避不开西方话语的力量,甚至可以说"迂回过程"本身就是理解自身的必要环节,但我们必须意识到,当西方人格义中国的文化概念,我们又不自觉地以西方的理解来理解中国自有概念时形成两重格义的现状。

或许在比较文学界内,会有人认为,这种文化远行带来的"在之外"的不断阐释正是精义所在。比如意大利裔美国学者弗兰克·莫莱蒂(Franco Moretti)提出"远程阅读"(distant reading)。他针对"近距阅读"(close reading,即"细读"),认为"世界文学"的精义在经典之"外",特别是当经典逾越了国家或民族的界限后,它的一切内涵均将置于新的系统"关系"中,并产生各种层面上的"变异"(variants)。如此一来,对于"世界文学"而言,"遥远的距离"才是"知识的条件"。莫莱蒂主张的"距离"成就"世界文学"究其实,即"他者"成就"自我"[①]。可"他者"一定能成就"自我"吗?"他者"在何种意义上成就"自我"?

"兴"自《诗》之时代起成为中国特色文化的一个方面,西方以自有文化将其译介、阐释,20世纪后中方又不自觉地以西方的译

---

① 刘耘华:《远程阅读时代诗学对话的方法论建构》,载《华东师范大学学报》(哲学社会科学版)2020年第2期,第84—94页。

介、阐释为具,在反向格义的基础上理解自有文化中的"兴",这不正是莫莱蒂欣赏的"远程阅读"么?"兴"作为一个典型案例,从文化地理上看,"兴"的阐释在不断地越出国家乃至民族文化,从中到西,从西到西,又从西到中,而与此同时这种不断越出的延异阐释,并没有因为它出离历事又返回自身的丰富义涵,而增进、激发了原本潜藏在中国文化中的"兴"义理解,反倒在误解的道路上构成了近代以来对我们传统文化的"双重遮蔽"。

与之对照,孙向晨同样重视"迂回西方"的方法,但和莫莱蒂"就差异而差异"不同,孙向晨在《"汉语哲学"论纲:本源思想、论域与方法》①中,立足"全球哲学"视野,就"汉语哲学"的研究方法,强调以"迂回西方"的方式"反观"自身("借助'外在性'离开自己;借助'学习'深入他者,形成新视角;借助'他者',重新'反观'自身"),最终使我们对来自"他者"的思想有清晰的意识,对源自"自身"的传统有充分体认。这才是比较研究该有的态度。

在比较研究中,对来自"他者"的思想有清晰的意识,对源自"自身"的传统有充分体认的一个东方学案例,是日本九鬼周造的《"粹"的本质》。九鬼周造发现"'粹'这个词也是这类带有显著民族特色的词语之一,因此很难从欧洲语言中找出同义词或者近义词"②,因为"一定的具体的意义或者语言无非就是具有一个民族过去以及现在的存在样式即特殊文化形象的历史的自我体现。而且,意义以及语言与民族的意识存在之间的关系,并非前者合起来形成后者,而是民族的活生生的存在创造了意义以及

---

① 孙向晨:《"汉语哲学"论纲:本源思想、论域与方法》,载《中国社会科学》2021年第12期,第153—175页。
② [日]九鬼周造:《"粹"的本质》,彭曦、汪丽影、顾长江译,载《九鬼周造著作精粹》,南京大学出版社2017年版,第53页。

语言"①。在对其意义构造探究后,九鬼周造总结出"'粹'是'娇态'与'意气'、'达观'结合而形成的意识状态"②。这种从语言文化的独特性入手,剥离、提炼出若干基础概念并阐述其构造的做法,在九鬼周造之前的日本已有雏形,在九鬼周造之后此类研究更为丰富。③

与日本相比,中国在这方面的研究是薄弱的,中国不缺对"意境"、"气韵"、"风骨"等概念的传统语义分析,但鲜有在与他者的比较中剥离、提炼出构造机制、思维、存在方式的研究。现在,我们已经知道了中国有"兴"这一独特的语言表达,那么这究竟能剥离、上升出怎样的构造机制,思维、存在方式?对这个问题的回答,先要从"剥离"开始。

通过梳理近、现代中西"比"、"兴"研究,可知将西学文化套用在中国"兴"概念上并有较大影响力且极其难缠的解释有3种:文化人类学(作为历史叙事),喻性传统(作为修辞手法),以及形象、关联、感应思维(作为思维方式),需要撇清。

(一) 文化人类学(作为历史叙事)

列维·施特劳斯认为《圣经》是集体无意识的创造,从神话中可以见出历史的真实性内核,这种方式移植到中国便有了《诗经》解释学,及与之相关的文化人类学。自理雅各始,对"赋"、"比"、"兴"的译介大体都用"narrative"、"metaphorical"、"allusive"这种解释《圣经》时的习惯用语,后来在余宝琳等西方学者中与历史叙

---

① [日]九鬼周造:《"粹"的本质》,彭曦、汪丽影、顾长江译,载《九鬼周造著作精粹》,南京大学出版社2017年版,第51页。
② 同上书,第56页。
③ 王向远:《日本美学基础概念的提炼与阐发——大西克礼〈幽玄〉〈物哀〉〈寂〉"三部作"及其前后(译本序)》,载[日]大西克礼:《幽玄·物哀·寂》,王向远译,上海译文出版社2017年。

事结合有了理论变体,比如将"兴"解读为"历史语境":一种文化传统与习惯。余宝琳认为西方的"比喻"不能概括"兴"所建立的自然与道德之关联,古代评论家在自然与人类事件间看到一种基于"呼应"原理产生的相似性,这就是说,诗歌描述的自然和人世间发生的事件是没有区别的:它们属于同一范畴(类)。所以,可将诗歌看作是对历史现实(历史背景)的隐晦描述。①

与之相应,闻一多试图找寻"先言他物"之"他物"与"所咏之辞"在文化人类学上的意义关联,闻一多认为《诗》中的"他物"原与"所咏之词"有密切联系,后来由于宗教、神话的衰弱,两者的意义关联消失了——诸如闻一多把以鸟类起兴和原始图腾崇拜相联系,把以鱼类起兴同生殖崇拜相联系,认为它们最初有意义关联,只是随着历史演进这种关联逐渐退出了历史舞台。成果见于《神话与诗》、《诗经通义》(遗稿)。

顺此思路,赵沛霖认为"兴"可以追溯至原始宗教,"兴象"虽然是多种意识结合的产物,但它以原始宗教的社会积淀为基础,因而在观念上有意义稳定性,使习惯性联想得以可能,兴句中的事物及其意义关系固定了下来,后当宗教势微,原本稳定的意义关系不再牢靠,逐渐流为一般的艺术形式。张节末《比兴美学》将这类方法与语言结合:原始自然充满神性具有独立义,随着历史的发展,神性光环逐渐褪去,人们开始平等地观照对象,自然的意义被重新解释,于是自然物和人事在语言上形成并置结构,新的结撰勾连技术诞生了。

这类解释把结果当原因,在看到古人生活世界变化与变化结果之关系时,都将目光聚焦于结果及其在不同历史时期的不同表

---

① Pauline Yu, *The Reading of Imagery in the Chinese Poetic Tradition*, New Jersey: Princeton University Press, 1987, pp. 44-83.

现,并进行逻辑串联,而对如此这般结果的生发过程视而不见,看不到"兴"的生成性、活动性。

这样一来,虽然从文化人类学中可以发现某些"兴象"与神话崇拜有意义关联,但要说《诗》中的每一"兴象"都和原始神话有关,非常牵强,比如《关雎》的男女之爱和闻一多说的鸟类起兴表示原始图腾崇拜就不一致。之所以有这种问题,是因为闻一多、赵沛霖他们只考虑了"兴"与神话传说有关的部分,但没有考虑这种神话内涵,实际上必须在当时人的神话世界(打交道的生活世界)中才是合理的。在原初的神话世界(生活世界),创作者首先具有浸深其中的"生存理解",创作者遵循的不是今天意义上事物间的价值规范关系,而是一种"神秘的互渗",因此只有在神话世界中生存的人才能理解他们的意义创生。即使现在与过去面对的是同一事物,但因为生存方式、认知范式的转变,使得"兴象"有截然不同于今天我们所能理解的意义(不在一个意义世界中)。这使得社会学、民俗学等试图寻找某种"确定性关系"的逻辑根本不成立,因为这类学科忽视了他们以为的确定性本身是由无底的生命活动建构起来的。

"神秘的互渗"是列维·布留尔(Levy-Bruhl)使用的概念,用来表示原始思维所特有的支配表象的关联和前关联的原则。[①] 原始思维不是低级思维,而指有别于今人的思维方式,它们同样有秩序,只是因为生存理解的不同而给人匪夷所思的感觉,但今人困惑不等于他们困惑,这就有了当时当地的生存方式与其思维、语言表述间的意义互渗关系。

布留尔在其著作中对不同时间、不同地域、不同文化中人的生存方式与其生活世界间的同构性关系,做了大量的记录、描述,呈

---

① [法]列维·布留尔:《原始思维》,丁由译,商务印书馆1981年版,第69页。

现了一个不同于我们规范秩序的另样的意义世界。布留尔说:"在回乔尔人(Huichols)那里,'健飞的鸟能看见和听见一切,它们拥有神秘的力量,这力量固着在它们的翅和尾的羽毛上'。巫师插戴上这些羽毛,就'使他能够看到和听到地上地下发生的一切……能够医治病人,起死回生,从天上祷下太阳,等等'。"①"波罗罗人硬要人相信他们现在就已经是真正的金刚鹦哥了。就像蝴蝶的毛虫声称自己是蝴蝶一样。"②"如果希库里的收成不好,如果它不是按照一切应有的仪式来采收,庄稼地就不会带来通常的收获。而且鹿在其与部族的关系中也赋有同样一些神秘的特征。在一定季节里进行的猎鹿,乃是一种实质上的宗教活动。回乔尔人的安宁和生存取决于在这期间打死的鹿的数目,正如同取决于希库里的收获量一样;这种狩猎也伴随着同一些仪式,也像神圣植物的采集一样,唤起同一些集体感情。"③这类描述让人看到,生命自然的展开可以如此千差万别,它们的意义不在于告诉今人,当时当地的人如此这般理解的逻辑是什么,而是让我们看到原始人能在他们的生存展开中有异于今人的生存情态,原来"希库里"作为一种神圣的植物和鹿具有相似的地位,它们的数量与回乔尔人的安宁与生存息息相关;原来戴上鸟的羽毛就能拥有强大的力量;原来南美的波罗罗人打心里认为自己就是金刚鹦哥。它们打碎了今人的确定性所指,让人患上如福柯在看到中国基于某部百科全书所作的对动物的相关分类后(皇帝所有的动物、有芳香的动物……)所遭受的类似失语症般的痛苦,因为他原本拥有的语言据以分类的"图表"

---

① [法]列维·布留尔:《原始思维》,丁由译,商务印书馆1981年版,第28—29页。
② 同上书,第70页。
③ 同上书,第117页。

(tableau)和"句法"被摧毁了①,而它们让人相信,某种语言分类被摧毁后,事物还能以各式各样的意义秩序呈现,对生活其中的人来说它们稀松平常。

后来,周策纵等人注意到闻一多等人的研究缺陷并试图克服,克服的方式是把"兴"理解为一种人在神话世界中的思维或宗教活动方式。虽然这样的解释能一定程度上弥补文化人类学路径的不足,却不能解释与宗教氛围无关的"兴"。实际上即使没有宗教或神话世界,人们也能理解"兴",如果不是这样的话,那我们就不能解释孔子怎能从"兴于诗"开始,经过礼乐,升华至"从心所欲不逾矩",甚至对于孔子来说"兴"能脱离神话、宗教语境,从一般的意义上去理解更重要。

对"兴"的这层误解,实质正如上文中所说,是将目光聚焦在了结果上,关心的是结果在不同历史时期的不同表现,对不同结果、表现进行逻辑串联,而对怎么会有如此这般结果、表现的生成过程视而不见。他们在解释过程中,明明已经触及了语言、思维与存在间的同构关系,比如在赵沛霖的研究中,已经讲到了"兴象"是"社会积淀"的结果,可当应该把视角转向此"积淀"过程的本体论(存在论)活动时,所有人都失了声。这之中的原因,与受到神话解释学及其相关的文化人类学的影响不无关系,与对存在者的西式执着不无关系。

(二) 喻性传统(作为修辞手法)

把"兴"当作修辞手法,和各类喻说混为一谈的理解经久不衰("比"同样如此),正如大量西方译介与文论以"隐喻"、"讽寓"等西方"喻性传统"为背景解释"比"、"兴"。移植于中国,朱自清的联想、象征,朱光潜的"隐喻",谢无量的《诗经研究》,黎锦熙的《修辞

---

① [法]福柯:《词与物》,莫伟民译,上海三联书店2001年版,第1—8页。

学比兴篇》,许多人所谓的"比类思维"等,中学语文教材更是这类解释(用修辞手法解释传统概念)的主阵地。可问题是,将"比"、"兴"理解为"修辞手法"不合适,放于西方"喻性传统"(哪怕是解释"比")更不合适。

从修辞手法上看,之所以不合适,是因为如果"兴"是修辞手法,那么"兴"就不是诗歌的专利,而是所有文学语言的表达方式,可我们在绝大部分场合下只在诗歌里见到它的身影。

从修辞手法上看,之所以不合适,是因为在西方文化中"修辞"与智者、雄辩术联系在一起,尤其是其中的诡辩派,醉心于玩弄概念,习惯于混淆是非,只要给他们利益,他们就能把黑的说成白的,没有任何道德可言,至文艺复兴"修辞"成为人之为人(be human)应掌握的七艺之一,因此当我们说"比"、"兴"是一种修辞时,"比"、"兴"被凭空添上了古希腊以来的政治、人文色彩,这不合适。有的学者以汉代"比"、"兴"作为美刺的效验与之对应,美刺以"谲谏"(绕一个弯子)的形式出现,具有一定的语言艺术,但这和智者雄辩的修辞不是一回事,更和诡辩者们的趋利无德完全相反,是一种以道义立场为前提,以君为对象的劝善活动。

退一步讲,即便中西方在这方面内涵大体相同,也不能说这是对"比"、"兴"的理解,而是对"用诗"的理解,上文提到的刘若愚、海伦娜、道森、范佐伦等人的译介与阐释是其中的代表。说到"用诗",虽然孔子、朱熹等人的诗教活动,表面看确实如这些西方学人说的,通过学诗实现教化,但是西方学人所谓的用诗教化,是用"世俗化"、"实用论"的眼光打量、理解孔子等人的用诗行为,将他们放在西方道德研究的历史理路中,解读他们对"用诗"的理解,解决他们自己的问题,于是"用诗"在某些汉学家眼中成了一种"道德实用论",通过教育的手段达到合乎社会、政治所要求的规范方向,可是这和中国没有关系。自孔子以来的用诗之法,撇开被政治绑架的

"残疾儒学"①不谈,儒家不像西方道德哲学那样,在第三人称上外部反思什么是道德?而是在第一人称上做成如何成德的实践,自生德性之力,由此实现的"成己"在"成物"中进一步发挥作用,这种具有前反思、非概念化特质的思想,以"整体性"(返身)、"内源性"(内生)、"过程性"(生成)方式展开的实践,才是诗教的精髓。这涉及在身与境融中讨论道德、政治问题,和西方在世俗现世中的理解根本不是一回事,不是义务论、功利主义、美德伦理学等道德理论能包含的。

总而言之,不能用对"用诗"的理解来代替对"兴"的理解,而哪怕是对"用诗"的理解,彼此也不在一个思想理路中,至于说用"修辞"来理解"兴",那"修辞立其诚"之"修辞"与古希腊以来的"政治修辞"没有交集。

更为荒诞的,是将"兴"挂搭在西方"喻性传统"上。

从喻性传统上看,之所以不合适,是因为西方的"喻性传统"与罗格斯中心主义的形而上学有关,讨论的是"本质"、"原型",这些概念在源头上就从没在中国文化的视域里出现过。

近代以来,把"兴"认成"联想"、"隐喻"、"讽喻"以及"象征"……的人比比皆是。以朱自清为例,朱自清早期对"兴"提出了三点看法,第一、第三点和西方"喻性传统"有关,第二点和对象化思维②有关。朱自清说:

---

① 从《太史公自序》引董仲舒"贬天子,退诸侯,讨大夫"到班固《汉书》删"贬天子"成"退诸侯,讨大夫",没有了"屈君"这一维,儒学成了任人打扮和利用的"工具儒",不是"真儒学"。

② 在第二点中,朱自清认为"兴句"和"被兴句"之间没有"论理的联系",所以"意义不相属",也就是没有确定性关系,这是一种对象化思维,近代以来绝大多数理论都有这个问题。人们总喜欢戴着知性逻辑的有色眼镜,找寻前后句的确定性关系,无论是内容上有关、无关或隐约有关,还是运思上讨论有意或随机,其实是一回事。他们,遗忘了前后句基于生存的内生性联系。

一，兴诗之名，始见于《周礼》，《诗大序》，毛公《诗传》。《周礼》只有"兴"之名，别无可援据，且其书真伪也还没有定论，暂可存疑。《诗大序》及《毛诗传》所谓"兴"，似皆本于论语中"诗可以兴"一语。其义殆与我们所谓"联想"相似；周岂明先生《谈龙集》里以为是一种象征，颇为近理……

二，……所歌咏的情事往往非当前所见所闻，这在初民许是不容易骤然领受的；于是乎从当前习见习闻的事指指点点地说起，这便是"起兴"。又因为初民心理简单，不重思想的联系而重感觉的联系，所以"起兴"的句子与下文常是意义不相属，即是没有论理的联系，却在音韵上（韵脚上）相关连着……

三，诗有赋比兴之分；其实比兴原都是赋，因与下文或蕴含的本义的关系，才有此种区别。赋是直说；比是直说此事以譬彼事，而彼事或见于文中或否（如《诗经》中之《鸱鸮》、《黄鸟》），兴是直说此事以象征彼事，——或用兄说，直说此事，任意引起他事。无论比兴，所直说的"此事"，原来必是当前习见习闻得事物。墨子论譬，说是"以其所知喻其所不知"，这正是比兴（旧说）的作用。至于后来因艺术之美而用比，则当另论。①

之所以认为"兴"不是"联想"，是因为"想象"有两种方式，如康德所说一种是经验想象，一种是生产性想象，后者是前者得以可能的前提。当人们如朱自清般在"联想"后，肯认"兴"和"象征"（或"隐喻"等）接近，就注定了所谓的喻性"联想"是经验想象，这与西

---

① 朱自清：《关于兴诗的意见》，载顾颉刚编著：《古史辨》第3册下编，上海书店影印版1992年版，第683—685页。

方经验主义认识论有关,即通过外部静观获取信号材料,供理性做成知识。经验想象以知性为契机,通过抽象出物质属性或可见物间的普遍之"类",来搭建事物之间的相似关系,这种运思逻辑以主客二分为前提,以建立单一、静止的能指、所指间的关系为过程,以在特殊中显现本质的形上之真为目的。这种用样相间的抽象相似和欲跃入彼岸的形上追求,解读中国传统概念的做法令人遗憾。全然不合"兴"义。

再从"喻性传统"上说,看这类喻说是如何与罗格斯中心主义的"本质"形而上学有关,而和中国文化无关的。

柏拉图《理想国》提到艺术是对理念模仿的模仿,之后的亚里士多德认为现实事物可以反映理念世界。所谓"诗比历史更真实",亚里士多德说:"诗人的职能不是叙说那些确实已经发生的事情,而是描述那些可能发生的事情,这些可能发生的事情或处于偶然,或处于必然。"历史"叙述已经发生的事",诗"谈论了可能发生的事。因此,诗比历史更富有哲理、更富有严肃性,因为诗意在描述'普遍性的事件'"[①]。诗之所以能在现实中把握普遍,原因之一是"隐喻",因为"隐喻是对借来之词的使用,或者从种借来用于属,或者从属借来用于种,或者从属借来用于属,或者通过使用类比"[②]。这种在种属之类间游走的思想活动,不只是语言表现,也是认知(思想)创造,"最重要的莫过于恰当使用隐喻字。这是一件匠心独运的事,同时也是天才的标志,因为善于驾驭隐喻意味着能直观洞察事物之间的相似性"[③]。创造相似(普遍),难怪保罗·利

---

① [古希腊]亚里士多德:《论诗》,载苗立田主编:《亚里士多德全集》第9卷,崔延强译,中国人民大学出版社2016年版,第654页。
② 同上书,第673页。
③ 同上书,第677页。

科说"模仿即创造,创造即模仿"①,而希伯来文化中,上帝正是按照自己的样子创造了人。

朱自清以"象征"说"兴"同样如此,象征是以可见者去表征和反映不可见者,让某个不在场的事物在场。然而这种表征反映的是西方形而上学关系,正如伽达默尔说象征、隐喻:"这两个词……表现了……该东西的含义(sinn)并不存在于它的显现、外观或词文中,而是存在于某个处于它之外的所指(Bedeutung)中。某个东西这样地为某个别的东西而存在……两者在宗教领域内都得到了优先的运用……譬喻产生于神学的需要……象征概念首先通过新柏拉图主义的基督教的改造,也进入了这个修辞学-诠释学的譬喻概念的范围内……因而象征在这里获得了一个比类性功能。这就导向了对神性事物的认识——完全就像譬喻的表述方式通向一个'更高的'意义一样。解释活动的譬喻方式和认识活动的象征方式具有相同的必然性基础,即不从感性事物出发,要认识神性的东西是不可能的……象征绝不是一种任意地选取或构造的符号,而是以可见物和不可见事物之间的某种形而上学关系为前提。"②

或许,20世纪以来,人们注意到"兴"有言外之意的特点,而像"象征"、"隐喻"等概念同样具有如伽达默尔所说的"象外之意"(significance),所以用后者解释了前者。可是,从整体上看这类西方概念只有其中的某些环节与"兴"之"言外之意"匹配,而不具有对等性。不能说意义在形象之外就是象征、隐喻了,还要看意义是

---

① Paul Ricoeur, *The Rule of Metaphor: Multi-disciplinary Studies of the Creation of Meaning in Language*, trans. Robert Czemy et al., Toronto: University of Toronto Press, 1977, p.39.

② [德]伽达默尔:《真理与方法》上卷,洪汉鼎译,上海译文出版社2004年版,第93—95页。

什么意义,意义的建立以什么为前提,是不是走向确定、抽象的逻辑概念和完满、原型的彼岸世界？把这些问题考虑进来,就会发现象征、联想、隐喻等概念不能用来解释"兴",及相关的中国传统概念,过去的做法简单、粗暴。正如上文列宇文所安言:"中国传统文学思想中的'兴'处在西方隐喻理论领域之外……是前反思的（prereflective）,超出知性范围。"①

近年来,上述不匹配的问题已被中西学人注意到。夏开丰在讨论中国绘画境界理论时,通过梳理不同学者对这个问题的反思,作了针对性说明②：

首先,夏开丰指出西方喻性传统中的表意关系是与"本质的意义"联系在一起的。接着,借西方学者的中西比较研究成果,指出其中的不可行性。余宝琳认为:"象征是建立在表象与实在之间的本体论差异基础之上的,但在中国思想中没有这样一个本体论差异。"③朱利安进一步指出:"象征意味着一种抽象的或一般的理念,这在中国传统中只有微小的发展,因为表象很少被使用,而且表象在中国从没有构成一般性的一个自主性平台。"④最后,通过否定朱利安的隐喻观点,指出中国文化中的"指"与"被指"、"引"与"被引"是更深层的世界活动的一体两面,后者就在前者的运动中自发、自启,是完整的一体关系,而不是"断裂"的二元分立关系。对此,夏开丰说朱利安在否弃了"象征"与中国文化的关系后,认为

---

① ［美］宇文所安:《中国文论:英译与评论》,王柏华,陶庆梅译,上海社会科学院出版社 2003 年版,第 267 页。
② 夏开丰:《绘画境界论》,文化艺术出版社 2021 年版,第 104—107 页。
③ Pauline Yu, *The Reading of Imagery in the Chinese Poetic Tradition*, New Jersey: Princeton University Press, 1987, p.40.
④ Francois Jullien, *Detour and Access: Strategies of Meaning in China and Greece*, trans. Sophie Hawkes, New York: Zone Books, 2000, p.179. 转引自夏开丰:《绘画境界论》,文化艺术出版社 2021 年版,第 106 页。

使用隐喻概念更合适,"因为隐喻既发挥着与象征一样的功能,其背后又不存在一个本质的世界,意义没有导向固有的本质和单一的意义,而是由于自己的不确定性而变得更为丰富"①。可是,以间接的方式激发无尽之意就能说是隐喻吗?不能。"因为在古代思想中,中国人不会把'物'理解为实体,从而把它当作与我相对的客体来看,相反,往往是从活动、实践的角度来把握'物',即关注'物'的存有。"

通过夏开丰的分析,可知在中国传统中不存在二元分立,没有对本质、原型与超验的理念世界的向往。中国人的相似完全不同于西方,我称之为"内源性相似"。

中国的物之显形、引发,是自己就在自己的生发过程中自我显形、自我引发,背景是一元的,那么当我们说"兴句"与"被兴句","引"与"被引"之间"相似"时,究竟在说什么呢?这就又回到了上文《文心雕龙》中讨论"称名也小,取类也大"中"称名"与"取类"的关系问题,上文指出这里的"相似",不同于西方知觉表象的相似,不同于西方抽象之"类"的相似,不同于西方根据静态、稳定的标准分类关联下的相似。"相似",还能是世界深处的相似,还能是物物在其所共处世界中的同体相似,即内源一体而动态关联。我们不在外部反思中聚焦既成的形象与事实,表象与符号,而在事物所处的世界中深查事物的生成过程与价值意义,这便是"内源性相似"。当说"称名"与"取类"建立相似关系,实是在前反思的本体论(存在论)维度上,示见万物的原初关联与意义的内在生成。这就是夏开丰说中国人从活动、实践的角度来把握"物",关注这层意义上的"存有"的意思。

---

① Francois Jullien, *Detour and Access: Strategies of Meaning in China and Greece*, trans. Sophie Hawkes, New York: Zone Books, 2000, p.191.

近代以来，大部分人不理解中国文化中的这层"相似观"，借道西学，除了李健《比兴思维研究》中梳理的众人有这个问题外，其没提到的王国维也有这个问题。王国维将比、兴与叔本华的"讽喻"(allegory)概念联系在一起。罗钢对此批评道："在叔本华的美学里，'讽喻'唯一合理的功用是赋予某种抽象的观念以具体可感的形象……所以在讽喻的喻意和喻旨之间，一端是某一抽象和普遍的观念，另一端则是体现这种观念的个别的具体的形象。西方讽喻的'双重结构'主要是由这种一般和个别的关系构成的……它'从观念开始，然后努力去找到一个具体的意象来表现它'。"① 可见，王国维看到了两者在形式上的相似，却没能在彼此文化差异上看到内容、性质与生成过程的分别。

因此，不能用西方"讽喻"、"隐喻"、"象征"、"联想"等"喻性传统"中的概念解说中国文化中的"兴"（中国人的"比"也在西方"喻性传统"之外，近年来已有不少学者注意到这个问题，并做出了建设性的研究②。

（三）形象、关联、感应思维（作为思维方式）

20 世纪 70 年代引发了一场比兴与"形象思维"的讨论，除了

---

① 罗钢：《当"讽喻"遭遇"比兴"——一个西方诗学观念的中国之旅》，《北京师范大学学报》（哲学社会科学版）2013 年第 3 期，第 5 页。

② 在中国逻辑学史中研究推类、比类思维时，过去常以西方逻辑学为范本，在中国古籍的推类、比类案例中拣选接近西方逻辑命题的内容，以证明中国也发展出了类似西方的逻辑学（如吴建国：《中国逻辑思想史上类概念的发生、发展与逻辑科学的形成》，《中国社会科学》1980 年第 2 期，第 51—75 页；陈孟麟：《从类概念的发生发展看中国古代逻辑思想的萌芽和逻辑科学的建立——兼与吴建国同志商榷》，《中国社会科学》1985 年第 4 期，第 117—127 页）。但近 20 年来，越来越多的学者跳出西学框架，看到中国推类、比类思维的价值，如李巍认为不能否认诸子对"类"的思考已经达到抽象思维的高度，但与亚里士多德对种属本身的讨论相比，中国文化中人们关注言行之"类"的宗旨不在单纯确保定义、推理的有效性，而在指导行动，达成语言、行为的正当性（李巍：《行为、语言及其正当性——先秦诸子"类"思想辨析》，《中国社会科学》2013 年第 11 期，第 121—139 页；《相似、拣选与类比：早期中国的类概念》，《社会科学》2021 年第 2 期，第 123—132 页）。

梅运生、牟世金等人外，最有代表性的学者是朱光潜，朱氏的观点是在与维科"诗性智慧"的比较中得出的，他把原始人的隐喻逻辑认为是一种"形象思维"。近年来，李巍梳理早期中国感应思维的四种模式，虽然李巍没有参与"兴"义研究，但他的感应思维与前人对"兴"思维的讨论交集甚广，因此对感应思维的反思有助于批判以形象、诗性、隐喻等思维方式论述"兴"的看法，意识到这类思维方式和"兴"没有关系。

李巍将前人关于形象、诗性、隐喻等思维的讨论，统称为"关联思维"，"即认为中国人并非将世界看作可分割的对象，而是当成一个动态关联的有机整体"，思想史上如李约瑟、葛瑞汉、史华慈等人都有讨论。概述完后，李巍认为关键不在是不是关联而在如何关联，进而指出"关联"应作"感应"讲。李约瑟指出："中国人关联式的思考绝不是原始的思想方式……绝非处于逻辑的混沌……它的宇宙，是一个极其严整有序的宇宙，在那里，万物'间不容发'地应和着'。"①李巍认为这里谈论关联思维是就感应上说，因此对中国思维重关联之特征的把握，必须紧扣感应。这样，问题就由如何关联变成如何感应。李巍以此进入，探究中国古人言说"关联"的基本模型与表达理性诉求的基本载体，得出早期中国人感应思维有四种模式：受感、施感、交感、类感。②

将世界看成一个"宇宙有机体"（形象、诗性、隐喻、感应等思维），在牵一发而动全身的互联中讨论如何关联、感应，表面看这种关系为先的说法有道理，可实际上，它们在逻辑起点上和中国文化背道而驰。无论汉学界还是李巍，他们说的关联思维、类感模式实

---

① ［英］李约瑟：《中国古代科学思想史》，陈立夫等译，江西人民出版社1999年版，第359页。
② 李巍：《早期中国的感应思维——四种模式及其理性诉求》，载《哲学研究》2017年第11期，第44—51页。

质是"理性"先行的思维模式,属静态的超时空的巴门尼德派。

汉学界,葛兰言(A. C. Graham)1934年在《中国人的思维》(*La pensée chinoise*)中最早使用"关联"(corrélatifs)来说明中国人的思维特质——"不关心对立,而注重对比、转化、关联以及天人互通"。但也由此看出,葛兰言所谓的"关联"是一种"喻性传统"上的关联。他说:"中国人的思维方式是象征主义的语言表达方式"、"即用隐喻来表达想法。"这种基于"喻性传统"的关联,后来被李约瑟(Joseph Needham)继承,他在《中国科学技术史》中提出"机体哲学"。葛瑞汉(A. C. Graham)经李约瑟注意到葛兰言《中国人的思维》一书,进而在其《论道者:中国古代哲学论辩》(*Disputers of the Tao: Philosophical Argument in Ancient China*)中以"关联思维"为基本线索阐述先秦诸子,成为第一个将"关联思维"运用于中西文化沟通的汉学家。[①] 在此之后,安乐哲(Roger T. Ames)、本杰明·史华慈(Benjamin Schwartz)、约翰·亨德森(John B. Henderson)、陈汉生(Chad Hansen)、朱利安(François Jullien)等继承了下来。

这种基于"喻性传统"讨论的关联始终是"一个"有机体下的关联,其并置关系建立在一个"图样"(pattern)[②]的基础上。李约瑟说:"在中国思想里的关键字是'秩序'和(尤其是)'图样'。符号间之关联或对应,都是一个大'图样'中的一部分。万物之活动皆以一特殊的方式进行……如果它们不按这些特殊的方式进行,便会失去其在整体中之相关地位(此种地位乃是使它们所以成为它们

[①] 刘杰、刘耘华:《在"关联"中"论道":葛瑞汉的汉学思想探微》,载《汉学研究》第三十二集,学苑出版社2022年版,第320—330页。

[②] "Granet没有使用'Pattern'(图样)这个字,这是因为此字在法文里意义不大相同的缘故,但以它来表示他思想的结论最为恰切。他整部书都强调'秩序'的观念是中国宇宙观的基础,我相信这种见解是正确的。"[英]李约瑟:《中国古代科学思想史》,陈立夫等译,江西人民出版社1999年版,第363页。

的要素),而变成另外一种东西。所以万物之存在,皆须依赖于整个'宇宙有机体'而为其构成之一部分。它们之间的相互作用,并非由于机械性的刺激或机械的因,而是出于一种神秘的共鸣。"①这层"图样"也是李巍感应思维展开论述的前提。

之所以说汉学家理解的关联有误,是因为中国文化中所要关联、感应的,实质是汉学家说的"隐喻"、"图样",李巍讲的"感应模式"得以成形的"前提"。汉学家们说的"关联"和李巍的"感应四种"能说明"某段"时空中,中国人在理性言说方面的关联模式,但若以为它就是中国人对"感应"的全部理解,乃至被人认为是"兴"的思维方式,大错特错。

因为这里的"图样"好比稳定的思想"河床",而"河床"得以成形是因为生命自然及其生生活动,"一个"宇宙有机体("大图样")再怎么稳定也会在生生活动中改道、变化,而中国人的感应正是对此基础存在(生生活动)的感通,历来中西学人的论述,都本末倒置了其中的关系,将"独"属于中国的"一个"先行。

"河床比喻"是维特根斯坦后期哲学著作《论确实性》中的形象说法,借助对"河床比喻"的理解,前人"本末倒置"的错误将看得分明。维特根斯坦在生命最后一年半的时间里完成《论确实性》,其观点连起了前后期看似相悖的主张。在前期《逻辑哲学论》中,维特根斯坦认为语言可以描述世界,语言与世界之间存在相同的结构,这种结构不仅无法被语言描述,反过来它是语言得以描述世界的基础,被称为"先验的语言主义"。在后期《哲学研究》中,维特根斯坦打破了这个看法,认为语言是和生活形式结合在一起的,所谓语言的逻辑形式实际是语言的用法规则,而用法规则奠基于使用

---

① [英]李约瑟:《中国古代科学思想史》,陈立夫等译,江西人民出版社1999年版,第352—353页。

它的文化群体的生活方式,因而没有统一的逻辑形式。到了维特根斯坦生命的最后阶段,他通过批判摩尔的"常识问题",将自己前后期看似相悖的观点联系了起来,提出了"世界图式"概念,认为它是决定思想流向的河床。汉学家和李巍基于"一个"有机体、"图样"(pattern)展开的对"关联"、"感应"方式的讨论,所对应的正是维特根斯坦的"河床说"。

可问题是起着"世界图式"作用,决定思想流向的"河床"是怎么来的?它在汉学家和李巍的论域之外,而这"之外"才是中国文化("生生")的关键,也是理解"兴感"的落脚点。

如何理解思想的"河床",它是怎么来的,如何"改道"(变化)?这要从《论确实性》中维特根斯坦批评摩尔"我确知……为真"的适当使用,与常识在实践中的基础性地位说起。维特根斯坦认为摩尔的"常识命题"之所以在确定性上有高于其他命题的地位,是因为它们起了"世界图式"的作用,成为了思想的"河床"、"铰链",即在认识和实践过程中起着"逻辑在先性"的作用。这意味着,思想总以某个出发点来思想,正如怀疑总在某个限度后无法怀疑;这意味着,总有某种确定性作为一种"世界图式"先已存在于人们的具体的思维活动之前。

虽然,在具体的思维活动中不可能不以"世界图式"为确定性前提,但这不等于说"世界图式"不能改变,"世界图式"的改变即"信念转变"。对此,他设想"为什么不教导一位国王相信世界是同他一起开始存在的?而如果摩尔和这个国王走到一起来讨论,摩尔真的能够证明他的信念是对的吗?我并不是说摩尔不能让这位国王转而相信他的观点,但这却是一种特殊的信念转变,这位国王将会以一种不同的方式来看世界"①。这种以不同的方式看世界

---

① [奥地利]维特根斯坦:《论确实性》,张金言译,广西师范大学出版社2002年版,第17页。

的信念转变即"世界图式"的转变,世界图式的改变就像河床的改变,通常来说河床有相对稳定性,但或是一次洪水、地震,又或是一个积少成多的过程,导致岩石松动,河床便移动、改道了。思想的河床也一样,某些思想一直在变,好比水、沙的运动,而某些思想基本不变,好比河床,但这种关系会随"时间"而改变,"易变"的命题"固定"下来,"固定"的命题"变易"了(好比中国文化中"易"兼"变易"、"不易",而"不易"本身便是"变则通"了的"周流普遍")。

在"河床"移动、改道的过程中"时"是关键,以生命自然生生活动为基础,"世界图式"才能一个又一个地出现又改变。在中国思想文化中,人们所要感应、会通的不是作为确定性前提的"世界图式",即如葛兰言所谓的底层的隐喻关联、李约瑟所谓的"大图样"(pattern)中的关联,而是对形成此确定性前提的自觉,即对"变易"、"不易"之道体生生的亲熟。

我们以"离地登月"为例。摩尔和维特根斯坦确信自己没离开过地球,用维特根斯坦的例子来说:"有个成年人告诉一个孩子说,他曾到过月球。这个孩子把这件事讲给我听,我说这不过是个笑话,那个人并没有到过月球;没有人曾到过月球;月球离这里很远很远,人们不可能攀登或飞行到那里。——如果现在孩子仍然坚持说也许有一种我所不知道的到达月球的方法等等,那么我能怎样回答他呢?对于一个部落中相信人们有时登上月球(也许他们就是这样解释他们的梦的)并且确实承认无法用一般方法攀登或飞行到月球的成年人,我能做出什么回答呢?——但是一个孩子通常不会坚持这样一种信念,他很快就会相信我们认真对他讲的话的。"①之所以摩尔和维特根斯坦确

---

① [奥地利]维特根斯坦:《论确实性》,张金言译,广西师范大学出版社 2002 年版,第 19 页。

信，之所以小孩不久后也会相信，不是因为他们通过论证得来的，而是由他们所处时代科技水平的限度，这个信念前提决定的。今天，中国的"天问号"登陆火星，"嫦娥号"登陆月球，人们确信可以登上月球。在中国古代，有"玉兔捣药"、"吴刚伐桂"，许多人深信"嫦娥奔月"，这同样不是人们依据充足理由律主张的结果，而是人们各自的世界中都有接受此信念的理由，这一理由便是各自不同的世界图式。

虽然，一个阶段有一个阶段的世界图式，古代中国与现代中国不同；一个地域有一个地域的世界图式，西方世界与我们不同；一种文化有一种文化的世界图式，对于摩尔来说葡萄酒就是葡萄酒，对于天主教徒来说，弥撒仪式时的葡萄酒是耶稣的血液……但是种种不同的"世界图式"，说到底都是"生生"活动的表现情态，不同的表现情态有各自牵一发而动全身的有机体，万物在不同的有机体中显出不同的联系与价值意味。

汉学家和李巍阐述的关联、感应却以某种图样（pattern）为基础，即在预设了"确定性前提"的基础上，讨论万物牵一发而动全身的整体关系，这好比列维·布留尔在分析回乔尔人、波罗罗人各自信念系统中的意义关系。然而，中国文化中人们所要感应、会通的，不是某种"图样"下的关联，而是感应、会通于衍生出东、西、南、北不同关联系统的前提——生生宇宙。东、西、南、北都可以有圣人出，此心同，此理同，今天的东西方人无不包含在内，虽然本书讨论的是中国思想文化中的"兴"，但从情理结构与存在状态上看，它属于全人类，不"独"属于中国，不能因为西方思想史之不自觉，中国思想史之自觉，而说只和中国有关，事实上所有人都在永不靠岸的生命之船上，在难过中难过，在喜悦中喜悦。

前人看到了存在者与其所处的生命有机体的关联，但此有机体还只是时、位中的确定性之在，忽略了中国思想所关切的，是存在者与形成此确定性前提的关系。人在某段相对稳定的意义世界中,稳定的意义世界又在"生生"中,因此人在某段相对稳定的意义世界中的同时,也在"生生活动"中,意义的相对稳定终会随着生生活动而改变,如河床移动、信念转变,后来库恩"范式转换"的说法同样如此。张若虚感叹"人生代代无穷已,江月年年望相似"(《春江花月夜》),看似稳固的江月之下,那代代无穷的生生活动,才酝酿出古今中外不同有机体中自恰的月意。

可见,虽然讨论人与世界之关系的人很多,可是无论是对意义世界的理解,还是对意义生成的理解,都可能在本末上倒置。毕竟中西都说"本体",只是西方巴门尼德传统中的本体是静态的超时空之"一",而中国文化中的"本体",既无底(不可还原),也无体(有时空①)。

---

① 曾海龙指出"生生"可以按有无时间因子分为两类:一是基于动力因与目的因的观念,构成一种超越的本体论;二是淡化目的因,突出动力因,"成"乃在于有限的时间性中,"生"才具有无限性。这两种架构分别体现了前现代与后现代的理路。前一种架构主要基于古典的思路,其超越性方案并未能解决海德格尔面对的问题;后一种架构则基于中国古典与海德格尔哲学的批判性继承,将超越的本体论消解,引入时间性因子建构一种基于有限性的非超越论的本体论。这种基于时间性的本体论乃是基于有限性的延续而成就无限性,并试图在文明与自然之间重新建立起连续统一的关系。(曾海龙:《时间性与本体论的建构》,载《道与名——思想与文化》第三十一辑,华东师范大学出版社 2023 年版,第 179—197 页)

结语　通向本源的"迂回"之旅

"兴"自诞生起,便主要以虚指的形式表现主体与生命自然交互时情感、精神向外、向上生发的意义活动。"兴"扎根大地与万物打成一片,示见人与世界交互活动时当下的生命情意。在歌咏中、在舞动中,如此这般的"兴"天然地呈现出前反思、非概念化的特点,内蕴深邃的天人关系,具有本体论(存在论)的意味。

现实中,"兴"的这层意涵没有很快被人揭示,自通名转为专名,"兴"便跃出自身,开始了"迂回"的客体化之旅。浑一天籁裂为诗艺技巧、仪礼风尚,咏唱于宫廷、宗庙,寄居于经学、文学,做过用诗方法的婢女,当过"以比注兴"的替身,又在近代中西文明的历史性碰撞中被人"张冠李戴"。

传统认为汉代"兴"作为解经方式与"比"合流固于"譬",然而生命情意怎会因为强力而真的丧失,"兴"纯情境赋意之发端虽然在运思环节上存在"类"之抽象的需要,但和毛、郑相比,"引"、"连"、"托"留给生命活动、心志情感更大的空间。郑毓瑜注意到"引譬连类"在当时人心中能逆回至原初形成类概念的生命境域,与"整全厚实的生存所在"发生关系,这意味着生命体验是不分时代的,最自由的时代和最僵化的时代生命都经历着自己的生存展开,只是对它的"揭示"、"自觉"在思想史中有澄明与遮蔽,但无论是不是显学,都不能说任何时代的人不在生命中,不在情感中。

汉代后,"兴"义理解主要有两条路:"比兴寄托"、"触物感兴"。"比兴寄托"尝试寻找某一对象来描摹人心中已有的情感,这种客体化运思,本质上是"比"。真正对"兴"有见地的阐释在"触物感兴"中,人们将它和知性理性区别开,描述感发时的直接性及与物无距的意义关系,并因"去知"的直感特质和无距的意义关系,认其为把握形上之道的思维、存在方式,一条从本体论(存在论)上理解"兴"的路径开显了出来。

魏晋时期,社会动荡,人们放浪形骸于自然,试图在精神超越中寻求寄托、自适,与形上之道直面是很多人的精神追求,这便有了通过"兴"的方式体会真趣、道境的生命实践。刘勰注意到"兴"背后的"隐幽"、"微妙",看到"称名之象"与"取类之大"的"内源性相似","取类"事物就在"称名"之象的建立过程中内生,对其相似性的把握,即在事物生成活动的世界中理解事物。

在唐代,孔颖达将"兴"与"象"联系起来,文学领域殷璠提出"兴象",其物我之超越与前反思维度上价值意蕴之领会的一面,对后世众多理论产生了重要影响。

宋人在"触物感兴"中又揭示出"即目所见"义,"兴"的"现场性"挖掘了出来。此外,朱熹将"兴"的直接性做进语言:形式上区别前人以局部词句为参照,改以"章"为单位,根据"本体"是否在"章"中出现区别"比"、"兴";内容上整体重于部分;由于"理一分殊"的背景,文理中自有天理,通过涵泳把握文理,贯通天理。由此,"比"、"兴"是天理显现自身的"精神骨架",自上而下,天理显为文理于"赋"、"比"、"兴"三种逻辑架构中,朱熹称为"骨子";自下而上,骨架的组织形式单一直陈"赋"、隐显婉转"比"和发端起承"兴"映射两种理解天理的思维方式,单一直陈、隐显婉转对应认知理性,发端起承对应直觉感通,共同作用,成为朱熹把握天理的过程路径。

元明清对"兴"的直觉直接性、时几化、情境化赋意有了更深的理解。谢榛在意义"待时而发"的时机化生成中,将"兴"与"天机"、

结语 通向本源的"迂回"之旅

"元气浑成"相接;叶燮揭示了"触以兴起"、"劈空而起"对意义生成的奠基性作用,它规定而不被规定。越来越多的人开始从本体论(存在论)角度理解"兴",将之作为体道过程与道体活动的枢机,至王夫之借"现量说"正面勾勒"兴"的生成机制,"兴"从"比兴"的喻说传统中脱离,原初的价值自律性确立了起来。至此,"兴"有了直面本身的理解:人除了用认知心与世界打交道外,还有一种融于浑一宇宙,与物同体共流的思维、存在方式,这便是"兴"。"兴"的生成,是人以"不谋之物"为中介(在具体的缘在中),示见实在的生命活动与其所处世界之内在而整体的意义关系,其中"心"、"物"、"相值相取",直接作用。

就在"兴"之本源之思呼之欲出之际,近代中西文明历史性地碰撞在了一起,当西方人以自身文化为依托展开对"兴"概念的格义时,20世纪后的中国人受西方影响,不自觉地以西方的理解来理解中国的传统概念,文化人类学(历史叙事)、喻性传统(修辞手法)、形象、关联、感应思维……造成了对"兴"义理解的双重遮蔽。

种种经历,"迂回"至今,然而也正是这些"迂回",令"兴"原初素朴的意涵丰满起来,其在语言存在论维度上示见的思维、存在方式有了更高的自觉。这便是"迂回"的意义,"迂回"不为延异而延异,"迂回"是一种活动,它不建构本质主义哲学,而防止以普遍的名义遮蔽文明对自己的理解,它不固守"差异",而在理清"本源性差异"后有所"创造"[①]。

今天,历经"迂回"的我们看到,"兴"的生成与生命境域的原初情意相连,在古代这或许是汉语世界的问题,但今天已是全人类共同的命运。当虚无主义横行全球,生命价值如何获得充盈,怎样活

[①] 孙向晨:《"汉语哲学"论纲:本源思想、论域与方法》,载《中国社会科学》2021年第12期,第153—175页。

着才有意义？勇猛精进的你是否还会芬芳悱恻、与物多情，在如海德格尔所谓"进步强制"的今天，是否还有柔软的内心去体味世界？

理清"兴"的"本源性差异"，为生命安顿留出地盘。

结构篇

引　言

　　人除了用认知心与世界打交道外,还有一种融于浑一宇宙,与物同体共流的思维、存在方式,这便是"兴"。"迂回"之旅揭示了"兴"的"本源性差异",但未说明它是如何生成的,今人需要用更具说服力的分析形态重述中国哲学的这一基本洞见,这将是新的"迂回"之旅——出离自身,在比较中从本源性层面揭示"兴"之生成的框架性构造。经《释义篇》,本篇需要思考的内容如下:

　　如何理解"兴"之生成中思维的"直接性",无关知性理性的直接性是什么,如何思? 直接性问题涉及意向行为与意向对象,在西方哲学中,胡塞尔现象学讨论了相关问题。"兴"之直感与现象学意向性的直接性近似,但与胡塞尔现象学认识论框架不同,中国文化中的直感活动是价值性的,关注价值形态的意义生成。

　　上述价值直感,只是"兴"中意义赋予活动的一个方面,从本体论(存在论)层面看,"兴"始终包含心物之间的"互动"。其中,意义的赋予与由物的触发而生成意义,表现为同一过程的两个方面。因此,除了意义赋予,还要注意"因物触发"。"因物触发"固然有价值直感的方面,但这种直感活动不同于静态不变的形式结构,而与相关主体已有的生命活动有关,因此"因物触发"需要从"过程"上着眼。

　　如何理解"兴"之价值形态的生成"过程"? 价值形态的生成"过程",关乎生命生存展开的时间及其具身的意义空间。又由于未来端存在以"死亡"为前提和以"生生"为前提之不同,所以虽然海德格尔时间与存在和"兴"之生成"过程"在时间性上形似,但在过去未来置于当下的生命意义中,有代际间"断裂"与"连续"上的差别。

"兴"的生成关乎多种价值形态,其中情感价值最特殊。人们常从情感活动出发理解"兴",将"兴"的品性与情意关联,如汉代以后围绕"兴"的理解主要有"比兴寄托"与"触物感兴"两条路径,那么如何从"过程性"上着眼理解"兴"中的情意内容与活动呢?"始者近情,终者近义",自然情感与道德情感相互成就,成为情动的一体两面。比较二元分立的情感观,只有先在情感之中,"在之外"的反思才有可能,反之只有通过反思,在之中的情感才能合性地呈现。

正是由于作为过程的生命时、空与价值生成的存在,在同样之景(物、事)的引发下,具有不同观念世界的主体,生成不同的意义世界,有了各异的"兴发"。

生命时、空与价值生成作为过程,同时意味着"兴"之价值内容的产生是一种"被动综合"(匿名的接受、自发的组织),其深处关乎内时间意识与生命活动原初的自发连续性构造。这种生产、综合的能力与人的"生产性想象力"有关,而不同于"比"之提取、连接的"经验性想象力"。前人将属"比"之"经验性想象力"套在了"兴"上,忽视了只有以生产性想象力的纯粹生产性综合为基础,以生命活动的原初综合构造为前提,"经验性想象"才可以可能。历史上"比"、"兴"之别的千年疑难,只有思考至此,才能圆满地解决。

通过以上出离、反身的"迂回"活动,可以发现由"兴"而来的汉语世界的思想特质,合乎人类共通的情、理结构,因而"兴思"不仅是我们的,也是世界的。同时,这一"迂回"活动也令人思考,他者的思想文化如何进入我们的世界,诸如西方哲学在转入汉语语境时,也要回答在何种意义上与中国的生存经验相续,又在什么意义上无法涵盖,从而立起汉语世界(思想文化)的价值自律性。

第三章 "兴"之生成的直感结构：价值视域中现象学意向性的直接性

从思维方式上看，"兴"的生成是直接进行的，类似胡塞尔现象学意向性的直接性。所谓"现象学意向性的直接性"，指其意向指向（建构）是在直觉中直接进行的，不通过康德意义上的时空形式与逻辑范畴。与胡塞尔现象学不同的是，"兴"的运思活动，在性质上不是认知性的而是价值性的，创生"价值意味"的存在。

第一节 "现量"与"兴"

"兴"发从思维方式上看是直接进行的，历史上人们或将其描述为与认知心无关的直感活动，或点出它发生时的瞬时性、现场性，或描述感发时与物无距的意义关系与"去知"的直感特质，认其为把握形上之道的思维、存在方式，至于直感是什么，直到王夫之"现量说"，才有了对"兴思维"直感特质的正面阐述。一条区别于知性理性（认知心）的"智识"之路敞亮了起来。

王夫之认为"兴"是诗的核心。"'诗言志，歌永言'，非志即为诗，言即为歌也。或可以兴，或不可以兴，其枢机在此。"[①] 枢机是

---

① 〔清〕王夫之：《唐诗评选·孟浩然〈鹦鹉洲送王九之江左〉评》，载《船山全书》第14册，岳麓书社2011年版，第897页。

什么？王夫之用唯识宗的"现量"概念来说明，勾勒了"兴思维"特质，揭示人除了用认知心与世界打交道外，还有一种融于浑一宇宙，与物同体共流的思维、存在方式。

那什么是"现量"？通过"现量说"如何理解兴的"直感"特质？这要从什么是"现量"说起。

"现量"是王夫之从佛教唯识宗引入的概念，用来阐述他的诗学理论。据萧驰的统计，"现量"在王夫之诗论中一共出现7次①，虽然数量上不多，但因涉及诗学本体论、境界生成论、情景关系等内容，成为王夫之诗论中的重要概念。

对王夫之"现量"的理解，先要区辨唯识宗原意与王夫之的表达意，看它们的意涵是否一致。

"量"在古印度哲学中被认为是不离于行的认识活动，陈那（Dinnaga）将"量"分为"现量"和"比量"，他解释道：

> 此中现量除分别者，谓若有智于色等境，远离一切种类名言。假立无异诸门分别。由不共缘现现别转，故名现量。②

陈那的门人商羯罗主，对"比量"、"现量"的界定是：

> 为自开悟，当知唯有现、比二量。此中现量，谓无分别。若有正智于色等义。离名种等所有分别，现现别转，故名现量。言比量者，谓藉众相而观于义。相有三种，如前已说，由

---

① 萧驰著：《圣道与诗心》，联经出版事业股份有限公司2012年版，第47页。
② ［古印度］陈那：《因明正理门论本》，载《大正新修大藏经》第32册（论集部），［唐］玄奘译，新文丰出版公司1983年版，第3页。

第三章 "兴"之生成的直感结构:价值视域中现象学意向性的直接性

彼为因,于所比义有正智义;了知有火,或无常等,是名比量。①

窥基对上述相关概念做了疏:

> 此中正智,即彼无迷乱离旋火轮等,于色等义者,此定境也,言色等者,等取香等。义谓境义,离诸映障。
> 五根各各明照自境,名之曰现。识依于此,名为现现。各别取境,名为别转。境各别故,名不共缘。②

将窥基的疏与两段文字对照看,陈那的大意为:"现量"是一种脱离分别相的认识世界的方式。这是说,有一种认识,它在色声香味触的世界中,但不触及这些由分别、抽象作用而来的共相、概念。五根各自独立,在各自的明照中了然世界,这就是现量。

商羯罗主的大意为:对自己如何能认识的觉悟,当知认识归根到底有两种,"现量"和"比量"。"现量"说的是一种无有分别的认识能力,虽然无有分别,在色声香味触的定在世界中却不会迷乱,这是一种"正智"。它脱离专名、概念、属性这类经分别才会出现的分别相,通过五根各自的明照了然世界,这就是"现量"。"比量"是凭借、综合各种分别相来看世界中的意义,这样的相有三种,比如前面已经说的,由彼作为原因,知道前因后果而不困扰、迷乱,这就是分别境中的"正智",确信有火或知不确定性等,这就是"比量"。

---

① 〔古印度〕商羯罗主:《因明入正理论》,载《大正新修大藏经》第32册(论集部),玄奘译,新文丰出版公司1983年版,第12页。
② 〔唐〕窥基撰:《因明入正理论疏》下卷,载《大正新修大藏经》第44册(论疏部),新文丰出版公司1983年版,第139页。

比较来看，"现量"、"比量"都是理解世界的基本认识方式，它们在各自的领域运作，令人不被纷繁复杂的世界迷惑，因此都是"正智"。区别在于，"比量"通过分别、抽象、推理等运思活动形成的共相、概念、属性来认识世界，而"现量"在思维方式上，不涉及区别、抽象、推理，对世界的了然是"直接"的。

王夫之同样认为"量"是不离于行的认识活动，他说：

> 量者，识所显著之相，因区画前境为其所知之封［域］也。境立于内，量规于外。前五以所照之境为量，第六以计度所及为量，第七以所执为量。①

这和古印度哲学中的意思基本一致。再看王夫之理解的"现量"概念：

> ［现量］现者，有现在义，有现成义，有显现真实义。现在，不缘过去作影。现成，一触即觉，不假思量计较。显现真实，乃彼之体性本自如此，显现无疑，不参虚妄。前五于尘境与根合时，即时如实觉知是现在本等色法，不待忖度，更无疑妄，纯是此量。②

王夫之对"现量"的理解，包含三层意思："现在"、"现成"、"显现真实"，和陈那、商羯罗主表达的意思基本吻合，但在"显现真实"中，王夫之认为真实即实相自性，这一理解溢出了佛学思想，与其儒学背景有关。

---

①② 〔清〕王夫之：《相宗络索·（六）三量》，载《船山全书》第13册，岳麓书社2011年版，第536页。

王夫之的"现在"、"不缘过去作影",即是说意义的呈现不以因果等逻辑条件为基础。以逻辑条件看意义的生成属于"比量",如商羯罗主说"言比量者,谓藉众相而观于义……如前已说,由彼为因",需要"五根"的认识相互综合,而"现在义"、"不缘过去作影"意味着"五根"是相互独立的,与陈那说"假立无异诸门分别。由不共缘现现别转";商羯罗主说"离名种等所有分别,现现别转";窥基解释的"五根各各明照自境,名之曰现",意涵基本相同。

王夫之的"现成"、"一触即觉",即是说意义的生成不由分别活动而来,是直接发生的,与陈那说"现量除分别者,……远离一切种类名言",以及商羯罗主说"此中现量,谓无分别",意涵基本相同。

王夫之的"显现真实"有三层意思,前两层意思和古印度哲学家的"现量"意涵基本相同,第三层意思合于儒学思想而同佛义有别。一层意思是说"不参虚妄",不会错乱迷失,这和窥基疏"此中正智,即彼无迷乱离旋火轮等"、"离诸映障",意涵基本相同。第二层意思是没有私我、小我的非分之想,如王夫之在批评陶渊明"良苗亦怀新"时说,"'良苗亦怀新'乃生入语。杜陵得此,遂以无私之德,横被花鸟;不竞之心,武断流水。不知两间景物关至极者,如其涯量亦何限,而以已所偏得,非分相推,良苗有知,宁不笑人之曲谀哉!通人于诗,不言理而理自至,无所枉而已矣。"[①]简单说来,即勿"以我观物"。

第三层意思是自性实相,之所以要离却私我的非分之想,勿"以我观物",是因为"彼之体性本自如此",事物自有其天然的实相状态,示见事物的天然实相,才是对事物之真(本容)的真正把握。确证王夫之"体性本自如此"指的是"实相",可以对照王夫之的"比

[①] 〔清〕王夫之:《古诗评选·〈癸卯岁始春怀古田舍〉评》,载《船山全书》第14册,岳麓书社2011年版,第719页。

量"看：

> ［比量］比者，以种种事，比度种种理。以相似比同，如以牛比兔，同是兽类；或以不相似比异，如以牛有角，比兔无角，遂得确信。此量于理无谬，而本等实相原不待比。此纯以意计分别而生，故唯六识有此。①

王夫之对"实相"的肯认，从义理上看合于儒学思想而同佛义有别。唯识宗"现量"概念，揭示了人类认识中有一种不同于知性理性的认识能力，它的发生是直接、纯粹、无条件的，但唯识宗没有说这种认识能力可以认识事物的自性实相，相反对于大乘佛教来说本性是"缘起性空"，所谓实相都是因缘（条件）而有，因此"诸法空相"。而在儒学中，"天命之谓性，率性之谓道"（《中庸》），孟子引《诗》："天生烝民，有物有则。民之秉彝，好是懿德。"（《孟子·告子》）上天的规定性落实于万象，万象禀赋天命而有了天然的本性实在。两者的区别在于，对佛教来说本性是虚的，对儒学来说本性是实的，熊十力从《新唯识论》到后期立足《易》的立场撰写《原儒》、《乾坤衍》的思想转向，后牟宗三著《心体与性体》等，在这方面都做了讨论。

综上所述，王夫之对"现量"的理解与唯识宗大体相当，在理解"真实义"的原因时，因其儒学背景而和唯识宗在讨论性体方面存在虚、实之别，但这不妨碍他于认识能力方面对"现量"的正确理解。王夫之借助"现量"，示见中国思想文化中一种与认知心完全不同的思维、存在方式，它的发生不同于认识心（知性理性），是直

---

① 〔清〕王夫之：《相宗络索·（六）三量》，载《船山全书》第13册，岳麓书社2011年版，第537页。

接、纯粹(无条件)的。对此萧驰总结道：

> 按唯识宗"五心法"，人的认识过程应经过：(1)触,(2)作意,(3)受,(4)思维,(5)想。在此过程中,"触"、"作意"和"受"属于纯感觉的状态,此状态消失以后,"心"便生起,在"思维"活动中,形成主、客体的对立。又经由末那识,"思维"便带有"我"之色彩。因此,船山之"现量"应相当于唯识"五心法"中的"心"(即船山所谓"情")起之前的"触"、"作意"和"受"……其时乃"心念"尚未起,"思维"尚未开启,主、客之分别心尚未昭显之际。是处于"境识俱起而未分"……的状态。①

这即是说,有一种主客一体、无有分别、直接发生的纯价值赋意式思维,王夫之对此有充分的自觉,将其运用到自己的诗学理论中,成为后人理解其诗学本体、境界生成、情景关系等问题的关键。

如在"自然"与"人工"方面,王夫之说："'蝉噪林愈静,鸟鸣山更幽',论者以为独绝,非也……'愈'、'更'二字,斧凿露尽,未免拙工之巧;拟之于禅,非、比二量语,所摄非现量也"②;"吊古诗必如此乃有我位,乃有当时现量情境。不而,预拟一诗,入庙粘上,饶伊识论英卓,只是措大灯窗下钻故纸物事,正恐英鬼笑人,学一段话来跟前卖弄也"③;"家辋川诗中有画,画中有诗,此二者同一风味,

---

① 萧驰著：《圣道与诗心》,联经出版事业股份有限公司2012年版,第53—54页。
② 〔清〕王夫之：《古诗评选·〈入若耶溪〉评》,载《船山全书》第14册,岳麓书社2011年版,第840页。
③ 〔清〕王夫之：《明诗评选·〈谒伍子胥庙〉评》,载《船山全书》第14册,岳麓书社2011年版,第1321页。

故得水乳调和,俱是造未造、化未化之前,因现量而出之"①。

如借贾岛"推敲"典故批评认知心,认同"直接性",进而得意于一种同体共流式的情景交融关系。王夫之说:"兴在有意无意之间……关情者景,自与情相为珀芥也。情景虽有在心在物之分,而景生情,情生景,哀乐之触,荣悴之迎,互藏其宅。天情物理,可哀而可乐,用之无穷,流而不滞;穷且滞者不知而。"②

开显出基于道体周流之本体论(存在论)的抒情传统。王夫之说:"情者,阴阳之几也;物者,天地之产也。阴阳之几动于心,天地之产应于外。故外有其物,内可有其情矣;内有其情,外必有其物。……天下不匮其产,阴阳不失其情,斯不亦至足而无俟他求者乎?均是物也,均是情也。"③

而上述内容得以实现,奠基于"兴","兴"是成就它们的"枢机"。"故曰'诗言志,歌永言',非志即为诗,言即为歌也。或可以兴,或不可以兴,其枢机在此。"④

第二节　胡塞尔现象学意向性的直接性

历史上许多人注意到"兴"的非理性特质,至王夫之"现量说",

---

① 〔清〕王夫之:《姜斋诗集·题芦雁绝句》,载《船山全书》第15册,岳麓书社2011年版,第652页。

② 〔清〕王夫之:《姜斋诗话·诗译》,载《船山全书》第15册,岳麓书社2011年版,第814页。

③ 〔清〕王夫之:《诗广传·论〈鲍有苦叶〉》,载《船山全书》第3册,岳麓书社2011年版,第323页。

④ 〔清〕王夫之:《唐诗评选·孟浩然〈鹦鹉洲送王九之江左〉评》,载《船山全书》第14册,岳麓书社2011年版,第897页。

将其前反思、非概念的纯情境赋意的一面揭示了出来。只是,王夫之的说法仍显笼统,还有许多问题需要深挖,比如无关知性理性的直接性运思究竟是什么,如何思?

接续儒家心学传统,牟宗三对此做了研究。他借西方哲学(尤其是康德哲学)对"认知心"作出说明:"一个存在着的物是如何构成的呢?有些什么特性、样相、或征象呢?这样追究,如是遂标举一些基本的断词,由之以知一物之何所是……康德把它转为知性之分解,因此,这内在的存有论便只限于现象,言现象之存有性也,即就现象之存在而言其可能性之条件也。"[①]认为"认知心"是一种"知性之分解"的思维方式,这种分解式思维切中的是事物的具体特征、样相(属性),近似"比量"、"分别相"。接着牟宗三发现,与"比量"、"分别相"不同,中国人还有一种"依智不依识"的思维方式,"这必须依智不依识……在神智处,范畴无任何意义,范畴即可废除"。[②] 即"智"思式思维,它没有中间过程(牟宗三谓之没有"封限"),不通过康德义的逻辑范畴而直接把握事物。

王夫之通过"现量"示见中国文化中不同于认知心的前反思、非概念的纯情境赋意式思维,牟宗三进一步指出这种直接性不通过逻辑范畴而能直接把握事物。今天看来,王夫之说"现量"也好,牟宗三"依智不依识"也好,实际上都与胡塞尔现象学意向性的直接性类似。

以胡塞尔现象学意向性的直接性看王夫之"限量"与牟宗三"依智不依识"的想法并非空穴来风。张庆熊早年博士论文《熊十力的新唯识论和胡塞尔的现象学》就将熊十力的新唯识论、唯识宗

[①] 牟宗三:《圆善论》,载《牟宗三先生全集》第22卷,联经出版事业有限公司2003年版,第327页。

[②] 牟宗三:《智的直觉与中国哲学》,载《牟宗三先生全集》第20卷,联经出版事业有限公司2003年版,第195页。

与胡塞尔的现象学放在一起比较,发现熊十力的新唯识论、唯识宗与胡塞尔的现象学在涉及意识结构方面存在至少三点相同之处。"1),意识是对某种东西的意识,因而意识有一个互为依存的相关结构:意识行为环节和意识内容环节。2),意识行为意向地指向对象;换句话说,意识内容不是任何别的内容,而是意向的(所虑的)内容。3),意识行为和意识内容内在于意识之中,是意识体验本身的两个方面。"[①]而牟宗三对"智"思的理解师承熊十力,这使得将牟宗三"智识"概念(后期用"智的直觉"概念)与胡塞尔的理论比较成为可能。其中的合理性倪梁康在《牟宗三与现象学》中这样表述:"在牟宗三与现象学之间即使没有一种完全相合的关系,也绝不存在一个根本对立的关系,而更多是种可以会通和互补的可能性。"[②]在此基础上,杨泽波正式将牟宗三"智的直觉"与胡塞尔现象学比较,发现牟宗三所谓的"智的直觉",在直接性上大体相当于胡塞尔现象学意向性的直接性,并进一步提出"道德现象学思维方式的直接性"这一概念[③],用来说明在中国思想文化中,这种直接性运思是一种价值赋予的意义创生活动,创生的对象是价值意味的对象,即"善相"而不是纯然的物自身[④]。杨泽波对牟宗三"智的直觉"概念的剖析意义重大,撇开康德"智的直觉"概念不谈,就牟宗三的理解而言,它足以揭示在中国文化中确实存在着一种意义创生活动,在过程上没有逻辑中介,可以直接进行,这是牟宗三

---

① 张庆熊:《熊十力的新唯识论和胡塞尔的现象学》,上海人民出版社1995年版,第266页。

② 倪梁康:《牟宗三与现象学》,载《哲学研究》2002年第10期,第42—48页。

③ 杨泽波:《智的直觉抑或意向性的直接性——对牟宗三"觉他"学说的重新定位》,《复旦学报(社会科学版)》2013年第6期,第55—63页。《贡献与终结——牟宗三儒学思想研究》(第3卷)有更具体的分析(杨泽波:《贡献与终结——牟宗三儒学思想研究》,上海人民出版社2014年版)。

④ 杨泽波:《智的直觉与善相——牟宗三道德存有论及其对西方哲学的贡献》,《中国社会科学》2013年第6期,第38—52页。

后半生费尽心力借助"智的直觉"极力想要说明的道理,纵使有学者认为他对康德"智的直觉"概念理解有误,但这抹杀不了他对中国人独特运思方式的准确理解,理应深入研究。

由"兴"之直接性引出王夫之"现量说",由"现量说"引出从熊十力"新唯识论"至牟宗三对"智"思的理解,确证中国思想文化中独特的意义创生机制,由杨泽波将其与胡塞尔现象学意向性理论比较,将"兴"与胡塞尔现象学意向性之直接性结合起来看,变得顺理成章。

有理由认为,"兴"之"直感"近似胡塞尔现象学意向性的直接性。

什么是现象学意向性的直接性?这要从"意向性"说起,胡塞尔的现象学意向性理论说的是:意识总是指向某物,是关于某物的意识,同时这种"指向"就是对对象的"建构",即对象总是自我意识的对象。"我们是生活在那些给予意义的行为中,我们明确地'朝向'这个在它们之中显现的对象之物,我们的目标就在于它,我们在特别的、确切的意义上意指它。"① 意向行为的一项重要任务是赋予意义,我们无不处在赋予意义的行为中,我们总在朝向对象,给予对象以意义,也只有在这种给予中,对象才以我们所给予的方式向我们呈现出来。反过来说只要有对象,就一定存在意向性。

进一步来说,意向指向对象的活动有"质性"与"质料"的区别:"质性"是指意指活动有判断、怀疑、希望等不同的性质。"如果我们将一个体验称之为判断,那么,将它与愿望、希望和其它类型的行为区分开来的必定是它所具有的一个内部的规定性,而非它的

---

① [德]胡塞尔:《逻辑研究》(修订本)第二卷第一部分,倪梁康译,上海译文出版社2006年版,第474页。

外在附加标号。"①"质料"则指给对象以意义的意识构造活动(赋予感觉材料以意义从而把它们统摄为一个意识对象的功能,即"立义意义")。"据此,质料必须被我们看作是那个在行为中赋予行为以与对象之物的关系的东西,而这个关系是一个具有如此确定性的关系,以至于通过这个质料,不仅行为所意指的对象之物一般得到了牢固的确定,而且行为意指这个对象之物的方式也得到了牢固的确定……质料是包含在行为的现象学内容之中的行为特性,这个特性不仅确定了,行为对各个对象性进行立义(auffassen),而且也确定了,行为将这些对象性立义为何物,它在自身中将哪些特征、范畴形式关系附加给这些对象性。……它在某种程度上就是那个为质性奠基的(但无视那些知性区别的)对象性立义的意义(或简称为'立义意义')。"②这样,当质性与质料组接在一起时,意向活动的本质就构成了。胡塞尔说:"在这个本质中建立着一个观念规律的关系,这个关系就是:这样一个[质性]特征没有补充的'质料'就不可能存在;只有带着这个'质料',那种与对象的关系才能进入到完整的意向本质之中并因此而进入到具体的意向体验本身之中。"③换句话说,当质性与质料统一在一起,意向活动的本质就构成了,并共同决定意指活动本身。

---

① [德]胡塞尔:《逻辑研究》(修订本)第二卷第一部分,倪梁康译,上海译文出版社2006年版,第503—504页。
② 同上书,第481页。虽然"质料"、"质性"是两个相互独立的因素,但前期胡塞尔仍然强调"质性"奠基于"质料"之上,因为胡塞尔认为存在的设定取决于在感知行为中对象构造是不是合理,能指与所指是否同一,这样存在论问题在这一时期成为认识论问题。胡塞尔说:"质料应当是在行为中赋予行为以特定对象关系的东西。而只要回想一下,所有思维都是在行为中进行的,我们就可以看出,基本的认识论的兴趣就在于,尽可能地澄清这个关系的本质。"([德]胡塞尔:《逻辑研究》(修订本)第二卷第一部分,倪梁康译,上海译文出版社2006年版,第504页)对此问题的论述见倪梁康:《现象学的始基——对胡塞尔〈逻辑研究〉的理解与思考》,广东人民出版社2004年版,第215页。
③ 同上书,第513页。

仅有意识活动还不足以构成一个完整的意向性过程。根据胡塞尔的分析，意向性过程还须将质性、质料和充盈结合起来，实现含义的充实，这个过程就是客体化行为，也就是将质性与质料代现，使它们获得充实。"每一个具体完整的客体化行为都具有三个组元：质性、质料和代现性内容。这个内容或是纯粹作为符号性的被代现者起作用，或是纯粹作为直观性的被代现者起作用，或是同时作为这两者起作用。"①在胡塞尔的理论中，客体化行为与非客体化行为构成了对意识的区分，而一切非客体化行为都必须以客体化行为为基础。"这个奇特命题的意义在于，在每一个意向对象中，对象都是一个在一个表象行为中被表象的对象，并且，如果这里所涉及的并非从一开始就是'单纯表象'，那么，一个表象就始终会与一个或多个行为的表象，或者毋宁说，与一个或多个行为特征如此切合紧密地交织一起，以至于被表象的对象会因此而同时被作为被判断的、被期望的、被希望的等等而存在于此。"②比如当我们说"4是3之后的数"时，4是一个以4这个"数"为表象对象的客体化行为，而当我们说"4可以一笔画"时，4是一个以"字形"为表象对象的客体化行为，虽然两句话都出现了"4"，但因为表象行为不同，作为表象对象的"4"也就不同。按照这种说法，任何意识都指向对象，在这种指向中对象得到了客体化。简单说来，胡塞尔所说的客体化行为就是使得赋意对象获得充实，显现出自身的意识行为。这样，客体化行为实际上就包含了两方面的内容：一个是发射，一个是击中。对于发射来说，它是狭义的意向，它指向（瞄准）一个对象。而击中就不同了，它在瞄准、朝向一个对象的同时

---

① ［德］胡塞尔：《逻辑研究》（修订本）第二卷第二部分，倪梁康译，上海译文出版社2006年版，第95页。
② ［德］胡塞尔：《逻辑研究》（修订本）第二卷第一部分，倪梁康译，上海译文出版社2006年版，第505页。

还进行了含义的充实,经由含义的充实一个完整的意向行为构成了。

这里,"含义的充实"是通过直觉直接进行的,这就涉及"直接性"。"在每一个充实中都进行着一个或多或少完善的直观化(Veranschaulichung)。充实,也就是说那个在充实综合中顺应性的、为意向提供其'充盈'的行为,将那些虽然为意向所意指、但却以或多或少非本真的或不合适的方式而表象出来的东西直接地或者至少是比意向更直接地放置在我们面前。在充实中我们可以说是经历到一个'这就是它自身'……充实行为具有单纯意向所缺乏的优先,这个优先在于,充实行为赋予单纯意向以'自身'的充盈,它将后者至少是'更直接地'带到事实本身那里。"① 胡塞尔告诉我们,为意向提供充盈行为的是一种直觉直接化行为,任何一个充实都是一个或多或少的直觉直接化充实,没有直觉直接化也就不可能有充实。

由此可知,在胡塞尔那里"每一个表达本质上都意指一个含义。每一个表达都与一个对象之物发生关系"。在这个过程中,直觉直接化扮演着极为重要的角色。"在'直观'中,表达所意指的与对象之物的关系得以现时化和现实化。直观对于表达本身来说是非本质的,但直观却'与表达处于一种在逻辑上基本性的关系之中',即直观使表达的意向得到充实。胡塞尔将那些在此情况下与含义赋予的行为融为一体的行为称作'含义充实的行为'。如果含义意向得到充实,那么被意指的对象便'作为被给予的对象'而构造出自身。"② 只有通过直觉直接化,即"直观",含义充实的行为才能得以完成,而一旦这个行为得以完成,被意向的对象也就被构造

---

① [德]胡塞尔:《逻辑研究》(修订本)第二卷第二部分,倪梁康译,上海译文出版社 2006 年版,第 70 页。

② 倪梁康:《胡塞尔现象学概念通释》(增补版),商务印书馆 2016 年版,第 83 页。

了出来,"对象"才真正成为对象。

这就是胡塞尔现象学意向性的直接性。

由意向性的直接性思想又引出了另一种不同于符合论的真理观。对于符合论来说,认识有两个部分组成,一部分是心灵,一部分是外部对象。如果认识与外部事物在经验中的实际情况相符即为真,反之为假,而胡塞尔现象学意向性的直接性不同,倪梁康在《现象学的始基——对胡塞尔〈逻辑研究〉的理解与思考》中通过研究海德格尔对胡塞尔的继承与发展,认为胡塞尔打破了传统关于"真理是智慧与事物的合适性"的存在观。由于意识是关于某物的意识,意识总有它的意向性,这一意向性是指向对象的,同时这种指向就是与对象发生关系,建构对象的过程,这就形成了另一种不同于符合论的真理观,即"感知及其对象的一致"的真理观,连同复合的意识活动("质性"存在,而非系词化的事实存在)都在"感知之中"。

在中国的思想文化中,上述意向性的直接性及相应的真理观,属心物之辨的问题,物不离心、心外无物,两者共构,显现真实。心有充其极的创生特性,创生宇宙万物(价值意味的世界),这种心似胡塞尔意向性理论中的赋意行为,而物近似意向性理论中的赋意对象,对于心来说它不虚幻,总有实在的内容,对于物来说,它不超然于人独立存在,受到心的影响,在赋意行为的影响下,物之真身显现出来。这种心物无间的直接性,牟宗三说:"'以其明觉之感应而言,则谓之物',实即于明觉之感应中,就其所感应者或感应处而言,则谓之物。感应是能所合一的。"[①]"'心外无物',我们不能说心就是物,物即为非有;物为非有,心之显发而明通亦不可说矣。

---

① 牟宗三:《现象与物自身》,载《牟宗三先生全集》第 21 卷,联经出版事业有限公司 2003 年版,第 456 页。

此只是说心体与物一体朗现。"①宇宙万物的存在都在心的朗照下呈现，而这种朗照下的存在就是一种真，如果说胡塞尔现象学的真理观是"感知及其对象的一致"之真的话，那么在中国的思想文化中，心物关系中的真，是一种体验②与其对象（显现）的内在一致之真（《描述篇》第九章中称此为"内源性真理"）。唐君毅说："当你经验桂子花香时，你之经验此时开始，而桂子花之如是之香，亦在此时开始……桂子花之如是如是香，是在你经验它时它才存在。它如是之香，并不先于你的经验而存在，而是与你经验之存在同时的……桂子花之如是如是香，总是你先存在的心，与先存在的桂子花，合作的结果。你可说外界存在的桂子花，决定你这经验，你又何不可说内界存在的你的心，决定你这经验。"③

综上所述，胡塞尔现象学意向性的直接性与王夫之"现量"、牟宗三"智性"（后期"智的直觉"）等概念在"直接性"上类似，可以说"兴"在运思上的直感特质，近似"现象学意向性的直接性"。

第三节　价值而非认知："兴思维"与现象学意向性的区别

"兴"在运思上的"直接性"问题借助胡塞尔现象学意向性的直

---

① 牟宗三：《现象与物自身》，载《牟宗三全集》第21卷，联经出版事业有限公司2003年版，第101页。

② "体验"突出"身与境融"的活动性、过程性、整体性，进而内生事物的意义，区别于胡塞尔囿于"主体极"之抽象。

③ 唐君毅：《人生之体验》，载《唐君毅全集》第3卷，九州出版社2016年版，第82页。

接性概念见出,这种哲学比较方法避免了中国概念不加辨析、直接使用带来的流弊,然而比较在前提处就意味着"他者"与中国思想的不一致,因此在与现象学意向性之直接性比较的同时,必须区分彼此,剥离出"兴"概念的领地。

中西方都注意到意向性的直接性,不同的是,在现象学研究中意向性的直接性一般不是研究的重心,而在中国,直接性的意义与受重视程度被极度放大。之所以会这样,是因为胡塞尔关心的是事物的本质如何在第一人称的心灵中被建构起来,属认识论范畴。中国人对意向性之直接性高度重视,出于对价值意义如何生成的思考,是一种价值论。以胡塞尔、牟宗三对"无"之理解的不同,看这之中的差异:

> 一个意向体验,只有当一个为它表象出对象的表象的意向体验在它之中体现时,它才能获得它与一个对象之物的关系。对于意识来说,如果它不进行那个使对象成为对象,并且使对象有可能成为一个感受、一个欲求等等对象的表象,那么对象就是无。① (胡塞尔)

> 良知灵明是实现原理,亦如老子所说"天得一以清,地得一以宁"云云。一切存在皆在灵明中存在。离却我的灵明(不但是我的,亦是你的、他的,总之,乃是整个的,这只是一个超越而普遍的灵明),一切皆归于无。你说天地万物千古见在,这是你站在知性的立场上说,而知性不是这个灵明。② (牟宗三)

---

① [德]胡塞尔:《逻辑研究》(修订本)第二卷第一部分,倪梁康译,上海译文出版社2006年版,第505页。

② 牟宗三著:《从陆象山到刘蕺山》,载《牟宗三先生全集》第8卷,联经出版事业有限公司2003年版,第187页。

同样提到"无",两人讨论的内容旨趣天差地别。对于胡塞尔来说意识总是关于某物的意识,一旦意识活动不发生,那么对象就无法成为被表象的对象,对象无法被表象则不能被认识,这就是胡塞尔说的"无",是一种认识论立场上的对象存在。对于牟宗三而言,创生主体的是良知灵明,良知灵明不是知性的立场,因此良知灵明的创生活动不是一个认识论问题,作为创生存在的实现原理,一旦失去它,宇宙山河、一草一木都将成为"无",这里的"无"与阳明"南镇观花"中的"归于寂"一样,不是在说能不能被认识,或是客观上存不存在,而是在说价值上有无意义,没有意义之物即是"无",这是一种"价值设定"。

　　所谓"价值设定",是一种"认之为有价"的行为特征。当通过客体化行为构造出对象并设定了知性立场上的对象存在后,人们会进一步去设定这个对象的价值,例如这朵花是美的。胡塞尔的意向性理论虽然可以说明通过客体化行为,意向建构认识论立场上的对象存在,但是他没有回答"非客体化行为",即情感、意愿(认之为"美、善")是否同样具有构造对象的功能。① 在这个问题上,中国思想的魅力显见了出来,牟宗三注意到中国人并不关注认知意义,而讨论价值意义的存在,这个价值存在的主体不是认知心而是仁心,指出仁心不仅成就道德善行,而且创生宇宙万物的价值性存在,为此他通过解读《易传》中的"乾知大始"来说明这个道理:

---

① 由于胡塞尔现象学是从认识论上着眼,所以即便胡塞尔看到了情感的作用,也缺少对情感合理与必要的说明。胡塞尔在写《逻辑研究》时认为非客体化行为必须以客体化行为为基础才能获得所谓的意向性,虽然在《逻辑研究》之后,胡塞尔有思考"价值设定"形式的存在设定在非客体化行为中的作用,把"存在设定"扩展到所有的行为领域并谈及好感设定、愿望设定等,但他始终没有作更深入的分析。其中的缘由,一方面是因为胡塞尔在逻辑理性基础上建立起来的意向分析系统使他无法突入"非客体化"意识行为;另一方面,其所受到柏拉图、康德以来的认识论传统也妨碍了他作出变革。(见倪梁康:《现象学的始基——对胡塞尔〈逻辑研究〉的理解与思考》,广东人民出版社2004年版,第240—246页。)

> "乾知"之知,字面上的意义是"主"义,即乾主始也。乾之所以可主万物之始,以其为生道也。而生道之所以为生道之实则在"心"也,故历来皆以"仁"说此生道也,此亦表示仁是道德的,同时亦即是形而上的。此即是仁体仁心之绝对性。[①]

"乾知大始","乾"乃创生宇宙万物的根源,"知"字牟宗三解释为"主"(与知县、知府之"知"同义),如此"乾知"是主始、创始之义,而之所以"乾"是创生宇宙万物的根源,是因为它有创生之道,而它之所以能创生是因为有心的存在,此心是仁心而不是别的什么心,仁既表示道德也主创生,还有形上的绝对性,因此"乾知大始"是从仁心上说的价值意义的创生活动。

由此可见,虽然中国人心物间运思的"直接性"与胡塞尔现象学意向性的直接性类似,但两者在性质上完全不同,胡氏是认知性的,而中国是价值性的。在中国的思想文化中,心物间运思的直接性活动,其创生主体是仁心而非认知心,创生的内容是事物的价值存在,而非认识论立场上的知性存在,因此对"兴"之运思的直接性的完整理解,应属一种以价值视域为基础的现象学意向性的直接性,可以称作"价值视域中现象学意向性的直接性"。

胡塞尔之后,舍勒注意到人的情感价值,发展出了情感现象学,近年来卢盈华将舍勒的价值理论与儒家心学比较,出版的《道德情感现象学——透过儒家哲学的阐明》[②]示见出儒学对情感、价值与德性之关系的理解。

[①] 牟宗三:《现象与物自身》,载《牟宗三先生全集》第21卷,联经出版事业股份公司2003年版,第101页。
[②] 卢盈华:《道德情感现象学——透过儒家哲学的阐明》,江苏人民出版社2021年版。

第四章 "兴"之生成的过程结构：
生命时、境中的价值生成

"兴"中的直觉直接性与胡塞尔现象学意向性的直接性类似，不同之处在于，"兴"之直感活动不是认知性的而是价值性的。

上述价值直感，只是"兴"中意义赋予活动的一个方面，从本体论（存在论）层面看，"兴"始终包含心物之间的"互动"。其中，意义的赋予与由物的触发而生成意义，表现为同一过程的两个方面。因此，除了意义赋予，还要注意"因物触发"。"因物触发"固然有价值直感的方面，但此直接性与相关主体已有的生命境域不分离，这意味着，情境赋意虽然在形式上没有康德义的时空形式与逻辑范畴，但不等于它在过程上是透明的。因此，不能仅从形式规律，即不能从静态的知觉体验的可能性条件出发去理解"兴"的生成，而要从价值生成的过程性上着眼。

如何理解"兴"之价值形态的生成"过程"？价值形态的生成"过程"，关乎生命生存展开的时间及其具身的意义空间。

第一节 生命展开的时间及其发生结构

通过语言揭示"兴"在情境赋意中的过程结构，诗是首选，因为诗是存在之家，诗人（广义）思而不维，创建持存，与万物同体共流。

一、生命展开的时间

> 采薇采薇,薇亦作止。曰归曰归,岁亦莫止。靡室靡家,
> 狁犹之故。不遑启居,狁犹之故。
> 采薇采薇,薇亦柔止。曰归曰归,心亦忧止。忧心烈烈,
> 载饥载渴。我戍未定,靡使归聘。
> 采薇采薇,薇亦刚止。曰归曰归,岁亦阳止。王事靡盬,
> 不遑启处。忧心孔疚,我行不来!
> 彼尔维何?维常之华。彼路斯何?君子之车。戎车既
> 驾,四牡业业。岂敢定居?一月三捷。
> 驾彼四牡,四牡骙骙。君子所依,小人所腓。四牡翼翼,
> 象弭鱼服。岂不日戒?狁犹孔棘!
> 昔我往矣,杨柳依依。今我来思,雨雪霏霏。行道迟迟,
> 载渴载饥。我心伤悲,莫知我哀!《小雅·采薇》

在这脍炙人口的诗作中,"采薇"之兴通过薇菜的破土而出 ("作止")、柔叶细嫩("柔止")、粗叶刚劲("刚止"),描绘了一位驻守边疆的士兵在一年中历经季节三态,反复咏叹着"曰归曰归",在春季盼望夏季,在夏季盼望秋季,迟迟未归的生活境域让他忧愁的情绪与日俱增("忧心孔疚,我行不来")。他为什么要到边陲蛮荒?因为狁犹来犯("靡室靡家,狁犹之故"),狁犹来犯作为事变与咏叹者不期而遇,成为他生命活动的一部分,这一遭遇让其远离故乡、"载饥载渴"、辗转奔波,进而产生乡愁的情绪。人的生活如同饮水,冷暖自知,经历过艰难险阻的人,在历经世事后,更能体会返乡旅程中的百感交集,因为生命时间承载了他太多的故事。于是,过往积淀在"采薇"的生命形态中,保持在他遭遇的生存境域

里,并向未来预持着所有返乡的期待,每时每刻萦绕在咏叹者的生命岁月中。而成功返乡后的他,又将开启一段新的愁绪,在"今我来思"中饱含新的哀乐——从远征中返乡,又将迈向新的远方。

"愁",心在秋下,秋是季节,亦是时间,是心在时间中的生存、操劳。在这季节里,春夏孕育的果实在秋天成熟,人们在喜迎丰收的秋后又将担忧起冬日严寒,此情此景不仅是事实的直叙,更是生命境域的呈见。一个人的情绪不可能脱离自己的生命境域来理解,对忧愁的诉说不能不浸染在忧愁的境域中体会,境域是生命的时、位。因此,只要生存着就会有基于境域而来的无涯的情感,反之无涯的情感正是生命活动展开的化身与落实,正如海德格尔在论及"忧愁"时,区分出两种现身情态:一种是对具体事物的忧愁,另一种是存在之愁,前者表现为"怕"("担心")(Furcht),对具体的、确定的、有害的东西之怕(担心);而存在之愁则表现为"畏"(忧虑)(Angst),因着畏之所畏的不确定性,它永远无法得到排解,因为"畏之所畏者[das Wovor der Angst]就是在世本身"[①],而在世本身即是生命展开的时间。

"薇亦作止"、"薇亦柔止"、"薇亦刚止",薇菜的生长过程是人生命时间的保持与预持,在这时间的保持与预持中,咏叹者经历着时间,他在时间中"心亦忧止"、"忧心烈烈"、"忧心孔疚"。"薇菜"的情态示见着时间的变化,时间的变化是咏叹者生命境域的逗留。人们总在生命展开中遭受各种事变,事变作为生命内容不断积淀成为意义创生的源泉,此时杨柳、雨雪不是作为自然现象出现的客观实在,而是军旅生活在人生命活动中作为事

---

① [德]海德格尔:《存在与时间》(修订译本),陈嘉映、王庆节译,生活·读书·新知三联书店 2012 年版,第 215 页。

第四章 "兴"之生成的过程结构：生命时、境中的价值生成　175

变,参与进了杨柳、雨雪之为杨柳、雨雪的意义生成过程。此时的自然是时间的化生、生命境域的显现,作为生命自然与人的生存展开互联。

正是在这个意义上,"兴句"与"被兴句"打通了,它们在知性理性看不出联系的地方,因为生命时间而有了根本的关联。通过这一关联,浓情愁思与破土而出("作止")、柔叶细嫩("柔止")、粗叶刚劲("刚止")内在联系了起来。这才是"兴句"能引导"被兴句"的根本缘由——根处,是人与生命自然同体共流——而那黏合剂,便是生命的生存展开。

"桃之夭夭,灼灼其华……桃之夭夭,有蕡其实……桃之夭夭,其叶蓁蓁……"桃的生存状态是去成为那个桃,而只要成为那个桃,就可以"夭夭",在春天"灼灼其华"般花开朵朵,到了夏天"其叶蓁蓁"般枝繁叶茂,秋天"有蕡其实"般硕果累累。我们看到的是"桃"的三季变化,而"桃"的三季变化粘连着人时的生命境域。倘若世界上没有人,则无所谓"桃"的三季变化,因此"桃"的变化是生命时间的变化,亦是人的生存展开。"桃"的存在与人的存在交织在一起,所以"桃之夭夭"可以转为"室家","华"与"家"不只是语音上的押韵,更是生存上的押韵,那"男女以正,婚姻以时"[①]的善时之态,此时是人与生命自然在生存时义上的耦合共生。中国文化中,这样的时义共生比比皆是,《礼记·月令》有:"孟春之月……东风解冻,蛰虫始振,鱼上冰,獭祭鱼,鸿雁来。天子居青阳左个。""孟春"时节,天子住在明堂,明堂外圆中方象征天地。此时,人呼应着生命自然及其内在情态,人民、国家与天地联系在了一起,从而国泰民安。

---

① 〔汉〕毛亨传,〔汉〕郑玄笺,〔唐〕孔颖达疏,〔唐〕陆德明音释:《毛诗注疏》,上海古籍出版社2013年版,第59页。

张祥龙在《中国古代思想中的天时观》中说："治中国哲学史的学者们往往是通过西方传统哲学的概念形而上学视域来理解中国古代思想……只要我们不带形而上学偏见地阅读先秦、特别是战国之前的文献，就会强烈地感到'时'的突出地位。在那样一个塑造中华文明特征的生机勃勃的'时'代中，最智慧的人们大都有一种原发的时间体验；而这在别的文明传统中是罕见的。"什么是原发的时间体验？张祥龙说："原发（originally happening），是指这时间不可还原为任何'什么'……而是出自时间体验自身的循环构合或发生。时间体验一定涉及'想象'，或者表现为'保持'（已过去者），或者表现为'预持'（将要到者）；但原发的时间体验中的保持绝不只是对过去事情的'再现'，对未来事情的'预现'，而一定是过去、现在、将来相互依存着的当场呈现……有更活泼的和非定序化了的表达。"①原发的时间涉及想象（特指生产性想象，见第四节"想象力的两层构造"），而想象的背后是生命展开意义上的时间体验，它贯通过去、现在与未来，由于无法还原为任何"什么"而只出自时间体验自身的循环构合或发生，所以过去、现在与未来在生命时间的体验中都无法以独立的身份存在，它们相互依存、彼此交织，成为不可分割的整体，在溢出自身中赢得自身，以活泼的方式领会生命的意义。

> 摽有梅，其实七兮。求我庶士，迨其吉兮。
> 摽有梅，其实三兮。求我庶士，迨其今兮。
> 摽有梅，顷筐塈之。求我庶士，迨其谓之。（《召南·摽有梅》）

---

① 张祥龙：《中国古代思想中的天时观》，载《社会科学战线》1999年第2期，第61—72页。

无论是"落梅说"还是"采梅说"的起兴,都表现出"男女及时也"①的"时"义。时间的变化是女子忧愁的根源,求偶之愁与梅子之落共构,"实七"、"实三"、"顷筐"是时间的变化,但这并非物理时间的线性变化,而粘连着人的生命活动,将过去、现在与未来的生命实践作为整体,整个地与梅子的生命情态共构,人的生存展开在梅子的生命周期里,梅子的生命周期亦在与人的交往中,梅子并没有从外部被赋予某个确定的意义,而在与人的存在活动中有了时下的所是。

果实"七兮"时的女子,在灿烂的青春之际预持、期盼着如意郎君的到来,与未来的相遇将在正当"时"的"吉"日中遭遇;果实"三兮"时的女子,眷恋起过去,急迫表达对未来如意郎君的渴慕,进而置于当下化作"迨其今兮"的急切情态;果实"顷筐"时的女子,向未来投射出更强烈的期盼,也向过往流露出最无尽的眷恋。然而,"顷筐墍之"并非时间的终点,"梅"是孕育的化生,暗含下一季的"其实七兮",在向未来的生生之际,忧愁的女子不会绝望,不会在秋煞人的季节失去存在的意义,所以孔颖达疏:"卒章言夏晚大衰,不复得嫁,待明年仲春,亦是及时也。"②

二、生命时间的发生结构

上述时间观容易让人想起柏格森、海德格尔等哲学家的理论,确实西方哲学中对时间问题的考察,令今人在解读相关文本时受益良多,但细究起来,彼此在"向内"还是"向外","向死"还是"向生"上存在差异。可以说,中西都注意到时间体验的生存论特质与

---

① 〔汉〕毛亨,〔汉〕郑玄,〔唐〕孔颖达,〔唐〕陆德明音释:《毛诗注疏》,上海古籍出版社2013年版,第121页。
② 同上书,第122页。

非定序化表达,但在内容理解上差异很大。

过去、现在、未来相互交织、当下呈现的结构,从整体上看不是日常生活中可以被用来明确区分的物理时间(如把铯原子不连续的稳定的能量迁跃频率,当作节拍器来保持时间的精确),而是一种无"间"的"时",柏格森在《时间与自由意志》中揭示出这是一种相互渗透、不可区分的绵延,世界(时间)正是被这种无间的"时"统一为整体。中国人对无间之时的理解与柏格森近似,区别在于柏格森对时间的整体性理解,基于向内的体验,是人在向内反思中感得的,而我们的先民并不在对人心灵的考察中理解时间,而是向外的(向存在畅开的),且首先是向外的,在与自然仰观俯察的活动中,在人生存展开的过程里,理解生命存在及其如何存在,进而理解时间。

过去、现在、将来相互交织,在溢出自身中赢得自身的呈现结构,又看似和海德格尔的时间观很像,然而在意涵上彼此完全不同。海德格尔受到基督教文化的影响,未来对于他而言是一个"向死"的过程,是"life to the death",而在中国人看来未来朝向"生生",是"life to the generation",由于两者对未来义的理解不同,导致与之交织的现在与过去的意涵也不同。

在西方文化中,人有死、人能死是一件格外重要的事,因为终有一日,末日审判将决定人是上天堂还是下地狱,人们关心着死亡以后的世界,关心着"after death"。马丁·路德的新教改革曾使他忧虑,他的行为是否能在末日审判的结点上获得上帝的认可?所以,死亡对于西方人有着举足轻重的意义。

海德格尔亦然,他关注死亡,只是和前人不同的是,他更关注死亡之前的生存,将"after death"变成了"before death"。对于海德格尔来说,死亡是我们所有的可能性趋向于不可能的可能性,死亡是本真的死亡,所有的东西人都可以描述,但是唯独对于死亡,人无法把握,因为人活着的时候人还没有死亡,而人死亡的时候人已不是人本身了。因而,每一个人的生命都是有限的,所有活着的终有一死者都要合理地安排、筹划自己的一生,筹划的背后是对自己终有一死的领会,因之趋向未来的终有一死,人展开他有限的生活,在茫茫的黑色背景中忧愁、焦虑、繁忙……海德格尔对人生存时间的理解,建立在对死亡的领会上,以死亡为基本环节审视人的生存。

无论是海德格尔还是在海德格尔之前,无论是"after death"还是"before death",这种以死亡为终点将代际断裂开的方式,只是对生命活动及其价值意义之一种,如果视角变了,那么生命活动及其价值意义也就变了,中国人对时间与生命意义的理解正是如此。

中国人因"未来"维度与海德格尔的理解不同,有了对现在、过去意义的别样理解,从而在意涵上有了与海德格尔完全不同的时间观。《周易》有"天地之大德曰生";孔子说"未知生焉知死"(《论语·先进》)。对于未来,中国人关注"生生",在无穷尽的创生中,面向下一代而不面向死亡,正如成语愚公移山的背后有一个生存的预设,我、儿子、孙子……愚公对生命有一种执着的信念:世世代代,无穷匮也。中国人抓住生命的起点,并以此为支点创生未来,也正是对于未来(新生)如此这般的理解,使得处于现在中的人有了一种"存世的单位",每一个存世单位都成为让其之前与之后的生命"连续"下去的核心环节,而非海德格尔般的代际"断裂"。因着连续,中国人有着他们的家族(祖父、曾祖父、高祖父……重孙、玄孙……)观念。

所以孔子才会说"三年无改父之道"(《论语·里仁》),在现在与未来中蕴含着过去的积淀。因此,《周易》倒数第二卦是"既济",而最后一卦是"未济",它向着未来敞开,孕育着新的天地乾坤。

第二节　生命境域的意义空间与具身结构

"兴"之生成关乎生命的生存展开,生存展开必有其位,这即是说"兴"之生成还有空间性。

一、生命境域的意义空间

说到空间,一般以为空间或如笛卡尔般将广延作为实体的一个基本特征,进而将空间看作是事物存在的一个基本规定(如坐标系),或是康德义上人先验的纯直观能力,或如自然科学所认为的是包容一切事物的客观存在,可活在"诗"中的中国人不这样理解。在中国文化中,人们在向存在畅开的生存活动中领会时间,对生命时间的领会必然伴随着空间意识的觉醒,倘若时间是生命展开的时间的话,那么空间便是生命境域的意义空间。

对于先秦时人来说,生命境域的意义空间总是存在的,正如太阳的光与热在人们的生活中始终如一地和人打交道,作为一种价值围绕在人们的周围。"日出而作,日落而息,凿井为饮,耕田为食,帝力于我何有哉!"(《击壤歌》)在日出时精神饱满地开始一天的生活,日落之际安安稳稳休憩,太阳日复一日变化,人们并不将它作为静观的客体去认识,而是这样的太阳与人的生命活动交织、粘连在一起,因为生命的粘连,中国人的房子有了向阳面、背阳面,有朝南的卧室与朝北的墓地。

"方名之起皆有所因。东西系于日之出没,南北则定于室之向背。古者营造房屋,自帝王以至臣民,皆面阳背阴,故前为南,而后

第四章 "兴"之生成的过程结构：生命时、境中的价值生成

为北。"①方位名及其意义不是人们在外部反思中强行定义的，而是在与自然(太阳)的交往("阴阳相背")中内生的。因此，东方有光明、温暖、幸福、明亮、发端等意义。"东方之日兮，彼姝者子，在我室兮"，《齐风·东方之日》首句起兴赋予佳人东方之日般美丽、夺目、青春、有生机的意义；因此，西方有晦暗、凄凉、阴湿、萧条、死亡等意义。"朝隮于西，崇朝其雨。女子有行，远兄弟父母"，《鄘风·蝃蝀》首句起兴没有萦绕出婚姻之初的欢快氛围，在女子到达夫家的清晨，淫邪不吉之意的彩虹出现在西方，连绵阴雨为喜庆的婚姻笼罩上阴霾的气氛；南方因其向阳面而"草木至南方有枝任也"(《说文》)；北方因其背阳面"寒凉而不毛"②。《小雅·信南山》有"我疆我理，南东其亩"，《周颂·良耜》说"畟畟良耜，俶载南亩"，耕种活动与南方、东方联系在了一起。

由于太阳在北半球的时间运行，先秦时人在与日阴阳相背的生存活动中有了与自然世界的意义关系，万物交织，构成有机的生态网络，生命在网络中循环构合，使生存充满意义。这意义即是说基于万物的联结与相互关系引起的作为生命自然的全局过程，同时把联结内容(万物)包含在内，使得彼此不是明显可分离的(无法从割裂的客体化个体上看)，不仅整体从构成成分中涌现，构成成分的内在规定也从整体(生命自然)中涌现，而这便是万物与时谐行中的生命境域(生命自然)。只有在此生命境域中，具体的意义(定在)才能得以理解、安顿，正如三代历法：夏，建寅之月；商，建丑之月；周，建子之月。虽然三代都使用太阴历，但由于所处地理位置、气候条件的不同，对农业的生产要求便不同，从而形成各自生命境域中的意义构架，又基于不同义的境域构架，同一事物在不

---

① 张舜徽：《说文解字约注》，中州书画社1983年版，第59页。
② 〔汉〕毛亨，〔汉〕郑玄，〔唐〕孔颖达，〔唐〕陆德明音释：《毛诗注疏》，上海古籍出版社2013年版，第1103页。

同时代有了各自的价值与位置，诸如对岁首与不同时态下种子生长状态之对应关系的不同理解。

在中国文化中，"境"最早表示土地的边界，随着佛教的传入，境多了现象学的意味，既可以表示与心识关联的现象，也可以表示与心之活动相应的空间，理解为"境域"。① 从生成现象学的角度看，心不是抽象的"主体极"，境域也不是摆在那里等着被发现的对象，而是一种动态的生存结构，是预先给予的"土壤"。"土壤"对于生命而言是历史积淀，对于人来说是精神文化（所谓的生活世界、意义世界、观念世界、"大我"……）。精神文化作为传统不是过去的东西，而是活在今天的过去，精神通过我们体验为跨越代际历史的精神自身的展开，而我们参与在精神文化的新的建构进程中，并塑造我们自身，它始终是一个"既济"又"未济"的开放的过程性活动，这个过程跨代际发生，始终预先给予每个个体，令每个个体总已置入其中。

这便是"兴"之所以能起（生成）的另一过程结构：作为生命境域的意义空间。

生命境域的意义空间不同于客观自然，它是客观自然产生的基础（ground），客观自然是抽象观念、命题模型、实验技术等的产物，而人从存在出发，通过多种实践方式、技术手段，将生命历史的体验流注日常世界后，才有了人们以为的客观自然。胡塞尔在《欧洲科学的危机和超越现象学》中写道："生活世界对于从事科学研究的人来说……是作为'基础'而预先给定的……科学家毕竟是人，并且作为人是生活世界中的组成部分，而生活世界对于我们来说，是始终存在着的，总是预先给定的……那么客观世界本身会怎样呢？……这种自在存在的假设首先涉及生活世界中的'事物'，

---

① 详见夏开丰：《绘画境界论》，文化艺术出版社2021年版，第134—145页。

存在于生活世界的"空间时间"中的'客体','实在的'物体,实在的动物、植物,还有人;所有这些概念,现在都不是从客观科学的观点来理解,而是如同它们在前科学的生活中那样来理解……它们尽管有科学理论的理念性,但对于科学的主体(作为人的科学家)……难道不是构成人在其生活世界中的生活的许多实践假设和计划当中的一种……如果我们只是按照其整体的充分的具体性来理解生活世界,难道全部的目的,不论它们是在科学以外的意义上以任何其他方式是'实践的',还是在'理论的'这个名目下是实践的,不都当然地同属于生活世界的统一吗?……因此具体的生活世界,对于'科学上真的'世界来说,同时是奠定这个世界的基础,并且在生活世界特有的普遍的具体性中,包含着科学上真的世界。"①

> 蒹葭苍苍,白露为霜。所谓伊人,在水一方。溯洄从之,道阻且长。溯游从之,宛在水中央。
> 蒹葭萋萋,白露未晞。所谓伊人,在水之湄。溯洄从之,道阻且跻。溯游从之,宛在水中坻。
> 蒹葭采采,白露未已。所谓伊人,在水之涘。溯洄从之,道阻且右。溯游从之,宛在水中沚。(《秦风·蒹葭》)

《蒹葭》筑起了不同于客观自然的生命境域。"白露为霜"、"白露未晞"、"白露未已"是时间的三态变化;"在水一方"、"在水之湄"、"在水之涘"是诗人生命活动所向伊人的生命境域(意义空间),在由蒹葭展开人的生存时态与生存所向的意义空间中,萧瑟

---

① [德]胡塞尔:《欧洲科学的危机与超越论的现象学》,王炳文译,商务印书馆2001年版,第158—159页。

清冷、孤凉凄婉的秋意呈现出来。这样的秋意不是一开始就独处在那，等着人去发现的自在物，而是在人与其所处世界的循环构合中，在生命自然之整体的推动里内在流露出的，那"在水一方"、"在水之湄"、"在水之涘"是他的生存所向，在生存所向中空间的深度染上人生命的色彩，对伊人的情感与若即若离的水中高地粘连在一起，跳动着同一脉搏。

　　此时，意义空间无关物理距离，那"在水一方"筑起的"所谓伊人"在现实中是近是远，不可得知，而仅仅因为与伊人有着意义关联使得彼此走得那么近，又或是那么远。虽然不在物理距离中，物理距离的退场却不代表远、近的意义没有了，依着生存的关系，距离的理解尺度变得不再一样，正如"天涯若比邻"是因为你与友人的意义关联，而"比邻若天涯"是你与对方的意义失联。

　　由此再看"关关雎鸠，在河之洲，窈窕淑女、君子好逑"。"窈窕"之女，不首先是道德规训中的"幽闲之善女"（《毛传》），而是意义空间上的幽深之朦胧，幽深朦胧不是对身体物理形态的描述，而是在呈现生命活动的内在情态。有着穴字头的"窈窕"自有穴之幽深，声旁"幼"通"幽"，"兆"即征兆，如果说"幽"是意义空间，那么"兆"即生命时间，窈窕之幽深是时空境域之幽深，指引着人生存展开与生存所向处意义的原初生发与无限可能，依着规定而不被规定的意义可能性，美便是不可捉摸、确定、穷尽的。因着不可穷尽的意义生发，方有不可定格的美好，若即若离般、不可定格的美好与"关关雎鸠，在河之洲"的生命情意内在呼应。河洲上鸟儿"关关"地叫，有些遥远……遥远有现实的因素，更是意义的距离，是不可捉摸、无法穷尽的女子之美好的"恍兮惚兮"。此时，人理解那河洲，如同人理解幽深之女子，幽深之意化作不可确定方位的鸟叫声，隐隐约约，悠远又带有希望，抓紧人生命的色彩。

　　此刻，"兴句"与"被兴句"根本不是什么修辞与无意的协韵起头,而是生命活动在其所处时境的整体关系中,如天籁般的大共鸣(自生、自启、自发)。

二、意义空间的具身结构

意义空间和生命活动有关,它不是与我们相对的客观图景、框架,我们对意义空间的把握,不是出于知性的认识而在于生存的理解。生存的理解不意味着意义散漫、随机地发生,相反它有内在的尺度,即意义发生的具身结构。

具身性(embodiment)是现代认知科学的概念,它吸收了现象学和实用主义的有关思想,经认知科学重整,应用于众多领域(哲学、心理学、生物学等)。通过这个概念,人们注意到认知不单是大脑(意识)的活动,更赖于拥有不同感觉运动能力的身体;人们也注意到认知不是个体单方面的内在活动,更赖于拥有不同感觉运动能力的身体与一个更广泛背景的密不可分。[①] 前者破除了身心二元论,后者描述了知觉经验得以可能的基础性前提:活动中身体与其所处世界互嵌的活的结构。虽然具身性是现代认知科学的概念,但在破除身心二元,从活动中的身体与其所处世界互嵌的生存关系上看经验的生成,对讨论中国文化中意义空间(生命境域)的发生结构及其如何发生,有极重大的价值,是传统理论没有涉及,过往研究没有明察,但又属于传统意义生成问题中的应有之意,必须交代。

先说第一个方面,如何理解拥有不同感觉运动能力的身体及其对身心二元的破除?笛卡尔在《第一哲学沉思录》中认为心智是有意识的思维,肉体是占据空间的广延,从而设想了一个可以独立于广延存在的有意识的思维(精神实体的存在),得出精神与肉体的二

[①] Francisco J. Varela, Evan Thompson, Eleanor Rosch, *The Embodied Mind: Cognitive Science and Human Experience*, Cambridge: MIT Press, 1993, pp. 172-173.

分。随着研究的深入,人们后来认识到没有身体的感受、体验(包括肌肉运动),很多正常的知觉、行为不可能发生,反之亦然。这意味着物理躯体和主体意识都无法独立存在,而只能在耦合的整体中存在,它们是整体的一体两面,这个整体便是"身体","身体"结合了心灵与躯体①,是活的生命存在,也是与世界打交道的实在的立足点。

上述内容在知觉现象学研究中有详细论述。胡塞尔在分析知觉时,注意到每一个视、触觉都伴随人身体运动的感觉,且在功能上与身体运动的感觉(肢体运动)相联系。② 当一个人在拍球时,球在与人对手的运动感觉中被给予,这里,身体的自我体验作为一种"意义背景"是知觉的构成条件,它不被所指,在前反思中发挥作用,与所有可能的身体运动的动觉相连。③ 因此当人把握柠檬黄

---

① 出于理解的需要,权且把身体理解成心灵与躯体的结合体,细究起来这种表述不准确,因为它仍暗示着二元论的思维方式,用梅洛·庞蒂"我在我的身体中"这个说法更好。

② Edmund Husserl: *Thing and Space*, trans. R. Rojcewicz, Dordrecht: Kluwer Academic Publishers, 1997.

③ 胡塞尔之后,梅洛·庞蒂在这方面作了深入研究,认为将所有关于我身体的体验统一起来的,是一种综合了知觉和运动的"意义背景","统一手的'触觉感觉',并将其与同一只手的视知觉及其他身体部位的知觉联系的东西,告知了我手的姿势,暗示了我的手指运动,并形成了一种身体关系(bearing)"。(M. Merleau-Ponty, *Phenomenology of Perception*, trans. Colin Smith, digital edition (originally published 1962), London and New York: Routledge, 2005, p. 174)"身体不能被当作物理客体,而更像艺术品,对音乐与绘画的理解只能在其色彩和声音中呈现,而无法通过其它手段说明……上臂上感到的某个触觉体验意指着前臂以及肩膀的某种触觉体验,并伴随对同一肩膀的视觉体验,这些知觉能被联系在一起……不是因为它们都是手臂的知觉而可理解,正如不能从立方体这个概念出发理解它的各个面,而是因为所见和所触的手臂,就像这个手臂的不同部位,共同完成了一个动作。"(M. Merleau-Ponty, *Phenomenology of Perception*, trans. Colin Smith, digital edition (originally published 1962), London and New York: Routledge, 2005, pp. 174-175)说我的身体存在,有两层意涵:作为一种事物或述谓的存在,这是从弱意上说;另一种是属于、占据。我是我的身体(M. Merleau-Ponty, *Phenomenology of Perception*, trans. Colin Smith, digital edition, London and New York: Routledge, 2005, p. 173),"属于"、"占据"是一种"内生关系",而不表示存在可独立的、能被指称的东西。

的同时也就把握了柠檬的酸,看到泛蓝的海的同时感到了水的流动。在中国文化中,尤其是艺术领域,人们对此往往有相当的自觉,诸如在笔墨活动中,中国人不会通过静观的方式收集事物的各个面向,将之累加成一个整体,而要"以神存之","成胸中竹",一下子把握事物的内生情态。

由运动中身体前反思的自我体验,必然引出身体是世界中的身体,继而引出自身与世界的关系问题①,因为生命的生存活动不是囿于思想的活动,活动总在世界中活动,因此"身体"作为活的生命存在,所谓的自我体验是在世界中的自我体验。这就有了第二个方面,即如何理解身体作为活的实在的生命存在与生命世界发生关系?梅洛·庞蒂在胡塞尔、海德格尔等人的基础上,对身体的在世存在作了进一步的研究。梅洛·庞蒂认识到不可能摆脱世界来说明身体主体,也不可能摆脱身体主体来说明世界,世界与主体是不可分离的,与之分离的不过是一个作为主体自身投射的世界罢了。"事物是我的身体、我的实存,我的身体是事物稳定的结构。事物通过我的身体的把握而构成,它不首先是一种对于认知而言的含义,而是被身体的审视所通达的结构……由于各事物及其外观之间的关系总是以我们的身体为中介,所以整个自然就是我们生活的演出,是我们对话活动中的对话者。"②

当人把握某物时,把握这个行为不是通过表征确定性特征以

---

① 由于存在作为生命活动是一个过程,因此对存在的领会不可能是透明的,也不是缥缈的,需要身体作为切入点,这即是说,需要思考:能动的生命主体在什么条件下能在向着存在畅开中理解存在,而不是将生命主体直抛给存在,一扔了之。1965 年,保罗·利科在《存在与诠释》中,正是指出了海德格尔理解存在的直接性的局限,开启了他领会存在的阐释学路径,即从存在如何理解,转向具体的存在者如何参透一般存在的本体论意义?在利科看来,存在总是被理解的存在,因此不能仰仗存在者对存在的透明式的直接领悟,而要经自身与他者,自身与语言(文化)世界的生存关联才能理解存在。

② M. Merleau-Ponty, *Phenomenology of Perception*, trans. Colin Smith, digital edition (originally published 1962), London and New York: Routledge, 2005, p.373.

指涉该物来实现的,而是根据受身体影响的情境活动来实效关涉的。"是一种情境空间……如果我手握烟斗地站着,我手的位置不是通过它与前臂、前臂与上臂、上臂与躯干、躯干与地面的角度推定的。毫无疑问我知道我的烟斗在哪里,由此我知道我的手和身体在哪里,就像沙漠中的原始人总能够快速定位,而不需要回顾出发以来走过的所有路程,计算其偏差。和身体有关的'这里'这个词,并不是指相对于其他位置或外部坐标的确定位置,而是一种第一人称(the first)的自身设定,是活的身体在物体中的锚定,面对各种任务的处身情境。"[1]

这即是说,先有事物与运动感知身体的"相互关系",才有了它在关系中的知觉定位。当我喝水时,杯子的位置不是通过表征它的物理距离得到的,而是由它在与我畅饮的活动关系中把握的,亦如笔、墨、纸、砚只有在人的书法活动中才成为了笔、墨、纸、砚。运动(生命活动)的实质是身体与一个更广阔背景(情境、意义世界、境域)的意义耦合关系,所谓的在世存在与此意义耦合的生存结构(关系)有关。

一方面身体在运动中能自我体验,另一方面运动的身体总是在世存在的身体,身体前反思维度上的自我体验,便是对身体与其所处世界的耦合的生存结构(关系)的体验与组织,这种体验与组织即"身体图式"。"身体图式是身体在与环境互动中发挥作用时组织身体的一种方式"[2],组织身体即在此生存结构中自组织。

这里有两层意思,第一层是说在世存在的身体的活动具有规定而不被规定的特点,与将身体知觉为意向客体不同,在与世界

---

[1] M. Merleau-Ponty, *Phenomenology of Perception*, trans. Colin Smith, digital edition (originally published 1962), London and New York: Routledge, 2005, p. 115.

[2] S. Gallagher, "Live body and environment", In *Research in Phenomenology* 16, 1986, Leiden: Brill Academic Press, p. 157.

(情境)的耦合关系中,身体是活动的内隐的和实现的"我能":"我被促动而去朝向某物、去注意……所见不完全之某物决定着我起立和走进它。房间不佳空气(我如此经验的)刺激我去开窗。在此我们永远'经受着某物',或被动地被某物决定,或主动地对其反应,以过渡到一种行动,而此行动有一目的。"①胡塞尔将"我能"同笛卡尔的"我思"比照,意谓身体主体性的意向性结构不是在思考某个对象,而是我之所以能如此这般地移动自身,在前提处包含了对活的身体的不以对象为指向的自我觉知(主动性),它以内隐默会、前反思的方式被体验,是一个人把他的身体体验为正在知觉和行动。但仅仅这样,会成为"唯我论的主体"(意向性的主体)②进而成为"行为的极轴":"对客体之意向相关性的所有多种多样的特殊性[行为方式](它们在此被称作行为),具有其必要的'起点'(terminus a quo),即'自我点'(Ichpunkt)"③。因此,为了破除这种"我执",还需要从第二层意思看。

第二层意思是说,这规定而不被规定的活的身体是与世界互嵌的身体,对身体的自我觉知,即是对互嵌的生存结构(关系)的觉知与自组织,正如在触觉中人不仅在物理上摸到了对象,而且感觉到我们在触摸对象时,对象也在触摸我们。当我拿起热美式时,它的体温源源不断地通过滑润的纸杯透进我的指皮,甚至在我把杯子放回桌上后,感觉仍然持存,这样的身体体验不是纯粹的物理体验,也是在"体验"我的身体与其所处世界的"耦合的生存关系"。对此耦合关系,梅洛·庞蒂在与胡塞尔的对话中都描述了双手互握的知觉案例。梅洛·庞蒂说:

---

① [德]胡塞尔:《现象学的构成研究——纯粹现象学和现象学哲学的观念 第2卷》,李幼蒸译,中国人民大学出版社2013年版,第181—182页。
② 同上书,第180—184页。
③ 同上书,第88页。

当我的右手触摸我的左手时,我把左手感知为一个"物体",同时,如果我愿意的话,也能产生一种奇特的事件:我的左手也开始感知我的右手,es wird Leib, es empfindet(它是身体,它在感觉)。物体获得了生命——更确切地说,物体仍然是它之所是……但是,一种探索能力置于物体之上或寓于物体之中。因此,我在触摸的时候感到被触摸,我的身体完成了"一种反省"。在我的身体中和通过我的身体,不仅仅有感知者和感知者所感知的东西的一种单向关系:关系也能颠倒过来,被触摸的手成了触摸的手。①

从物理单向性上看,当我拿起热美式时,知觉到的应该是热美式而不是我的手,身体不应该感觉到自身,但从"返身性"上看,我在知觉到热美式时也感到了自身,我的手指经历了热,正如在梅洛·庞蒂的双手案例中,一只手去触摸另一只手时,触摸就是被触摸,而被触摸的手感到它正在触摸。梅洛·庞蒂的经典论述源于胡塞尔:

> 在触摸左手时,我具有触觉显现,即我并不只是感觉,而且我也在知觉,并具有关于一潮湿的、如此如此形态的、光滑的手的显现。具有指示作用的运动感觉和具有表象作用的触觉感觉,被客观化为作为物的'左手'之特征,它们也属于右手。但是,在触摸左手时我也在其中经受一系列触觉感觉,这些感觉在左手中'被定位'[lokalisiert],虽然它们并不构成特性(如作为躯体物的手的粗糙或光滑)。如果我谈到作为躯体

---

① [法]梅洛·庞蒂:《哲学家和他的影子》,载《符号》,姜志辉译,商务印书馆2005年版,第206—207页。

物的'左手',那么我就未考虑这些感觉(一个铅球就没有这类感觉,一切'纯'躯体物、一切不属我躯体的物也是如此)。如果我把这些感觉考虑在内,那么这不是因为躯体物现在变丰富了,而是因为它成为了躯体,它有感觉了。①

如果我用物理的方式谈及左手,那么我就是在感觉中进行抽象,身体就和每个纯物理事物一样,而如果我将它们囊括进来,那么就不是在增加物理事物,而是它们成为身体,它们在感觉。

上述两人都讲述了双手互握的知觉案例,所不同的是,胡塞尔在《现象学的构成研究》中有很强的身体"唯我论"倾向,这主要受制于他的问题意识,即此时胡塞尔的观念路径是从思考无身意识,转向解决无身意识如何能指向世间诸物及与他人沟通,于是意识的自然化便成为此时胡塞尔现象学构成分析的焦点,使其"思想受到自然(nature)的亲在的吸引,也受到绝对意识的漩涡的吸引"②。

而梅洛·庞蒂引述胡塞尔的这一案例,就是为了阐述胡塞尔发现但碍于自身局限而没有阐发出来的东西,"我们唯一要做的是询问他留给我们的'前理论构成'的样本……表达我们以为能猜中的没有被思考过的东西"③,也就是从双手互握案例中,看到胡塞尔没有看透的,关于身体前反思活动中的综合构成究竟是怎么一回事。"我的右手参与我的左手的主动触摸。同样,当我握另一个人的手的时候,或当我仅仅注视另一个人的手的时候,他人的身体

---

① [德]胡塞尔:《现象学的构成研究——纯粹现象学和现象学哲学的观念 第 2 卷》,李幼蒸译,中国人民大学出版社 2013 年版,第 145 页。
②③ [法]梅洛·庞蒂:《哲学家和他的影子》,载《符号》,姜志辉译,商务印书馆 2005 年版,第 205 页。

在我面前获得生命……之所以当我握另一个人的手的时候我们有他的存在的明证,是因为另一个人的手代替我的左手……我的两只手是'共在的'或'共存的',因为它们是一个单一的身体的两只手:他人是由于这种共在的引申出现的,他人和我像是一个单一的身体间性的诸器官。"① 要害在于,没有各自的"唯我论"的身体,而是每只手、每个人都是共生、共存于关系整体中的部分,先有基于生存的互嵌结构关系,才有在此关系中各组织成分的生存组织。

我们可以以生命自然中的具体的生命活动为例,理解上述概念。在生命自然中,细胞依靠半透膜从化学汤中独立出来,细胞与环境之间有了边界(以膜为区分),而边界不是隔绝的屏障,细胞要维持自身需要新陈代谢,新陈代谢不只在细胞"内环境"中发生,也通过与环境的交互活动来持存细胞自身。有些物质进入细胞内,另一些则排出,交互过程既持存了自身也参与了环境的生产,新生产的环境又会影响、生产细胞。这里,作为"整体"的新陈代谢"网络"能够更新其自身组成中遭破坏的任何成分,包括边界(膜),因此从细胞诞生的那一刻起,自身便是作为他者的自身,想要维持住自身就必须与环境交互,连同区分的边界也是交互活动的组成部分。反之,他者是作为自身的他者,没有半透膜提供的边界,局部的化学结构将耗散于周围的介质中,细胞膜的形成(区分),令细胞作为前景(自身)从化学汤的背景(他者)中凸显了出来。由此前景、背景的耦合互嵌活动,意义、价值诞生了。比如在有蔗糖梯度的环境中,细胞会游向糖分子浓度高的地方,对物理世界而言糖分子只是糖分子,但对细胞来说糖分子是"营养物质","营养物质"不是糖分子排列结构的产物,而是与细胞(他者)新陈代谢活动的相

---

① [法]梅洛·庞蒂:《哲学家和他的影子》,载《符号》,姜志辉译,商务印书馆2005年版,209页。

关属性,是在耦合关系中生成的。糖分子遵循物理秩序,但作为"营养"则遵循"生命秩序",因此当且仅当其属于"生命自然"时,糖作为"食物"有了意义。

在属人的世界中,诗人最敏于此。唐代郑会《题邸间壁》:"荼蘼香梦怯春寒,翠掩重门燕子闲。敲断玉钗红烛冷,计程应说到常山。"夜晚荼蘼花香,妻子感到阵阵春寒,不觉地把玉钗敲断,口中念叨在外的我,想来应该到常山了。李梦生评解:"旅人思家,一般有两种写法:一是直接叙述……一是从对面说起,言家人思己,翻过一层,加深自己思亲情感。这首诗……通首从对方着笔,结合自己的感受,写妻子在家睡不着,在烛下思念自己的情况。"①可谓诗从对面飞来。

值得注意的是,无论胡塞尔还是梅洛·庞蒂,都发现互嵌的生存关系在具体觉知时无法同时出现,双手触摸和被触摸的感觉不是同时呈现的,而是交替进行的。② 正如格式塔心理学中经典的"鸭兔图",不可能同时看到鸭子和兔子,而只能或是看到鸭或是看到兔。这种自发的交替体验,意味着具有基础性地位的互嵌结构在生命展开的活动过程中不会同时显现,不是全息的,而有时间性,表现为显隐关系的相互支撑,而显隐相互支撑关系是一个动态的过程,表现为时间上的自我他者化与他者自我化,即时、位化。

综上所述,当一个人知觉世界时,他已前反思地在在世身体中先行体验、自组织了彼此,成为经验得以可能的基础。

---

① 李梦生注译:《千家诗全解》,复旦大学出版社 2007 年版,第 12 页。
② "我的身体是以'双重感觉'给予的方式被认识到的:当我用我的左手触摸我的右手时,作为客体的右手也拥有了能触摸的这种独特的性质。我们已经看到,两只手不是同时处在触摸与被触摸的关系中。当我两只手相互按压时,就像不是同时感到两个客体并置那样,我们不是同时体验到两种感觉,而是两只手轮换扮演着触摸与被触摸的模棱两可的角色。"(M. Merleau-Ponty, *Phenomenology of Perception*, trans. Colin Smith, digital edition, London and New York: Routledge, 2005, p. 106)

三、中国文化中的具身空间

在中国文化中,对意义空间的理解便有上述具身结构的特质,中国人不出于认知的考虑把空间看作客观图景,而在生存的意义上自觉于同体共流,领会"天地与我并生,万物与我为一"的互嵌(参)关系。正如上文提到的生存空间及其方名意义,先秦时人在与日阴阳相背的生存活动中理解世界,理解内生出的事物的意义。太阳在人之中,人也在太阳之中,彼此的联结与相互关系同时把他们自身包含在内,对人、日,乃至万物的理解,不是将其割裂、表征各自的客观样像,而是在彼此的活动中理解对方、安待自身,在一体贯通的内生尺度下,有了适时的是其所是。

由此说来,中国人在关于生存意义方面有其"身体图式",这是中国人在意义空间上的"内在尺度",它同样存在运动中身体的自我体验与身体作为在世的身体两个方面,作为意义生成得以可能的基础性前提,建立了实在的生命活动与其所处世界之内在而整体的意义关系。

以绘画为例,在寻求形上之道的中国作品中,鲜有以中心透视法构图的,其中的缘由与对意义空间的理解有直接的关系。中心透视法预设了一个不在画面中的上帝视角,通过这个视角,作品空间的不同层次与向度被抽象安排,正如笛卡尔《屈光学》的首要步骤就是将空间抽象化(几何化),西方绘画常以此开端。抽象化空间的理想形态是数学中的解析几何,长宽高的位置成了彼此相互转换的点,这样一来物与物之间可计算的物理距离被计算在内,不可计算的由生存关系而来的生命意义被排除在外。此影响深远到巴赞说:"透视法,是西方绘画的原罪。"[①]而在中国的绘画作品中,

---

① [法]安德烈·巴赞:《电影是什么》,转引自[加]威廉·维斯:《光和时间的神话:先锋电影视觉美学》,胡继华等译,四川人民出版社 2006 年版,第 58 页。

不存在一个客观、超越于画框之外的上帝视角,那"无限的空间是在画面之内表现出来的……但眼睛却看不到它"①。

将无限引入画内,卸掉那些远近、深浅的抽象的空间层次和对象关系,呈现彼此的生存关系与意义深度,是中国绘画面临的问题。姜宇辉在《画与真:梅洛·庞蒂与中国山水画境》中阐述了中国绘画在面对这一难题时的种种处理之道,方法之一是借助"云"②。在中国古代绘画中,"云法"拓展了画面内各异质性空间的向度,以此来凸显山水风景本身的空间深度。云之轻,不是与物之重相对的另一种物理属性,而是起着畅开空间的动态效应,这种空间的畅开难以被固化为画面的一个部分,它贯穿、流动于画面的意义空间中。因此,高居翰在研读沈周的一幅山水时感叹:"雾气自左往下流动,几乎遮住了两座房舍,并飘进树丛与峻岭间的山谷,最后悬在右侧瀑布的下方,其下,有一位体态壮硕的人物拄杖而立,驻足观赏山川烟云的回旋交融,而这三种物质状态似乎已经化成浑然之流。"③云的轻盈、流动使云之轮廓和厚度难以限定,其边界始终在瓦解、转换,一种难以遏制的弥散与渗透的内在驱力蔓延开来,在不同的对象间建立起内在联系。

内在关联不来自物体,也不可能被意识规定在物中,它显示着物物间不可分离、相互包含的关系。此时的人,人的身体、人的存在已原初地与周遭有了内在默会的交流和协同,在这意义空间中,人生活在物中,物也活在人中,正如中国移步换景的园林艺术。移

---

① [美]鲁道夫·阿恩海姆:《艺术与视知觉》,孟沛欣译,湖南美术出版社 2008 年版,第 403 页。
② 姜宇辉著:《画与真:梅洛·庞蒂与中国山水画境》,上海人民出版社 2013 年版,第 142 页。
③ [美]高居翰:《江岸送别:明代初期与中期绘画(1368—1580)》,夏春梅等译,生活·读书·新知三联书店 2009 年版,第 76 页。

步换景①意味着意识不是感觉从输入到输出的线性因果关系中的内部状态,而是一种首先面向人与环境间生存活动的协适(耦合)关系,一旦我的视角发生了转换,景象的意义也随之改变。景象的意义之所以会改变,是因为事物与人在活动中共构协适在了一起。在塞尚的静物、风景画中,翻起的外边、蔓延开的色彩抵制着文艺复兴以来透视法的理性主义对人感性的辖制,"你看得愈久,它们就愈想躲避任何精确的界定……贯穿于每一种长度的轮廓线的质地在不断发生变化。在对最最短小的曲线的追踪中都不存在着一致性……一切却都在震颤和活动"②,呈现出原初、蓬勃的生命力。之所以会这样,是因为塞尚的线条和色彩令"透视变形不再对自己是可见的,就像它们在自然视觉中的作用一样,只是给人一种正在诞生着的秩序,一种正在向我们呈现、凝聚的对象的印象"③。自然中,人无法在显形中一下子从整体上把握事物,知觉的综合总是一个未完成的、开放的、生成的综合,总在推向别处,目光从一处移

---

① 中国园林不同于艺术中摹写自然的复制品,它是且首先是人的"居住空间",是人生命活动的境域,因此"移步换景"的特质,不是艺术分析的产物,而是中国人对处身关系之觉解的内在呈现。从现象学上看移步换景的具身关系,借梅洛·庞蒂描述球员与球场的关系活动可见一斑。"对活动的球员来说,足球场不是一个'对象',即不是一个能在无穷多视点中、在各种变化下仍然能保持不变的理想的限界。球场上有各种线(边线;规定罚球区的线),各个区域互相关联(对手之间相互敌开),似乎球员们并没有意识到,正是它们呼唤着特定的活动模式,引发了活动。场地对球员来说不是既定既成的,而只是他的各种实践意向的内在条件的呈现,球员与之融为一体,感觉'目标'的方向,如同感受他自己身体的垂直位与水平位一样直接。认为这是一种秩序意识栖居于场上是不够的,此时意识是活动与场域的内生综合。场上球员的每个动作改变着场地的观感,并在其中建起新的动线,这些动线令球员的活动得以展开、完成的同时,再次改变了现象场。"(M. Merleau-Ponty, *The Structure of Behavior*, trans. Alden L. Fisher, Boston: Beacon Press, 1967, pp. 168 – 169)

② [英]罗杰·弗莱:《塞尚及其画风的发展》,沈语冰译,广西师范大学出版社2009年版,第94—95页。

③ M. Merleau-Ponty, *Sens et non-sens*, Paris: Nagel, 1948,转引自佘碧平:《梅洛·庞蒂历史现象学研究》,复旦大学出版社2007年版,第117页。

第四章 "兴"之生成的过程结构：生命时、境中的价值生成

向另一处,向着他者、未来开放。塞尚的线条、色彩就有这样的效果,它们不再作为边界表示物体到此为"止",而打破了边界,向它者敞开、渗透,"物体的边缘延伸到您的视线的另一边。这是我的发现"①。为此,塞尚有时很长时段才画一笔,因为每一笔触,都"包含着空气、光影、块面、物象、特性、外观、风格"②。这样的道理,同样存在于具有时间性的中国画卷中。

此外,中国人不仅在活动中对物我交融的切身体验有敏锐的洞察,而且对此体验的互嵌结构有自觉认知。

儒家哲学中,往小了说,人事的意义在"位"中确立,而"位"与角色相关,角色在相人偶(彼此的关系)中肯认;往大了看,由天地人相参引起的全局过程(意义整体)使得人、事、物都不是原子般明显可分离的,不仅生命自然的生生活动在人、事、物中展开,而且人、事、物的生存情态(内在规定)也在其所处的生命自然中内生。所谓"与天地合其德,与日月合其明,与四时合其序,与鬼神合其吉凶"(《文言》),此"合"是"通"之合,在互嵌融贯为一体的生命自然中,内生性道德得以产生,将在道义上的正当性、绝对性、超越性与实践行动上的主动性、内生性结合在了一起。

老子哲学中,"埏埴以为器,当其无,有器之用也",埏埴的制造是因为对"无"的需要,而对"无"的需要又离不开埏埴的"实",两者的意义在空间上互构,如同壶一样,"壶的虚空,壶的这种虚无(Nichts),才是壶作为有所容纳的器皿之所是"③。壶作为物,不在于它由之构成的质料,而在于能容纳的空洞,陶匠要制造壶,本质

---

① [法]约阿基姆·加斯凯:《画室：塞尚与加斯凯的对话》,章晓明、许苟译,浙江文艺出版社 2007 年版,第 164 页。

② M. Merleau-Ponty, *Phenomenology of Perception*, trans. Colin Smith, London and New York: Routledge Taylor & Francis Group, 2002, p. 377.

③ [德]海德格尔:《物》,载《演讲与论文集》,孙周兴译,生活·读书·新知三联书店 2005 年版,第 176 页。

上是要制造空洞,而制造空洞要通过制造"实"来实现;反之,"虚怀若谷"、"涤除玄鉴"的意义不在于一味地"虚"、"空",而是为更好地接纳留出地盘。

庄子哲学中,"醉者之坠车,虽疾不死"(《达生》),醉者"骨节与人同",而之所以能"犯害与人异",是因为"其神全也"。"神全"不是知性的思维、存在方式,"神全"不割裂事物、违逆自然,"神全"打通了人与世界的原初关联,在前反思、非对象化的纯意之发生的空间中彼此协调配适,从而"乘亦不知也,坠亦不知也,死生惊惧不入乎其胸中,是故迕物而不慴",酒抑制了识知,解放出原初鲜活的身体、活动的空间。

更有意味的是内篇《养生主》"合于桑林之舞"①。"桑林"对于庖丁来说不是单纯的音乐,而是一条通道,使其超越有限,进入与万物合一、共生的意义空间,这是庖丁能如此这般解牛的秘密,也是如何养生的关键。

古时,参天大树对于中国人来说,不是独立于人的物理自然,它充满力量,具有通神的意义。巫教中主要的大地之柱有二:山与树。作为直接的通天材料,沟通着人与神,其中桑树就是这样的一种树木。② 无怪乎屈原在《离骚》中写:"想找灵殿投宿兮,日速落夜将临。我叫羲和缓鞭兮,向日落处慢进。路迷糊又窄小兮,我要仔细分辨清。放马咸池饮水兮,拴马扶桑树旁。折桑枝赶日去兮,且放松躺一躺。月神在前开路兮,风神随后奔闯。"屈原打算在神门前休息,太阳渐渐日落。在羲和徐徐前行中,路变得越来越窄,在咸池边让马饮水,将马的缰绳系在扶桑神木上。折一段桑枝自由自在地畅荡,月神在前面开路,风神在后面奔跑。在这段描述

---

① 李志春:《从"合于〈桑林〉之舞"中的空间构成看"庖丁解牛"何以可能》,《河南社会科学》2015 年第 3 期,第 89—94 页。

② 张光直:《中国青铜时代》,生活·读书·新知三联书店 2013 年版,第 276 页。

中,桑树在通神的路上分布,折了桑枝的屈原被月神、风神引领,可见桑树的意义非比寻常。

古代传说中,以桑为地名的情况很常见,如扶桑、桑林、空桑等。当桑从自然植物到有通神的意义,再到以桑命名的地域出现,桑树、桑林就有了它本体论(存在论)上的空间意义。如作为祭祀祖先与神明的场所,陈炳良主张桑林、空桑等地是殷商民族以及古代其他民族祭祀祖先、神明的圣地。[①] 陈梦家认为古籍中桑林场域具有乐舞的功能,是男女相会、祭祀、高禖的场所。[②] 孙诒让说:"左襄十年传云:'宋公享晋侯于楚丘,请以桑林。'杜注:'桑林,殷天子之乐名。'《淮南子·修务篇》云:'汤[苦]旱,以身祷于桑山之林。'高注:'桑山之林,能为云雨,故祷之。《吕氏春秋·慎大篇》云:'武王胜殷,立成汤之后于宋,以奉桑林。'高注:'桑山之林,汤所祷也。故所奉也。'……吕氏春秋慎大篇云:'武王胜殷,立成汤之后于宋,以奉桑林。'高注:'桑山之林,汤所祷也,故所奉也。'桑林,盖大林之名。因汤以盛乐祷旱与桑林,后世沿袭,遂有桑林之乐矣。"[③]桑林在空间上因为通天、通神而为古人关注,进而在后来的祭祀、典礼活动中多会选择桑林作为活动的场所,最终形成了所谓"汤乐名"的"桑林"(进入了语言)。

由于桑林的上述意涵,只要"桑林"音乐一响起,庖丁的意义空间就发生了变化,跃入"道通为一"的"神全"境地,故而可以"神遇而不以目视"。

将庖丁解牛的道理庸俗地解释为掌握事物规律是荒谬的,因为一个历经十九年磨砺,掌握事物发展规律的庖丁之感,依然是经

---

① 陈炳良:《中国古代神话新释两则》,《清华学报》(台湾)1969年第2期,第206—231页。
② 陈梦家:《高禖郊社祖庙通考》,《清华学报》第12卷,1937年第4期,第445—472页。
③ 王叔岷撰:《庄子校诠》上册,中华书局2007年版,第104页。

验之感,熟能生巧、巧能生精的经验感无法上升到游刃有余的"神感神应"。为此,庖丁须要将存在者与存在打通,而在"合于桑林之舞"中,桑林沟通着神灵,连接天地,让嵌入在这空间场域中的人(庖丁)得以变化气质,跃入前反思、非现成的意义空间中"依乎天理"。所谓"依乎天理",是人与世界彼此敞开、交织互构时的自组织(内在尺度)活动的内在展开,这是庖丁解牛得以可能的关键,它逼出了庖丁原有的"身体"感,将庖丁带入大道之境——身与生命自然内在耦合并自觉之(体验)。

庖丁解牛这才得以可能,又当且仅当转度于此,才是真正的养身之道。

第五章 "兴"之生成的情感结构：
内在而整体的情动

"兴"的生成关乎多种价值形态，其中情感价值最特殊，人们常从情感活动出发理解"兴"，将"兴"的品性与情意关联，如何从"过程性"上着眼理解"兴"中的情意内容与活动？

情意一般分为两种：自然情感和道德情感。对"兴"中情意的讨论，学者常执一端，不是站在自然情感一边，就是从道德情感着眼，诸如认为汉代作为解经方式的"兴"与政教结合偏向道德情感，魏晋注意到"兴"的物感因素偏向自然情感。汉学界同样如此，1876 年理雅各将"兴"翻译为"促发心志"与"暗指性"，前者偏向自然情感，后者偏向道德情感，此后西方对"兴"概念的译介与文论大体不出二者——将"兴于诗"之"兴"理解为自然情感，将"比兴"之"兴"理解为道德情感。刘若愚指出："'兴'可以分为两派，一派将'兴'解释为唤起、激发，另一派把它当作专门术语。在前者中，有人认为激发或激起的对象是情感；有人认为是道德意向或情怀。若是情感，那么他对诗的概念，看来有一部分是审美的；若是后者，那么他的概念就完全是实用的。"① 与之相应，在文论中有两种对"兴"之情状的描画，一个是托物寓情，以情寻物，一个是感物兴情，由物而感，人们大多认为前者属于道德情感，后者属于自然情感。

从道德情感进入，人们关注的问题多与情意中思索之安排有

---

① ［美］刘若愚：《中国文学理论》，杜国清译，江苏教育出版社 2006 年版，第 160 页。

关，时间上重历史性，组织上关注群体，功能上倾于政教实用；从自然情感进入，人们在意情感勃然而生的即时性、前反思性，因而在时间上重直接性、组织上关注个体，功能上倾向于非功利性与个体自由。

当"兴"与两种情感关联，问题就来了："兴"中的情意究竟属自然情感还是道德情感，还是两者都有？如果两者都有，那么其中的自然情感与道德情感有怎样的内在联系，使得它们可以存在在一个概念中？与之相关的问题是：自然情感如何过渡到道德情感，道德情感又怎样影响了自然情感？

理解"兴"的情意问题需要放下二元分立的情感观，从内在而整体的一元视角看。在中国文化中，从"发乎情"到"止乎礼"，从"始者近情"到"终者近义"，自然情感与道德情感存在一种内在而整体的情动关系，表现为同一情感活动的两个方面：一方面自然情感有它的方向与内在规定，会对人成就道德产生影响；另一方面自然情感不是凭空产生的，它以"先在"的内容（生物遗传、伦理生活及其精神骨架等）为契机，具有道德意味，并在"小我"与"大我"间形成阐释的循环。肯定这一点，与肯定主体的生活世界与当下的情意呈现有内在关联，相联系。

第一节 "即生言性"传统与《性自命出》中的情感

从内在而整体的一元视角理解"兴"中的情意生成，与古代"即生言性"的思想传统有关，为此需要先介绍什么是"即生言性"。

《周易》有："天地之大德曰生。""生"又通"性"，郭店简中写作"眚"，"眚"在甲骨文中已经出现，通"生"（见盂鼎、舀鼎），由"生"通

"性"之含义,有了"即生言性"。在这一传统中,《性自命出》是近几十年来重要的出土文献,其中对"情感"问题的讨论一直是学界关注、研究的焦点,以它为契机,"兴"感中内在而整体的情动关系,可以厘清。

一、"生"、"性"之"然"与"所以然"

在讨论情感问题前,先要了解"即生言性"传统中"生"、"性"与"所以然"的意涵。"生"与"性"义通,"生"指生命、生长,古人常从生命及其发展的角度理解"性"。《尚书·西伯戡黎》有:

> 惟王淫戏用自绝。故天弃我,不有康食,不虞天性,不迪率典,今我民罔弗欲丧。

周西伯要攻占黎,祖伊向纣王劝告说:大王过分沉迷享乐,所以上天要抛弃我们。(人民的)生活不安康,(大王)处事不遵"天性"①,也不依靠典章,那么老百姓就都想要国家灭亡了。

"不虞天性"就是不考虑"自然"之"性"。自然生命有其发展方向,情欲作为人的自然禀赋,从生命生长、发展的角度看,有沿着自身轨迹发展的需要。桀纣荒淫失度,偏离了天性的发展方向,失去了常性,因此遭到上天的抛弃。

这里有两个概念需要注意,一个是生命表现,一个是生命表现的内在规定,它们都可以被理解为"生",理解为"性",但意思不同。从生命表现上理解"生"与"性"是从经验上说,所谓"食色,性也"、喜怒哀乐,它们是生理现象;从生命表现的内在规定上理解生、性,

---

① "不虞天性"中的"虞",《尔雅·释言》释为"度",《集解》引郑玄释为"拟乱阴阳,不度天性",又孙诒让、章太炎释为"不乐天性"。(见顾颉刚、刘起釪:《尚书校释译论》,中华书局2018年版,第1111页)无论是"度"还是"乐",都可以包含遵从之意。

是从经验表现得以可能的前提、根据上看,情感本身作为人之性,内生于生命。桀纣存有经验表现意义上的食色之性,但偏离了生命内在发展意义上的规定之性。《荀子·正名》对此做了区分:

> 生之所以然者谓之性。性之和所生,精合感应,不事而自然谓之性。①

荀子对"性"下了两个定义:一个是"生之所以然",一个是"不事而自然"。"不事而自然"说的是自然表现、生命现象,而"生之所以然"是探求生命现象的进一步根据。徐复观说"此处'生之所以然者谓之性'的'生之所以然',乃是求生的根据,这是从生理现象推进一层的说法"②。从生理现象推进一层说"性"之所以然,不是运用抽象的方法探求事物背后的本质,而是把握"维持"事物之所以为该事物的内在方向。唐君毅说:"一具体之生命在生长变化发展中,而其生长变化发展,必有所向。此所向之所在,即其生命之性之所在。此盖即中国古代之生字所以能涵具性之义,而进一步更有单独之性字之原始。"③

一个是生命的表现,一个是生命表现的内在方向(生命发展的内在规定),即"生之所以然"。在"即生言性"的传统中,人们更多地从后者,即从生命生长与内在规定上理解"生"、"性",继而理解"情"。

综上所述,从"即生言性"的传统看,人由天生,性由天赋,秉持

---

① 〔清〕王先谦撰,沈啸寰、王星贤点校:《荀子集解》,中华书局1988年版,第412页。
② 徐复观:《中国人性论史·先秦篇》,上海三联书店2001年版,第203页。
③ 唐君毅:《中国哲学原论·原性篇》,载《唐君毅全集》第18卷,九州出版社2016年版,第7—8页。

着生命的内在规定,同时"性"的内在规定不是一种抽象的本质,它有内生的方向,是生动的。正如葛瑞汉认为中国古代的性不应该被理解为"出生时的固定本质",而应理解为"倾向、方向、路径、规范、潜能"等,因为"早期中国思想家在讨论'性'时……更为关注的是在没有受到伤害和得到充足滋养的情况下,实现其全部潜能的自然生长过程"①。

二、《性自命出》中的自然情感与道德情感

《性自命出》是"即生言性"传统中讨论情感问题的重要文献,分上、下篇,上篇讨论人的自然之性(情),下篇转向道德情感,为研究自然情感与道德情感之关系,提供了思想资源与理论依据。

(一)《性自命出》中的自然情感

《性自命出》开篇将性与天、命相连:

> 性自命出,命自天降。②

如何理解这里的"性"?梁涛《郭店楚简与思孟学派》集前人研究作了阐述。他指出学界有两种理解:一种是道德形上学的看法,认为这里的"天"有道德性,是形上超越者、普遍至善,由这种"天"所出的"性"必然是善的,梁涛认为这种以"天命"说"善性"的理解受到宋明理学道德形上学的影响,因而与早期儒家不符;另一

---

① Angus Charles Graham, *The Background of the Mencian Theory of Human Nature*, in *Chinese Philosophy and Philosophical Literature*, Singapore: The institute of East Asian Philosophies, 1986, p. 8.

② 李零:《郭店楚简校读记》(增订本),中国人民大学出版社 2007 年版,第 136—138 页。(以下引文均出于此)

种观点认为是与物性相区别的彻底的自然人性,梁涛认为固然不可做道德形上学解释,但也不能否认它具有形上学的内涵(生之所以然),彻底的自然人性观让"性"有了生物学意味,也不妥。[①]

由此,在"性自命出,命自天降"中,"性"既不具有先天的道德属性,也不属于生物学范畴,但有呈现得以可能的形上意味,天命流行不是杂乱无章的,它有内在方向,"性"禀赋、彰正天命,有其内生的规定。

有内生规定之"性",就有内生规定之"情",竹简接着说:

> 道始于情,情生于性。

"性"具生命发展的内在规定,人之"情"由生命之"性"生,同样蕴含生命发展的内在要求,(礼义之)"道"(道德)脱胎于此内在要求,有了内生的活力。

讲完"性"、"情"关系后,文本对"情"(性)与"情状"(情的经验表现)作了区分:

> 喜怒哀悲之气,性也。及其见于外,则物取之也。
> 好恶,性也,所好所恶,物也。
> 善不(善,性也)。所善所不善,势也。

竹简不从外在表现上讨论情,认为"所好所恶"、"所善所不善"是"情状",产生它们的原因与外部因素("物"、"势")有关。而"情"不同于情的表现(情状),它是人之性,因此这里的"喜怒哀悲"、"好恶"指的是情状之所以然的依据、内在规定。"气"(内在精神)"性"

[①] 梁涛:《郭店楚简与思孟学派》,中国人民大学出版社 2008 年版,第 143 页。

正是这种规定,只要是人就有"好恶"与"喜怒哀乐"之性(情)。后面"善不善,性也"同样如此,是说可以善可以不善的内在规定是性(情性)。

(二)《性自命出》中的道德情感

上篇讨论完自然人性(情)后,下篇讨论起道德情感,其中多了心的主动性。

> 义,敬之方也。敬,物之节也。笃,仁之方也。仁,性之方也。性或生之。忠,信之方也。信,情之方也。情出于性。爱类七,唯性爱为近仁。智类五,唯义道为近忠。恶类三,唯恶不仁为近义。

这里的"仁"与上篇中的喜怒、好恶不同,不是自然之情而属道德情感。《论语·雍也》:"夫仁者,己欲立而立人,己欲达而达人。能近取譬,可谓仁之方也已。"郑注:"方,犹道也。"①"方"有"道义"、"准则"的意思,把"仁"看作"性之方",意味着"性"的准则在"仁",而"仁"有辨明善恶的主动性,由此,人不仅受着外界的支配,也有自身的道德主动性。

受于支配,人禀赋自然之性,有其规定;主体能动,人有着自由选择、取舍的意志,在中国古代的概念中,此自由意志是通过"心"来体现的,它居间,连接着"性"与外物:

> 凡人虽有性,心亡定志,待物而后作,待悦而后兴,待习而后定。
> 金石之有声,弗扣不鸣,人之虽有性,心弗取不出。凡心

---

① 程树德撰,程俊英、蒋见元点校:《论语集释》,中华书局2013年版,第494页。

有志也,无与不可,性①不可独行,犹口之不可独也。

《性自命出》中的这两段话中,上一句"心亡定志"与下一句"凡心有志也"看似矛盾——前句指出心没有固定的方向,需要与外物交接而后起,可后句又说,心有方向,没有心的许可,性便无法单独表现出来——实则是统一的。这两句话表达了两方面的意思:一方面"心"是"性"和"物"的中间环节,通过"心"与外物的对接,"性"的内容才能表现出来,上句"心亡定志"说的就是这层意思;另一方面,"心"在与外物的对接活动中有其主动性,可以作出判断,下句"凡心有志也"说的就是这层意思。

由于"主动心"的存在,人虽然在与外物情势打交道的过程中会流于漫芜、限于沉沦,但"主动心"的发用使人知道应该怎么做,不应该怎么做,孟子的道德心(良知良能)便是这样;人也会对情势作出分析判断,在学习、修身中做出合理的选择,荀子的认知心便是这样。前者顺应"性—情"的发展方向,加以扩充涵养,把"性"实现出来,即"养性",后者在"性—情"没了度量分界、偏离发展方向时,对其进行调整,即"节性"。

综合《性自命出》对自然情感与道德情感的论述,可知自然情感虽然是自然的,但并不只是作为消极、被动有待加工的材料,从"即生言性"的思想出发,作为生之所以然的自然情性,本身就有内在活力与内生规定;道德情感虽然是主动的,但并不任意妄为,它以生物内生规定为依托,涵养、扩充、调整,成就道德。

(三)《性自命出》中的自然情感与道德情感之关系

从《性自命出》对自然情感与道德情感的论述来看,两者相辅

---

① 竹简中此"性"字亦有作"人"字解(见李零:《郭店楚简校读记》(增订本),第105页)。

相成为整体,应作一体两面对待。一方面,性情有其内在规定、方向,它对成就道德(道德情感)产生影响。据此,"缘情制礼"(道德)不是对性情的"外在"矫正,而有内在需要。竹简说:

> 礼作于情,或兴之,当事因方而制之。其先后之序则义道也。

礼(道德)的制作出于自然性情,或是由情兴发产生。正如在林放问礼之本,子曰:"礼,与其奢也,宁俭;丧,与其易也,宁戚。"(《论语·八佾》)孔子认为礼的根本不在外在形式,而在是否合乎自然人情之所求。制礼的出发点在自然之情,但光有此情是不够的,还需要在面对具体的事宜时按照事物相应的要求、顺序("方")来制定,这就是"义",竹简说:

> 始者近情,终者近义。知情者能出之,知义者能入之。

"义"的制作要从自然之情出发,符合自然之情的内在需要,同时自然之情的表达不能泛滥、消寡,需有"义"来涵养、调节,而义之涵养、调节不是用外力对内在情性的强力矫正,而是与情性发展的内生要求相贴合(理顺先后关系)。由此,自然之情性与道德义礼之要求有了统一,自然情感与道德情感成为一个整体。

基于这种整体统一,再看以往被人打成两截、执于一端的情感理解,就能有新的发现。以"礼"为例,人们一般不把它作为自然情感,而理解为外在的道德规范与后天的教化内容,这属道德情感范畴,可在"即生言性"传统中,礼不仅属于道德情感,还有更深层次的自然本性,它们构成了古人的文化世界。《荀子·礼论》有:"礼有三本,天地者,生之本也。"①这里的"礼"不仅是人类社会的原则,也是自然宇宙的原则。所以《礼记·礼运》说:"圣人作则,必以天地为本,以阴阳为端,以四时为柄,以日星为纪,月以为量。"孙希旦解释说:"以天地为本者,道之大原出于天,圣人之所效法,莫非天地之道也。"②礼为什么既是自然宇宙的原则(自然之性情),也是人类社会的原则(道德之义礼)? 因为"礼……生之本也",生即"性","性"是保持生命活动发展的内在倾向,"礼"本于"性",是事物的内生尺度,它于万事万物中,是事物自身自持的"韵律"、"节奏",当人道与天道贯通,自然本性与道德要求合为一体,"礼"便作为结果出现了。正如《礼记·月令》描绘的那样:"孟春之月……东风解冻,蛰虫始振,鱼上冰,獭祭鱼,鸿雁来。天子居青阳左个","皆所以顺时气也。"③在春生的韵响中,天子顺于"时—节"地住在明堂,明堂外圆中方象征天地,在依于"时—节"(礼)的自然之性中,国泰民安。

综上所述,从"即生言性"上看,自然情感有其价值:性情不是有待加工的材料,后天的教化(道德)也不是对情性的强力改造,而是出于事物发展的内在需要,道德情感有其自然的基础(性情);也认为人不只是先天被动地接受自然的馈赠,而在复杂多变的环境中有其主动性,对自然的馈赠(性情)进行理解、反思,使之合于事物发展的方向,这就为道德情感观照自然情感提供了可能,自然情感自身就有道德所向的收敛(义、礼)。由此说来,自然情感与道德情感相辅相成,执于一端不可轻取。

---

① 〔清〕王先谦撰,沈啸寰、王星贤点校:《荀子集解》,中华书局1988年版,第349页。

② 〔清〕孙希旦撰,沈啸寰、王星贤点校:《礼记集解》,中华书局2012年版,第612页。

③ 同上书,第410页。

第二节　当代理论视域中的性情之向与道德之所

《性自命出》从"即生言性"的角度对自然情感与道德情感的意涵与相互关系作了说明，认为彼此不可偏废，而今人对情感问题的讨论，并不从此整体性出发，往往侧重内在的某些方面。正如上文所说，从道德情感进入的人关注的问题多与情意中思索之安排有关，重历史性，关注群体，讲求实用；从自然情感进入的人在意情感勃然而生的前反思，重直接性，关注个体，讲求非功利与个体自由。

表面上看，这种古今差异是由人们对情感问题的系统认知不同（认知范式转换）造成的，其实不然。古人多笼统地讲，今人多分析地说，两者看似不相关，但如果将"即生言性"传统中与情感相关的理解，与今人所做的研究结合起来看，不仅能发现古今研究的内在衔接关系，而且能看到今人执于一端的情感立场，是如何错失它的另一面的。

具体说来，可以从三个概念的辨析论起，它们是性情、自然与内生规定。

一、性情之辨

今人的理论是如何理解"即生言性"传统中，作为根据的所以然之性情呢？

从个体接受上看，"性"是一种禀赋，杨泽波注意到此种在自然环境与社会环境中的先天、后天禀赋。在杨氏的著作中，他将传统的道德理性打散为"仁性"、"智性"，其中"智性"指理性反思，"仁性"指"广义的伦理心境"，它包括"人性中的自然生长倾向"与"社会生活和智性思维影响而形成的内心结晶"。"人性中的自然生长倾向"是人对自然环境的禀赋,它是"人天生所具有的一种不需要外力强迫,自己就能生长能发展的倾向"①,归属自然属性。"社会生活和智性思维影响而形成的内心结晶"是人对社会环境的禀赋,当人来到这个世界后"由于受到社会生活的影响,在处理伦理道德问题之前,头脑已经不是一张白纸了,上面早就有了东西。这些早就有的东西,……是社会生活的内心结晶而形成的一种伦理的境况和境界……"它们内化进人内心后"是潜移默化的……促使人不断向它而趋,向上发展"②。这归属社会道德属性。它们相互促进,共同作用,成就人的道德。杨泽波认为人的天性有生物遗传的自然因素,也有社会环境对人的影响,这种影响是一种内化,它不被人注意,处于隐没状态,但一碰到具体境况,内化进内心的内容就显现了出来,成为人的"第二本能"。

从集体创生上看,"性"是生活世界与"精神骨架"的统一。李泽厚基于对康德、马克思、伽达默尔等人的研究,将其美学中的社会积淀说扩展至"文化心理结构"用以说明中国文化的深层结构。1980年李泽厚在《孔子再评价》中以积淀说解读中国人的"文化心理结构",认为自巫史传统瓦解后,孔子是第一个从血缘、心理、人道、人格等层面塑造"仁"这一思维模式的人,它成了一种民族深层的文化心理结构。这"'深层结构'……即人们常讲的'国民性'、'民族精神'、'文化传统',等等"③。由此,我们也可以在生活世界的精神骨架上讨论所谓的人性。那么,当我们说生活世界之精神

---

① 杨泽波:《孟子性善论研究》(再修订版),上海人民出版社2016年版,第90—91页。
② 杨泽波:《儒家生生伦理学引论》,商务印书馆2020年版,第106—107页。
③ 李泽厚:《历史本体论·已卯五说》,生活·读书·新知三联书店2003年版,第276页。

骨架时,实际上又在说什么呢?谢遐龄指出:"今以'意义世界'概念表达文化精神、文化传统。意义世界看不见、摸不着,但确确实实地存在着。'天理流行'、'道理在人心'这些花头都指示其存在。意义世界'独立'于每个个人的意识而自在存在——当然也不那么独立,如果民族或人类消失了,它也不复存在,它须以人们作为载体存在……然而无疑在每个个体出生之前就有意义世界,每个个体死亡之后意义世界仍然存在……象山'心只是一个心'、'心之体甚大',即此大我也。"[1]群体之"大我",便是一个文化时代中稳定的精神骨架,它的存在依赖人之类的生存实践,虽然每个个体都与之相关,但就具体个体来说,在个体出生之前"大我"就已经存在,在个体去世之后仍然存在,有着相对的独立、稳定性。这也是一种人性之所禀。

立足"道德情感"之一端的人,看到了人性中稳定的群体生活态度、认知结构、精神旨趣、公序良俗,一个没有人性的人,之所以受到群体的谴责,因为他违背了属于这个人生活其中的"价值共情";立于"自然情感"之一端的人,看到了人的"先在禀赋",当我们说每个人都能成就道德,这是在强调每个人都有成德的根据,即人"先在"的"所以然"之性情。这两种立场看似有区分,实际上是相融的,为什么说相融,这就涉及对"自然"内涵的理解。

二、自然之辨

自然或者说人性之自然,既可以指人的自然禀赋和禀赋的直接发用,也可以指社会生活内化形成的第二本能。前者与杨泽波"自然生长倾向"雷同,不再累述,而禀赋之性中社会生活的内化形

---

[1] 谢遐龄:《文化走向超逻辑的研究》,华东师范大学出版社2014年版,第346—347页。

成的第二本能值得讨论,因为在内化阶段有实践理性参与其中,那么经过理性之反思、建构后的内化与发用,还是自然的吗?今人是在何种意义上谈论自然呢?

首先,从个体"小我"上看,人性的"资"、"质"因其"先在性"而是"自然"的。人性之"质"是人成就道德的根据(内容),个人禀赋而来的人性对成就个人道德来说具有"先在"性,这种先于道德实践,使道德实践得以可能的内在根据,被人以日常语言说成人性之"自然"。具体来说,禀赋于自然环境形成的自然之性,有其内在的方向与规定,它自身无所谓善恶,却会对未来成就道德产生影响,从这个意义上说是"先在的";禀赋于社会环境形成的人性,在碰到具体境况时,将内化的内容显现出来,对将要成就道德的人来说,也是"先在"的,因而是"自然"的。

人性之"资"是性之禀赋(人性之"质")的来由,有"先天"和"后天"之分,"先天禀赋"有自然遗传,"后天禀赋"有社会文化、认知结构与智性思维对禀赋内容的理解并进而内化,但即便有先天、后天之分,由于它们对成就道德的个体而言都是"先在"的,只是前者是"先天而先在",后者是"后天而先在",由其"先在性"进而被人以日常语言冠之"自然"。对此杨泽波在论及"生长倾向"时说:"人作为有生命之物来到世间的那一刻起,便具有特定的倾向,含有基本的行为规范。……可称为'先天而先在'……随着人的不断成长,社会生活必然对人产生影响,……从来源上说,伦理心境来自后天,但在处理新的伦理道德问题之前就已经存在了。……可称之为'后天而先在'。尽管这两个方面来源不一,但就具有先在性而言则无不同。"[①]

其次,从"大我"上看,稳定的群体生活态度、认知结构、思想情

[①] 杨泽波:《儒家生生伦理学引论》,商务印书馆2020年版,第106—107页。

感及其价值取向等也是"自然"的。这种"自然"是成德个体的生活世界与精神骨架,似鱼之海洋,百姓"日用而不知"。近年来伦理学界对"伦理"与"道德"的辨析涉及了这层意义上的"自然"。邓安庆指出:"康德的'Sitten'应该按照其本义译作'伦理'而非'道德',因为传统伦理学总是基于习俗伦常之理(Sitten)来为'天地立心',而'德'无论是古代的'德性'还是现代的'道德'都只是在最高的伦常之理之下的一个'次级'概念。"[①]和道德哲学不同,希腊伦理学是关于如何更好地生活的"幸福理论",而到了康德时代,由于信仰发生了变化,康德必须重新为人类生活寻找确定的根据,因此要让伦理学成为科学,就必须从伦理知识过渡到伦理理性,进而过渡到实践理性。可见,成德之人的意义世界首先是生活本身,而不是运用实践理性认知、反思后的规范科学,这样看来我们所说的"道德情感"所在的"道德世界"更准确地说是一种"伦理情感"所在的"伦理世界",人们在其中"日用而不知"。这是一种"自然"。

综上所述,当人在日常语言中谈起自然时,常因对"先天"、"后天"、"先在"、"大我"(生活世界与精神骨架)、"小我"(个体)及其关系厘定不清,使得讨论"自然情感"与"道德情感"时含义交叠。每个人都有成就道德的根据,这是一种人性,而内化进人心的社会文化、心理结构,也是一种人性。从"小我"上看,"发乎情"先于"止乎礼","自然情感"先于"道德情感",情性的存有与发用是先在而直接的,因而是"自然"的;从"大我"上看,"生活世界"(更准确地说是"伦理世界")先于"个体世界","道德情感"先于"自然情感",但"伦理世界"是个性之"质"禀赋、内化过程中"日用而不知"的源泉,从这个意义上说"伦理世界"、"道德情感"是"自然"的。

---

① 邓安庆:《启蒙伦理与现代社会的公序良俗——德国古典哲学的道德事业之重审》,人民出版社2014年版,第104—105页。

反思执于一端讨论情感问题的理论活动，其视角是"静态化"的。情感自然不自然，孰先与孰后，从"小我"与"大我"不同视角看，有不同的答案，彼此构成阐释的循环，静态的理论固化了它们，缺失了双向循环的动态关系。我们说喜怒哀乐之性是人的自然属性，但喜怒哀乐的发生不是凭空的，有其内容，因此"自然情感"中就有价值意味、道德属性，而道德属性也以自然之性为基底，伴随着自然情感的直接发用，在每个具体小我中表现出来。王阳明说："《大学》言：'诚其意者，如恶恶臭，如好好色，此之谓自慊。'曾见有恶恶臭、好好色而须鼓舞支持者乎？"①"好好色"、"恶恶臭"是性情的直接流露，不需要外部鼓励，但同时这种自然本性有其内在方向，对人来说"恶恶臭，好好色"不会"好恶臭，恶好色"，这就说明"色"、"臭"对人之感性而言具有某种意义，它与社会历史积淀、心理结构紧密相关。唯如此人才会好好色于西施，"沉鱼落雁"是西施对动物而言的恐惧，从这个意义上说，"恶恶臭，好好色"的自然倾向中就有道德意味（大我的体知结构与历史积淀）。

三、内生规定之辨

如果说上述执于一端的情感态度属于静态的思维方式，而"即生言行"中的情感逻辑是动态的，那么"内生规定"就是这种情动观的体现。如何理解具有动态特质的内生规定呢？今人看来，它与目的论有关，除了上文杨泽波提到的"自然生长倾向"外，麦金泰尔（Alasdair MacIntyre）、赫斯特豪斯（Rosalind Hursthouse）借亚里士多德学说阐释了相似的观点，与"即生言性"传统相契。

麦金泰尔从反思休谟伦理难题出发，重回亚氏传统，析出"功

---

① 〔明〕王守仁著，吴光、钱明、董平、姚延福编校：《传习录·答欧阳崇一》，载《王阳明全集》，上海古籍出版社2011年版，第83页。

能性"与"目的论"概念。他说:"古典的、亚里士多德传统内(无论希腊样式还是中世纪样式)的道德论证却至少包含了一个核心的功能性概念,即,被理解为具有一种本质的本性和一种本质的目的或功能的人的概念。"①比如说"他是一个农夫"这一陈述,本身就包含了一个农夫该做的事和一个好农夫的标准(功能性),并且按照好农夫的标准去做好一个农夫(目的性)——事物总是朝着它最合适的状态发展——由此,陈述中包含了功能性概念,也包含了目的性概念,这使事物向好的方向发展,且有向好发展的动力。

和麦金泰尔一样,赫斯特豪斯也意欲重回亚里士多德立场,从伦理自然主义出发建构起美德伦理学。赫斯特豪斯发现无论植物、动物还是人,都有自己的目的,其中植物有两个目的(器官、机能),器官如根茎叶,机能如光合作用,凡是合于这两个的就是好的。从植物升至动物,多了"主动性"的特点,因此有了另外两个目的("典型的无痛苦和典型的快乐或享受状态"、"社会群体的良好运转")。她说:"对于能够感受痛苦、快乐或享受的动物进行评价,不仅涉及先前的两种目的,而且会涉及第三种目的,即,典型的无痛苦状态和典型的快乐或享受状态。"②顺着无痛苦和快乐状态,其行为也将利于族群的发展,即"社会群体的良好运转"(第四个目的),倘若群居性的狼不合群("搭便车"),那么它就不是一匹好狼。最后,人除了上述四个目的外,还有"理性"(实践理性),且只有人能通过理性理解自身所有的前四个目的,那么凡是理性认为好的就定能自愿而行,认为不好的就会终止。

这些研究告诉我们,人来到这个世界后的发展并不是断裂与

---

① [美]阿拉斯戴尔·麦金太尔:《追寻美德:道德理论研究》,宋继杰译,译林出版社 2011 年版,第 76 页。
② [新西兰]罗莎琳德·赫斯特豪斯:《美德伦理学》,李义天译,译林出版社 2015 年版,第 233 页。

漫无目的的"真随机",而总与己、与群有着向好(善)的目的与方向,这种动态发展不是外力强加的,是事物本已"内生"的。从此活动性与目的性着眼,自然情感与道德情感的整体性与双向互通之动态逻辑就不难理解了。

第三节 内在而整体的情动: 对自然情感与道德 情感之执的反思

通过对"即生言性"传统中情感问题的梳理,可知人与物间的情感生发是自然情感与道德情感的双向循环活动,其整体兼具活动性与目的性,因视角的不同有不同的侧写与立场,自然情感与道德情感之分实是情感活动的一体两面,无法截然二分。一方面自然情感有它的方向与内在规定,会对人成就道德产生影响,另一方面自然情感不是凭空产生的,它以"先在"的内容(生物遗传、伦理生活及其精神骨架)为契机,具有道德属性,并在"小我"与"大我"间形成阐释的循环。

由此,传统自然情感或道德情感的情状偏执问题有了再讨论的必要。人们以为在诗论中有"诗言志"与"诗缘情",在文论中有"托物寓情"以情寻物与"感物兴情"由物而感……,表面看种种二分有它们的道理,其实不然。

从重自然情感方面看,刘勰注意到了这点,因而在解释"兴"发时说其"称名也小,取类也大",认为"本体"的内涵大于"喻体",故"起情者,依微以拟议",以"隐微"之词勉强言之,显出本体的味道,无怪乎钟嵘说"文已尽而意有余,兴也"(《诗品》)。将"兴"与"得意忘言"并提意味着情感的直接发用不是悬空的,背后有其内容,"依

"微"之"微"无形无相,但它不表示"空无",恰恰相反它是"万有",是"文已尽而意有余"之意蕴整体。过于突出自然之性的人,没有看到它本身以价值内容为基底,将应是价值存在维度上的"兴发"认成了纯自然主义的"兴发",在重自然的直接性中,错失了价值之维。

对缘情论者来说,关注因物而生的个性体验没错,但"由物及心"、"感物兴情"之"物"是打上了人类生命烙印的价值意味的物,它们与人相宜,凝聚着生命世界的价值意味。《文赋》说:"悲落叶于劲秋,喜柔条于芳春。"①之所以悲可以是"人生忽如寄,寿无金石固"的执念,所以"白杨何萧萧,松柏夹广路"(《驱车上东门》),之所以喜可以是"徇禄反穷海,卧疴对空林"的离去,所以"池塘生春草,园柳变鸣禽"(《登池楼上》)。即便陶渊明"山气日夕佳、飞鸟相与还"是对本性的见证,也只有经历经过"樊笼"的"车马"、"喧嚣",才能得以体会。中国人爱自然性灵,不执滞于物,关涉前逻辑、前反思义上的原初生发,可这终究是在说价值意味的存在。牟宗三说:

> 当我们说"一色一香无非中道"时,此时我们并不是把色香看成是一个现实的物体存在(事实概念的物体存在),而是把它们看成即是"中道",这是一个价值意味的存在。当我们说"挑水砍柴无非妙道"时,亦复如此。当我们说"鸟啼花落,山峙川流,饥食渴饮,夏葛冬裘,至道无余蕴矣"(王东崖语),亦复如此。……不是事实概念式的决定的有限,而是取得一无限意义的价值意味的存在了。②

---

① 〔晋〕陆机著,张少康集释:《文赋集释》,人民文学出版社2002年版,第20页。
② 牟宗三:《现象与物自身》,载《牟宗三先生全集》第21卷,联经出版事业有限公司2003年版,第117页。

水与人之挑,柴在人之砍的过程中有了妙味,色与香也只有在意义世界意义流转的内在尺度上才具中道意味,这意、味、妙、道是在与人打交道的过程中呈现出的适宜的是其所是。

从重道德情感上看,汉儒多将"兴"作为解经方式与政教结合,所谓"取善事以喻之",在讽刺与颂美中"兴"以"主文谲谏"的委婉手段实现"教以化之"的目的。之所以"能喻之"、"能谲谏",在于传播者与接受者有彼此可理解的社会历史背景。前美国比较文学学会会长苏源熙就是从此出发,将"比兴"理解为"讽寓",但又与一般的"言此意彼"不同,把"比兴"之讽喻看成是一种连续的、扩展的隐喻,是对文学作品无止境的阐发。"它会依次产生一种替补式的比喻叠加,用以说明先前叙述的不可读性。"[1]如此,"兴"成了一种历史的整体叙述。苏源熙的解读看到了兴发背景中人之类的历史活动(大我),也考虑到兴发中自然之性的原初发生(强调意义指涉的次要性与意义无限扩展的迭代性)。但是,这类解读过于凸显生活世界中的"人",忽视了自然性命与日用而不知的伦理世界(伦理不同于道德),进而在理性的作用下蜕变成康德般的教条律则与道德科学,生命整体的连续展开被理性离散式地分析、切割,这使苏源熙最终认为"兴"只提供了内容素材,"赋"(陈述)才是重中之重。如前文所说,道德理性确实能对人成就道德产生影响,但反思、取舍、改造的前提,首先是参与进世界的流转变迁与世界打成一片,不一意孤行。对"理性"与"人"的过度突出、自信,容易对生命本性及其内生方向产生盲点,与合乎天道的内生性道德相悖,成为"免而无耻"的道德他律,滑向自然性情的对立面。

"诗言志"就存在这个问题。"言志"是先秦两汉的主流,朱自

---

[1] [美]苏源熙:《中国美学问题》,卞东波译,江苏人民出版社2009年版,第19页。

清认为主要表现为"献诗陈志"、"赋诗言志"、"教诗明志"、"作诗言志",它们"非关修身,即关治国"①,这看似重道德情感,实有自然情感的流露,却不幸被固化成政教的典范与权威。

作用伊始,"志"、"情"相通,《左传》昭公二十五年说:"民有好恶、喜怒、哀乐,生于六气,是故审则宜类,以制六志。"唐代孔颖达说:"此六志,《礼记》谓之六情。在已为情,情动为志,情志一也。"②"志"更向外,"情"更重内,向外之"志"是人的内在流露,内向的情意也有社会历史的公共维度。王夫之说:"诗言志,非言意也;诗达情,非达欲也。心之所期为者,志也;念之所觊得者,意也;发乎其不自已者,情也;动焉而不自持者,欲也。意有公,欲有大,大欲通乎志,公意准乎情。"③大欲之"大"在其不成一己之私,大欲通乎"志",体现出"志"的社会历史性,不同于蠢蠢欲动、无法自持的私我之意,但大欲再怎么大,仍是一种欲,"志"再怎么彰显公共性,仍是人心之所期,只是相比于无法自拔之欲,它更张弛有度,与自己之"情"相连;"公意"之"情"虽然还是"情",但是一个"公"字,道出了情感同样有它的社会历史维度。总结起来,晁福林说:"志是情的一种表达。……'情'这个概念,其范围要比'志'广大。"④"依据郭店简、上博简和相关文献……孔子及其弟子的时代,儒家既讲志,又讲情,可谓志情并重,……但是,在以后的理论发展过程中,几乎所有儒家学派众人,皆取积极入世态度,强调'治国平天下'。在这个思想指导下,'志'的作用被充分肯定。而'情'、'性'

---

① 朱自清著:《诗言志辨》,载朱乔森编:《朱自清文集5——学术论著卷2》,开今文化事业有限公司1994年版,第33页。
② 〔晋〕杜预注,〔唐〕孔颖达疏:《春秋左传正义》,上海古籍出版社1990年版,第891页。
③ 〔清〕王夫之:《诗广传·〈邶风·九论《北门》〉》,载《船山全书》第3册,岳麓书社2011年版,第325页。
④ 晁福林:《上博简〈诗论〉研究》,商务印书馆2013年版,第549页。

等的地位日趋下降。"①这使得"'诗言志'……拥有更多的时代精神与壮志豪情,而不屑于一己之私……这就必须将诗篇中蕴含的感情因素减到最低程度……尽量淡化个人情感的抒发"②。最终发展成"有些儒者甚至高举'诗言志'的大纛,在为现实政治服务的掩盖下图谋个人干禄求仕,为当权者极尽高唱赞歌、谄媚邀宠之能事"③。

情志相应、相通,"诗者,志之所至也,……情动于中,而形于言,……治世之音安以乐,其政和;乱世之音怨以怒,其政乖;亡国之音哀以思,其民困。声音之道,与政通矣"(《毛诗序》)。发自内心的声音之所以与国家治理相通,是因为言志者沐浴在社会环境中,环境是他的所感之基,他在其中"感物吟志,莫非自然"(《文心雕龙·明诗》)。"自然"是他处身情境真切而直接的感受,所谓"乐者,乐其所自生。是乐之本意出于民也"④。当许许多多不加修饰与篡改的情感合流起来,人们是不是快乐,国家治理是不是令人满意,有了可观察的症候,进而成为政治的参照,有了政教的意义。

反过来说,政教之所以有意义,在于人们可以在历史语境中自然地表达情感。司马迁说:"《诗》、《书》隐约者,欲遂其志之思也。……孔子厄陈、蔡,作《春秋》;屈原放逐,著《离骚》;……《诗》三百篇,大抵贤圣发愤之所为作也。"(《史记·太史公自序》)"发愤"是情感的自然迸发,它是《诗》、《书》之"志"得以呈现的前提。"言志"沦为政教工具的狭隘性在于,只看到了"言志"以群体之志对个体的制约与范导,却不理会之所以能范导的原因是每个个体

---

① 晁福林:《上博简〈诗论〉研究》,商务印书馆2013年版,第553页。
② 同上书,第547页。
③ 同上书,第554页。
④ 〔汉〕毛亨传,〔汉〕郑玄笺,〔唐〕孔颖达疏,〔唐〕陆德明音释:《毛诗注疏》,上海古籍出版社2013年版,第11页。

对处身情境的真切体验；只提出了外在强力对个体道德的要求与宰制，却不注意个体情感与行为是其植根社会环境的内在体现，而强力与群体自身才是规约的对象。

综上所述，正如张节末所说："诗言志"、"强调普遍性而主张个体性消融于群体性"，其方法论是将个别向普遍归复，持道德本质主义；而"缘情论"主张将普遍变为个别，表现出很强的个体性。[①]现在看来，这类二分的讨论要么掐断了历史、政教、礼俗的生命活水，要么坍缩了生命创发的意义世界，原本自然情感与道德情感的阐释循环就因这种视角之静观，成了各自为政的两路人。

第四节 余 论

以往对情感的理解存在一种执念，它建立在"天生"对"习得"、"天性"对"教养"、"天性"对"文化"这种主客二分的立场上，进而有了执于自然情感或道德情感之一端的现象，虽然这样区分有它的研究价值，但若以之为情感的是其所是，大错特错。

主客二分的情感研究是对情感的外部反思，它建立在情感冷却之后，从外部把情感当作主体的对象，静观把握。与外部反思不同，人们在对象化情感的同时也在经历情感，在外化的同时也"在之中"，且只有以"在之中"为基础，"在之外"才得以可能。

惊喜的是这样的观点在近三十年来的认知科学领域已有研究，如从"发展系统"看人类遗传问题。研究认为将人类有机体的性状分为自然和文化，这种分离、对立是没有意义的，而有机体或

---

① 张节末：《美学史上群己之辩的一段演进：从言志说到缘情说》，《文艺研究》1994年第5期，第21—30页。

生命循环的"发展系统"才是其发展所必需的资源的母体，每一代中可靠重现并在重建生命循环中发挥作用的任何资源，都应算作遗传的东西，这样的资源不仅包括基因，而且有机体及其小生境的许多其他要素必须随基因一起遗传，从细胞内的细胞质成分到共生生物、社会结构以及文化实践等等。演化不仅是基因频率的变化，而且是"发展（有机体—环境）系统的分布和构成的变化"①。因此，个体发展不是遗传与习得这两类彼此排他的发展因素的结果。各类学说总喜欢把"在之外"做进"思想"，计算可计算的，遮蔽不可计算的，但"在之中"从来不会因为被排除在外而消失，正如人就在且首先在情感之中，古今中外无一例外！任何"在之外"的做法都只是在荒谬地自己拎起自己。

这就有了另一条理解情感的道路，即一种内在且整体的情动观，它从情感自身出发，即从生命的生存活动出发理解情感。这意味着，情蕴有维持事物自身发展的内生规定，这一内生规定自身就有价值的内驱力，基于这种驱力，简单的外部控制不可取，而需要在"顺情"、"厚情"、"节情"中理解由情而来的道德价值，即在"始者近情，终者近义"中理解彼此的内在联系。同时，这种内在联系不仅是个人的问题、先天的问题，也是群体的问题，后天的问题，中国人不仅关注个体私情，也关注大我共情。

这便是"兴"感的情感结构，基于生命展开的内在而整体之情动，摒弃思想的外部抽象，从生命的内在活动出发，让人在，让情感在。每一个人都行驶在永不靠岸的生命之船上，每一个人总是在爱中爱，在难过中难过。

---

① Susan Oyama, *The Ontogeny of Information: Developmental Systems and Evolution* (2nd edition), North Carolina Durham: Duke University Press, 2000, p. 77.

第六章 想象力的两层构造:"比"、"兴"关系的千年疑难

从过程上看,无论是意义赋予还是因物触发,都与相关主体已有的生命活动相连,从而在同样之景(物、事)的引发下,具有不同观念世界的主体,生成不同的意义世界,有了各异的"兴发"。从这个意义上说,"兴"之意义生成实质上是一种"被动综合"(匿名的接受、自发的组织),其深处关乎内时间意识与生命活动原初的自发连续性构造。这种生产、综合的能力与人的"生产性想象力"有关,而不同于"经验性想象力"。"比"、"兴"关系的疑难问题,从此切入,将得到适宜的解决。

自古以来,"比"、"兴"关系众说纷纭,成为研究中国文化的千年疑难之一。厘清两者的关系,关键在如何理解"想象力",想象力有两层构造,经验性想象和生产性想象。经验性想象通过联想律把内容交给意识,和比类思维有关;生产性想象是经验想象得以可能的前提。过去人们将属"比"之"经验性想象力"套在了"兴"上,忽视了只有以生产性想象力的纯粹生产性综合为基础,以生命活动原初的自发连续性构造为前提,"经验性想象"才可以可能。

第一节 "比"、"兴"关系的千年迷思

历史上对"比"、"兴"关系的讨论可以分成两类,或是思考它们

的差别,或是关注它们的内在联系,其中讨论差别的居多,看到内在联系的较少。

一、"比"、"兴"之别

学界一般认为,汉代"比"、"兴"作为解经方式合流固于"譬",郑玄于"譬"中强分"比"、"兴",认为"比"和言说丑恶相关("见今之失"),"兴"和言说美善相关("见今之美"),思想来源或与《春秋》有关。朱自清说:"'美刺'之称实本于《春秋》家。公羊、穀梁解经多用'褒贬'字,也用'美恶'字。"①魏晋时期人们注意到"兴"中的物感因素,将它和"比"之知性区别开,描述感发时的直接性及与物无距的意义关系,并因"去知"的直感特质和无距的意义关系,认其为把握形上之道的思维、存在方式,与后世孔颖达等,继续在经学内承袭汉代经义不同。宋代朱熹在语言组织上理解"比"、"兴","比"是隐显婉转,"兴"是发端起承,基于语言、思维与存在的同构性关系,它们映射着两种理解天理的思维方式,隐显婉转对应知性理性,发端起承对应直觉感通,彼此配合,成为天理具身化的精神骨架,与下学上达把握天理的过程路径。自唐代殷璠提出"兴象"概念后,"兴"与诗境理论、审美活动联系在一起,越来越多人注意到"比"、"兴"在知性与直感间的不同,并将"兴"的直觉直接性、即时本真性与对天道的体贴、显现联系起来,使之作为体道过程与道体活动的枢机,如宋代苏辙"意有所触乎当时,时已去而不可知"(《栾城应诏集卷五·诗论》),明代谢榛"诗有不立意造句,以兴为主,漫然成篇,此诗之入化也"。"诗有天机,待时而发,触物而成,虽幽寻苦索,不易得也。"(《四溟诗话》)清代叶燮"必先有所触以兴起其

---

① 朱自清:《诗言志辨》,载朱乔森编:《朱自清文集5——学术论著卷2》,开今文化事业有限公司1994年版,第120页。

意,而后措诸辞,……其句劈空而起,皆自无而有"(《原诗》)。至王夫之"现量说","兴"与"比"在原初情境赋意与知性理解上的不同,有了正面的揭示。

就在"比"、"兴"之别日渐清晰之际,20世纪后的中国人受西方影响,当西方人以自身文化为依托展开对"兴"概念的格义时,近代中国人又不自觉地以西方的理解来理解中国传统概念,造成对"兴"义理解的双重遮蔽。人们从对象化、客体化思维出发理解"兴",消解了即将呼之欲出的"兴"在前反思、非概念的本体论(存在论)向度上的意涵,致使"比"、"兴"之别再度晦暗不明。顾颉刚、钟敬文、朱自清、闻一多、周策纵、朱光潜、李泽厚等无不如此,协韵起头、隐喻、象征、任意联结、文化人类学、形象思维、情感客观化无不如是。

近年来中西知名学者在讨论"比"、"兴"时,同样存在上述问题。加拿大华裔学者戴为群从语言分析入手,借保罗·利科对隐喻的理解讨论了"比"、"兴"之别。[①] 在《隐喻的规则》中,保罗·利科提出区分话语的两个概念:识别功能与述谓功能。识别功能确认事物存在,述谓功能关注事物的属性、关系等,并"指向普遍的或非存在的事物"[②],其中隐喻和述谓关系及其同化作用有关,"同化作用就是……令隐喻中的不同事物相似或者令其语义上接近"[③]。基于上述区分,戴为群认为"比"(隐喻)同述谓关系一样是种理性活动,不管语序上如何,背后都显示作者预先的意图,通过有意识

[①] [加] 戴为群:《论"兴":一个形式角度的新解释》,载《古代文学理论研究》第31辑,张万民、刘佼译,华东师范大学出版社2010年版,第569—584页。

[②] Paul Ricoeur, *The Rule of Metaphor*, Toronto and Buffalo: University of Toronto Press, 1977, p.71.

[③] Paul Ricoeur, "The Metaphorical Process as Cognition, Imagination, and Feeling", in On Metaphor, ed. Sheldon Sacks, Chicago and London: The University of Chicago Press, 1979, p.146.

的搜寻找到另一对象表达思想;"兴"则不同,虽然"兴"象最先入脑,但没有述谓关系与同化现象,即没有被理性化,只有确认事物存在的识别功能,因此,"兴"象是独立、自足的。为了表达"兴"的自足义,戴为群又引入皮尔斯对符号的理解,即任何现象都有三种本体范畴:第一性的存在不依赖其他事物,比如图像符号只指向自身;第二性的存在与其他事物发生联系,比如指示符号;第三性的存在需要中介,将第一性与第二性联系起来,比如象征符号。"兴"象由于缺少述谓同化作用更接近皮尔斯的图像符号,即"只指向自身,不涉及它物"①,"最大限度地保留了独创性与情感的密度,它最先出现并存留下来,折射出一个真实的自然物体所具有的那些鲜活性、生动性和真实性"②,是一种自己呈现自己。相反,隐喻的述谓关系破坏了图像性的"真实感",变成了一种联系(依赖),是第二性的。比起"兴"的自己呈现自己,"比"(隐喻)是一种"再现"。

戴为群揭示了"兴"的能指义,它独立、自足,在第一性上自己呈现自己,这是了不得的发现,经由他的语言分析,"兴"从存在者还原至了存在,然而或许是受余宝琳的影响③,就在他看到"在'兴'的两个部分之间有一个联系与比较的基础,这个基础在它们真正被放在一起进行联系与比较之前就已经存在"④,在追问"基础"是什么时,戴为群没有指向生命存在,却回答"这个基础是被诗

---

① Peirce, *New Elements of Mathematics*, ed. Carolyn Eisele, New York: Humanities Press, 1976, p.242.

② [加]戴为群:《论"兴":一个形式角度的新解释》,载《古代文学理论研究》第31辑,张万民、刘佼译,华东师范大学出版社2010年版,第580页。

③ 文中他认为:"余宝琳正确地观察到'比'主要'反映了诗人将两种事物联系起来的兴趣',而'兴'则'主要作用于读者'。"

④ [加]戴为群:《论"兴":一个形式角度的新解释》,载《古代文学理论研究》第31辑,张万民、刘佼译,华东师范大学出版社2010年版,第581页。

人以及读者解释出来的,……依靠一些特定的阅读成规"①。就在将要登顶之际,戴为群遗憾地跌回客体化、对象化视角释"兴"的怪圈中。

　　同样从语言分析进入,存在上述问题的是尚杰。尚杰基于语言与思维的同构关系比较中西语言,见出中文背后的"横向的逻辑",以区别西方"纵向的逻辑"②。"横向逻辑"、"把某某不当成某某,而当成了别的"③,不断越出确定性的边界,无穷延异④。遗憾的是,尚杰看到了汉语对确定性关系的打破,但一出离确定性,从非确定性关系出发,即从"存在"出发正面描述这种思维、存在方式时黯然失色,原因在于论著中尚杰认为这种非确定性关系是"破坏性的"、"瞬时的"、"任意的"⑤,这本质上仍是对象化、客体化思维。将非确定性关系认作是"任意的"理解逻辑,实质是以否定逻辑确定性的方式继承了逻辑确定性,因为只有以确定性为前提,才会得出"任意"的结论,这使尚杰认为"兴"的理解和近代以来的隐喻、象

---

　　① ［加］戴为群:《论"兴":一个形式角度的新解释》,载《古代文学理论研究》第31辑,张万民、刘俊译,华东师范大学出版社2010年版,第581页。
　　② 纵向的逻辑"乃线性思维的核心,它垂直地固定一个思考对象",其主谓、系词式的逻辑开出了西方本体论、逻辑学、宗教等文化内容。尚杰:《中西:语言与思想制度》,北京大学出版社2010年版,第28、270页。
　　③ 尚杰:《中西:语言与思想制度》,北京大学出版社2010年版,第110页。
　　④ 在语言中表现为语音,语象(形),语义等元素的自由变更、创造。对此,尚杰在论著从中西小说、绘画、诗歌、电影等形式化语言中予以呈现,也在中文语音,语义,语调等因素的变化分析中呈现(如对转注、假借、汉赋、唐诗、宋词等的讨论)。
　　⑤ 尚杰:《中西:语言与思想制度》,北京大学出版社2010年版,第28、117、46页("符号之任意变格,你说是啥就是啥,所然而不必说其所以然。既然根据是任意的,所以就是所然"),第65页("汉语的任意性,其实就是自然性。反过来,自然性就是任意性……它们之间没有关系……它们之所以被连接起来,是因为它们都是构成语言的要素,仅此而已。……对汉语最好的描述……就是与汉语构造过程中的自然性或任意性状态……类似于一种断想……断想与乱七八糟的想,只是同一个意思的不同说法")。

征、联想联结如出一辙,对与"兴"有关的想象全都停留在了经验性想象中。"就像19世纪法国象征主义诗歌手法(主要是隐喻)中国古已有之一样('兴')";"犹豫不决的蒙太奇"却以类比(即"好像",中国传统文论中的"比"与"兴")";"连接或并列的,是'没有关系的'或随意想到的不同事物……这也是一种把某某不当成某某的能力,所谓'比'特别是'兴'"①。"'兴'的要害,在于创造意义上的'唤醒'(学界现在流行的'隐喻'一词)……它是被'生硬'地创造出来的含义。这里所谓的'创造',即意想不到的联想";"语言的任意性与差异性原则决定了……其中掺杂太多偶然的诱惑,联想或想象的方向是绝对自由的";"汉字导致的联想是沿着一种'横向的逻辑',具有'横七竖八'的发散性"②。而如果真有前反思、非概念的视角,那么"兴句"与"被兴句"之间的意义关系就不可能是"任意的",而有内在的关联(生存上的关联),就不可能是"联想"的,而是"综合"(原初自发连续性构造)的,在此基础上再谈彼此的关系,就不仅不能说前后句是相对的、共时的、任意的,硬要照此逻辑说的话,那么只能说是绝对的、内在的、必然的。

二、"比"、"兴"的内在关系

"比"、"兴"确有不同,但这不意味着两者是割裂的,而有内在的关联。对此,徐复观在《释诗的比兴》中揭示了出来。

在区分完"赋"、"比"、"兴"后③,徐复观指出"赋比兴,是作诗的方法。但并不是先规定出这三种方法",而是"这三种东西只是

---

① 尚杰:《中西:语言与思想制度》,北京大学出版社2010年版,第84、125、187页。
② 同上书,第195、122、164页。
③ 徐复观首先区分了"赋"、"比"、"兴"(详见《释义篇》:第三节中"一、20世纪以来的比兴研究")。

自然而然地产生出来的"①,自然来源于情,情"本身无形象可见,因而不能在客观上加以捕捉的。诗人须通过语言和外在的事物,赋予以音节与形象。并且由此而可把蕴蓄在主观里的东西倾吐出来,亦即是客观化了出来"②。情是蕴蓄在主观里的东西,其客观化过程需要与语言和外在的事物结合,结合方式不同,就自然形成了"赋"、"比"。

和前人相比,徐复观不仅看到了区别,更看到了它们的联系:"比"中有情,"兴"中也有理。

> 比与兴中的事物,都是情在那里牵线;不过比是经过反省的冷却而坚实之情,兴则是未经反省的热烘烘的飘荡之情。……比依然是以情为基底,故比之附理,绝不同于纯理之理。兴虽然是纯情,但在纯情中若没含一点理智之光,则将浮游灰暗,又如何能凝结成一首诗呢?③

对于"比"来说,情感的反思总是基于经历的反思,它脱离不了历事的内容,总是以"兴",以冰山下"蕴蓄在主观里的东西"为前提,不像纯理那样把内容抽象掉,只在纯形式中讨论问题;对于"兴"来说,"兴"义的原初生成最终还是要经历客体化,产生具体的意义,否则便"浮游灰暗"。

逻辑上看似可分的"比"、"兴"之别,在实际的情感活动中是不可分的,情感涌现的形象化表达与情感隐没处的生产综合,相辅相成。这种相生关系,徐复观在"兴的演变发展"中详细论述,他说:

---

① 徐复观:《中国文学论集》,九州出版社 2014 年版,第 89 页。
② 同上书,第 90 页。
③ 同上书,第 97—98 页。

兴,常不以自己的本来面貌出现,而是假借赋比的面貌出现,因而把赋比转化为更深更微的兴,这样,便常能在一句诗中,赋予它以无限的感叹流连的生命感。此时的兴,已升华而与诗人的生命合流。①

情感是以生命"蕴蓄"为基础的涌现活动,生命之流起伏涨落,一次次的涌现便是一次次的对象化,也就是一次次"赋"、"比"的过程,这就是徐复观说的"兴"常不以自己的本来面貌出现,而是假借"赋"、"比"的面貌出现,但每一次涌现的内容又将复归深渊,从冰山上进入冰山下,在生命生存展开的过程中,成为新的情感的组成部分,对未来的对象化情感产生影响,这就是徐复观说的"赋比转化为更深更微的兴",从这个意义上说:

即是赋比兴各以独立形态而出现的机会较少,以互相渗和融合的方式而出现的机会特多。这种渗和融合,不仅表现在一篇之中,更有将三种要素,凝铸于一句之内。……很难指明它到底是赋,是比,是兴,而实际则是赋比兴的浑合体。②

作为同一意义生成过程的两个方面,"兴"、"比"不可分。

然而,出于学术研究的需要,既要在逻辑上厘清"比"、"兴"之别,也得从现实的活的生命出发,理解价值创生无法截断众流。把这两个方面结合起来,打通存在与存在者之间的思想壁垒,关键在如何理解"想象力"。

"想象力"有两层构造,前人不明所以地将"比"之经验性想象

---

①② 徐复观:《中国文学论集》,九州出版社2014年版,第104页。

算在"兴"之生产性想象上,造成了彼此关系绞绕不清的局面。戴为群将"兴"自己呈现自己的第一性存在,解释成与经验性想象有关的"阅读成规"①是如此;尚杰将非确定性关系的"兴"认作相对、任意的联想式联结,同样如此。

第二节　想象力的两层构造,内时间意识与生命之时的纯意生发

徐复观所说的从蕴蓄在主观里的东西到情感客观化,其中蕴蓄在主观里的东西涉及意义的自发连续性综合,情感客观化归属知性逻辑的范畴,将两者联系在一起的是"想象力"。想象力在相当程度上呈现为超越逻辑程序的特点,与人认知结构中的"内时间意识",生命活动中意义的原初综合相关,在康德、胡塞尔、海德格尔以来的西方认识论与存在论转向中被描述。

康德在思考人类普遍知识何以可能的过程中注意到"想象力",康德区分了两种想象力,"再生想象力"和"生产性想象力",它们的相同点在于都是一种"把一个对象甚至当它不在场时也在直观中表象出来的能力"②,差异在于再生的想象力"只是服从经验

---

① "'兴'中的顺序和隐喻或'比'中的顺序都是相反的。当本体在前、喻体在后的习惯性顺序被打破,读者就很难确定作者的写作意图……这时就出现了判断的悬置……在'兴'中,我们最先看到一个独立、自足的自然界意象,然后随后的人类世界意象打破了我们的期望,这两个世界之间明显不一致……使得我们怀着悬念坐立不安、并去思索其中表面的与隐含的意义。我们开始'回溯',……这个过程类似于事后的反思,我们在不停地思考为何诗人如此安排,直到最后我们依然用前谓关系来解释'兴'。"([加]戴为群:《论"兴":一个形式角度的新解释》,载《古代文学理论研究》第31辑,张万民、刘佼译,华东师范大学出版社2010年版,第581—583页)

② [德]康德:《纯粹理性批判》,邓晓芒译,人民出版社2004年版,第101页。

性的规律即联想律,……它不属于先验哲学之列,而是属于心理学的"①,因而"再生想象力"也被称为"经验性的想象力"②,与传统西方经验论中观念化的思维活动有关;生产性想象力是经验性想象得以可能的前提,它是一种自发地进行规定的生产性综合③(先验构造:不依赖经验,"它本身构成一切经验的可能性的基础"④)。由于不依赖经验,它的发生是纯粹的,没有原因因而是盲动的,人因为有了这一自发的纯粹无穷动的原初发生构造,表象出各种对象得以可能。日常生活中,当我们进行经验性想象(联想)时,总有材料、印象、概念等被我们提取出来,之所以可以提取出来,是因为人本有原发的综合活动对感官材料等内容进行了"冥综合"(下意识却综合构造着),它是"想象力的先验能力"。

康德对"生产性想象力"原发综合的理解在《纯粹理性批判》第一版与第二版中并不一致,表现为他在处理"生产性想象力"与统觉的关系时举棋不定,之所以会这样和康德的问题意识与时代任务有关。理解其中的缘由,需要先理解什么是统觉,那什么是统觉呢?在人的认识活动中,外感杂多是逐渐进入人的知觉状态的,但作为客观公共物理世界中的杂多却又是同时的,这需要解决外感杂多的同时性问题,统觉就引了出来,它的作用是在一瞬间中统一一切杂多,使之成为一个表象("我的"内部状态),这种能力即统觉,它是做成知识的基础。而想象力的原初综合能力,与内感时间有关。在第一版"纯粹知性概念的先验演绎"中,康德写道:"它们最终是作为内心的变状而属于内感官的,并且我们的一切知识作为这样一种变状,最终毕竟是服从内感官的形式条件即时间的,

---

① [德]康德:《纯粹理性批判》,邓晓芒译,人民出版社 2004 年版,第 101 页。
②③ 同上书,第 105 页。
④ 同上书,第 116 页。

如它们全都必须在时间中得到整理、结合和发生关系。这是一个总的说明,是我们在下面必须绝对作为基础的。"作为一种"直观中领会的综合"①,前对象地表象出各种对象出现之可能,先行引导一切感性对象和知性概念的实现。

那么这里的"内感的形式条件"(内时间),与"统觉"是什么关系呢?由于康德的问题立场是要解决一切知识的客观有效性问题,因而他要在一个"统一"的基地上建设人类全部经验的体系②,因此康德在"纯批"第二版重写"纯粹知性概念的先验演绎"部分讨论联结问题时,认为联结综合应以统一为基础。"一切联结,不论我们是否意识到它,不论它是直观杂多的联结还是各种概念的联结,而在前一种联结中也不论它是经验性直观杂多的联结还是非经验性直观杂多的联结,都是一个知性行动,我们将用综合这个普遍名称来称呼它……联结是杂多的综合统一的表象。所以,这种统一的表象不能从联结中产生,毋宁说,只有通过把它加到杂多表象上,它才首次使联结的概念成为可能。"③统一通过把它自己加到杂多的表象上,先使联结概念可能,为此康德提出"我思"作为自发性的活动必然伴随我的一切表象,康德称之为"纯粹统觉",意思是:我思伴随的其他一切表象,在一切意识中都是同一个,即自我意识的先验统一。这样一来,内感的时间的综合("直观中领会的综合")成了自发的统觉的综合统一,如此,统觉能力把人的一切活

---

① [德]康德:《纯粹理性批判》,邓晓芒译,人民出版社2004年版,第114—115页。

② "既然我们想把诸表象的这种结合的内部根据一致追踪到那一点上,在其中一切表象都必须汇合起来,以便首次在这里为一个可能经验获得知识的统一性,那么我们就必须从纯粹统觉开始。一切直观,如果它们不能被接收到意识中来的话,不论它们是直接地还是间接地对意识发生影响,它们对我们来说就什么都不是,也与我们没有任何关系,而惟一地,只有通过意识,知识才是可能的。"(康德:《纯粹理性批判》,邓晓芒译,人民出版社2004年版,第125页)

③ [德]康德:《纯粹理性批判》,邓晓芒译,人民出版社2004年版,第87—88页。

动,乃至整个先验哲学都归属于它,这不得不说是康德囿于时代任务而落下的遗憾。

由于康德意在重建形而上学,为社会存在、道德、信仰奠基,于是康德在其《纯粹理性批判》第二版中出现理论退缩。他认为在第一版中"生产性想象力"的原发性先于统觉,与统觉作为本源是一切知识的可能性的根据矛盾,作为"主体化唯理主义"的维护者,康德放弃了第一版的理路,将"生产性想象力"的原初自发性构成归入知性活动,将统觉与知性并提,通过统觉与想象力的关系,使想象力的产物适合(亲和性)知性范畴,以便在范畴的作用下做成客观有效的知识。① 这一遗憾,后在胡塞尔、海德格尔等人处获得发展,他们阐述了前于统觉的原初综合活动是如何在生命活动中发生的。

顺着康德第一版想象力背后的纯粹内感时间,胡塞尔在《内时间意识现象学》中赋予了它更生动、活泼的描述,以旋律中"保持,滞留"(Retention)与"预持,前摄"(Protention)的特征来说明这种"内时间"的原发生。② 在音乐中,人并非先听到一个个瞬时的物理单音印象,然后通过联想的方式将这些单音印象连接起来,形成连贯的旋律。实际的情况是,当一个单音印象在物理时刻上刚刚过去,人的内直觉将它"保持"下来,这个"以前"的单音印象就此成为"现在"的映射,以此类推,每一个单音印象都不以孤立的单子身份出现,它们在边缘处前拉后扯,在保持与预持的一气相通处以综合的形式被直观到。胡塞尔说:"它从一个滞留转变为另一个滞留,从不间断,因而就形成一个滞留的不断连续,以至于每个以后

---

① 参见[德]海德格尔:《康德与形而上学疑难》,王庆节译,上海译文出版社2011年版。

② [德]胡塞尔:《内时间意识现象学》,倪梁康译,商务印书馆2014年版,第68、96页。

的点对于以前的点来说都是滞留,而每个滞留都已经是连续统。"①简而言之,任何一个对象之所以能够在当下经验中被联想,是因为它是自发连续构造的产物。

如果说在胡塞尔那里内时间结构还有某些心理学痕迹的话,那么海德格尔在保留了胡塞尔"保持"与"预持"之原初自发性构成特点的同时将其存在论化。在胡塞尔的内时间意识中,过去、现在与未来并不单独呈现自身,它们也没有现成的自身,而需要外溢自身,在向它者的过渡中赢得自身。在海德格尔处,人在生存展开中,过去、现在与未来"向……"(zu)、"到……"(auf)、"寓于……"(bei),也就是纯形式指引化而待完成,像滞留和前摄那样没有自性,但它们能在出乎自身、外于自身的生存展开里获得意义,在交织、先验综合为一体中赢得自身、领会存在。诸如人被抛入世界,死亡作为未来参与进人们当下的决断,倘若没有未来之死对当下的意义建构,那么人就不可能读书、工作,进行各种实践活动,过去、现在、未来早已出离自身交织为一并置入当下,在人日用而不知中发用,它们是"曾在的(更好的说法是:曾在着的)将来从自身放出当前。我们把如此这般作为曾在着的有所当前化的将来而统一起来的现象称作时间性。只有当此在被规定为时间性,它才为它本身使先行决心的已经标明的本真的能整体存在成为可能"②。

就此,康德的生产性想象力,胡塞尔关于内时间意识的思想,在海德格尔这里成为生命之时的纯意生发。

---

① [德]胡塞尔:《内时间意识现象学》,倪梁康译,商务印书馆2014年版,第68—69页。
② [德]海德格尔:《存在与时间》(修订译本),陈嘉映、王庆节译,商务印书馆2012年版,第372页。

第三节　内隐记忆对生产性
　　　　想象力的确证

如果说，从哲学上讨论想象力问题还有功能性设定的味道，那么在意识的神经生物学研究中发现的关于"陈述性记忆"、"内隐记忆"的研究成果，对想象力的两重区分起了确证作用。哲学上将想象力分为经验性想象与原构发生的生产性想象，前者表现为通过联想律把曾经经验到的内容提取出来交给意识，后者表明人之所以可以进行提取，是因为经验内容在被对象化之前已经参与进了人生命活动的自发连续性综合中，与之对应，在神经生物学中前者被称为"陈述性记忆"，后者被称为"内隐记忆"。

克里斯托夫·科赫（Christof Koch）在"The Quest For Consciousness：A Neurobiological Approach"一文中通过现实的病例研究阐述了两者的差别。他首先将陈述性记忆分为"语义记忆"（semantic memory）与"情景记忆"（episodic memory），情景记忆使你知道"上星期看电影时的情形，今天早上吃什么，……语义记忆存储的是抽象的事实、关系、词义……种种知识"[①]。人们一般认为，记忆就是有意识地再现过去，把过去存储的信息有意识地提取出来，这里的关键在"有意识"，"有意识"意味着理性上的知道，"你知道"你在访问你原本存储在那里的信息，"你知道"你不会混淆某件事与对某个事件的记忆，这种通过"理性"有意识地再现过去信息的记忆能力，就是陈述性记忆。

---

①　［美］克里斯托夫·科赫：《意识探秘：意识的神经生物学研究》，顾凡及、侯晓迪译，上海科学技术出版社 2012 年版，第 265 页。

科赫发现,一个人可以在理性上有意识地提取原本存储的信息,但"存储这种信息"本身"并不是有意识的",它是一种"内隐记忆"[1],病人H. M.确证了此事。H. M.患有癫痫,医生为了控制他大范围的癫痫发作,切除了大部分的内侧颞叶皮层,这使H. M.在理性上和常人没有什么两样,有着正常的智力,可以学会新的技能,有着常人的意识,可以描述周围的环境,对刚发生的事也能正确回答。但是,H. M.记忆力严重衰退,比如他可以在短时间内反复念一串三位数来记住数字,但只要一打岔,他就忘了,不记得先前走出去的人,不记得之前吃了什么东西,甚至不知道自己到底有没有吃过。

H. M.的症状表明,H. M.损坏的不是"有意识"的"陈述性记忆",即经验性想象,而是"陈述性记忆"的前提,对生存经历的处理(获得和保存),也就是在"内隐记忆"(生产性想象)上出了问题。"陈述性记忆"、经验性想象与人的知性逻辑有关,体现在H. M.身上便是他的智力、意识没有问题,拥有短时记忆,也就是我们生活中所说的工作记忆,这种记忆通过知性理性发动,采用抽象的语义表达,但保存时间很短,只要一不重复,或者一不留神就消退了。要想使记忆持久,光靠知性理性本身是不够的,还需要在前意识中先行处理(综合)好种种生存经历,以便为"有意识"地提取提供可能。无独有偶,韦尔林(Clive Wearing)也遭遇相同的不幸,病毒性脑感染破坏了他颞叶皮层的许多部位,韦尔林的生活极度乏味,他有意识,但有意识的只有现在,没有过去,周围的时间对他都没有影响。[2]

综上所述,哲学家与科学家都注意到了想象力的思维方式具有两层结构,将哲学中的想象力问题与神经生物学比照,可以看到

---

[1] [美]克里斯托夫·科赫:《意识探秘:意识的神经生物学研究》,顾凡及、侯晓迪译,上海科学技术出版社2012年版,第265页。

[2] 同上书,第267页。

两者的对应关系。胡塞尔说:

> 再回忆可以出现在不同的进行形式(Vollzugsforman)中。或者,我们在一个朴素的抓取中进行再回忆,恰如一个回忆"出现",而我们在一个目光束中看向被回忆之物,这时的被回忆之物是模糊的,或许它直观地带来了一个被偏好的瞬间相位,但却不是重复性的回忆。或者,我们真的是在进行一个再生产的、重复性的回忆。在这个回忆中,时间对象是在一个当下化的连续统中再次完整地建造起自身,我们仿佛是再一次感知到它,但也仅仅是仿佛而已。……所有这一切都带有再造性变异的标识。①

胡塞尔区分了两种记忆,至第二种"或者"前,胡塞尔所说的记忆形式与"陈述性记忆"相关,它"有意识"在"抓取"中使过去的对象出现,虽然对象存在于过去与他者交织的意义关系的相位中,但在提取时,意识只抓取了(抽象了)对象自身,没有使与相位中的对象相连的过去的其他意义对象连续出现,因而是"朴素的"。科赫说:"在你读到'自由女神像'这段文字以前,你的脑中并不存在编码这位女神形象的激活了的神经元集群。她仅仅表现为某种分布式的突触模式。"②

胡塞尔说的第二回忆与"内隐记忆"相关,它让人"重新"(生产的、重复的)体验到自己过去的经验,"内隐记忆"(生产性想象力)保持住了与对象相关的其他对象,仿佛再次身临其境。

---

① [德]胡塞尔:《内时间意识现象学》,倪梁康译,商务印书馆2014年版,第78页。
② [美]克里斯托夫·科赫:《意识探秘:意识的神经生物学研究》,顾凡及、侯晓迪译,上海科学技术出版社2012年版,第265页。

第四节 "比"、"兴"之别及其内在关系

通过将哲学与神经生物学的研究成果比照,可见想象力确实可以分出两层结构,一层是"有意识"地将内容提取出来,过去人们对想象力与"比"(隐喻等)的认知大都如此。另一层是有意识提取的前提,通过前反思的自发连续构造的活动,对象在经验中被联想起来得以可能。由此,再探"比"、"兴"之别及其内在关系就游刃有余了。

汉代以来,古人常以"引譬连类"说"比"、"兴",今人多以为"譬喻",这窄化了"引譬连类"的意涵,砍去了古人谈论"引譬连类"时对原初纯意赋予的理解,只保留了经验联结的部分,使"引譬连类"失去了原本该有的活力。"引譬连类"首先在"引","引"字留给了心志、情感更大的空间,使其跃出了"比"之经验性想象的能力范围,"引"在运思上不作比类看,而以前反思、非概念化的原初生成性活动参与到"譬连类"中来,属于"兴"的领地。与之相关的解释是郑众的"比者,比方于物也,兴者,托事于物。""兴"是托于物,"托"字不是由经验性想象之"比"能完全涵盖的,"托"有寄托的意思,"托"要实现需要以生命积淀为前提,人们的心志、情感在没有遇到可经寄托、触发的事物前,以隐没的方式综合、积淀着,后在有意无意间与物邂逅,积淀的内容借着邂逅之物抒发出来,这才是"托"之活动的实现逻辑。宇文所安说:"中国传统文学思想中的'兴'处在西方隐喻理论领域之外……对'兴'的经典解释大多喜欢采用'托'这个词,……被托之物浸满作家的感情,一经阅读的碰撞,这些情感就发泄出来。"[①]

---

① [美]宇文所安:《中国文论:英译与评论》,王柏华、陶庆梅译,上海社会科学院出版社2003年版,第267页。

将孔安国的解释与郑众比照，会发现他们并不呆板于抽象的联结逻辑，隐含着抽象活动之前，更为鲜活的人生存活动的原发性，这使得"比"、"兴"可以相安无事、相辅相成地成全在一个概念中。正如先秦"用诗"的时代，"引"、"连"虽然需要一定的文本依据，但"赋诗断章，余取所求焉"（《左传·襄公二十八年》）更与赋诗者、读者（听者）之间的视域融合有关①，它们是鲜活的。朱自清说："春秋时赋诗引诗，是即景生情的；在彼此晤对的背景之下，尽管断章取义，还是亲切易晓。"②将"引譬连类"彻底按死在譬喻上的是郑玄，经经学意识形态下灾难性的思想统治，"比"、"兴"之别被僵化成"见今之失"与"见今之美"，后人纵使不同意"失"、"美"之分，但因缺失对生命情意之原发性的理解，导致后人一边倒地以譬喻义理解"引譬连类"。

好在郑毓瑜《引譬连类：文学研究的关键词》对"引譬连类"彻底翻案，注意到"引譬连类"对生命原初活动的自觉。郑氏探讨了在意义原初发生的构造中汉人如何与万物发生关系，并基于古人对此存在之维的自觉，注意到"类"概念在中国人的思维方式中，能逆回至当初形成类概念的意义生成境域。③ 郑氏的研究揭示了完全不同于对象化思维的"引譬连类"，发现了中国文化中"引譬连类"作为生命存在的内涵。只是，由于郑毓瑜没进一步研究"引譬连类"中想象力的两层结构，使她虽然翻转了传统解释中"兴"是

---

① "赋诗引诗确立了一种引申联想、譬喻类比式的理解方式。赋诗引诗要求在诗句和用诗者的主观情志之间建立起某种联系，……建立这种联系的关键又诉诸人们的引申联想能力……通过赋他人之诗，暗示或隐喻赋诗者的思想感情，听者则在正确把握对方所表达的情意的基础上，进一步探求起赋诗行为背后所隐藏的深层动机。"（尚学锋、过常宝、郭英德：《中国古典文学接受史》，山东教育出版社2000年版，第19页）

② 朱自清：《诗言志辨》，载朱乔森编：《朱自清文集5——学术论著卷2》，开今文化事业有限公司1994年版，第118页。

③ 参见《讽诵与嗜欲体验的传译》，载郑毓瑜：《引譬连类：文学研究的关键词》，三联书店2017年版，第62—94页。

"比"之附庸的局面,但又不自觉地转成"比"是"兴"之附庸的新局面,成为对"兴"义理解的另一种遮蔽。

将"以比注兴"与"以兴注比"的偏失结合起来,基于想象力的两层结构,结合徐复观对"比"、"兴"之别及其内在关系的阐述,千年疑难的答案便呼之欲出。

徐复观将"比"、"兴"置于情感活动中,在逻辑上区分出差别的同时,又在实际的生命活动中,确证彼此无法切割的活的方面,即"比"中有情,"兴"中有理:情感涌现的形象化表达与情感隐没处的生产性综合,相辅相成;意义的原初自发性综合与意义的客体化活动,同是生命活动的两个方面。

"比"之情感反思总是基于经历的反思,它脱离不了历事的内容,正如对统觉统一化的意识,需以生产性想象力的生产性综合为基础,陈述性记忆必须以生命时间中的原初综合构造为前提,即以"兴",以徐复观说的冰山下"蕴蓄在主观里的东西"为前提。对于"兴"来说,"兴"在本体论(存在论)向度上的意义发生最终还是要以具体的事物为依托,呈现为具体的意义,生命活动总是在具体事件中的活动,存在总在存在者中显现自身,因此"兴虽然是纯情,但在纯情中若没含一点理智之光,则将浮游灰暗"[①]。"兴"发的深意总要以诗,或是广义的语言形式来表达,没有"比"之理智,"兴"发活动的内在价值就无法呈现。

因此可以说,从逻辑切分处看,"兴"是"比"之前提,"比"是"兴"之展开;从现实的生命活动着眼,作为意义生成环节的"兴"、"比"(意义的生产性活动与意义的客体化活动)不可分,表现为同一生命活动的两个方面。

---

① 徐复观:《中国文学论集》,九州出版社2014年版,第98页。

结语 "兴"即本体：生命时境中的意义生成

通过差异化比较,可知"兴"中的直感特质与胡塞尔现象学意向性的直接性类似,但性质不同。胡氏是认知性的,而"兴"是价值性的,"兴"运思上的直接性,应属一种以价值视域为基础的现象学意向性之直接性,可称作"价值视域中现象学意向性的直接性"。由于涉及价值生成,因此"兴"虽然在运思上是直接的,但其情境赋意的过程却不是透明的,对"兴"之价值直感的理解要进一步地从生成过程上看。

作为"过程","兴"始终包含心物之间的"互动"。其中,意义的赋予与由物的触发而生成意义,表现为同一过程的两个方面,因此,除了意义赋予,还要注意"因物触发","因物触发"与相关主体已有的生命境域不分离。生命境域关乎生命生存展开的时间及其具身的意义空间:对于生命时间来说,过去、现在与未来相互依存,以活泼的、非定序化的溢出自身的方式赢得当前;对于与时谐行的具身空间而言,它不是与我们相对的客观图景、框架,而是出于生存的理解以"具身"的方式呈现,即在物我活动的耦合关系中理解彼此,并对此耦合关系有切身的体验与自觉认知。以此为基础,中国人建立起实在的生命活动与其所处世界之内在一元的活的生命自然来。

在一元的生命自然中,"兴"感的情意逻辑无法通过主客二分的方式把握,而呈现出内在且整体的情动关系。从活的生命出发,自然情感与道德情感表现为同一生命情动的两个方面，一方面自然情感有它的方向与内在规定，会对人成就道德产生影响，另一方面自然情感不是凭空发生的，它以"先在"的内容（生物遗传、伦理生活、精神骨架等）为契机，具有价值意味，并在"小我"、"大我"间形成阐释的循环。

也因此一元性，"比"、"兴"之别及其内在关系得以阐明，出于分析的需要，逻辑上说"兴"是"比"之前提，"比"是"兴"之展开。但在现实的生命活动中不能作逻辑的切分，它们作为意义生成的过程性环节（意义的生产性活动与意义的客体化活动），是同一生命活动的两个方面。"比"之情感反思总是基于经历的反思，脱离不了历事的内容，以生产性想象的原初综合，以生命时机化的自发连续性构造为前提，即以"兴"为前提；对于"兴"来说，"兴"的意义生成总要以具体的物事为依托，展开为具体的意义，因此没有"比"之客体化，"兴"的内在价值无法落实。

综上，"兴"的生成，以缘在的物事为中介，呈现实在的生命活动与其所处世界之内在而整体的意义关系，从这个意义上说，"兴"即本体。

"兴"即本体，"兴"的生成不离存在者，以具体物、事为中介，但又向存在畅开，深入对象所以为对象的意义生成的过程中，在万象活动的世界里理解万象，这种对实在的生命存在与其所处世界之内在而整全的意义关系的把握，即是对生命价值内在而超越的理解，而这也就是对本体的领会，所以说"兴"即本体（价值本体）。

这里的"本体"，不是外于生命自然的超然之在，不是思想无法把握或只能有限把握的外部实在、秩序，也不是"存在者"意义上的本体，它非物但能使物成为物。生命自然中，没有哪个地方存在着生命的全部意蕴等着人去发现，也不是说生命的全部意蕴是个实体对象，左右着每一个生命的存在价值。

生命的全部意蕴不可能就它本身来理解它，这样的本体只能通过生命活动的过程来把握；又由于生命活动不在生命之外而在具体的生命中活动，具体的生命是有限的，因此有限生命接续起下一次生命的过程，就是生命的自我否定与肯定的过程。正如，愚公移山"子子孙孙无穷匮也"，每一个存世单位都成为让其之前与之后的生命"连续"下去的核心环节，每一代人都在边缘处将代际之间的意义席卷进来，孕育着新的天地乾坤。中国思想文化中的否定，不面向死亡的消解、断裂，而是返回生生，是对生命价值的肯定，返回肯定的否定即是超越，超越是本体的现身方式，对本体的领会、把握就是通过在有限中打破有限，通过有限的不一致（差异、矛盾）来实现的。因此当我们在有限中把握到有限之不足时，我们其实已经把握了本体，把握了生命意义的可能性。

由于生命的全部意蕴就在具体的生命中，通过具体的生命活动呈现，因此对价值本体的理解只能在有限中通过"非—有限"的关系结构来理解，这种关系结构不同于结构主义和自然科学的结构（不存在一个"在场"的结构），而是指"活动关系"，对生命全部意蕴的把握只能在有限的生命中打破有限，在每一次否定后接续起下一次生命（返回肯定）的"迂回"活动中呈现，我们把这种"迂回"的"活动关系"比喻成结构，取"中介性"的意涵。

如何通过"迂回"的"中介性"关系在有限的生命活动中打破有限呢？通过"非定序化"的生存时间及其具身空间：过去、现在与未来没有现成的自身，它们外溢自身，在向它者的过渡中赢得自身，是"曾在着的将来从自身放出当前"。事物的内在关联，既不来自质料，也不在意识中被规定，人生活在物中，物也活在人中，示见着物物间相互包含的关系，正如中国移步换景的园林艺术，正如左手握着右手，右手也握着左手。一种庸俗的理解认为，树的全部可能性都在种子里，人的可能性是由基因决定的，这类理解忽视了

"他者"的重要性。树之所以存在，是因为它反映着周围环境的状况，在树之中不仅有种子，还有土壤、空气、水分、阳光等等，树首先是"种子与环境"的"嵌合体"，然后它才是如此这般的树，树性不完全自足。亦如将人类有机体的性状分为自然和文化的分离、对立是没有意义的，每一代中可靠重现并在重建生命循环中发挥作用的任何资源，都应算作遗传的东西，这样的资源不仅包括基因，而且包括有机体及其"小生境"的许多其他要素，诸如细胞质成分、共生生物、社会结构、文化实践等等。

从有限的生命中超越有限赢得自身，意味着生命活动的在世内容并不一致，不一致意味着生命活动自己就有显与隐的结构，因此在意识、思想上的不一致，符号、文化世界上的不一致并不是人自身的有限，而就是生命活动的内在要求！庸俗的观点认为词谋杀物，好似存在一个没有污染、善恶完全稳固的混沌，后因人类的思想（语言），本体从世界中分离，所谓"七窍开混沌死"（《庄子·应帝王》），好像没有语言、"机心"的话，人就可以直接把握物，与天合一了。实际上，思维就可以把握本体，通过有限间的差异、矛盾，即当思维意识到自己的不一致、不充分时，也就是本体现身之处，因为对本体的把握，就是对确定性之思的否定，是"非一定思"。

认识论之有限性的矛盾铭刻在生命价值的本体论上。当定在的差异、矛盾转变成有限的不一致时，本体就已经被把握了；当以具体的缘在为中介，呈现实在的生命活动与其所处世界之内在而整体的意义关系时，"兴"便生成了，因此"兴"即本体。

描述篇

引 言

从本源性层面揭示"兴"之生成的框架性构造,不能只是罗列品性,还要关注它对文化的影响,把握其在思想传统中的主导性与整体中的逻辑性,因此《描述篇》转入汉语语境,在中国文化的具体经验中,对由"兴"而来的作为一种生活世界的"汉语世界"之思想特质如何展开,作过程性描述。

"兴"的生成以缘在的物事为中介,呈现实在的生命活动与其所处世界内在而整体的意义关系,这种呈现即是对价值本体的领会与把握。与此同时,价值本体就在具体的生命中,通过具体的生命活动呈现自身,因此对本体的理解只能在有限中通过对有限之超越的"非—定思"活动,赢得自身。"非—定思"意味着生命活动的在世内容不一致,自己就有显、隐结构,因此符号、文化世界上的不一致,意识、思想上的不一致,不是人之有限带来的,而是生命活动的内在要求。认识论之有限性的矛盾铭刻在生命价值的本体论上。

如此一来,以缘在为中介,"兴"的生成在内容上必然表现为定在的不一致,也就是语言、思维上的不一致——以期在"非—定思"的关系活动中赢得生命价值自身。这种通过"非—定思"的活动呈现本体的方式,具有前反思、非概念化的特质,并在中国文化的具体经验中,以"整体性"(返身)、"内源性"(内生)、"过程性"(生成)的方式展开出来。

"兴"自诞生起,便与声音有关,表现在"诗"中伴以节奏和谐的声音：复沓的双声、叠韵、傍韵、脚韵，并因之建起全诗的基调、氛围与情意。研究发现"兴"语言中的这种声韵重复现象，具有腐蚀所指，令能指自指的功能，由于这一功能的指引，从本体论（存在论）层面理解生命意义及其价值生成，得以可能。

自殷璠提出"兴象"后，以"兴"为中心，延展出一系列概念，"兴"正式从比类传统中脱离，成为体道过程与道体活动的实践与表达。在出入于"象"的"拟诸形容"中，进入与其所处世界的内生关系，玩味使形成形的生命力量，并将之带入语言（广义），示见共生的生命结构与价值意蕴。

笔墨活动中，画师们"寄兴于笔墨"，作为上下通达的活眼，领会生命自然形无定形的内生方向、生存情态与价值意蕴。为此，人们不采取纯粹内觉，也不依靠外部静观，而以身体为活的回路，超越知性的视点，在生命时境的耦合关系中"感—通"：既匿名地接受，又自然地组织，开放自身，跃然纸上。

由此，我们在"汉语世界"的境况中，看到由"兴"而来的作为一种生活世界的"汉语世界"之思想特质的经验展开。以此为契机，有了从"汉语世界"本身的思维意识出发理解中国文化，进而在命运共同体的今天，立起与世界对话的文化位置与价值方向。

第七章 "兴"之韵:"由音见义"的意义生成机制及其本体论向度

汉语是讲究节奏和谐的,朱光潜说:"中国最古的书大半都参杂韵文,《书经》《易经》《老子》《庄子》都是著例。"①《诗·大序》说:"诗者志之所之也。在心为志,发言为诗。情动于中而形于言,言之不足,故嗟叹之;嗟叹之不足,故永歌之;永歌之不足,不知手之舞之,足之踏之也。情发于声;声成文,谓之音。"合乎节奏的语言是情感的流露,情感是心之所发,是生命的表达。因此,合乎节奏的声音不是单纯的形式,它饱含生命的意蕴。

"兴"自诞生起便与人旋游时高昂情绪中的歌、舞、言有关,表现在"诗"中伴以节奏和谐的声音,如复沓的双声、叠韵、傍韵、脚韵,并因之奠定起全诗的基调、氛围。陈世骧指出:"'兴'或可译为 motif,且在其功用上可见有诗学上所谓复沓(burden)、叠覆(refrain)尤其是'反覆回增法'(incremental repetitions)。"②"'兴'的因素每一出现,辄负起它巩固诗型的任务,时而奠定韵律的基础,时而决定节奏的风味,甚至于全诗气氛的完成。'兴'以回覆和提示的方法达成这个任务。尤其更以'反复回增法'来表现它特殊的功能。"③陈世骧注意到兴句中声韵重复形式对整首作品的影响,特别是兴句复沓

---

① 朱光潜:《诗论》,上海古籍出版社2001年版,第1页。
② 陈世骧:《原兴:兼论中国文学特质》,载陈世骧著:《陈世骧文存》,辽宁教育出版社1998年版,第148页。
③ 同上书,第152页。

的声韵形式对全诗意蕴、氛围的影响。他说:"诗所流露的精神或情绪的'感动'……分布于全诗;我们称之为'气氛'……一般《诗经》里的作品要达到这个境界都靠错综丰富而自然的音响布置,独特却不牵强的节奏,外加动人而新鲜如大自然万物初生时浑概的意象,这种种的核心就是'兴'。"①

诗的世界是生命的世界,由兴句而来的声韵能呈现全诗的风蕴,意味着生命的价值意蕴能通过"兴之韵"示见自身。前美国比较文学学会会长苏源熙对《诗》中的声韵形式提出疑问:"韵律仅仅是语音模式吗? 韵律对它的结构力量……对自身之外又有哪些影响呢?"②进而他问道:"'声音之道'与'为政之道'是否仅在伦理积习的场域内是相通的?"③苏源熙指出:上古诗歌形式上的特性本身(作为物理材料的语音层次)就有重大意义,这决定了孔子对诗歌的判断与态度④,且由复沓形成的韵律与为政之道息息相关⑤。

苏源熙提出了问题,却没解决问题,如果韵律不仅是语音模式,如果生命的价值意蕴能通过"兴之韵"呈现,并对现世政治产生影响,那么我们必须提问:"兴"中的声韵现象是如何体现生命的价值意蕴的,体现出的价值意蕴又如何影响了现世政治? 解释这些问题,需要讨论"兴韵"复沓的声音形式如何产生意义,产生怎样的意义,即此种"由音见义"的意义生成过程是怎样的,声音重复形式是一种怎样的声音,它为什么能生义,生出什么义? 这种"音"、

---

① 陈世骧:《原兴:兼论中国文学特质》,载陈世骧著:《陈世骧文存》,辽宁教育出版社1998年版,第165页。
② [美]苏源熙:《中国美学问题》,卞东波译,江苏人民出版社2011年版,第249页。
③ 同上书,第247页。
④ 同上书,第265页。
⑤ 同上书,第248页。

"义"关系和道德、政治有什么联系,如何影响了孔子的为政之道? 这些问题的厘清,不仅能示见作为"非一定思"之语言,"兴"如何通过声音触及价值本体,而且有助于理解,"兴"与孔子思想的内在关系与前后脉络。

第一节　声音中的自指性与意义生成

要了解"兴"语言中声韵重复形式对意义生成的影响,需要首先知道,语义的表达有两种不同的呈现方式,可将之形象化地分为科学语言和文学语言。现代结构主义语言学把语言区分为能指和所指,对科学语言来说,能指直接过渡为所指,确定具体的对象和意义,这种能所对应注重语言的确定性,但同时忽略了语言自身的价值。文学语言与之相反,它的能指不立即过渡为所指,而是运用自指性使能指本身具有意义,比如诗歌就是这样一种语言。雅各布森说:"诗的功能在于指出符号与指称不能合一……除了把符号与指称合一的看法(A 即 A1)之外,我们还必须意识到这种合一之不足(A 非 A1);这种对立是关键性的,没有这种对立,符号与客体的联系就变得自动化了,对现实的感知就消失了。"[①]类似诗这样的语言,它不指向确定的对象,能指与所指不合一,但这种不合一本身就有价值,以更原初的方式体现人对世界的理解。

在语言自指的过程中"声音"很重要,韦勒克(Rene Wellek)和沃伦(Austin Warren)说:"格律的重要性就在于使文字具有实际

[①] 转引自赵毅衡:《文学符号学》,中国文联出版公司1990年版,第106—108页。

存在的意义：指出它们的所在，并使人立即注意到它们的声音。"[①]
诗歌的格律把语言能指的一面凸显了出来，令人注意到文字自身
的价值，这里的格律是一种有规则的声音，表现为音与音的重复。
《文心雕龙·声律》说："同声相应谓之韵。"结合到"兴韵"的重复形
式上看，无论是兴句内的双声叠韵，还是以"兴"为开端的傍韵、脚
韵等，其声韵相叠的现象成就了作为一种文学语言的表义方式，通
过能指自指，令其自身的价值与意义得到体现。那么这种功能具
体是如何实现的？为什么这种复沓的声音，能打断能指与所指间
的确定性关系，在自指中体现价值？

　　问题的回答从 2014 年《科学》上一篇生物语言学论文说起。[②]
论文回应这样一个问题：细胞是怎样应对噪声的？由于细胞内、
外分属不同的动态系统，每时每刻都有大量的生化反应，细胞内部
只有正确处理好自己与外部的联系才能更好地生存，但现实环境
存在大量背景噪声，细胞在其中难以辨别有效信息。如何解决这
个问题？研究人员发现，细胞并不是一次次地捕捉细胞外的化学
信号浓度，而是通过"持续应答"的方式来定位反应信号，消除细胞
内外的噪声干扰。"持续应答"建立起了有效的信息传递系统。

　　可见在信息的传递过程中，"一次性捕捉"与"持续性应答"存
在区别。从信息接收者的角度看，接收者首先意识到的不是信息
的内容（所指），而是这"是"信息（能指），"是"有"意义的"而不是
"背景噪声"；从传播者的角度看，传播者首先要做的是以某种方式
呈现，我的行为"有意义"，显现行为"有意义"先于意义"是什么"。

---

　　① ［美］雷·韦勒克、［美］奥·沃伦：《文学理论》，刘象愚等译，生活·读书·新
知三联书店 1984 年版，第 188 页。
　　② Selimkhanov J. & Taylor B. & Yao J., et al., *Accurate Information Transmission through Dynamic Biochemical Signaling Networks*, Science, Vol. 346, No. 6215(2014): 1370-1373.

这意味着能指行为要想办法从杂乱的背景中"凸显"出来,而从背景中"凸显"的方式和对行为的"意义领会"是信息传递的一体两面。传统"控名责实"式的做法,想当然地认为指称天然具有普遍性,它遗漏了一个行为前提,即人首先要知道指称"是"指称,然后指称才成为了一个指称。因此,无论编码方还是解码方,首要的事,是呈现、领会指称自身的意义。

上述生物语言学的科学反思在海伦·凯勒(Helen Keller)自传中有现实表现。海伦·凯勒聋哑失明,在沙利文老师的帮助下,她七岁那年突然领会老师在她手心的划动行为是"有意义"的。据沙利文(Anne Sullivan)老师的通信记录显示:

> 我们走出去到了井房,我让海伦拿杯子接在水管喷口下,然后由我来压水。当凉水喷出来注满杯子时,我在海伦空着的那只手上拼写了"w-a-t-e-r"。这个词与凉水涌到她手上的感受是如此紧密相联,看来使她大吃一惊。她失手跌落了杯子,站在那里呆若木鸡,脸上开始显出一种新的生气。她拼了好几次"water"。然后她跌坐在地上问地板的名称,又指着水泵和井房棚架。突然她转过脸来问我的名字,我拼了"teacher"一词。在回家时她一路上都处在高度的兴奋状态中,并且学着她碰到的每样东西的名称,这样在短短的时间内她的词汇量增加到三十个。①

这段记录告诉我们:莎莉文老师手指划动行为在海伦·凯勒领会到有意义之前,长期处在背景噪声中,海伦·凯勒对此"视而不见"。而后"水流冲刷"与沙利文老师手指划动相结合开启了海

---

① 转引自[德]卡西尔:《人论》,甘阳译,上海译文出版社2013年版,第58页。

伦·凯勒新世界的大门,她领会到沙利文老师手指滑动是"有意义"的。领会以"水流"(时间流)冲刷为具,如细胞接触信号时的"持续性"应答。海伦·凯勒先有了对"能指义"的领会,领会到了一个新的意义世界后,才能进一步指称具体的事物及其意义。

通过生物语言学与海伦案例的对照分析,可知"能指"需要通过某种方式将自身是有意义的这层意义从背景噪声中凸显。这之中,"重复"是种有效的方式,它在上述生物语言学中表现为持续性应答,在海伦·凯勒的案例中表现为水流的"时间性"冲刷。

在人类的语言活动中,情况同样如此。雅各布森注意到语音重复形式在人类语言中的天然价值,他说:"在儿童语言的开始阶段,元音只是一个伴随特征,通过音节重复,声音的语言价值或语言单位的独立性才体现出来,音节重复让婴儿体会到了语言的独立价值。"[①]雅各布森同时发现,这种重复的语音背后有一种"天然驱动力",让成人面对它们时变得柔化、重复化,这就是"nursery language"[②](带儿语言)。在带儿语言的天然情境中,"抱抱"、"亲亲"自然地出来了,此时双声叠韵的声音形式在亲子间建立起了意蕴场,亲子在意蕴场中不用知其所知(无所指)就会无缘无故地笑,每一次柔缓、亲昵的碰撞和对视,都昭示着彼此不言而喻的亲熟,此种状态无法通过人为的、被动的、外在的方式实现,而只能在天然的、自主的、内生活动中显明。

这些研究告诉我们,声音的重复是"由音见义"的关键,它们自身就有打破确定性关系的能力,令能指自指,一个天然、自主、内生的意义世界立了起来。所谓"由音见义"的"义"此时不首先指向确定性对象,而是人不预持主客相待的态度,在前反思、非概念化的

[①] Roman Jakobson, *Child Language, Aphasia and Phonological Universals*, the Hague-Paris: Mouton, 1972, p. 85.

[②] Ibid., p. 16.

存在状态中领会意义可能性之大全。

第二节　中国语言思想中的自指、声音与意义生成的本体论向度

对语言自指的理解不是西方的专利，中国自古就有讨论。苟东锋在其"新名学"研究中注意到了这则材料：周山在研究公孙龙时，发现《指物篇》首句"物莫非指，而指非指"与《老子》首句"名可名，非常名"有相通之处。"物莫非指"是说有一种"生于物"的名，或说附之于物的指，这种指即"物指"；"指非指"是说"物指"和"指"是不同的。他认为："'指'是'天下之所兼'的常名，'物指'是'生于物'的可名之名。'指'与'物指'的关系，就是常名与可名之名的关系。"①这即是说"物"的构成离不开"指"，"物"只能作为"指"的对象存在，而"指"不是"指"的对象，否则它便成了"物"，就不是"指"了，可见"指"本身是非对象性的。由此就有两种"指"，一种是参与构成"物"的"物指"，另一种是"指"本身，前者对应"所指"，后者就是"能指"自身。②

虽然公孙龙对"指"的理解有独立于经验的超然之指之嫌，但他的解释已经注意到"指本身"及其"无对"的状态。"无对"意味着有能指而无所指，"所指"是一种参与构成"物"的"物指"，物在其中是被区分、抽象的对象，而无对之指，即"能指"自身，由于在中国文化中不存在超然于经验之外的彼岸世界，能指也不例外，这意味着

---

① 周山：《解读〈指物论〉》，载《哲学研究》2002 年第 6 期，第 74—79 页。
② 苟东锋：《论"常名"》，载陈鼓应主编：《道家文化研究》第三十五辑，中华书局 2023 年版，第 429—460 页。

能指本身不是抽象的、空洞的形式而有其内容,又由于没有物指的参与,因此这种内容无法通过分析的方式作为客观对象出现,而只能是内容在活动中自己展开自己、自己呈现自己,从这个意义上说,"自指"即是一种"自明"的意义生成活动。

相应的看法出现在《黄帝四经·经法》:"名自命也,物自正也,事自定也。"《淮南子·谬称》:"声自召也,貌自示也,名自命也,文自官也。"郑吉雄说:"物自正也,就是说,事物的规则与定义不是外烁的、而是内存的。"① 何为内存,即是说事物之为事物不是在"所指"的外部反思中静态规定的,而是在自己的生成活动中自明的,如果用语言来描述这种事物自生自持的自明性,道说的形式即"名自命也"。《说文》:"名,自命也。从口从夕,夕者冥也,冥不相见,故以口自名。"事物源于"冥"而出于"口","命名"原于"自命"——自呼、自告——唯自呼、自告可在晦昧的夜色中明示自己。对此倪培民认为从某种程度上说:"最初,中国人就视'命名'为一种启发自己,……换言之,命名是宣告,而非做指称。"②

命名若是指称,则有其规定性,规定性赋予了混沌世界一种秩序,使意义的呈现避免不了抽象的命运,可是命名未必只有"指称"这一条路,它还有宣告、启发的方式,这种方式可以在彰显事物的同时,保全意义的完整性。

宣告、启发整全意义的方式有多种,或于形、或于声("声自召也,貌自示也"),声音重复形式作为"自召"之"声"是"名自命也"的一种手段,它打破了能指与所指间的确定性关系,令能指自指,指向"物自正也,事自定也"的生存情态,事物在此生存活动中以第一

---

① 郑吉雄:《名、字与概念范畴》,载《杭州师范大学学报》(社会科学版)2017年第4期,第13—28页。
② 倪培民:《对话的语言与儒家的"正名"》,载《社会科学》2008年第8期,第45—51页。

人称的视角自己展开自己、呈现自己,而不在第三人称中抽象为"所指"的确定性对象。

春秋之世礼崩乐坏、名分颠乱,"奇技淫巧"的手段对"位禄名寿"的价值执着矮化了事物(包括人)的自性,如何让事物的意义充盈起来,需要将事物的单一性价值打破,打通与其所处的生命自然,在整体中自见其所是及其如何是。这种安置之法不同于能所对应的确定性逻辑,而关乎另一种思维、存在状态。

对此,荀子《正名篇》有所提及,只是它不在人们多有注意的前半部分,认为荀子希望通过"制名以指实"的方法来处理名分颠乱的问题,而在《正名篇》的后半部分,荀子谈"心"论"道"了起来。他说:"辨说也者,心之象道也。心也者,道之工宰也。道也者,治之经理也。心合于道,说合于心,辞合于说"(《荀子·正名》)。终究说来,"名辞"的内涵(事物的意义)是要合于道的,今"名"只有有了与道的贯通,即只有在生成它的生命自然中作为合于"治之经理"的物而出现时,物的意义才能真正得到彰显,道义上的正当性、绝对性、超越性与其现实存在的主动性、内生性才能有效结合,由此"名"才得真正意义上的"正"。反之,若离弃了道,离弃了事物生成存在的生命自然,"制名以指实"纵然还是方法,也只能是对象化思维的方法,其所指之"实"与礼崩乐坏、名分颠乱下的他物没有质上的差别。那么如何经由"心合于道",使"说合于心,辞合于说"进而"名辞"能合于道呢?荀子说:"天官意物。"[①]广义上说,天官是心。荀东锋说:"荀子的'天官意物'似乎是以人的某种独特的感知能力……是人先天所有的一种贯通自在的感觉……一体自由的直觉。"[②]在"天官意物"的状态中,由于心得贯通一体的感知能力,

---

[①] "然则何缘而以同异?曰:缘天官。凡同类同情者,其天官之意物也同。故比方之疑似而通,是所以共其约名以相期也。"(《荀子·正名》)

[②] 荀东锋:《孔子正名思想研究》,上海人民出版社2016年版,第196—198页。

"说"、"辞"合于"治之经理"得以可能。

那么"心合于道"如何可能,又如何在"天官意物"中如苟东锋所说生成一种贯通自在,生发一体自由的直觉呢?董仲舒提供了一种方法:声训,更准确地说是声训中的声音重复形式。《深察名号》说:

> 治天下之端,在审辨大。辨大之端,在深察名号。……名号之正,取之天地,天地为名号之大义也。古之圣人,謞而效天地谓之号,鸣而施命谓之名。……名号异声而同本,皆鸣号而达天意者也。天不言,使人发其意;弗为,使人行其中。名则圣人所发天意,不可不深观也。①

"名号"以天地为基础,虽然"名号"从"所指"的确定义上看各不相同,但"名号"的本根连着天地,因此治理天下要"深察名号",领会"名号"背后的天地大义。可是,正"名号"如何通乎天地?董仲舒采用了声训的方法,更准确地说是通过重复的声音形式令人领会天地大义,实现对天地本然的体认,在天人一体中成就"名"与天道的贯通,彰名物之正。

董仲舒说:"异声而同本,皆鸣号而达天意者也。"错落的具体名物("异声"之名)有其"同本"共根,通过"鸣"、"号"这种声音形式达乎天意实现出来。"鸣"、"号"的声音形式以声韵重复的方式展开:"謞"、"效"、"号"、"鸣"、"命"、"名"一再押韵,在论理的过程中出现这样的语言现象,董仲舒显然有意为之,背后蕴藏着声音与天意关系的思想秘密。一再押韵的语言表达,意味着能"达天意"的声音不是喧嚣杂音,"号"要"号"得合适,"鸣"要"鸣"得婉转,如鸟

---

① 〔清〕苏舆撰,钟哲点校:《春秋繁露义证》,中华书局1992年版,第284—285页。

之鸣,似春天水中高地处的"关关"之音充满生机,此时"号"、"鸣"作为中介,活转牵动着人的向上一击,人在其中卸下世俗羁绊与意蕴葱茏的天地相参,让日用伦常中人在与其意义生成活动为一体的生命自然中知了天命。理解了这层意思,也就能够知晓为什么除了《深察名号》,《春秋繁露》中也有大量的声音重复现象,其极端情况发生在《春秋繁露·楚庄王》:"吾以其近近而远远,亲亲而疏疏,亦知其贵贵而贱贱,重重而轻轻也。又知其厚厚而薄薄,善善而恶恶也,又知其阳阳而阴阴,白白而黑黑也。"董仲舒将双声叠韵用到了极致。

上述通过声音重复实现能指自指,彰显意义世界的说法只是哲学阐释,阐释容易臆想,那么有没有与此相应的现实案例呢?

郑毓瑜在考察汉代的"引譬连类"思想时,注意到这种思想有对底层"整全厚实的生存存在"的自觉贯通,[1]进而郑毓瑜注意到这种贯通底层的运思方式在经验中有许多现实案例,比如在语音特性方面,郑毓瑜发现汉人有通过"念"汉赋治愈疾病的现象。她指出:汉赋具有"引譬连类"特质的语言构造,其"重复语音"对人与万物一体之自觉具有催化作用,让身心积郁的病人在聆听语音的反复节奏中,从日用伦常跃入人与万物一气相通的意蕴整体,身心舒缓了,某些疾病也就渐渐消退了。[2]

为什么"念"汉赋及其重复的语音,可以令日用伦常中人自觉于底层整全厚实的生存存在与万物相通呢?上述声音的能指自指机制可以给出答案。除此之外,贡华南在研究听觉时又发现了感性的"文化特性"这个因素:中国人有以"听"体仁、体道的历史经验与文化传统,这使得声音重复形式的身心效验可以在中国的土

---

[1] 郑毓瑜著:《引譬连类:文学研究的关键词》导言,生活·读书·新知三联书店2017年版,第12—14页。

[2] 同上书,第94—105页。

壤上开花结果,得体知之自觉。贡华南在《味觉思想》中注意到,感性器官不仅是生理性器官,而且作为文化器官与思想贯通,其中听觉不仅为认知提供质料,也是思想者安置、调适思想对象的枢纽:中国从商周开始,就以主客无距、相互交融为特征的感性活动自发或自觉地参与着认知方式的塑造。就"听觉"而言,在殷商文化中,"圣"一直被当作通达神与人的中介,至春秋,以耳口通帝、通天、通道构成了早期中国思想的一个方面。其中"听"有公、私之分,私听为"不正",公听为"正","公"听之"正"是对昭德的体认,对昭德的体认不离天地之大德的意义融贯。可见,体仁、体道、体物之体,作为经验方式与认知方式,是人在"感"中与对象以无距为基本特征的认知方式。① 听觉是此"感"之路径之一。

综上所述,从"无对"之"指"与"声自召也"的意义自明方式到荀子名辞合于"治之经理"、董仲舒"名号而达天意"的声韵重复形式,从念赋治病到听觉作为物我无距之文化性官能,今天看来令人匪夷所思的"由音见义"过程却为古人理解。可以说,声韵重复形式指引意义生成的本体论(存在论)向度并不荒诞,只是自新文化运动以来的语言变革,让今人遗忘了它原有的生存情态。

第三节　诗语言中的"由音见义"及其本体论向度

语言、思维与存在具有同构性,对语言特点及其意义生成活动的理解归根到底,与一个民族的精神旨趣相关,当白话文变革更多

---

① 贡华南:《味觉思想》,生活・读书・新知三联书店 2019 年版,第 15—19 页。

地关注汉语语义的明晰性时,汉语的其他特点及其运思理应为人知晓,因为这不简单是个语言问题,更是在触及、自觉于我们本真的存在。通过上文分析,声音重复形式是中国人的一种语言表达和意义生成方式,它腐蚀所指,使意义的呈现不以规定性指称的形式出现,而令能指自指,通过"非一定思"的方式,以事物在生命自然中的活动来展开、呈现自己的生存情态,显出丰饶的意义。郑吉雄说:"汉字具形音义统一的特性……'义'因着'形'、'音'的变或不变,……而有种种变化……这就是说一个字词包含'多层意义'……而注家各执字义的一端,有意无意地舍弃了其他的意义……因此对'名'的思考不应只停留在分析古圣哲对语言文字的态度或者名实观,而应解剖并批判他们观照世界万物现象的方法。……事实上,古代圣哲建构'名'的过程与方法,恰好可以看出他们对人类认知天地万物此一精神活动的理解。"[①]汉字之"义"是"音"、"形"的统一,因此对其意义的讨论不能执于指称之名实,而不论"音"、"形"的作用,由声音重复形式引起的"由音见义"过程便是如此,它体现着中国人观照生命自然的别样方法、精神旨趣与存在状态。

这一旨趣的肉身最常见于诗歌,诗是存在之家。中国诗歌多以"得意忘言"、"羚羊挂角无迹可寻"为上品,此品无法通过认知理性实现,而需在与万物一体的直觉感通中生发。问题在于,不以知性为具的诗歌如何能通此境地?方法很多,声音的重复是有效手段之一。

声音的作用,宋明时期有较多议论。南宋郑樵着意分辨"声"与"义"的先后顺序。他说:"有声斯有义,与其达义不达声,无宁达

---

① 郑吉雄:《名、字与概念范畴》,载《杭州师范大学学报(社会科学版)》2017年第4期,第13—28页。

声不达义。"① 至明李东阳对声音的理解达到高潮,"陈公父论诗专取声,最得要领……予初欲求声于诗,不过心口相语,然不敢以示人。闻潘言,始自信以为昔人先得我心。天下之理,出于自然者,固不约而同也。赵㧑谦尝作《声音文字通》十二卷,……止存总目一卷,以声统字,字之于诗,亦一本而分者。于此观之,尤信"②。李东阳求声于诗,初期"不敢示人",但当他得知陈白沙、潘应昌等人也有这个说法,赵㧑谦还写了《声音文字通》,才确信自己重视声音的合理性与可靠性。

清代王船山认为声音是天的活动表现。他在《诗广传》中说:

> 乐为神之所依、人之所成。……交于天地之间者,事而已矣,动乎天地之间者,言而已矣。事者,容之所出也;言者,音之所成也。未有其事,先有其容;容有不必为事,而事无非容之所出也。未之能言,先有其音,音有不必为言,而言无非音之成也。天之与人,与其与万物者,容而已矣,音而已矣。……是以知:言事,人也;音容,天也。不可以事别,不可以言纪,繁有其音容,而言与事不能相逮,则天下之至广至大者矣。……故音容者,人物之元也,鬼神之绍也;幽而合于鬼神,明而感于性情,莫此为合也。……故曰:"成于乐。"变动于未言之先,平其喜怒;调和于无事之始,治其威仪。音顺而言顺,言顺者音顺之绪余也……大哉,圣人之道!治之于试听之中,而得之于形声之外,……更有进焉,容者犹有迹也,音者尤

---

① 〔宋〕郑樵撰:《祀飨正声序论》,载吴文治主编:《宋诗话全编》第 4 册,江苏古籍出版社 1998 年版,第 3478 页。
② 〔明〕李东阳撰:《麓堂诗话》,载丁福保辑:《历代诗话续编》下,中华书局 2006 年版,第 1374—1374 页。

无方也。容所不逮,音能逮之。①

船山首先区分了"音"、"容"与"言"、"事"两对范畴,进而说明"音"、"容"优于"言"、"事",因为"言"、"事"是人的活动,它从出于"音"、"容","音"、"容"是"天"的表现("言事人也,音容天也"),所以说"音"、"容"是"天下之至广至大者",是"人物之元"。"言"、"事"只能表达行迹之具,"音"、"容"除了能呈现有行迹的"言"、"事"外,还能呈现比之更为丰富的不为言、不成事的内容,因而它们是"未言之先"、"无事之始"。若要再在"音"与"容"间比较,那么"音"又优于"容",因为"容"仍着迹。就此,船山将"音"提到了天之活动的高度,甚至于说"音顺而言顺",把孔子"名正言顺"之"名"换成了"音",显出了"音"在本体论(存在论)向度上的价值。

为什么声音在船山看来有那么高的价值呢?因为船山这里所说的声音和人们一般的理解不同,船山是在讨论诗歌的过程中讲述如此这般的声音的,所以理解如此这般的声音需要与船山论述具有如此这般品性的诗歌结合起来看。那怎样的诗歌具有这等品性呢?关键在诗中存在不存在"兴"。这就回到了"释义篇"中王夫之对"兴"的论述,"非志即为诗,言即为歌,或可以兴,或不可以兴,其枢机在此"②。诗之为诗的关键在"兴",并以"现量"概念来说明,认为以"兴"为枢机的诗歌不通过知性而在直觉感通中生发,从而能呈现事物之"真",何以知性的方式被船山认为如梦般不真实,而不经推敲、直接显现的状态是真实呢?他说:"两间之固有者,自然之华,因流动生变而成其绮丽。心目之所及,文情赴之。

---

① 〔清〕王夫之:《诗广传·论那二》,载《船山全书》第 3 册,岳麓书社 2011 年版,第 511—512 页。
② 〔清〕王夫之:《唐诗评选·孟浩然〈鹦鹉洲送王九之江左〉评》,载《船山全书》第 14 册,岳麓书社 2011 年版,第 897 页。

貌其本荣,如所存而显之,即以华奕照耀,动人无际矣。"①船山分出经验世界和纯意生发的本体界,对于心目所及的经验自然来说,它的绮丽精工是相对的,如若将"本荣"呈现,那么它所散发的光彩才是最能打动人的真实。可见,船山眼中作为天之流行的形上之声,是与兴诗联系在一起的。以"兴"为枢机的诗歌不通过知性而在与物一体的直觉感通中生发,如此这般的诗歌有着与之相应的声音,这样的声音不着迹却比"言"、"事"的具体内容更丰富,作为"人物之元"、"无事之始",映见天的大化流行,成就兴诗的直觉感通。

钱锺书说,"有声无义,特发端之起兴","此真天机自动,触物发声,以启其下段欲写之情,默会亦自有妙处,绝不可以意义说者"②。"兴"之发端"有声无义","有声"是种"音",而"无义"是说不表达确定的内容,但不表达确定的内容不等于没有内容,所谓"天机自动,触物发声,……默会亦自有妙处",这样的声音是"天机自动"的表现,由于天(生命自然)的活动,人情事物聚现了出来,此时"触物发声"之"声",不是行迹之物的物理响声,而是生命自然大化流行的自身呈现。诚如谢榛说,"诗有天机,待时而发";"诗有不立意造句,以兴为主,漫然成篇,此诗之入化也"③。反过来说具体的人情事物之所以能聚现,"默会亦自有妙处",默会是种直觉,"默会妙处"即是在与生命自然的直觉贯通、一体自在中领会生命情意。如此,兴诗之声一方面作为生命自然的活动,启发、聚现人情事物,另一方面它亦是天人相接的通道,由于它,行迹之物不再以

---

① 〔清〕王夫之:《古诗评选·谢庄〈北宅秘园〉评》,载《船山全书》第14册,岳麓书社2011年版,第752页。

② 钱锺书:《管锥编》第1册,中华书局1979年版,第63—65页。

③ 〔明〕谢榛撰:《四溟诗话》,载丁福保辑:《历代诗话续编》下,中华书局2006年版,第1161、1152页。

行迹看,而能在直觉默会中,领会天人相参的整全之妙,进而理解自身的处境及其应然的价值。

那兴诗之声如何发挥这样的作用呢？声韵重复现象出现了,表现为诗语言中的各类声音复沓现象,如单句内的双声叠韵,和句与句之间的韵律反复回增。这些现象,不能从文学上简单地归于情趣、修辞,而必须在语言哲学中看到它不可替代的本体论(存在论)向度上的价值。因为正是"兴之韵"如此这般的出现,才使得诗能"以两联为主,起结辅之,浑然一气。或以起句为主,此顺流之势,兴在一时"[①]。

以双声叠韵为例：

> 青青河畔草,郁郁园中柳。盈盈楼上女,皎皎当窗牖。娥娥红粉妆,纤纤出素手。昔为倡家女,今为荡子妇。荡子行不归,空床难独守。(《古诗十九首》)

吴淇说：

> 此章连排十句,读者全然不觉,以其句句有相生之妙。首二句以所见兴起"楼上女"。……如画美人于素帧之上,无复帏账几物以衬贴之,便尔淡寡,即美人之丰神,亦无由显见也。唯先将"河草"、"园柳",一青一郁,写成异样热艳排场,然后夹出"楼上女"来,如唐人舞柘枝于莲花瓣中,拆出个美人于翠盘上,乃为丽瞩耳。[②]

[①] 〔明〕谢榛撰：《四溟诗话》,载丁福保辑：《历代诗话续编》下,中华书局2006年版,第1161页。

[②] 〔清〕吴淇著,汪俊、黄进德点校：《六朝选诗定论》卷四,广陵书社2009年版,第78—79页。

吴淇认为"青青河畔草,郁郁园中柳"两句是"兴",如果没有这两句,那么就好像直接在纸上画美人,效果平淡无奇,而多了这兴句就有了"相生之妙","楼上女"的神韵便凸显了出来。为什么首二句有那么大的力量呢?它是如何"相生"的?答案便在兴句的双声叠韵上。吴淇说:

> 尤妙在"草"上叠"青青"字,"柳"上叠"郁郁"字,才于"楼上女"逼出"盈盈"字。"妆"之"娥娥"字,"手"之"纤纤"字,皆从女身上摹写"盈盈"字;而"皎皎"字又以窗之光明,女之丰采,并而为一以摹写"盈盈"字。作者所注目,正在此"盈盈"者。而彼"青青"者、"郁郁"者,匪意所存;但非彼"青青"、"郁郁"者,则楔此"盈盈"者不出。①

没有草之"青青"和柳之"郁郁",那么女之"盈盈"就出不来,如此从"倡家女"到"荡子妇"的现实状态只会令人在政教罗网中认其龌龊,如何摆脱这种世俗偏见,"拆出个美人于翠盘上"?"青青"、"郁郁"的双声叠韵起了重要作用。正如上文所说,声音重复能在"音"、"义"间建立天然、自主、内生的联系,它不过渡为确定性所指,令能指自指,将事物与其所处的生命自然打通,在整体中自见其所是及其如何是。从这个意义上说,"青青"、"郁郁"的双声叠韵起了腐蚀现世中固有偏见的作用,所谓"相生之妙",便是将人之精神引向别处。从女子整全的生命世界看女子的当下处境:女子天生丽质,昔为倡女出身,带着不安的举动和打扮,在这个草木茂畅、生机勃勃的春景下,发出"空房难独守"的呼唤,难以独守不是对倡

---

① 〔清〕吴淇著,汪俊、黄进德点校:《六朝选诗定论》卷四,广陵书社2009年版,第78—79页。

女出身者搔首弄姿的偏见，而是所有人在这个时节思念其游子时都会有的生命情态，是女子在此天际处的自然表达。所以王国维说此诗"无视为淫词鄙词者，以其真也"①，之所以"真"，是因为贞洁道德此时被由"青青"、"郁郁"建立起的春境消解，在与春生合一的处境里，事物（包括人）的生命价值不被任何外力影响，自然而完整地展开，以此为元的人情事物从而情真意切、气韵生动。

如此，"楼上女"的现实意义不再被抽象化、观念化，"盈盈"之"丰神"的价值意蕴仿佛自然的光环围绕在"皎皎"月色与"纤纤"身姿的周围，它们不是光谱中的白、生理性的瘦，而就是天然中的人，价值意味的物。也正是"青青"、"郁郁"如此这般的作用，吴淇才能说"逼出'盈盈'字"，这一"逼"，正点明作为双声叠韵的"青青"、"郁郁"对于建立作品意义世界的价值，经由它，事物（包括人）得以走向其所处的生命自然，在与之同体共流中内显出无法被对象化的生命情意。

再以复沓回旋为例：陈世骧注意到兴诗中的声音，如复沓的双声、叠韵、傍韵、脚韵，并因之奠定起全诗的基调、氛围。"所有的兴都带着袭自古代的音乐辞藻和'上举欢舞'所特有的自然节奏，……注意诗中频仍的叠字和拟声句，我们似乎听得见一首带有'兴'在诗中散步的主调，而且我们似乎被整个包容了进去。注意诗里头韵和脚韵的大量使用，这些音韵的展现好像要使整首诗为之震荡。"而"每当我们充分把握到'兴'的精神，观察它如何回旋反映于作品的韵律和意象，……我们对作品艺术界的理解必定更深。如此则'气氛'、'诗意'云云亦不复是泛泛之词"②。陈世骧注意到兴句的声韵重复对整首作品的影响，特别是由兴句奠基起的韵律，

---

① 曹旭选评：《古诗十九首与乐府诗选评》，上海古籍出版社2002年版，第8页。
② 陈世骧：《原兴：兼论中国文学特质》，载陈世骧：《陈世骧文存》，辽宁教育出版社1998年版，第165—166页。

使句与句之间产生了整体性关联,进而影响了全诗的氛围与价值意蕴。

这具体是如何实现的呢？陈世骧作了细致分析,试举三例：

> 一首诗常常藉"兴"以展开,例如压卷的《关雎》。"关关雎鸠,在河之洲"不但先确立全诗的韵式,产生一套傍韵、协音、脚韵,使之振鸣于字里行间……而且全诗节奏的幅度是以感情的色彩来决定的,后者的形成主要凭藉开章的"兴"句。我们认为此诗的气氛十分"显目",音乐效果和题旨交互渗透……如此以加深我们诵读《关雎》一诗时所经历的情绪变化。①

> "月出皎兮,佼人僚兮"决定全诗三章个个反复回增调式的出现,而且每一句都以感叹语词"兮"字为结束……全诗的韵律协奏,一如上升的月亮,而月出的意象首见复照彻全篇;是故,只要提到"气氛"、"诗意"时,我们所想见的是这诗中几个明确的因素之机动：各种音律不断的回响,充满字里行间的光影色彩,此二者与诗中流露明显的节奏结合,产生诗的"感动"力。②

> "喓喓草虫,趯趯阜螽"……此二句之出现暗示音乐调式之重新增强,以傍韵和脚韵的效果从先行诸章的字面上取得共鸣,并预示后面章句韵律上的协调。这两个兴句并且还引领了一个带着新气象的段落,通过这个段落所展现的新幅度,全诗的境界才屹然建立。……以这两个兴句做基础……我们可以发现全诗六章里许多韵律都汇归于一系列振荡的意旨,

---

①② 陈世骧：《原兴：兼论中国文学特质》,载陈世骧：《陈世骧文存》,辽宁教育出版社 1998 年版,第 165 页。

时而并行,时而比照,……到了第五章我们听到草虫"喓喓"的声音,阜螽"趯趯"的声音,我们忽然觉悟大自然终究有它的秩序,而征人也终究要还乡重见他们的妻子。但此二兴句与第一部分的关系密切,初不只是诗意转折的工具而已。这首诗的主题固然贯穿一致,但也直到"喓喓草虫,趯趯阜螽"二句出现时才见到它完整而强烈的缩影。……"悄悄"和"喓喓"配合上同样的韵式,前者表示忧愁,后者表示解脱的情状。难怪第一部分里军旗的拍响和车辆的轰隆也染上这种情况的色彩。[①]

"喓喓草虫,趯趯阜螽"不是诗意转折的工具,"关关雎鸠"不是道德隐喻的象征,"月出皎兮"不所指一个对象,它们的出现建立了一个世界,由于它们"全诗的境界才屹然建立",也只有它们的出现,先前日用伦常中被意义矮化的事物有了宏大的光彩,它是完整而强烈的生命自然的通道。在其中,旁韵脚韵的错落、双声叠韵的效果活化(还原)了人、事、物与其所处世界的一气相通,进而在存在之维中照见其所是与如何是,故而"觉悟大自然终究有它的秩序,而征人也终究要还乡重见他们的妻子"。

第四节　声训中的声音复沓及其意义生成的本体论向度

汉字之"义"是"音"、"形"的统一,因此对意义的讨论不能执于

[①] 陈世骧:《原兴:兼论中国文学特质》,载陈世骧:《陈世骧文存》,辽宁教育出版社1998年版,第168—169页。

指称之名实,其他方面也应被重视,声音就是其中之一。以兴句中的声音重复形式为考察对象,研究发现,这种重复形式是中国人的一种语言表达和意义生成方式,具有腐蚀所指,令能指自指的功能。其意义的生成,不同于能指与所指间确定性关系的建立,而通过打破单一、静态化的抽象关系,在能指自指的形式指引中照见意义生成的本体论(存在论)向度,体现着中国人观照世界的别样方法、精神旨趣与存在方式。这同时意味着,在中国思想中,有一种独特的理解、安置事物的态度,它不从外部主客分立地对待事物,而从其有机构成的整体中内在的看,即在前反思、非概念化的万象生成活动的世界中理解万象。

上述"兴韵"中的语言表达和意义生成方式,常见于声训。在古代文献中,"释语"和"被释语"有时会存在声音上的关联,它们同音或音近,"从音以见义",后人称为声训。

声训有两种情况,周祖谟说,"一种是从谐声上看,即谐声字的意义有时可以与其声旁相通,有时可以与其同一个声旁的谐声字相通","第二种方法是从字音的声韵上来看,用声韵相同的字去说明字义之相类似"①。此外,"双声叠韵"也是声训。刘熙载《说文双声序》:"切音始于西域乎?非也。……起于始制文字者也。……夫六书中较难知者,莫如谐声,叠韵、双声,皆谐声也。"②历史上,有按双声叠韵编排的韵书,"如《声类》、《切韵》、《广韵》。韵书用'反切'的方法注音……反切上字表示被切字的声母,就是跟被切字'双声';反切下字表示被切字的韵母和声调,就是跟被切字'叠韵'"③。

声训起于先秦,全面使用在以刘熙《释名》为代表的东汉末,对

---

① 周祖谟:《问学集》下册,中华书局 1966 年版,第 848、850 页。
② 转引自黄侃:《黄侃论学杂著》,上海古籍出版社 1980 年版,第 126 页。
③ 李荣:《语文论衡》,商务印书馆 1985 年版,第 2 页。

其解释有效性的关注,则在宋之王圣美"右文"说、高邮王氏父子、黄侃等人的发展下逐步确立。多数学者认为作为解释字义的方法,声训的有效性多随心臆说,比如王力以为包括刘熙《释名》在内的各家解释不一,乃至同一家解释亦不一致的一语数源现象,是"从心所欲地随便抓一个同音字(或音近的字)来解释",并对其中的极端情况进行了批评。①

在这些研究中,人们对声训中声音重复(同音或音近)的现象关注不够,尤其是周祖谟声训分类中的第二种情况("用声韵相同的字去说明字义之相类似")。基于上文对声音重复形式的考察,可知过去认为在声训中"用声韵相同的字去说明字义之相类似",其在同音字选择上是随心所欲的观点,现在看来过于对象化思维,没有以"非一定思"的意义反冲的方式,通过语言(思维)上的"非一有限"的关系活动来理解本体论(存在论)层面的意义生成,也就没有真正理解中国人建立的实在的生命活动与其所处世界之内在一元的活的生命自然来。

在此生命自然中,通过有限的语言,人们把握到的不仅是眼前的意义,还意识到意义是有根的,即事物的意义是在事物生成活动的世界中内生出的,对意义的把握,也就是对意义背后生命自然的领会。这意味着声训中的"释语"与"被释语"间的同音字选择,虽然没有逻辑确定性上的关联,但是从意义生成的本体论(存在论)上看,彼此有生存上的内在关联(不是相对、任意的)。

从意义生成的本体论(存在论)上看,由于同音字之间存在生存上的关联。郭沫若说:"子丑不同音字如有一百,即可有一百种异说成立"②的夸张说法根本不成立,相反所谓的"异说"多有相似

---

① 王力:《中国语言学史》,复旦大学出版社1981年版,第36—44页。
② 郭沫若:《甲骨文字研究》,载王力:《中国语言学史》,复旦大学出版社2016年版,第39页。

的意涵。《淮南子·天文训》:"子者兹也……丑者,纽也。"《白虎通·五行篇》:"子者,孳也。……丑者,纽也。"观《史记·律书》、《汉书·律历志》、《说文》、《释名·释天》等,"子"训为"滋"、"兹"、"孳",字形不同,意思都是"孳生";"丑"大都训为"纽",描述对象不同——或"万物厄纽未敢出",或"寒气自屈纽",或以为"纽牙"(草木)——而在"纽结渐伸"的意思上较为一致。为什么"子"、"丑"在同音字选择上不像郭沫若说的那么随意?因为这类字音选择行为,不是没有根据地随机行为,而是奠基于生命自然的生存理解。周易十二辟卦图取六十四卦中的十二个特殊卦形,配合一年十二月的月候,指示自然万物的"阴阳消息","子复、丑临……"①"子"对应"复卦",11月;"丑"对应"临卦",12月。可见,"子"之所以训为"滋"、"兹"、"孳","丑"之所以训为"纽",背后是人对天人消息的深察明觉,虽然阴阳消息因不同时而有差,人们对"子"、"丑"的理解各有侧重,但理解总是基于生存的理解,所以哪怕表现对象不同(寒气、草木),但背后的意涵却趋一致。郭沫若没有看到同音字选择的背后,意义生成的本体论(存在论)基础,随机臆说便冒了出来。

同样的道理,虽然声训在同音字选择上会出现两种情况,一种是同一个字各家说法不同,一种是同一个人对同一个字的解释各不相同,它们被王力等人批评为"从心所欲",但如果不从对象化视角看此选择关系,而注意到不同选择背后一以贯之的生存理解,那么同音不同字的各类解释就有了串起它们的"生命线"。

同一字,看似各家说法不同。《礼记·乡饮酒礼》:"东方者春,春之为言蠢也。"《尚书·大传》:"何以谓之春?春,出也。物之出也。"《说文》:"春,推也。"春天,蠢蠢欲动的时节,万物出生、萌芽,

---

① 黄寿祺、张善文撰:《周易译注》下册,上海古籍出版社2010年版,第473页。

冬日的保藏在春日复苏、推陈出新。"蠢"、"出"、"推"都侧显着事物春生时节的不同情态，是事物在此天际活动中的生存展开。《释名·释亲属》："伯，把也。把持家政也。"《白虎通·姓名篇》："伯者，子最长，迫近父也。"《白虎通·三纲六纪》："妹者，未也。"《释名·释亲属》："妹，昧也。犹日始入，历时少，尚昧也。""伯"和"妹"的意义不是单一、现成的，社会的处境与关系复杂多变，每个人在不同的情境和关系中以不同的意义存在，"伯"之于"把"、"迫"，"妹"之于"未"、"昧"好似园林中的"移步换景"，在自身与他者的不同关系中有了当下的意义，只要视角、关系发生变化，意义随之转变，但无论怎样转变，在社会活动中存在这个生命前提始终不变。

同一个人对同一个字，看似说法不同。以"王"为例，"王"是什么？中国人很少从主客对立的外部，给对象施加一个单一、抽象的定义来回答这类定性问题，而往往从对象所处世界中的活动来理解对象的是其所是及其如何是，这意味着，对象是生动的而非静态的、是多意的而非单一的，其意义是在生命自然中内生的而非外部反思强加的。由于对物性的理解有这些特点，所以什么是"王"的回答，就需要在"王"所处的世界中理解"王"的活动及其相关情态。

如何在语言上体现对物性的这种理解，如何表达"王"意？董仲舒一字同韵多解的语言现象出现了。《春秋繁露·深察名号》："王者，皇也。王者，方也。王者，匡也。王者，黄也。王者，往也。是故王意不普大而皇则道不能正直而方。道不能正直而方则德不能匡运周遍。德不能匡运周遍则美不能黄。美不能黄则四方不能往。四方不能往则不全于王。""王"是什么？是"皇"、"方"、"匡"、"黄"、"往"，它们是同韵不同字的声训现象，上文提到这种声音重复形式打断了确定性关系，在能指自指的形式指引中，将事物的意义引向其基础存在的本体论(存在论)向度,从其生成活动的世界中自见其所是。"王"首先是生命自然中的"王","普大而皇",普大意味着与天地并提,这样的"王"与天地相参,不斤斤计较那些对象化的名相,反之如果"王"执滞于对象,那么天道就无法落实贯彻。"匡",绕满一周,但又有方正、纠正的意思,天道无法落实贯彻,周流匡正就无法实现,则天地之大德不能周行天下,打动百姓,感化四夷,让万邦来朝,如此"美不能黄"。《周易·坤·文言》:"君子黄中通理,正位居体,美在其中,而畅于四支,发于事业,美之至也。"黄是美的极致,属土,五行居中,不对象化于任何一方,不能居中,则对四方的感召不够,感召不够,"王"之为"王"就不完整。如果,只以外部反思的方式抽象定性"王",结果只能是对"王"意的割裂,换句话说,"王"的真正意义需要非对象化的方式,从其所处生命自然的活动中内生,此时,声训中的声音重复形式,作为一种关乎本体论(存在论)的意义生成方式,就起到了作用,与董仲舒所说的内容配合,共同传达要领。

同理,"君,元也。君者,原也。君者,权也。君者,温也。君者,群也。是故君意不比于元则动而失本。动而失本则所为不立。所为不立则不效于原。不效于原则自委舍。自委舍则化不行。用权于变则失中适之宜。失中适之宜则道不平德不温。道不平德不温则众不亲安。众不亲安则离散不群。离散不群则不全于君"(《春秋繁露·深察名号》)。"君"是什么?是"元"、"原"、"权"、"温"、"群","君"的意义需要从其所处生命自然的活动中来理解,那么首先就要将"君"放于生命自然中看,于是声训中的声音重复形式出现了,此时,它不是一种可有可无的随意解释,而作为一种关乎本体价值的意义生成方式,对理解存在者在世界中存在,起着至关重要的作用。"君"意需承天"元"。《周易·文言》:"元者,善之长也。""元"是使得万物得以生发、意义得以充盈的状态,"君"意的无穷伸展须"务本"于此,"是本立而道生"下的周流遍彻,而"权"、"温"、"群"正是此周流遍彻地自然显现。声训中的声音重复形式再度与董氏所说的内容相融,其内在的意义生成机制与本体论(存在论)向度,不可不察。

第五节　孔子正名思想中的声训及与"兴"之关系

声音重复现象有着特殊的意义与作用,其"由音见义"的意义生成过程,在诗中、在声训中常见,它打破了对象化的确定性关系,通过"非一定思"的方式令人在前反思、非概念化的万象生成活动的生命自然中理解万象,生命的全部意蕴就在此"非一定思"的生命活动中,通过对有限的超越赢得自身。在这个思想传统中,人们很少从主客对立的外部,给对象施加一个单一、抽象的定义来人为地定性事物,而认为对象是生动的、多意的,其意义是在生命自然中内生的而非外铄的。儒家思想尤其如此。

和上述思想形成呼应的,是比起其他学派,声训在儒家文献中的出现频次异乎寻常得高。张以仁集前人研究撰《声训的发展与儒家的关系》,提及清代张金吾《广释名》搜集声训遗文,至东汉止,记153种书,多属儒家或与儒家有关。[①] 为什么声训现象会广泛存在在儒家文献中,张以仁认为:早期声训的作用不在探求语源,而是一种宣传儒家思想的手段,因此对声训的语源不必固执。张氏的解释充满了世俗性、实用性,没有深入思想内部,从思维、存在方式上理解声训与儒家思想的内在关系,从而和大多数人一样,张

---

① 张以仁:《中国语文学论集》,东昇出版事业公司1981年版,第53—84页。

氏在文集中只就若干声训现象做了概述。若从本体论(存在论)上看声训中声音的重复现象,其内涵远比前人理解的复杂、深远得多。

一、返身立义:孔子正名思想中的声义关系

声训在儒家文献中的出现频次高得异乎寻常。《论语·颜渊》"子康子问政于孔子:'孔子对曰:'政者,正也。子帅以正,孰敢不正?'"季康子问为政之道,孔子找了"政"的一个同音字"正",好像"政"字天然就有"正"的血统似的,在有了声音的联系后,孔子继而说出一番道理,这是孔子用声训讨论为政之道的一个例子。《论语·八佾》:"哀公问社于宰我。宰我对曰:'夏后氏以松,殷人以柏,周人以栗,曰:使民战栗。'子闻之,曰:'成事不说,遂事不谏,既往不咎。'"宰我回答哀公之问,很自然地把声训用了出来("栗……使民战栗"),这或许反映出声训已是孔门内惯用的名言方法。如果认为《周易·象传》与孔子有关,可以发现其中不乏声训:"咸,感也"、"兑,说也"、"需,须也"。孔子之后《孟子·滕文公》:"庠者,养也;序者,射也;校者,教也。"《荀子·王制》:"君者,善群也。"《左传》鲁宣公三年:"癸曰:'吾闻姬、姞耦,其子孙必蕃。姞,吉人也,后稷之元妃也。'""汉代人的声训仍然没有脱离孔子的'政者正也'的用意,仍然是以声训为手段。"①《礼记·乡饮酒礼》:"东方者春,春之为言蠢也。"《春秋繁露》:"元者,原也。"《史记·律书》:"子者,滋也;言万物滋于下也。"《白虎通·三纲六纪》:"妹者,未也。"《汉书·刑法志》:"从之成群,斯为君矣。"马融、服虔、卢植、郑玄、高诱等在注解中不仅使用"声训",更向求索语源的方向走

---

① 王力:《中国语言学史》,复旦大学出版社1981年版,第41页。

去,成为《释名》之先声。①

可见,声训在儒家文献中大量出现,且多作为一种名言的手段,其沿革可上至孔子正名思想。

"正名"是孔子处理政治问题的重要手段之一,它以"名言"问题起,参有声训之维。"齐景公问政于孔子,孔子对曰:'君君,臣臣,父父,子子。'"(《论语·颜渊》)在回答齐景公关于为政之道的问题时,孔子认为需要处理君臣父子的名实关系问题,在表述名实关系时,孔子采取了"双声叠韵"的语音形式,这是一种声训。声训对讨论"君君、臣臣、父父、子子"的名实问题有什么作用?结合"正名章"看:

> 子路曰:"卫君待子而为政,子将奚先?"子曰:"必也正名乎!……名不正则言不顺;言不顺则事不成;事不成则礼乐不兴;礼乐不兴则刑罚不中;刑罚不中,则民无所错手足。故君子名之必可言也,言之必可行也。君子于其言,无所苟而已矣。"(《论语·子路》)

面对卫国棘手的政治问题,孔子提出了正名,文中孔子不赞同外在强力,因为外在规范只会让人"免而无耻",人要"有耻且格",内生的道德自觉是关键,所以"礼乐"要先于"刑罚"。而"礼乐"要与人内生的道德自觉联系起来,"名"是关键,孔子认为"正"了的"名"有一种力量,它可以促使言顺事成、礼乐兴,直至人民安居乐业。

那么"正"了的"名"如何能产生这种力量,令人内生道德自觉呢?苟东锋在《孔子正名思想研究》中综述了前人对孔子正名的种

---

① 张以仁:《中国语文学论集》,东昇出版事业公司1981年版,第53—84页。

种理解。古代解有:形名、名实、名言、名分、历史解;近代解有:柏拉图主义、马克思主义、语言哲学派、还原主义、当代新儒家。[①] 纵观历代注疏与近代学者研究,多在内容上以名实关系为中心解读"正名",唯独缺少从"声训"的"声韵形式"看"正名"的思想内涵及与孔子,乃至儒家思想的内在关系。

奇怪的是,"声训"一边大量出现在儒家文献中,成为一种与"正名"思想直接相关的名言手段,另一边又鲜有讨论声训中重复的声韵形式,作为名言手段到底对"正名"有什么作用。

有什么作用呢?前文提到,孔子针对子路询问卫国政治事件,以"正名"作答,其核心是认为"正"了的"名"有一股力量,通过这股力量,人能内生道德自觉,从而可使言顺事成,直至人民安居乐业。而"正"了的"名"要有这样的力量,意味着如此这般的"名"既要有道德动力的活动性,也要有价值应然的正当性:作为道德动力,它让人内生道德自觉;作为价值应然,它有人格践履意义的绝对性,引导人格趋于高贵,开出"道德之庄严"的境界。

这样的力量如何产生,它和声训中的声韵重复是什么关系?换句话说,声训中的声韵重复是否对"名"之道德动力的内生性与价值应然的超绝性起筑建作用,如何起作用?前人在这个问题上完全忽略了声音的价值!

通过上文对诗之"兴韵"与声训中声音重复形式的阐述,可知在中国的思想文化中,存在着一种独特的名言方式用以贞定事物,其"由音见义"的意义生成过程,打破了概念的封闭性,令人在前反思、非概念化的万象生成活动的世界中理解万象。在这一思想传统中,对象之为对象的价值意涵不在反思的静态抽象中外部赋予,而在其活动的生命自然中内生,用语言来描述这种事物的内生规

[①] 详见荀东锋:《孔子正名思想研究》,上海人民出版社2016年版,第32—58页。

定,形式就是"名自命也"。声训中声音重复形式如"诗"之"兴韵"般,是一种"名自命也"的手段,通过它,事物得以"物自正也,事自定也",以第一人称的视角宣告、启发,而不以第三人称的方式被"所指"为概念化对象。

孔子的正名思想体现着上述意涵,而之所以孔子会有这样的想法,与其所处的时代有关。在礼崩乐坏的时代,名物与天道(生命自然及其价值创生性活动)的内在联系渐趋淡漠,人们从敬天到疑天,从天人合一到天人相分,天人相分意味着天道与人道分离,分离意味着道的超越性丧失了,不再具有终极意义,随即人的地位凸显了出来。作为存在者,人自身成了根基的同时也成了自身的限定:人开始超越人的自然性,超越物的自然性,甚至超越自然性本身"制天命而用之",原本人要按照道的要求去靠拢、去上升的"人能弘道",此时成了道由人定,一种以人(存在者)的世俗化、功利化、实用化的运思逻辑开始深入人心。

此外,由于没有了天道,"敬"的情感消失了,人们开始无法无天,对天的僭越令人居于天位,在现世政治中,称王称霸成了所有无德无位之人趋之若鹜的对象,并最终掌握在个别人的手中。他们以"畏"之等差的尊卑体系,这一"单向性"情感关系代替了原本"双向"的情感关系,建制起一种"上位"的价值观,并最终成为国家逻辑。在这种国家逻辑中,"单向"的没有敬爱的基于"畏"之情感的位置关系,进一步成了资源分配体系,其资源配置基于被分配者是否畏(听话)来分配,这便是韩非赏罚二柄、循名责实的可行性前提。当"上无天子下无方伯"的事态发展至此,"奇技淫巧"对"位禄名寿"的"单向性"追求成了现实,如果说宋襄公个人还有所坚持,那么在《商君书·定分》中说,"人主为法于上,下民议之于下",可以清楚地看到,一种以"人"(存在者)为中心的"单向"的信念体系,一种执着于名物的现世政治、道德规范与利害格局确立了起来。

在这种生存格局下,对象化的待物(事)方式最终内化为人们显明的思维方式。

孔子就处在这种思想转变的过程中,因此孔子需要思考人如何能在日用伦常中下学上达,从对象化思维中超脱,复归人与生命自然一体之自觉,在贯通自在中"从心所欲不逾矩",对此孔子提出"正名"的思想路径。此时,"正名"就不是单纯地在处理现实的指称问题,而是在处理指称何以可能的前提问题,是告诉人们事物何以是其所是的价值本体问题。倪培民指出:"中国传统哲人关注的不是符合论意义上的真理,不注重描述并传达关于世界的知识,他们更注重的是如何在世界中生存,因此选择语用的方式看待语言,选择更现实地通过'正名'的行为使我们的生活世界与包含了理想的语言真正'名实相符'。"① 这就有了孔子跳出对象化思维的"正名"路径。

与老子以"正言若反"的名言之道复见天心,呈现事物之整全的思路不同,孔子以"返身立义"的名言之道保全事物的意义完整性。孔子在注意到语言局限性的同时,给予"名"积极义。黄克剑指出:孔子其言为"道"而言,其默为"道"而默。"默而识之"本身已是一种"言":"默"不可自明,称"默"不能无言,没有"言"的点化,"默"只是一团冥昧,冥昧终究与真切的生命仁体无缘。为此,他对设言立辞格外经心,有"辞,达而已矣"之说,这"达"是一种引发、导向,而如此引发、导向乃是儒家教化创始者用"辞"的意旨所在。② 这种引发、导向之言,即孔子独特的名言之道。如果说,在老子那"正言若反"的"反"是一种"否定之否定"的名言形式的话,那么孔子给出了"正言若反"的另一种语言版本,将"反"理解成"返",通

---

① 倪培民:《对话的语言与儒家的"正名"》,载《社会科学》2008年第8期,第45—51页。

② 黄克剑:《"名"的自觉与名家》,载《哲学研究》2010年第7期,第31—41页。

"返身而诚"的"返",我称为"返身式"正言,"正言"的"返身模式",即"返身立义"。

"正言"的"返身模式":"返身立义"是一种能指自指,内容上它以第一人称的方式把对难以言传的道的疏解,转换为在致道上具有范本作用的人的生命实践,而不以第三人称的方式精算生命践履的客观指标。颜回、伯夷、叔齐、微子、比干、尧、舜,即是对生命贱履的为仁之道的真趣隐示,而非直言判断,他们"求仁而得仁"的经验之所以能成为范本,不在于他们的行为是后世"复制"的对象,而在于这些范本从第一人称的视角体征着虚灵至高、圆满深厚的生命境地。这也是学界对儒家"反身"之成德致道解的共识。

可是"正言"的"返身立义"除了在内容上讨论最多的成德致道解外,还应体现在学界忽视的"形式"上,由声韵重复带来的能指自指的"返身作用"是其应有之意,它以"声自召也"的诗性语言引发、导向着意蕴葱茏的生命自然。

"君君、臣臣、父父、子子"作为孔子处理政治事务、道说名实问题的答案,其语言形式和西方的词性辨析没有任何关系!不能用屈折语、黏着语的语法逻辑荒诞地框定孤立语之中文的第一个"君"是动词,还是第二个"君"是动词,而只能将"君君"作为一个不可分割、不可转译的整体看。"君君"以双声叠韵的方式道说"君"之为"君"的意义,在此道说中,"名"因"声自召也"而"名自命也",能指与所指的确定性关系被打破,对君、臣、父、子的规定不再是人为的外部规定(道德他律),而是将君、臣、父、子还原到君、臣、父、子之为君、臣、父、子的生命自然中,在与生命自然一体自觉的意义生成活动中,体认君、臣、父、子的天命禀赋与内在价值,形成道德自律。

此时,"名言"是合于天道(仁体)的"名言",顺"理"(天理)成"章"(表现)自然而然,进而言顺事成,道义上的正当性、绝对性、超越性与实践行动的主动性、内生性有了结合。反之,如果"正名"单纯只是"名分"、"名言"等可对象化之"名"的话,那么面对卫国亲子间的矛盾,各国懂"名分"、"名言"的人那么多,为什么还给不出圆满的答案,又为什么还要让孔子提出"名分"、"名言"义上的"正名",并将它们上升到政治原则的高度?不是多此一举吗?这里的关键,不在孔子理解"名分"、"名言"等在内容上比当时人懂得更多,而是在孔子的"正名"思想中,除了内容上要求价值应然匡正实然,孔子还看到应然的价值内容要有"能"匡正的力量,它必须是有"根"的,即意识到"应然"价值的"意义之源",意识到名物要获得真正意义上的"正",价值就必须要是在与万物同体共流的生命自然中内生的才行,如果脱离了意义生成活动的生命自然,扁平化的价值之名没有力量,丧失了道德的内生性、实践的动力性、应然的超越性,那么即使在内容上再如何知性地(学)懂"名分"、"名言"等,都不行。

再回到"君君、臣臣、父父、子子",孔子运用双声叠韵的名言形式来回答,充满了诗性智慧,呼唤着事物与其所处世界内在的生命联系,希望在物物无碍、同体互构、彼此成全的情态中展现当下之实。维特根斯坦说:

> 对于理解一个句子,我们说:在一种意义上,这个句子可以被另一个表达同样内容的句子所取代,但在另一种意义上,这个句子又不能被其他任何句子所取代。(正如一个音乐主题不可能被另一个音乐主题所取代)……在第二种情况下,句子的思想是只有这些词在这些位置上才能表达的东西。(对一首诗的理解)①

---

① [奥]维特根斯坦:《哲学研究》(第一部分),涂纪亮译,北京大学出版社2012年版,第195页。

> 我们如何向别人说明"理解音乐"是什么意思？……我们实际上应当询问这种说明起了什么作用？是否这就是说，理解了这种说明，也就理解了音乐？……我们首先必须描述音乐，然后我们才能描述人们对它是如何反应的。……教会他去理解，就是在一种与做不到这一点的那种说明不同的意义上"教会他什么是理解"。①
>
> "他正在强烈地体验一个主题，当他听到这个主题时，某些事情在他心中发生。"……这是什么呢？……这个主题并不是指它自身之外的任何东西……这个主题给我留下的印象是与它周围的事物有联系……意味着与我们的语言游戏的整个范围有联系。……与面孔一样，主题也具有某种面部表情。"重复是必要的"……把它唱出来，你就会看出只有重复才赋予它以一种巨大的力量……仿佛这个主题的模型已经存在于现实之中，当重复演奏这一段时，主题就与这个模型相接近，相对应……在主题之外，又有一个范式，这就是我们的语言、思想和感情的节奏。而且，主题还是我们的语言的一个新的部分；它被包括在语言之中，我们学会一种新的姿态。主题与语言相互作用。播下思想是一回事，收获思想是另一回事。②

梅洛·庞蒂也有类似似的表述：

> 在一幅画中或一段音乐中，除了借助颜色和声音的展开，观念无法获得传达。……诗歌与小说同样如此，尽管它们是由词构成的。众所周知，尽管一首诗有被翻译成散文的肤浅

---

① ［奥］维特根斯坦：《文化与价值》，涂纪亮译，北京大学出版社 2012 年版，第 103 页。

② 同上书，第 76—77 页。

含义，但是诗依然可以在读者的心中引导着读者令诗作为诗而存在。语言的意旨不仅通过词，而且通过重音、语调、姿势和面部表情来呈现。这些额外的意义不再是揭示说话者的思想，而是呈现其思想的来源与基本的存在方式。因此，诗歌以叙事的方式意旨只是一种偶然，它本质上是一种赋合的存在。诗歌区别于哭喊，是因为哭喊利用了自然给予我们的身体而缺乏表达的手段。诗歌则使用语言，甚至是特定的语言，如此，存在的协适没有在它表达的瞬间消失，反在诗歌中找到了使自己永生的方式。①

最重要的是我们所描述的的确是音乐，然后我们才可以向人描述人们对音乐的反应、理解。君、臣、父、子同样如此，理解君、臣、父、子与对君、臣、父、子不得要领的说明，是在不同的意义上教人理解什么是君、臣、父、子。正如生物语言学以及海伦·凯勒案例给予我们的启示：人首先要知道指称"是"指称，然后指称才成为了一个指称，先要有对"能指义"的领会，领会到其所生的生命自然后，才能进一步在其中指称具体的事物及其在世界中展开的具体的意义，它们在性质上是完全不同的两件事！

对于孔子来说，首先要向人说明的是，君、臣、父、子的确"是"君、臣、父、子，首先要是生命自然中的君、臣、父、子，然后才能向人描述如何理解它们的是之所是，即属于这"是"之世界中的具体的君、臣、父、子。因此，对君、臣、父、子名实关系的表达，首先只能是双声叠韵的"能指自指"式表达，它不能转译！因为只有如此这般的表达，才是"名自命也，事自定也"的表达，是自启、自明的表达，

---

① M. Merleau-Ponty, *Phenomenology of Perception*, trans. Colin Smith, digital edition(originally published 1962), London and New York: Routledge, 2005, p.173.

它令君、臣、父、子回到原初纯情境赋意的生命自然的内生活动中，在经由当事人对昭德的体认中自见君、臣、父、子的本真情态，而由卫国父子引发的政治问题，实质正是在此价值义的生成之源（根）上出了问题。

二、孔子"兴"思的来源与创见

行文至此，笔者欣喜地发现中国思想文化中的声韵，不仅是语音模式，复沓的声音自身就有动人的力量，奠定诗的氛围，引发、导向意蕴葱茏的生命自然，唤起生命的意蕴，内生事物的意义，在与万物同体共流、彼此成全的情态中成就人的道德乃至政治实践。本节开篇的苏源熙之问，便有了答案。

令人好奇的是，如此这般的声音力量，孔子是如何领会的呢？答案在"诗"、在《易》及部分"周礼"传统中。

苏源熙说：上古诗歌形式上的特性本身就有重大意义。这决定了孔子对诗歌的判断与态度。① 自古以来，"诗"（尤其是其中的"兴"）与歌、舞、言紧密地联系在一起，不是光秃秃的文字，兴诗"袭自古代的音乐辞藻和'上举欢舞'所特有的自然节奏，……注意诗中频仍的叠字和拟声句，我们似乎听得见一首带有'兴'在诗中散步的主调，而且我们似乎被整个包容了进去"②。倘若今人会在"兴韵"的步调中融入浑然整体的意境里，那么与我们有相同情理结构的孔子也会如此，进而形成孔子对诗歌、对"兴"的独到理解，影响并成为孔子思想的重要组成部分，与人的成德，乃至为政之道结合，开出儒学的诗教传统。这就解释了，为什么历代儒家文献中

---

① ［美］苏源熙：《中国美学问题》，卞东波译，江苏人民出版社2011年版，第265页。
② 陈世骧：《原兴：兼论中国文学特质》，载陈世骧：《陈世骧文存》，辽宁教育出版社1998年版，第165—166页。

会有如此高频的声训名言形式。

由于声韵形式与兴诗有关,"正名"作为孔子的为政之道便多了诗意之维,"用这个方法理解'兴'的功能,……彻底了悟环绕在诗意中心的各种韵律和意象的镶嵌彩石……当前的事物即融入一套和谐的韵律和适当的节奏,如此以表达他们圆觉的思想和感受"①。此时"政者"之所以能"正",就不是刑鼎(成文法)的缘故,而是因为事物的意义与其所处的生命自然同呼吸、共命运,似"浴乎沂,风乎舞雩,咏而归"(《论语·先进》),从而生命有了方向,事物有了意义,应然之名有了力量,沛然莫之能御。

总结来说,孔子的"正名"思想无法具象在名分、名言、名声、书字等"定在"上,而要在勿"意"、"必"、"固"、"我"的"非—定思"中理解价值内容的原初发生,回到生命自然的纯价值赋予中来。回到生命自然的纯价值赋予中来,在成德实践上属于"自明诚"的问题,从语言上理解,可以表述为如何通过语言"能指自指",在"返身立义"中,以第一人称视角自启、自明意义?兴诗就可以做到,也因此它成为儒学诗教传统的重要组成部分。

"兴"如此这般的作用,古往今来人们多从"用诗"的角度予以理解,很少关心"兴"自身(运思上的直接性,生意过程中的生命时间及其具身空间,生命的原初综合与意义的时机化赋予等)。

从用诗上看,孔子重视《诗》,重视《诗》中的"兴"。孔子说"不学诗无以言",因为"诗,可以兴,可以……多识于鸟兽草木之名"。钱穆说:"孔子教人多识于鸟兽草木之名者,乃所以广大其心,导达其人,诗教本于性情,不徒务于多识也。"②对鸟兽草木之"名"的了解不是把《诗》当作百科全书进行认知活动的科普教育,而是通过

---

① 陈世骧:《原兴:兼论中国文学特质》,载陈世骧:《陈世骧文存》,辽宁教育出版社 1998 年版,第 169 页。

② 钱穆:《论语新解》,巴蜀书社 1985 年版,第 422 页。

《诗》的方式"广大其心","导达其人",由"广大其心"直觉到自己的本心实现"成己",由"导达其人"贯通自在实现"成物",在整体关系中理解事物的处身情境与其所是,这是一条通过诗教实现人"自明诚"的成德路径。至于如何"广大其心",各有说法。

然而除了用诗的理解,"兴"本身就值得深究,其中便会涉及"兴"的声韵形式及与价值本体的关系。

朱熹在解读"兴于诗"时已部分涉及"兴"声韵方面的价值。在理解诗歌内容的过程中,朱熹认为"吟咏"很重要。"《诗》本性情,有邪有正,其为言既易知,而吟咏之间,抑扬反覆,其感人又易入。故学者之初,所以兴起其好善恶恶之心而不能自已者,必如此而得之。"①《诗》在内容上的性情、正邪很容易看到,毕竟文字摆着,阅读即可,但知道道理和拥有道德力量不是一回事,知道不等于它能"感人又易入",要实现"感人又易入"需要"吟咏之间,抑扬反覆",这就涉及《诗》的声音问题了。从形式上看,由于声韵的存在,《诗》的吟诵才能"抑扬反覆"。而有韵律的声音正如上文所述,和"兴之韵"紧密地联系在一起,其能指自指的功能,让事物"摇晃"起来,卸掉知识型的字面义,复归人与生命自然一体之自觉,使"有邪有正"的内容不再是第三人称视角上作为外部指称的陌生对象,而以第一人称视角"通达"性情,在物物无碍、同体互构、彼此成全的感同身受中,实现"感人"、"易入"的气质变化。倪培民指出:"在用语言来行为的时候,语言的色彩、语调、语音的选择、甚至说话时的理解都成了内容的组成部分。海德格尔就认为,哲学和诗歌一样,它的声调韵律对于它所传达的信息来说不是无关紧要的成分。"②这便是兴诗声音的魅力。

---

① 程树德撰,程俊英、蒋见元点校:《论语集释》,中华书局2013年版,第610页。
② 倪培民:《对话的语言与儒家的"正名"》,载《社会科学》2008年第8期,第45—51页。

兴诗如此这般的魅力，有其价值理想与渊源。朱光潜说："诗人用这些技巧，有时除声音和谐之外便别无所求，有时不仅要声音和谐，还要它与意义协调。在诗中每个字的音和义如果都互相协调，那是最高的理想。音律的研究就是对于这最高理想的追求。"①

诚如朱光潜所说，音律研究的最高理想关乎音、义的协调，对于"兴韵"来说这种价值理想源自《周礼》和《易》。《周礼》说：

  大司乐：以乐德教国子，中、和、祗、庸、孝、友；以乐语教国子，兴、道、讽、诵、言、语……
  大师：掌六律、六同，以合阴阳之声。阳声：黄钟、大簇、姑洗、蕤宾、夷则、无射。阴声：大吕、应钟、南吕、函钟、小吕、夹钟……教六诗：曰风、曰赋、曰比、曰兴、曰雅、曰颂。以六德为之本，以六律为之音。(《周礼·春官·宗伯》)

与后世"六义"不同，"六诗"是针对音乐提出的命题，是官方之"正音"，它们掌握在瞽矇手中，通过记诵、辨审、传授得以教化、传播。在春秋"季札观乐"："五声和，八风平，节有度，守有序"(《左传·襄公二十九年》)中，我们仿佛还能听到西周时的音乐典范。"乐语"同样如此，是对于语言表达的专门研究，它们（"乐语"之"兴"、"六诗"之"兴"）作为教学的两种节目，分别对应音乐与语言专项。今天对"乐语"、"六诗"如何传述的问题没有定论，但不可否认的是，在周代乃至更久远的时代，就已经有对"音乐"、"语言"的专门研究了，其中就有"兴"，并以音、义的协调为最高理想，"以六德为之本"。

---

① 朱光潜：《诗论》，上海古籍出版社2001年版，第146页。

周代以降，此音、义协调之最高理想，汇集在《诗》中，孔子深有体会，经学习、研究，有了孔子自己的独到见解。

从对音声的继承上看，孔子非常重视"诗"之音声。《诗》三百零五篇，"孔子皆弦歌之，以求合《韶》、《武》、《雅》、《颂》之音"（《孔子世家》）。"子在齐闻《韶》，三月不知肉味，曰：'不图为乐之至于斯也。'"（《论语·述而》）

从对音、义协调之最高理想上看，"子谓《韶》，尽美矣，又尽善也；谓《武》，尽美矣，未尽善也"（《论语·八佾》）。

从最高理想的切入处看，孔子不是从内容（文辞、义理）进入的，而是从形式（无形的音乐）入手的。《孔子世家》载：

> 孔子学鼓琴师襄子，十日不进。师襄子曰："可以益矣。"孔子曰："丘已习其曲矣，未得其数也。"有间，曰："已习其数，可以益矣。"孔子曰："丘未得其志也。"有间，曰："已习其志，可以益矣。"孔子曰："丘未得其为人也。"有间，有所穆然深思焉，有所怡然高望而远志焉。曰："丘得其为人，黯然而黑，几然而长，眼如望羊，如王四国，非文王其谁能为此也！"师襄子辟席再拜，曰："师盖云《文王操》也。"

孔子面见到文王的出神的巅峰体验和价值领会，是从曲到数、从数到志，从志到人，再引向深远，逐渐丰满起来的。学习之先，孔子对这首作品的内容根本不了解，不知道它是什么，直到由音乐唤起了他的终极体验后，经他人介绍，孔子才知道这首作品的内容是关于文王的。

一方面孔子有学习、继承周代乃至更久远时代以来的音乐、语言形式，另一方面他期许着音、义协调之最高理想，进而影响并形成孔子自己的思想，开出后世光辉的儒学传统。然而，这里隐藏着一处思想冲突,需要留意:从整体上看孔子的思想呈现出前反思、非概念化的特质,在具体实践中重"整体性"(返身)、"内源性"(内生)、"过程性"(生成),诸如孔子仁学的重心不在第三人称上外部反思"仁是什么",而关心如何在第一人称上自生德性之力;孔子之教不停留于确定性而超越既成性,令人领会非现成性思维与处身情景中的内在情态,不给出现成答案而基于学者已有的积淀,使之自得;是非不在确定性标准中评判,而在具体的时、位关系中内生;等等。这种思想特质,正如本书《释义篇》所言,和原初通名之"兴"的存在状态极为契合,而同《周礼》中润饰成"固定"诗艺技巧、仪礼风尚的程式规范格格不入。那么到底是什么力量,能令孔子绕开既成规范,将思维与存在状态迁跃至如此非现成的境地?

答案和孔子习《易》有关,当《易》思与孔子极高的音乐天赋结合,有了孔子对音乐("兴韵")的卓绝理解,并成为其思想、实践的重要方面。

孔子对音乐的正面论述,在《论语》中体现如下:

> 子语鲁大师乐,曰:"乐其可知也:始作,翕如也;从之,纯如也,皦如也,绎如也,以成。"(《论语·八佾》)

孔子晚年和鲁太师讨论音乐之道,孔子谈及音乐本身,说音乐是可以理解的,然后说了"始翕从纯"这段话。"始作"是音乐刚刚开始的状态(郑玄、宋翔凤解为"金奏",何晏解为"五音始奏")。从字形上看,"翕"像鸟将要飞翔之前先合拢羽翼的样子(《说文》:"起也";《玉篇》:"合也")。从字义上看,"翕"字,郑玄解为"变动之貌",何晏解为"盛"貌,朱熹解为"合";"从"字有解作"纵",何晏"言五音既发,放纵尽其音声",宋翔凤"谓纵缓之也",也有解作"放"(《集注》)。后面的"纯"、"皦"、"绎"、"以成","纯者,不杂之丝。皦者,玉石之白甚明也。绎者,不绝之丝。皆设谕之辞"。"纯,和谐也。皦如,言音节分明也。纵之以纯如、皦如、绎如言,乐始于翕如,而成于三者也"(何晏《集解》);"纯如,感人之貌。皦如,使清别之貌。绎如,志意条达之貌"(郑玄);"纯,和也。皦,明也。绎,相续不绝也。成乐之一终也"(《集注》)。[1]

张祥龙非常看重这段论述,他在结合了上述字形、字义解后,作了更深的解读。张祥龙解释为:"凭开合之势而发起,出现一个原来没有的状态,并且这个新出现的状态一定是盛大的、动人的……这里发生了某种变动,它让一个人从原来的静止态、日常态一下子进入一个飞翔的状态。……音乐一开始就让人摆脱开其他的一切羁绊、算计……摆脱日常的思考方式、感觉方式……不再在地上爬行了,而是一下子……满足了……原本的发作……因此,对于孔子来讲,音乐的本性是:于起始处横空出世,摆脱一切线性、因果、功利的思维方式,……它超出了所有对象化或个人主体化的意识状态,但又不是反理性或仅仅下意识的,而是意识和意义之源,发动之机,风行之势,礼义之所据。"[2]张祥龙的阐述很符合人们的切身感受,当我们走在路上戴上耳麦,音乐响起,仿佛一切都变了样,世界不再是认知的客观世界,听者也不再是普通的路人,音乐开见了一个动人、盛大的境域,听者一下子跃出日用伦常,成了盛境的主人。

可见,孔子对音乐的理解是和原发的意义生成联系在一起的。"始作,翕如也"不仅仅在陈式上是音乐的开始,也是原初的意义生发的开始。音乐响起,一个新的意义世界立了起来,这是一种"元"态,紧跟的"纯"、"皦"、"绎"是对"元"态的保持,保持住原发的纯价

---

[1] 程树德撰,程俊英、蒋见元点校:《论语集释》,中华书局2013年版,第253页。
[2] 张祥龙:《孔子的现象学阐释九讲》,华东师范大学出版社2009年版,第76—78页。

值赋予之境,不流散。因此,孔子表面上在说音乐,实质上是在说意义生成的本体论(存在论)问题,或者说,音乐在孔子这里就有本体论的意味。

孔子不像宋翔凤那样,根据周礼礼仪僵化地阐述音乐程式的演奏先后,而是要通过音乐斩断与世俗的单向的、贫乏的矮化的对象化联系,引发、自启意蕴葱茏的生命自然,呼唤事物与其所处世界内在的生命联系,把握实在的生命活动与其所处世界之内在而整体的意义关系。如此也就把握了本体(仁体),有了对昭德的体认,进而产生道德的内生性、实践的动力性和应然的超越性,实现言顺事成,礼乐兴,人民安居乐业。

这种由音乐开启的本体论,便是《易》中"元"态的世界,"元"态的世界是一种"善"的世界,这里的"善"不是道德善恶中的善,而表示生生不息、欣欣向荣的生命自然及其价值生成性活动。《周易》"乾卦":"元亨利贞",将"元亨利贞"的解释与孔子"始翕从纯"的音声之思相对照,其中的关系就看得分明了。

> 亨者,嘉之会也;利者,义之和也;贞者,事之干也。(《文言》)
>
> 大哉乾元!万物资始,乃统天。云行雨施,品物流新。……乾道变化,各正性命。保合太和,乃利贞。首出庶物,万国咸宁。(《乾·彖》)
>
> 元,始也;亨,通也;利,和也;贞,正也。(《周易正义》)

原本的音乐("兴韵")就如同"元善",指示着万物的生存发展,而原本的善就是天地间宏大的音乐,"刚柔相摩,八卦相荡,鼓之以雷霆,润之以风雨"(《系辞上》),天地在进行合奏,"纯如也,皦如也,绎如也","和也"、"明也"、"相续不绝"、"洋洋乎盈耳哉"(《论语·泰伯》)。它盛大、动人令物事"从原来的静止态、日常态一下子……摆脱日常的思考方式、感觉方式","满足了……原本的发作……于起始处横空出世,摆脱一切线性、因果、功利的思维方式……是意识和意义之源,发动之机,风行之势,礼义之所据"。

由此理路至王夫之将音声齐于天,并把孔子作为治理之道的"名正言顺",改为"音顺言顺",这等体贴,相当地真切洞明!"故音容者,人物之元也,鬼神之绍也……音顺而言顺,言顺者音顺之绪余也……大哉,圣人之道!治之于试听之中,而得之于形声之外,……更有进焉,容者犹有迹也,音者尤无方也。容所不逮,音能逮之。"①

---

① 〔清〕王夫之:《诗广传·论那二》,载《船山全书》第 3 册,岳麓书社 2011 年版,第 511—512 页。

第八章 "兴"之象：出入于"象"，本之以"兴"

除了复沓声韵，"兴"语言中蕴有丰富多彩的形象，这类形象不同于既成之器形，是通达本体（存在）的活眼，称为"兴象"。作为"非—定思"之在，它们有形而不累于形，以之为中介，生命的价值意蕴得以把握。

虽然"兴象"概念见于唐朝，但对"象"如此这般的理解自《易》时代起便存在了。所谓"观其象而玩其辞"（《系辞上》），以"象"为中介，人们深入生命自然，玩味使形成形的生命力量，示见形无定形的内生方向与价值意蕴。

狭义的"象"属于《易》学范畴，而广义的"象"作为过程之迹，体现在生命活动的各个方面，它们同样有活转的力量。

本节从"兴象"概念入手，究其不同于"器形"的"非—定思"特质，如何成就体道过程与道体活动的实践、表达。

第一节 "兴象"的提出与"兴"之价值自律性的确立

"兴象"概念始于唐代殷璠，在殷璠前，孔颖达已将"兴"、"象"联系起来（"以兴必取象，以兴后妃上下之盛"[①]），虽然孔颖达对

---

① 〔汉〕毛亨传，〔汉〕郑玄笺，〔唐〕孔颖达疏，〔唐〕陆德明音释：《毛诗注疏》，上海古籍出版社2013年版，第52页。

"兴"的理解承袭汉代经义,但发现"兴"的价值生成可以从"象"入手,将"象"作为"兴"的切入点,是有见地的。

齐梁后,辞藻华丽成为风尚,又由于沈约等人对"四声八病"的追究,诗人的声律意识越来越强,声律理论逐渐完备,这一方面对近体诗的形成起了积极作用,另一方面却造成过度形式的风气,致使初唐出现反对齐梁诗风的局面,殷璠《河岳英灵集》就是这个时期的产物。

《河岳英灵集》中论及"兴象"共三处:

> 攻异端,妄穿凿,理则不足,言常有余,都无兴象,但贵轻艳。虽满箧笥,将何用之。①(《序言》)
>
> 历代词人,诗笔双美者鲜矣,今陶生实谓兼之,既多兴象,复备风骨。②(评陶翰)
>
> 浩然诗,文采丰茸,经纬绵密,半遵雅调,全削凡体。至如"众山遥对酒,孤屿共题诗",无论兴象,兼复故实。③(评孟浩然)

"序言"说"都无兴象,但贵轻艳",将"兴象"与"轻艳"的形式(辞藻、音律)相对,认为诗歌需要对内在意蕴有更多关注,比如曹操、刘桢的作品,虽然在平仄错落上有不足,甚至存在五字仄声、十字平声的情况,但是观览他们的作品,人们依然能体会到雄健深远("至如曹、刘诗多直语,少切对,或五字并侧,或十字俱平,而逸驾终存"④)。那么如何理解诗歌中这种与"轻艳"形式相对的意蕴?

当殷璠在评价陶翰、孟浩然的作品中,将"兴象"、"风骨"、"故

---

①④ 〔唐〕殷璠著,王克让集注:《河岳英灵集注》,巴蜀书社2006年版,第1页。
② 同上书,第122页。
③ 同上书,第259页。

实"并举,实际上就已经言及了意蕴及其特质。其中,"故实"与现世的情意有关,"风骨"是殷璠对汉魏诗风的追求,也成为他选集的重要依据,大致概括为:通过劲健刚直的语言,见浓烈明朗、昂扬激越的感情基调,以及由此形成的雄浑壮大的气势与美感①,表现出"建功立业、奋发向上的时代精神"和"怀才而不为世所用,报国济世无门的时代精神"②。殷璠将它们并举,意谓意蕴虽然不离实然,但不停留在实然上,如魏晋常见的《咏鹦鹉》《咏美人》之类的娱情诗,满足官能性愉悦,意蕴不是,意蕴虽是内容但无法通过对象化的方式把握。叶朗说:"意蕴世界:是一个尚未能或不能抽象为概念的意味或意向世界。……文学作品的内容,我们一般称之为'意蕴',而不称为'意义'。'意义'(理论著作的内容)是确定的,因而是有限的。'意蕴'则带有多义性,带有某种程度的宽泛性、不确定性和无限性。'意义'必须用逻辑判断和命题的形式来表达,'意蕴'却很不容易用逻辑判断和命题的形式来表达。'意义'是逻辑认识的对象,'意蕴'则是美感(审美感兴、审美领悟、审美体验)的对象。换句话说,'意蕴'只能在欣赏作品时感受和领悟,而很难用逻辑判断和命题的形式把它'说'出来。如果你一定要'说',那么你实际上就把'意蕴'转变为'意义',作品的'意蕴'总会有部分的改变或丧失。"③殷璠将"兴象"、"风骨"、"故实"并举,可见他对诗歌内容的理解,而内容不是去追求客观的实事、实景与生理上的快感刺激,而是去体会作品开显的价值意味。

然而同样是价值意味,"兴象"、"风骨"、"故实"又有不同,如果说"故实"与现世的情意有关,"风骨"与精神品性有关,那"兴象"是

---

① 罗宗强:《隋唐五代文学思想史》,中华书局2003年版,第47—58页。
② 杜晓勤:《隋唐五代文学研究》,北京大学出版社2001年版,第304页。
③ 叶朗:《胸中之竹——走向现代之中国美学》,安徽教育出版社1998年版,第114页。

什么?

先看"评陶翰"。陶翰在当时颇有声名,今存诗作17篇,殷璠对他评价很高,"既多兴象,复备风骨"。撇去现世情意与人物品性,在陶翰17首作品中可以与"兴象"对应的,只剩下写景之作了。而恰如张海明说:"兴象主要是就唐代特别是盛唐山水诗创作经验的理论概括。"①朱志荣说:"所谓'兴象'是指物象在意象创构中对主体的感发作用,纪昀所谓'兴象天然'、'兴象深微'等,强调物象对主体灵感的感发是不经意的、自然而然的……通过审美的思维方式体悟物象,从物象中领略到趣味。"②这样看来,将"兴象"与写景诗对应,大体是不错的。

《早过临淮》:

> 夜来三渚风,晨过临淮岛。湖中海气白,城上楚云早。鳞鳞鱼浦帆,漭漭芦洲草。川路日浩荡,悬焉心如捣。且言任倚伏,何暇念枯槁。范子名屡移,蘧公志常保。古人去已久,此理今难道。③

夜来风,晨过岛,"海气"、"楚云"、"鱼浦帆"、"卢洲草"。苍茫的景色令陶翰心生茫然,念兹仕途坎坷,祸患丛生,遥想范蠡荣名于世而三易姓名全身远祸,蘧伯玉志行高洁而用行舍藏,可惜都去已久远,今难道。

《秋山夕兴》:

---

① 张海明:《殷璠〈河岳英灵集〉诗学思想述略》,载《中国文化研究》2003年第2辑,第39—45页。
② 朱志荣:《论审美意象创构中的"象"》,载《云南师范大学学报》(哲学社会科学版)2020年第6期,第86—94页。
③ 〔唐〕殷璠撰,王克让集注:《河岳英灵集注》,巴蜀书社2006年版,第144页。

> 山月松筱下,月明山景鲜。聊为高秋酌,复此清夜弦。晤语方获志,栖心亦弥年。尚言兴未逸,更理逍遥篇。①

山林月色,对饮高秋,清夜弦远令陶翰漫心至庄子《逍遥》之境。

《宿天竺寺》:

> 松柏乱岩口,山西微径通。天开一峰见,宫阙生虚空。正殿倚霞壁,千楼标石丛。夜来猿鸟静,钟梵寒云中。岑翠映湖月,泉声乱溪风。心超诸境外,了与悬解同。明发气候改,起视长嵯东。湖色浓荡漾,海光渐曈朦。葛仙迹尚在,许氏道犹崇。独往古来事,幽怀期二公。②

松柏、乱岩,只有一条极其勉强的小道,湖天月色,翠影霞壁,听"猿鸟"、"钟梵"、"泉声"、"溪风"之天籁,钦羡葛洪、许由之自然,尽可能地远离人烟,得心之深远超然。

诚如张海明、朱志荣所说,自然(山水)物象不经意地引起主体变化,陶翰经由它们有了人生感悟。这些感悟,不是收获了具体的情感(喜怒哀乐)和人生道理(是非对错、处事原则),而是经由它们关切于生命价值,在远离人世(摆脱对象化之狡计)的自然中把握(保全)天然(原初)整全的生命意蕴。

对"兴象"的这种理解,在"评孟浩然"中同样成立。殷璠对孟浩然的评价是"浩然诗,文采丰茸,经纬绵密,半遵雅调,全削凡体。至如'众山遥对酒,孤屿共题诗',无论兴象,兼复故实"。从古体诗

---

① 彭求定等主编:《全唐诗:精华》,陕西人民出版社2021年版,第442页。
② 〔唐〕殷璠撰,王克让集注:《河岳英灵集注》,巴蜀书社2006年版,第141—142页。

发展到近体诗,诗歌形式变得精密,所谓"文采丰茸,经纬绵密,半遵雅调,全削凡体"是殷璠对孟浩然诗歌形式的评价,孟浩然熟悉近体诗的特点又不受之束缚,如《舟中晓望》整体上合于声律,三、四句又似六朝短古,然而读来一气挥洒、神韵超然。

论完形式,殷璠在后半部分评价起孟浩然的诗歌内容,针对内容,殷璠说"无论兴象,兼复故实",他认为孟浩然在内容上既有"兴象"又有"故实"。孟浩然是唐代山水田园诗的代表人物之一,他的作品既有山水诗恬静玄远的一面,也有田园诗近人世的一面,这与孟浩然一生始终在求仕与归隐间徘徊有关,他既放不下山水,也放不下事功。映射在诗作上,人们既能看到"日夕弄清浅,林湍逆上流。山河据形胜,天地生豪酋"(《送张祥之房陵》)的自然真趣,"弃象玄应悟,忘言理必该"(《来阇黎新亭作》)的玄远道意,也能看到"故人具鸡黍,邀我至田家"(《过故人庄》)的生活气息,"故人今在位,歧路莫迟回"(《送丁大凤进士赴举呈张九龄》)的政治情怀。"无论兴象,兼复故实"指的就是这两个方面。"兴象"示见孟浩然的山水之真趣,"故实"指其积极的生活热情与政治情怀。

随即,殷璠举"众山遥对酒,孤屿共题诗",来说明孟浩然诗歌内容上既有真趣道境又及现世情怀的两方特质。"众山"、"对酒"体现了孟浩然对"真趣"的渴慕,"人世日益演进,'真'却日益稀缺……从思想史看,道家一方面引领人们投入内外修炼而返'真';另一方面也开启了以'醉'达'真'的方便法门……由'醉'而'真'既透露出对'真'之难求的深深无奈,却也由此开辟了一条不凡的超越之路"。① 由"对酒"之醉配上"众山"、"孤屿"、"空"、"独"的玄意呈现出来,这是"兴象"。同时,"对于士人来说,饮酒……也是性

---

① 贡华南:《醉与真——中国酒精神之维》,《哲学分析》2022年第1期,第111—122页。

命、道理的展开,……敞开酒中之道与理,以及人自身的性和命……成了人的内在精神生命"①。开元二十年(732),孟浩然在长安待了约一年,他献赋求荐无果,于是浪迹绍兴,又从绍兴到永嘉(今天温州一带)。时年,孟浩然的同乡好友张子容遭贬,在乐城(今天温州的乐清,挨着永嘉)任县尉,得知孟浩然来永嘉,便上浦馆迎候,两人"同病相怜",不禁悲从中来,就有了这首作品,这是《永嘉上浦馆逢张八子容》"故实"的一面。

  由此看来,狭义上说"兴象"主要以自然为中介,令人油然而得天然(原初)的生命意蕴;但从广义上说,要在自然中把握真意,又必须经历世情,因为"兴象"的超然意蕴不是抽象自在的,对生命价值的领会不可能脱离生命历程来把握,真趣就在具体的生命中,通过具体的生命活动呈现出来。"山气日夕佳、飞鸟相与还",只有经历过"樊笼"与"车马"才能深切著明。从这个意义上说,"兴象"饱有人的生命历事,但不陷溺其中,具有活转的特质。

  自殷璠提出"兴象"概念后,这种历经世事又物我超越,领会生命意蕴的精神面向,对后世司空图("韵外之致")、严羽(妙悟说)、王士祯(神韵说)等人的理论产生了重要影响,并被认为是诗的重要特质之一。明代高棅在《唐诗品汇总叙坛》中说:"至于声律、兴象、文词、理致,各有品格高下之不同。"②进而他提出"兴象高远"的品格("唐代君臣以五律相倡和,由是海内词场,翕然相习,故其声调格律易于同似,其得兴象高远者亦寡矣"③)。明代胡应麟受宋代严羽"妙悟说"的影响("故其妙处透彻玲珑,不可凑泊……言

---

  ① 贡华南:《酒的形上之维——以〈浊醪有妙理赋〉为中心》,《社会科学战线》2022年第12期,第11—18页。
  ② 〔明〕高棅撰,〔明〕汪宗尼校订:《唐诗品汇》,上海古籍出版社1982年版,第8页。
  ③ 同上书,第506页。

有尽而意无穷"①),写到"兴象玲珑,意致深婉,真可以泣鬼神,动天地"②。"古诗全无兴象可执"③,这里的"无"不是没有的意思,而是说在对意蕴的领会上,古诗的语言自然,不刻意为之,令人不自觉地把握到超然真趣,正所谓"凡兴象高即不为字面碍"④。

朱自清总结说,后世"兴"有"两个义变……大约是庄子'得意忘言'和禅家'离言'的影响。所谓言外之意……'只看气象'……触类引申……我们可以叫作'兴象'……唐末,司空图以味喻诗……集形似语之大成……到了借禅喻诗的严羽又提出'兴趣'……所谓'别趣'、'意兴'、'兴趣',都可以说是象外之境。这种象外之境,读者也可触类引申……所得的是感觉的境界,和前一义之为气象情理者不同。但也当以'人情不远'为标准"⑤。

自此,"兴象"不只是对某种时代风格、诗歌品调的评价,而成为体道过程与道体活动的一种表达。这层意涵对"兴"来说,意味着"兴"正式从"比兴"的解经、喻说中脱离,"兴"关联价值本体的自律性确立了起来。

第二节 由"象"入"兴":释"象"的"非一定思"性

"兴象"概念提出后,对其现实、物我之超越与价值之领会,在

---

① 〔宋〕严羽著,郭绍虞校释:《沧浪诗话校释》,人民文学出版社1983年版,第26页。
② 〔明〕胡应麟撰:《诗薮》内编卷一,中华书局1958年版,第23页。
③ 同上书,第25页。
④ 〔清〕先著、程洪撰:《词洁》卷三,载王洪主编:《唐宋词精华分卷》,朝华出版社1991年版,第335页。
⑤ 朱自清:《诗言志辨》,载朱乔森编:《朱自清文集5——学术论著卷2》,开今文化事业有限公司1994年版,第143—147页。

后世有了种种概念变体,无不示见生命的体道过程与道体活动的内在关联。

为什么"兴象"可以在后世发展出众多理论与概念变体,成为关乎价值本体的语言表达?解释这个问题,不能诉诸文学史对概念演变的罗列,而要深入"兴象"的意义生成结构,看它如何成就生命价值,从而理解后世的相关概念如何能从"兴象"始,内在逻辑的展开。

一、见"微"知"深":由"象"入"兴"

"兴象"在意义生成上,有"深"与"微"两个特点,"深"是意蕴深远,"微"指起手处不死板,有超越有限的活转("非—定思")特质。

先谈"深"。纪昀多次提到"兴象"意义生成中的"深"、"微",他说"五六句兴象深微,特为精妙"①(评王维《登辨觉寺》)。"兴象深微,笔笔超妙,此为神来之候。"②(评常建《题破山寺》)如何理解这里"深"与"微"的关系?他说:"心灵百变,物色万端,逢所感触,遂生寄托。寄托既远,兴象弥深。于是缘情之什,渐化为文章。"③生命活动千姿百态,在与万千事物邂逅时,"情动于中而形于言",将自己体会到的深远意蕴化成文章,这个过程中,心物触逢而生的无尽意蕴便是"深"。方东树在继承了谢皎然"兴取象下之意"后,说"愚谓比但有物象耳,兴则有义。义者因物感触,言在此而意寄于彼。知此,则言外皆有余味,而不尽于句中……兴在象外也"④。认为"兴象"是"言在此而义寄于彼","言外有余味而不尽于句中"。

---

① 〔元〕方回选评,李庆甲集评:《瀛奎律髓汇评》,上海古籍出版社 2005 年版,第 1628 页。
② 同上书,第 1666 页。
③ 〔清〕纪昀撰,纪树馨编校:《鹤街诗稿序》,《纪文达公遗集》卷九,清嘉庆十七年纪树馥精刻本,第 65 页。
④ 〔清〕方东树、吴闿生评:《昭昧詹言》,朝华出版社 2019 年版,第 691—692 页。

因此"兴而兼比者,亦终取兴不取比也。若夫兴在象外,则虽比而亦兴。然则,兴最诗之要用也……兴在象外,专以此求之,则成句皆有余味不尽之妙矣"①。方东树的说法不仅同样体现了"兴象"中"深"的特质,而且点出了"兴象"中"深"的特质实质是在说"兴",是"兴象"中"兴"的特质。

那么"兴"的意味之"深"如何实现呢？这就需要"微",即通过"象"来实现。当方东树说"兴在象外也","不尽于句中",意味着虽然意味之"深"落在"象外",但"象外"之"深"是由"象"而来的,起手处在"象",通过"象"、"句"的活转,实现无尽的"象外"意。方东树在评白居易《钱塘湖春行》中说："佳处在象中有兴,有人在,不比死句。"②清代冯班说："诗有活句,隐秀之词也。""隐者,兴在象外,言尽而意不尽也；秀者,章中迫出之词,意象生动者也。"③可见,有"活句"才有不尽之意,不尽之意是"隐","隐"是"兴"之"深"。而要实现对不尽之意的示见,就不得不迫于形象,形象有死有活,活的形象即"活句","活句"是"象",它有形而不累于形,有形是"章中迫出之辞",对深意的理解不能不通过有形的语言,不累于形是说它不是"死句",能令有限者不执于有限（确定性）,而有活转的功能,有超越有限的"非—定思"特质,这也就是形象中的"微"。如果说"深"之无尽意属于"兴",那么"微"之活转属于"象",通过"象",见"微"知"深"著。

由"微"入"深",由"象"入"兴"。这里的要点在于,"兴"要生成,需要从"象"切入,而能从"象"切入,是因为"象"的活转特质是一种"非—定思"的关系活动,生命的全部意蕴就在此活动中赢得自身。

---

① 〔清〕方东树、吴闿生评：《昭昧詹言》,朝华出版社 2019 年版,第 625 页。
② 同上书,第 643 页。
③ 〔清〕冯班撰：《钝吟杂录》卷五,载傅璇琮等主编：《中国诗学大词典》,浙江教育出版社 1999 年版,第 108 页。

二、"象"与"形"、"似"的关系

"象"为什么具有活转的"非一定思"特质？大致说来，与既成之"器形"不同，"象"的生成是由自上而下与自下而上两个方面共同促成的。

从上往下看，"天生神物……天地变化……天垂象……"、"两仪生四象"（《系辞上》），"象"从"天"生，是生命自然意义生成活动在时、位中的自身呈现，因此人们可以通过"象"把握到风云变化的内在方向。从下往上看，"象"有属人的一面，"圣人有以见天下之赜，而拟诸形容，象其物宜，是故谓之象"（《系辞上》）。"象"脱离不了人，它通过圣人之感而立，与"形"之有限的私心、私感不同，圣人之感属公心、公感，是对生命自然意义生成活动之整全的观、感。张载说："圣人，则不专以闻见之心，故能不专以闻见为用。无所不感者，虚也；感即合也，咸也。以万物本一，故一能合异；以其能合异，故谓之感；若非有异，则无合。天性，乾坤、阴阳也，二端，故有感；本一，故能合。天地生万物，所受虽不同，皆无须臾之不感，所谓性即天道也。感者，性之神；性者，感之体。"①

自上而下的"象"虽是生命自然意义生成活动于时、位中的自身呈现，但此活动脱离不了人；自下而上的"象"虽有行迹，但不执于行迹，需要人在取法上以公心观、览而立。上下一体两面，造端于"圣人"而"象其物宜"，展现内生于生命自然的价值意蕴。

具体说来，要理解"象"，需要从"形"的意涵说起。细究起来，人们常因日常语言而在两种意涵上共用"形"这个字，连带着将不同向度上的"相似"概念绞绕进来，令器形与象形，形似与神似混淆一气，后者与"象"之活转有关。

---

① 〔宋〕张载著，章锡琛点校：《张载集》，中华书局 2006 年版，第 63 页。

（一）"形"、"似"的两层意涵

《说文·彡部》："形，象形也。从彡，开声。""彡"是"毛饰画文也"（《说文》）。通过羽毛装饰或用毛笔等工具画出事物纹样，是"形"，它以人的官能为媒介摹画事物的形象以与原物相似，这里的相似有两层意涵，容易被人混淆。

相似，既可以指外形上的复制（摹本与原型的关系），比如人们常说画得真像、一模一样，这种相似停留在事物之外看事物，以求摹本与原型间尽可能地符合，是一种静态二元论上的相似；也可以指内在的神似，比如人们常说逼真、惟妙惟肖，这种相似不求外形符合而深入（参与）事物内部，在事物与其所处世界的内生活动中把握事物。在"释义篇"中我称之为"内源性相似"。

基于"相似"的两重性，对应的"形"也有两种理解。一种是静态的既成之形，即有形无形之形。王弼说："有形则有分，有分者，不温则凉，不炎则寒。"①既成之形源于外部区分，外部区分是对事物的抽象限定，存在者在抽象限定中存在，成为对象化、观念化的产物。中国文化中，对这种"形"的理解称为"器"（"器形"），"器形"之"形"、"囿于形器之下，有色有象，止于形而已"②，它执着在色相（外形）中，因而是既成的不能变化的存在者。

另一种是动态的内生赋形（去成为形），这种"形"不是静态的既成结果，而是作为意义生成过程的活动环节，显露出"形"。内生赋形（去成为形）不意味着意义生成的结束，而是在时、位中获得相对稳定的意义状态的同时，向着未来敞开，在这一视野里，"形"是暂时的"客形"，"形而上"与"形而下"是意义生成过程的一体两面，而非打成两截的两个世界。张载说："太虚无形，气之本体，其聚其

---

① 〔魏〕王弼著，楼宇烈校释：《王弼集校释》上册，中华书局1980年版，第113页。

② 〔明〕来知德撰，张万彬点校：《周易集注》，九州出版社2004年版，第652页。

散,变化之客形尔。"①"形"是聚散的过程环节,是暂时的而非永恒的。王夫之说:"形而上者,非无形之谓。既有形矣,有形而后有形而上。无形之上,恒古今,通万变,穷天穷地,穷人穷物,皆所未有者也。故曰'惟圣人然后可以践形。'践其下,非践其上也。……器而后有形,形而后有上。"②陈梦雷说:"道超乎形而非离乎形,故不曰有形无形,而曰形上形下也。"③"形"作为本体的活动环节,不指向自身之外与本体分离,相反,本体就在"形"中示见自身。

在这种"形"态观中,人们不聚焦"客形",而是通过"客形"玩味使"形"、"成形"的生命力量。张彦远说:"夫画物特忌形貌、采章历历具句,甚谨甚细,而外露巧密。"④苏轼说:"论画以形似,见与儿童邻。"⑤形貌历历,是用生理性器官对存在者之在场的把握,这在中国文化中是不被待见的,苏轼说它是"见与儿童邻",《周易》"观"卦第一爻认之为"童观"("初六,童观,小人无咎,君子吝"),"童观"之"观"是"五色令人目盲,五音令人耳聋"的生理性官能,眼睛是动物的眼睛,耳朵是动物的耳朵,小人们所视的是切近眼前的、短暂的利益。

除此之外,还有一种"大观"。《象》曰:"大观在上……观天之神道,而四时不忒。"天道虽然不言而四时行焉,圣人能深入到在场者在场的活动中,进入万物与其所处世界的内生关系,领会使之在场、不言而行的生命力量。

---

① 〔宋〕张载著,章锡琛点校:《张载集》,中华书局 2006 年版,第 7 页。
② 〔清〕王夫之:《周易外传·系辞上》,载《船山全书》第 1 册,岳麓书社 2011 年版,第 1028—1029 页。
③ 〔清〕陈梦雷撰:《周易浅述》,九州出版社 2004 年版,第 405 页。
④ 〔唐〕张彦远著,俞剑华注释:《历代名画记第二卷·论画体工用搨写》,上海人民美术出版社 1964 年版,第 37 页。
⑤ 〔宋〕苏轼撰:《书鄢陵王主簿所画折枝二首·其一》,载李福顺编著:《苏轼与书画文献集》,荣宝斋出版社 2008 年版,第 49 页。

（二）象形、神似的本体论意涵

述完"形"，再来看"象"。

> 象者，南越大兽之名，于义无取。虽韩非曰：人希见生象也，而案其图以想其生，故诸人之所以意想者皆谓之象。然韩非以前或只有象字，无像字。韩非以后小篆既作像，则许断不以象释似，复以象释像矣。《系辞》曰：爻也者，效此者也；象也者，像此者也。又曰：象也者，像也；爻也者，效天下之动者也。盖象为古文，圣人以像释之。虽他本像亦作象，然郑康成、王辅嗣本非不可信也。凡形象、图像、相像字皆当从人，而学者多作像，象行而像废矣。许书二曰象形，度许固必作像形。①

《说文》先说"象"在字源上指大象这种动物，今天人们只需去成都市区的金沙遗址博物馆，看"1号象牙堆积坑"，便能想象3 000年前的殷商时期，古亚洲象在这片土地生活，与人相处的场景。随后《说文》阐述了"象"与"像"字的关系，在作"相似"解时，"象"字演变出了"像"，因为"形象"、"图像"、"相像"都需要人的参与，所以加上单人旁，但由于人们更习惯用"象"，"象"比"像"流行，导致"象行而像废"。

可见"象"是一种"相似"，更准确地说"象"指"相似"意涵中的"神似"如上文所说，"相似"有两种，一种是外在形似，另一种是内在神似。后者不止于既成之形，走向确定、抽象的逻辑概念和完满、原型的彼岸世界，而深入事物内部，在事物与其所处世界的内

---

① 〔汉〕许慎撰，〔清〕段玉裁注：《说文解字注》，上海古籍出版社1981年版，第375页。

生关系中把握事物,我称之为"内源性相似"。

对此,《说文》引《韩非子·解老》中的话:人们很少看到活象,于是用死象的骨头拼成象的图样,令人意想活象。这里的要害在从"死"到"活"的转度,死象之图(形)并不用来认知大象的观念(如此是从"死"到"死"),而是体会到活灵活现的大象(从"死"到"活"),要从"死"到"活"需要借助眼前的图像深入(身临其境)大象的在世之在(生活世界),而之所以人可以深入其中,是因为两者(人与象)本就同体共流,有内在的生存关系。因此,"案其图以想其生"的"图"所要做的,不是去勾勒外形上的相似,而是要深入生命自然,示见共存于世的生存结构(关系),这种结构关系作为"隐藏在世界深处的相似,……是在事物之间建立联系的方式",它"躲在世界深处发挥作用,……事物通过相似性而形成一个总体符号系统,每个相似性又在这个系统中相互关联、相互感应,《周易》就是根据这个原则而建构起来的,易象之间的交错缠连都是依赖相似性得以可能"①。

如此这般的"图"(形)就是"象",如此这般的"案其图"就是"立象",以示见共世的生存结构(关系)。所以《说文》接着说:"《系辞》曰:爻也者,效此者也;象也者,像此者也。……爻也者,效天下之动者也。""象"之相似,是要深入到生命自然的内在活动中,去"效天下之动",领会彼此共在、共生的意义关系。《尚书·尧典》说:

乃命羲、和,钦若昊天,历象日月星辰,敬授人时。

这里的"象",世俗解为推演效法天象并授予百姓,但既然是

---

① 夏开丰:《绘画境界论》,文化艺术出版社2021年版,第65—66页。

把日月星辰引入人间，那就不可能是形式上的外在效仿，不可能是传授"知识性"的历法，而要"深入"到人与其所处世界的"内在生存关系"中，去感受（法）天人原时的相契节奏（生存上的结构关系），追随它的中极发生，领会天命，春天的时候"分命羲仲，宅嵎夷，曰旸谷。寅宾出日，平秩东作。日中，星鸟，以殷仲春。厥民析，鸟兽孳尾"（《尚书·尧典》）。张祥龙为之做了段美妙的解释：

> ［尧］分派羲仲去住在东海边的嵎夷，正是叫作旸谷之地，朝日就从那边的大海波涛中升起。要他虔敬地在祭祀中引导日出，辨识冬春万物发动初生的气象，以呼应农耕。春分那一天，日与夜均分；太阳在地上与地下周行，壶滴箭刻所量，昼夜各为五十刻。这一天的日冥入昏时，仰观正南方，可见朱鸟（朱雀）七星灿然于夜空，以此来确认三月之中心。这时民众散布在田野，以便耕种，鸟兽交尾，繁殖生育。人与天地万物在春时中相遇，在诚敬礼乐里交织，既鸿蒙阔大，舒张于原隰山海；又精准中节，取信于日月星辰。①

"象"之"效天下之动"体现了"象"自上而下呼应、追随天道的一面。

与此同时，"象"之"相似"正如《说文》所说是一种"形象"、"图像"、"相像"，它是人的感性活动，与所看、所意联系在一起，因而有"形"。然而"形"有两种，与"象"之"相似"有关的，是内生赋形（去成为形）。正如上文所说，此"形"、此"感"不止于"器"，不执于静态

---

① 张祥龙：《〈尚书·尧典〉解说》，生活·读书·新知三联书店2015年版，第55页。

的既成结果,它打通"形上"、"形下",示见宏大、深远的生命世界及其整全的价值意蕴。此时,"象"形是生命自然于其时、位中的活动环节,它"既济"又"未济",向着未来敞开。

图这样的"形",人在感性活动上就不能"童观"而要公心、公感,以"大观……观天之神道",这便是"圣人立象以尽意",体现着"象"自下而上的一面。

> 圣人有以见天下之赜,而拟诸形容,象其物宜,是故谓之象。(《系辞上》)

"象"由感生,关乎人的所看、所意,因而有形("拟诸形容"),但是此形不是既成之器形,而与"赜"有关,"赜"是幽微、初始之貌,《系辞下》称此为"几","几者,动之微","微"是有形的一种存在状态,有形因其内动而无定形。呈现世界形无定形的内动情态即"象见",孔颖达称"见乃谓之象者,前往来不穷,据其气也。气渐积聚,露见萌兆,乃谓之象,言物体尚微也"[1]。

如何实现"象见"呢?通过"立象"。世界看似瞬息万变,但如果离开了人,那么生生世界根本无所谓"几"、"微"、"兆",无所谓"瞬"、"逝",它们之所以有意义,是对人来说有意义,而如此这般的意义之所以对人来说能产生,是因为人参与进了世界的意义生成活动,它们是人与世界活动关系的价值体现。因此,所谓"立象",即物在我之中,我在物之中,感通于共生的存在结构(关系)并将之带入语言——"拟诸形容"而成"象"——示见生命自然形无定形的内生方向与价值意蕴。

---

[1] 〔三国魏〕王弼、韩康伯注,〔唐〕孔颖达等正义:《周易正义·第七》,《十三经注疏》第1册,聚珍仿宋本,中华书局2020年版,第17页。

第三节 "兴象"的"非一定思"特质

"象"的建立由自上而下与自下而上两个方面构成,意味着"象"不是指称符号,指称符号是被动、静止、外在的,而"象"的建立是自主、活动、内生的,是人与其所处生命自然的共舞,并带入语言。

将立象过程带入语言,意味着如此这般的语言不是意义存储的工具,而是一种启发、示见意义生成活动的通达过程。章学诚说:"《易》象虽包《六艺》,与《诗》之比兴,尤为表里……战国之文深于比兴,即其深于取象者也。"[①]表面看其时"深于比兴"多为"赋诗言志"、"断章取义",但"赋诗断章"的积极意义在于不落入确定性所指,而对彼此的创造性活动(言外之意)有所通达。

从广义的语言上看,"象"是有形的,但"象"之语言不是存储意义的工具语言,正如安乐哲所说"创造的过程而非创造的对象构成意义的存贮,所成象者,就是过程本身"[②]。"象"之有形是"所成象者",但"所成象者"不是对象之象,而是立象过程中的有形痕迹,是卷入内源性相似的广义语言,具有启发、示见立象过程,复归能指的特质。

日用而不知的人们常常遗忘立象过程,而通过迹"象"(广义的语言),立象过程被唤醒(启发、示见),内源性相似得以把握,原初的生命意蕴得到彰显。唐代朱景玄《唐朝名画录》序中说:

---

① 〔清〕章学诚:《文史通义》,中华书局 2000 年版,第 19 页。
② 〔美〕安乐哲、彭国翔编译:《自我的圆成:中西互镜下的古典儒学与道家》,河北人民出版社 2006 年版,第 229 页。

> 伏闻古人云：画者圣也。盖以穷天地之不至，显日月之不照。挥纤毫之笔，则万类由心；展方寸之能，而千里在掌。至于移神定质，轻墨落素，有象因之以立，无形因之以生。①

绘画作为广义的语言，必然有形，表现为"纤毫之笔"、"方寸"、"墨"、"素"，然而这些有形之形并不摹刻所照、所至，而是彰显"不照"、"不至"，"无形因之以生"。无形不是没有，而是超越器形的有限性、知性的对象化，领会（"穷"）人与"天地"内在的生存关系与价值意蕴。此时，有形之形不是器形之形，而是"象"之有形，绘画活动是示见天人关系的过程痕迹（"有象因之以立"）。

如此，"兴"与"象"的关系便清楚了，"象"作为广义的语言是立象行为的痕迹（身与境融并带入语言），经由迹"象"，立象行为被唤醒，领会事物与其所处世界的内生关系与价值意蕴，而这也就是在说"兴"的生成。

"兴"的生成以缘在的物事为中介，呈现实在的生命活动与其所处世界之内在而整体的意义关系。立象过程与"兴"的生成实质上是一回事："象"作为广义的语言，是立象过程的痕迹，广义的语言也是"兴"之转化的痕迹（兴诗、兴舞、兴于笔墨……）。在兴诗中，"兴"之深意总要借助理智之光，以广义的语言来呈现，因此在诗中"兴，常不以自己的本来面貌出现，而是假借赋比的面貌……把赋比转化为更深更微的兴……赋予它以无限的感叹流连的生命感"②。生命之流起伏涨落，一次次的涌现便是一次次的迹象化，一次次作为广义的语言，一次次成为诗之"赋"、"比"；与此同时，每一次涌现的内容又将复归深渊，在生命的新的展开中，成为新意的

---

① 〔唐〕朱景玄撰：《唐朝名画录》，载何志明、潘运告编著：《唐五代画论》，湖南美术出版社1997年版，第75—76页。

② 徐复观：《中国文学论集》，九州出版社2014年版，第104页。

组成部分,因而"赋"、"比"总在"转化为更深更微的兴"①。

立象过程与"兴"之生成的同一性关系

自上而下	一体两面	自下而上
生命自然	生成活动	立象过程:兴之生成
于具体的生命活动	过程之迹	广义语言:迹"象":兴诗、兴舞、兴于笔墨……
赢得自身	整体性(返身)	示见与其所处世界的内生关系与价值意蕴

理解了上述关系,就能明白为什么"兴"与"象"最终可以汇合成"兴象",也能回答为什么"兴象"概念在后世不只是关于唐代诗风与品调的评价,而成为体道过程与道体活动的表达,对各类理论产生重要影响。究其实,它们不是概念的偶然拼贴,而在本体论(存在论)上同源。

那么作为广义语言的迹"象",是什么机制使其形迹不像工具语言般僵死,而有活转的力量?研究发现,作为广义语言的活转机制,迹"象"有向存在畅开的超越性特质,而超越性之建立黏于深入生命自然的人的生命时境。

一、迹"象"的超越性

"兴象"包含"象"及由"象"立起的对生命本真存在的价值领会。彭锋说:"在汉代以前,描述'意蕴世界'的概念主要是'象',到了魏晋则发展为'意象',唐代的'境'是对'象'的突破,宋代的'韵'又是对'境'的超越,最后'韵'又为元明时期的'趣'所取代。"② 但

---

① 徐复观:《中国文学论集》,九州出版社 2014 年版,第 104 页。
② 彭锋:《诗可以兴》,安徽教育出版社 2003 年版,第 297 页。

无论概念怎么发展,不变的是经"象"的建立对人与其所处世界内生关系与价值意蕴的领会。对此,叶朗解释道:"意象在其流变过程中,不断由有限向无限的超越(但最终不会等同于无限,即不会由意象抽象为概念);意蕴世界变得日益生动和空灵。这种变化不是器——象——道的横向发展,而是表现为'象'向纵深处的拓展,表现为'象'的不断'大'、'远'、'灵'……不同时代有不同时代的生活形式,因而有不同时代的意蕴世界,但所有的意蕴世界都是其时代的人的本真存在的显现。"①

以竹子为例,竹子人人都能看见,但如何观看(理解)却天差地别,既可以从"器"、"象"、"道"横向看,也可以从纵深处"大"、"远"、"灵"上着眼。从横向看,竹子可以是生物学上的特定种类,可以是制作乐器的材料,可以是划分空间的方式,作为一种"知识性观看",竹子或是"抽象的观念",或耗损在物之"有用性"中,丧失内在的生命力,成了"死物"。这种看,虽然看的是竹子,但并不因此看到(把握)了竹子(活的生命),王阳明起初就是这样看的,面对死物不仅一无所获,反而病了一场。

纵深看则不同,它是横向看的前提,因为知识物在被思考、处置前,先行地生存着。竹子首先在其所处的世界中与人共生,基于同体共流的生存,人才能思考、处置本已在其中的竹子,至于知识的对象、有用的器物,不过是思考、处置的结果罢了。因此,从纵深处看竹子的"大"、"远"、"灵",即是领会竹子与人同体共流的生命自然,当且仅当确实把握了这个"大"自然,才算真正看到(格)了竹子。正如海德格尔在《艺术作品的本源》中剔除掉物之有用性后,在梵高的鞋中看到了农妇的世界。"作品存在就是建立一个世界。但这个世界是什么呢?……世界决不是立身于我们面前、能够让我们细细打

---

① 叶朗:《现代美学体系》,北京大学出版社1988年版,第40页。

量的对象。只要诞生与死亡、祝福与惩罚的轨道不断地使我们进入存在,世界就始终是非对象性的东西,而我们人始终隶属于它。"①

可见,迹"象"之"象",并不留恋在器形之迹中,而是超越现成的确定性、有用性,进入生命自然中。

> 枯藤、老树、昏鸦,
> 小桥、流水、人家,
> 古道、西风、瘦马。
> 夕阳西下,
> 断肠人在天涯。(马致远《天净沙·秋思》)

枯藤、老树、昏鸦们不是认知的对象,不是通过它们的"累加"、"聚集",游子的世界才拼凑了出来。相反,它们首先就归属于游子的世界,是与游子打成一片的生命自然的有机组成部分,这即是说它们参与在游子生命活动所引起的全局性过程中,同时这个全局过程也把它们包含在内,使它们成为不可分离的部分,进而内生出枯、老、昏、小等意义。因此,枯藤、老树、昏鸦不是在呈现"法医现场",而是在示见其与人同体共流的生命自然,经由它们,个体与其所属世界的内生关系、价值意蕴得到体现。

那么,如何才能让迹"象"通达生命自然呢? 削弱迹"象"中人为的知性与物质性因素,将确定性、有用性移向它处。

"释义篇"中,刘勰自下而上在超越有限与万物发生关系时,要求"贵乎反本"、"入兴归闲"。刘勰说:"《贲》象穷白,贵乎反本。"纵使创作时需要对偶、声律、骈文,考虑笔画多寡、搭配等知性活动,

---

① [德]海德格尔:《林中路》(修订本),孙周兴译,上海译文出版社2008年版,第26页。

但不能"采滥辞诡",需要削弱迹象的物质性因素,做到"酌奇而不失其贞,玩华而不坠其实"《文心雕龙·辨骚》。为了削弱物质性因素,实现"贞"、"实",刘勰提出了"入兴贵闲",将目的引向迹象之外,"是以四序纷回,而入兴贵闲"(《文心雕龙·物色》),虽然形迹纷扰着人的耳目,但若"闲"之不陷溺,便能在洒落无碍中超越有限,在贯通天道中安然适从。

无独有偶,萨特在《想象的心理学》中说:"我们必须看到,只有笔触的效果、画面上的黏性和纹路以及色彩的光泽才是真正现实的东西。然而这些东西却不是审美的对象。……它的本性决定它在这个世界之外……这里的秘密在于:……画上的每一笔的目的都不在其自身,甚至不在于构成一个统一的现实的整体。……艺术家的目的是要用现实的色彩构成一个整体,这个整体使那非现实的意象得以表现。……使我们上当受骗的是这画面上的某些现实的色彩给予我们的实在的感官的愉悦。……审美快乐是实在的,但是审美的目的并不是去获得似乎由现实的色彩所造成的快乐本身。审美只是我们认识非现实的对象的一种方式,它的对象远不是这幅现实的画。"①"迹象"无论对于作者还是读者来说,都只是"通道"不是目的。萨特区分了知觉的、现实的物质性因素与非现实的、超越的价值,迹象的物质性、现实性存在能给人快乐,但就作品本身来说,它以物质性因素构成的整体为通道,目的在自身之外,建立画、欣赏画不是建立、欣赏它本身,而是让它之外"非现实的意象"光临。上文唐代朱景玄《唐朝名画录》序中"有象因之以立,无形因之以生"的提法也是这个意思。

出于这个原因,无论有意还是无意,"兴"句中绝大多数形象都

---

① 转引自[美] M.李普曼编:《当代美学》,邓鹏译,光明日报出版社1986年版,第137—140页。

是鸟兽草木等"自然物"而极少出现"人工制品"(似乎没有谁会因为一把砍柴的斧头而感兴),这个现象就能得到解释了。

为什么"兴句"总与自然物相伴而不是人工制品?答案正和削弱了迹"象"中人为的知性、物质性因素有关,将确定性、有用性移向它处有关,如此迹"象"便更能作为通道,引见生命自然了。海德格尔曾区分了"自然物"与"人工制品",讲出了其中的门道。

海德格尔说,"Phusis 作为绽开是可以处处经历到的,例如天空启明(旭日东升),大海涨潮,植物的更生,动物和人类的生育。但是,Phusis 作为绽开着的强力,又不完全等同于我们今天还称为"自然"的这些过程。这种绽开和既朝里又朝外的绽出不可与我们在这那里观察到的过程混为一谈。这一 Phusis 是在本身,赖此在本身,在者才成为并保留为可被观察到的"[①]。海德格尔试图复原古希腊时期"Phusis"(自然)的本义(生长、生成的完整实现),以揭示存在者之存在,存在者之存在(生命自然)起伏涨落(生生不息),一次次的涌现便是一次次的迹象化,一次次作为"天空启明(旭日东升),大海涨潮,植物的更生,动物和人类的生育"出现,但"天空启明(旭日东升)"等自然物本身不是存在(从自然主义看是存在者),而是存在寓于其中的过程,通过它们,使之活动("作为绽开着的强力")的存在(生命自然生生不息)赢得了自身。

对此,诗人是最敏锐的。"诗人也是谈论无的,……因为在诗中(这里指的只是那些真正的和伟大的诗)自始至终贯穿着与所有单纯科学思维对立的精神的本质优越性。由于这种优越性,诗人总是像说在者那样说出与说及他们。在诗人的赋诗……中,总是

[①] [德]海德格尔:《形而上学导论》,熊伟、王庆节译,商务印书馆 2012 年版,第 16 页。

留有广大的世界空间,在这里,每一事物:一棵树,一所房屋,一座山,一声鸟鸣都显现出千姿百态,不同凡响。……一旦置入只有逻辑的敏锐洞察力的酸液中,它就立刻冰消玉解了。"①诗人在诗中通过自然物,建立起与逻辑的、"单纯科学思维"不同的世界,通过自然物("一棵树,一所房屋,一座山,一声鸟鸣")的建立(广义语言),示见意蕴无穷的生命自然("留有广大的世界空间")。因此马致远的《天净沙·秋思》是一个世界的建立,游子不是在与枯藤、老树、昏鸦等存在者打交道,而是在断肠的世界里,"每一事物:一棵树,一所房屋,一座山,一声鸟鸣都显现出千姿百态"的哀伤,并示见着使之哀伤的生命自然。

反观人工制品,充满了"逻辑的酸液",将自然之力"冰消玉解"。海德格尔说:"俄国和美国二者其实是相同的,即相同的发了狂一般的运作技术……如果有一天技术和经济开发征服了地球上最后一个角落……大地在精神上的沦落已前进得如此之远……随着世界趋向灰暗,诸神的逃遁,大地的毁灭,人类的群众化,那种对一切具有创造性的和自由的东西怀有恨意的怀疑在整个大地上已达到了如此地步,以至于像悲观主义和乐观主义这类幼稚的范畴早已就变得可笑之极了。"②技术的开发、运用造出人工制品,它贯穿着"单纯的科学思维","置入只有逻辑的敏锐洞察力",将对象只作对象看,遗忘了使之存在的生命力,于是"诸神逃遁",天地人相参的生命"世界趋向灰暗",怀疑祛魅了"一切具有创造性的和自由的东西",视而不见人与基础存在的联系,一切都可笑之极。

从海德格尔的"Phusis"看人为与自然,知性与前反思性的区

---

① [德]海德格尔:《形而上学导论》,熊伟、王庆节译,商务印书馆2012年版,第27页。

② 同上书,第38—39页。

别,叶维廉深有体会。叶维廉认为前者"以自我来解释'非我'的大世界,观者不断地以概念观念加诸具体现象的事物上……'倾向于'用分析性、演绎性、推论性的文字(或语态),用直线追寻、用因果律的时间观"。而在后者"自我融入浑一的宇宙现象里,化作眼前无尽演化生成的事物整体的推动里……不将之套入先定的思维系统和结构里"。随后,叶维廉借海德格尔作了进一步的说明:"形而上学英文是 Metaphysics,照海德格尔新近从古代哲学用法的语根说明,Physis……指事物的涌现(这包括其未动时之'存在事实'和动变时的'生成过程'),Metaphysics 也就是超出事物的具体存在而进入了概念的世界。宇宙现象的万物显然无需人为的比喻行为和概念世界的形而上学而可以自生。这种不必依赖比喻和玄理而存在的文学例证,……诗人不用解说干扰,景物直接'发声'直接演出,诗人仿佛已化作景物本身。"[①]

二、生命时境:超越的实质性意涵

迹"象"有向存在畅开的超越性特质,而迹"象"的超越性不是自在在那的,由于"象"的建立须要人的参与,因此迹"象"的超越特质与人的立象活动有关,是深入生命自然的人的生命时、境。

生活中人们往往有一种错觉,认为有形之物的魅力就来自物本身,包括无功利的形式主义将色彩、线条、声音等给人带来的纯愉悦认作美的,痴迷于物是一回事,明白形物魅力(超越特质)的来源是另一个事。

自上而下看,有形物的魅力是生命生存展开、综合、积淀,作为意义的潜能而存在的。生命历史的演进形成了相对稳定的时代精

[①] 叶维廉:《无言独化:道家美学论要》,载《叶维廉文集》第 2 册,安徽教育出版社 2002 年版,第 133—134 页。

神与人们喜好的一般形式(《结构篇》中"大我"、"先在",包括李泽厚所说的社会积淀及由此形成的稳定的社会生活态度、认知结构、思想情感、价值取向等。① 也包括杨泽波说的"人性中的自然生长倾向"与"社会生活和智性思维影响而形成的内心结晶"②),以体现时代人的本真存在。迹"象"向存在畅开的超越性特质,不是脱离人的物之属性,而是生命历史的产物,不是理念的感性显现,而是生存体验的自我展开,是生命意蕴在时、位中的现身情态。

海德格尔说:"美依据于形式,而这无非是因为,'forma'[形式]一度从作为存在者之存在状态的存在那里获得了照亮。那时,存在发生为ειδος[外观、爱多斯]。"③音乐、绘画固然有某种组织形式,但形式不等于音乐、绘画,形式的组织归根到底是为了生命意义的组合(表达),形式的确立是为了生命意义的确立与传递,早先由诗人(广义)对生存的领会以某种组织形式确立下来,后人从中学习技法,但很快就会有人知道这些形式的真正价值,从而不再把它们当作既成的金科玉律,在新的生命历史的体验中组织起新的感性情态来。

从下往上看,立象活动不是被动赋予的,意义潜能的实现需要人主动的参与,以整个身心去体悟、把握物我共流的生存关系,肯认生命价值。千百年来,生命展开的背景在个体身上得到体现的同时,每个个体又通过不同的经验积累、性格气质、个体天赋、理性反思、直觉感悟,激发出不同的情怀、思考并外化于物,能动的参与进生命历史的生生活动中,汇成新的洪流。在这种意义创生的活

---

① 李泽厚:《美的历程》,《李泽厚十年集》第1卷,安徽文艺出版社1994年版,第33—34页。
② 杨泽波:《儒家生生伦理学引论》,商务印书馆2020年版,第106—107页。
③ [德]海德格尔:《林中路》(修订本),孙周兴译,上海译文出版社2008年版,第60页。

动中,迹"象"不是作为既成的结果,而是在"既济"又"未济"的过程中再度开启("结构篇"中"小我",作为承前启后的核心环节)。由于每一个具体存在都如此重要,客体化行为作为必要的环节有了积极的意义,将幽冥深游的生命照进现实。

然而,现实的人不容易参透己身与世界的内在关联,是什么样的力量,打破了有限人之有限,有了肯认生命之大者的勇气与觉悟,建立了迹"象"?"神用象通,情变所孕"(《文心雕龙·神思》)。"象"之通在情之变。"不愤不启,不悱不发","情变"是一种力量,每到此刻,人类心灵都有惊人的表现,连同诸生命活动一起,成为人们常说的"兴发力";"情变"亦是事变,从底层关系上说,它是有限的不一致,由于超越是本体的现身方式,对本体的把握就是在有限中打破有限,通过有限的不一致来实现的,因此当我们在有限中发生"情变",感到有限之不足时,对本体的把握就已经发生了。"会当凌绝顶,一览众山小"是这样,伟大的作品"昔西伯拘羑里,演《周易》;孔子厄陈、蔡,作《春秋》……大抵贤圣发愤之所为作"(《史记·太史公自序》)也是这样。

由深入生命自然的人的生存活动,迹"象"有了物我圆通的超越性特质,"忽如一夜春风来,千树万树梨花开",将厚积于枝上的纷飞大雪、苍茫大地,与塞外戎马、豪迈意气的生存体验紧紧地粘连在了一起。

第九章 "兴"之绘:"寄兴于笔墨"何以可能

"兴"的生成以缘在的物事为中介,呈现实在的生命活动与其所处世界内在而整体的意义关系,在此过程中迹"象"因其内生超越之特质成为理想的触媒。从广义的语言看,迹"象"作为中介的过程性活动体现在中国文化的各个方面,人们在出入于"象"的"拟诸形容"中,进入与其所处世界的内生关系,领会价值意蕴。

在众多活动中,以笔墨为代表的中国艺术精神最能体现上述意旨。徐复观在《中国艺术精神》说:"我国文学源于五经,这是与政治、社会、人生密切结合的带有实用性很强的大传统。因此庄学思想,在文学上虽曾落实于山水田园之上,但依然只能成为文学的一支流;而文学中的山水田园,依然会带有浓厚的人文气息。这对庄学而言,还超越得不纯不净。庄学的纯净之姿,只能在以山水为主的自然画中呈现。"① 徐复观认为文学不能完全落实庄学(作为体道过程与道体活动)的艺术精神,因为它总与五经脱不了关系,无法完全摆脱道德文章的束缚,且由于文字总有概念化的倾向,所以无论如何诗情般描绘,文字都无法完全摆脱对象化的倾向,真正能把精神发挥到极致的,在笔墨山水中。

在笔墨活动中,人们常在与体道过程、道体活动有关的思想、实践中引入"兴",如"寄兴"、"托兴"等。石涛说:"古之人寄兴于笔

---

① 徐复观:《中国艺术精神》,辽宁人民出版社2019年版,第211页。

墨,假道于山川,不化而应化,无为而有为。"①唐岱说:"圣贤之游艺,与夫高人逸士,寄情烟霞泉石间,或轩冕巨公,不得自适于林泉,而托兴笔墨,以当卧游,皆在所不废。世之传画,良有以也。"②

本节以笔墨活动为例,以兴的生成结构为机理性依托,描述人们如何引导出"兴"的本体论(存在论)意涵。这里的意义,不止于笔墨,更在示见中国人体味真趣,与道合一的方式方法与精神旨归:中国人不在对物的打量中回忆起灵魂世界或是奔向神的怀抱,所谓"道不远人",而就在与物接的过程中,在品茶、饮酒、射箭、舞蹈、拨弦、放歌……的活动中,价值意蕴盈满周身。这就是为什么,孔子不把学"艺"当作职业技能的专门学习,而要求通过灵动的把握,超越"术"、"物"的工具性存在,领会背后的"不器"之道与"从心所欲"之能,中国的"艺"之精神就在其中。

第一节 价值直感

无论"寄兴"、"托兴",它们的接物方式均以价值直感为主,不首先取认知的态度。

中国绘画不求对客观事物的模仿,而是基于有限又超越有限,向存在畅开,做到"有象因之以立,无形因之以生"③,在方寸墨素中,超越器形的有限性、知性的对象化,通达意蕴葱茏的生命自然。徐复观说:"我国的绘画,是要把自然物的形相得以成立的神、灵、玄,通过某种形相,而将其画了出来,所以最高的画境,不是模写对

---

① 〔清〕道济:《石涛画语录》,俞剑华注译,人民美术出版社1959年版,第13页。
② 〔清〕唐岱撰:《绘事发微》,上海人民美术出版社1987年版,第13页。
③ 〔唐〕朱景玄撰:《唐朝名画录》,载何志明、潘运告编著:《唐五代画论》,湖南美术出版社1997年版,第76页。

象,而是以自己的精神创造对象。"①这种既要展现神、灵、玄,又要是自己精神创造的对象如何理解?明代祝允明说:

> 绘事不难于写形,而难于得意。得其意而点出之,则万物之理,挽于尺素间矣,不甚难哉!或曰:"草木无情,岂有意耶?"不知天地间,物物有一种生意,造化之妙,勃如荡如,不可形容也。②

绘画之事如果只是模仿外形并不难,难的是画出"意"来,有人问"意"是什么,现实中的草木怎么会有"意"?显然,从认知心上看作为客观自然的草木没有"意",但若换一种思维方式,不以认知心而以价值之心(仁心)看的话,创生主体赋予宇宙万物、一草一木以意义,创生价值意味的存在,这价值意味的存在就是祝允明所说的"生意",它具造化之妙,无法用工具语言描述。

进一步来说,价值之心(仁心)作为创生主体不像静态现象学那样,是一个空洞、抽象的"自我—极"以与"对象—极"相对,而是活的具有丰饶历史积淀的"身体主体",并归属于交互主体的生命自然,从这个意义上说,世界在人之中,人在世界之中,这就是人们常说的物我交融、浑然一体。世界之所以有意义,是对人来说有意义,而如此这般的意义之所以对人来说能产生,是因为作为身体主体的人参与进了生命自然的意义生成过程。"生意"说到底是人与世界活动关系的价值体现,天地宇宙因此呈现出"造化之妙,勃如荡如,不可形容"的情态。绘画要做的,是将这种人参与进生命自

---

① 徐复观:《中国艺术精神》,辽宁人民出版社 2019 年版,第 237 页。
② 〔明〕祝允明撰:《枝山题画花果》,载俞剑华编著:《中国古代画论类编》下卷,人民美术出版社 2004 年版,第 1078 页。

然的绵绵生意、灵动无穷以笔墨为肉身呈现出来。

历代对此价值意蕴的领会,在称呼上有不同,如神、灵、玄、妙、意、趣等,但旨趣上是一致的。清代布颜图说:

> 意之为用大矣哉!非独绘事然也,普济万化一意耳。夫意先天地而有,在《易》为几,万变由是乎生。在画为神,万象由是乎出。故善画必意在笔先;宁使意到而笔不到,不可笔到而意不到。意到而笔不到,不到即到也。笔到而意不到,到犹未到也。何也?夫飞潜动植,灿然宇内者,意使然也。如物无斯意,则无生气,即泥牛、木马、陶犬、瓦鸡,虽形体备具,久视之则索然矣。如绘染山川,林木丛秀,岩嶂奇丽,令观者瞻恋不已,亦意使然也。①

《易》所说的"几",画所绘的"神"等,本质上都可以认为是"意","意"先于有形的天地,使万千物象得以产生,这种"普济万化"之"意"也就是生命自然原初的价值生成,画家所要示见的正是这个"意"。

除了生命自然"普济万化"之"意"(价值生成之"意"),布颜图在论述中又讨论了另一种"意",即人在绘画过程中应该"意在笔先"。"意在笔先"之"意"不是生命自然价值生成之"意",但又与之有关,"普济万化"之"意"是从生命世界自上而下说,"意在笔先"之"意"则是自下而上,从归属于生命自然,具有丰饶历史积淀的身体主体上看。从身体主体上看,"意"的发生前于认知心的作用,宁可没有认知心不可没有"意",认知心以分析的态度抽象事物,这样绘

---

① 〔清〕布颜图撰:《画学心法问答·问用意法》,载俞剑华编著:《中国古代画论类编》上卷,人民美术出版社 2004 年版,第 205 页。

出的事物虽然有形,但"无生气",因此宁可"意到而笔不到,不可笔到而意不到",为的就是把握灵动的"生气",绘染出"瞻恋不已"的秀丽林岩。这样的"意"在运思上具有前反思、非概念化的特点,其与世界对接不通过康德意义上的时空形式与逻辑范畴,是直接发生的,作为身体主体的人直接参与进世界的意义生成活动,此即"不到即到也",至于是否跃然纸上,是结果端的问题罢了。对此,清代书画家沈宗骞说:

> 所谓天者人之天也,人能不去乎天,则天亦岂长去乎人?当夫运思落笔时,觉心手间有勃勃欲发之势,便是机神初到之候,更能迎机而导,愈引而愈长,心花怒放,笔态横生,出我腕下,恍若天工,触我毫端,无非妙绪。前者之所未有,后此之所难期,一旦得之,笔以发意,意以发笔,笔意相发之机,即作者亦不自知所以然,非其人天资高朗、淘汰功深者,断断不能也。①

"所谓天者人之天",人不离天,天亦不去乎人,作为身体主体的人直接参与进了世界的意义生成活动,因此"当夫运思落笔"时感到"心手间有勃勃欲发之势",于天人之际有基于生命活动而呼之欲出的价值内容,这也就是"兴"的活动,"勃勃欲发"、"心花怒放"此时此刻正是对兴发之态的生动描绘。笔墨作为立象过程的痕迹,一方面在内容上打通形上、形下,在具体的生命时、位中着力,"笔以发意,意以发笔";另一方面这种接物的方式在运思上以前反思、非概念的价值直感为依托,在作画的过程中表现出无意的

---

① 〔清〕沈宗骞撰:《芥舟学画编·取势》,载俞剑华编著:《中国古代画论类编》下卷,人民美术出版社 2004 年版,第 913 页。

状态,所谓"恍若天工"、"前者之所未有,后此之所难期,……笔意相发之机,即作者亦不自知所以然",在去知的即时当下,自然地内生出来。

中国人格外看重创作过程中的即时直感。清代书画家张庚说:

> 气韵有发于墨者,有发于笔者,有发于意者,有发于无意者。发于无意者为上……何谓发于无意者?当其凝神注想,流盼运腕,初不意如是而忽然如是是也。谓之为足则实未足,谓之未足则又无可增加,独得于笔情墨趣之外,盖天机之勃露也。然惟静者能先知之,稍迟未有不汩于意而没于笔墨者。①

"墨"、"笔"、"意"之所发流于既有之器形,唯"发于无意"在寻求形背后的神,"凝神注想"去除认知心对天然的雕饰,以"无意"的状态展开,深入在场者在场的活动,玩味使形成形的生命力量。

第二节 内源性真理

价值直感的"无意"展开不是肆无忌惮、为所欲为,它深入在场者在场的活动,玩味使形成形的生命力量,领会、把握内源性之真。

倪梁康在《现象学的始基——对胡塞尔〈逻辑研究〉的理解与思考》的"附论一"中,通过研究海德格尔对胡塞尔的继承与发展,

---

① 〔清〕张庚:《浦山论画·论气韵》,载俞剑华编著:《中国古代画论类编》上卷,人民美术出版社 2004 年版,第 225 页。

认为胡塞尔打破了传统关于"真理是智慧与事物的合适性"的观点。胡塞尔将意识构造对象的能力分为"质料"与"质性",意识构造对象不仅将散乱的感觉材料综合为统一的对象,赋予意义,而且还会将构造起来的对象设定为自身之外的存在。前者(赋意活动)是质料,后者(对构造对象的存在设定)是"质性",两者相互独立,存在不是加在对象上的一个实在东西、概念。海德格尔在此基础上区分了两种对存在的理解:真理意义的存在和系词意义的存在。真理意义的存在是对真实状态的确定(被意指者与被直观者之间的同一性状态);系词意义的存在是指一种关系的存在,关系可以是事实的规定性判断,也可以是怀疑、希望等其他性质的价值判断。传统的真理观没有看到意识构造活动中"质料"、"质性"的一体两面,将"质性"之"一种"的规定性判断归于真,从认识论上着眼,将之绑定在"谓词的、关系行为"上,从而将作为设定的存在"理解为一个事实(对象)的存在,而非一个实事状态(关系状况)的存在",这样一来"真理与关系行为有关,存在则与非关系行为有关"。

胡塞尔的真理观打破了这种隔阂,由于意识是关于某物的意识,意识总有它的意向性,同时这也就是与对象发生关系,建构对象的过程,建构活动本身就有"质料"与"质性"两部分,因此对象不独立于人类活动自在存在,它的产生、存在与建构过程联系在一起,这意味着对象的存在与对象的创生过程是一体的,这就形成了不同于符合论的另一种真理观,即"感知及其对象的一致"的真理观,连同复合的意识活动("质性"存在,而非系词化的事实存在)都在"感知之中","'真实存在'的意义……得到更原本的把握"[①]。

---

① 倪梁康:《现象学的始基——对胡塞尔〈逻辑研究〉的理解与思考》,广东人民出版社 2004 年版,第 213—221 页。

在中国文化中对真的求索有相似的特征,只是与胡塞尔前期静态现象学不同,在中国文化中的创生主体不是抽象的"自我一极",而是于生命自然生生活动中的活的身体,人、事的意义不独立于世、自在存在,它们是活的丰饶的生命历史的积淀,并归属于交互主体的生命自然,价值对象的产生在生命自然的活动中内在展开。因此,中国人通过价值直感的"无意"展开,深入在场者在场的活动,玩味使形成形的生命力量,就是在领会、把握真理,这种真理不是符合论意义上的真理,正如前文对"内源性相似"的阐述:事物之为事物的意义不在外部反思中定义,而在事物与其所处世界的活动中内生。据此,可以将中国这种(身体)体验与其对象(显现)内在一致的真理观,称为"内源性真理"。价值直感的"无意"展开,就是在领会、把握"内源性真理",即感通于彼此共生的存在结构(关系),领会生命自然形无定形的内生方向、生存情态与价值意蕴。

《庄子·田子坊》描述了"真画者"的状态:"宋元君将画图,众史皆至,受揖而立,舐笔和墨,在外者半。有一史后至者,儃儃然不趋,受揖不立,因之舍。公使人视之,则解衣盘礴,裸袖握管。君曰:'可矣,是真画者也。'""真画者""儃然不趋,受揖不立"切断了与现实利害的联系(无功利),不拘礼数,不关心由此所致的惩罚;"真画者""解衣盘礴,裸袖握管"打破了现成定则,法无定法又经由法可循,可循之法不是认知心驱动的人为法而是自然而然的内生尺度,画师进入了生命自然的意义生成过程。在此境地,画之所画作为事物之为事物的意义呈现,不在外部反思中规定,而在事物与其所处世界的活动中内生。这时,画与所画、意与所意,所指与能指不是独立的两件事,而是所指就在能指创生的过程中经由能指的活动内生出来,所画就在画中,所意就在意中,画与所画、意与所意同体共流,这就是"真"。

在绘画的过程中,所画对象就在画中,作画者不是原子式的个体,他作为身体主体内嵌在生命自然中,因此画者在作画时需要超越日常的经验状态,从对象化思维跃入身与境通的存在状态,这就是《田子坊》中"真画者"为什么要"解衣盘礴,裸袖握管"的原因。表面看,此时画者情不自已,有时甚至带着癫狂,但其归宿不使人承担服毒般的恶果,反是一种成全、达"真"的方式。《清稗类钞》中记有这样一个例子:

> 月出,乐甚,命侍者取所研浓墨一巨钵,置旁几,屏退诸人,独自命笔。友远立窃窥,但见舞蹈踊跃,其状若狂。友径趋至背后,力抱其腰。傅狂叫,叹曰:"孺子败吾清兴,奈何!"遂掷笔搓纸而辍。友见其满头皆墨,汗下如雨,急取水为之浣濯,遣人送归。①

画者在与月接的过程中,画意勃然而起,此时画的是什么鸟兽草木不重要,更不会去分析对象如何同于目力所及,重要的是,所画之意是否与处身情境联系在一起,并经此泄淌出来。为此,画者沉浸并持存在当下的生命体验中,"舞蹈踊跃,其状若狂"。"若狂"不是真的无序之狂,狂的表象下跳动着生命尺度的内在韵律,因而能"舞蹈踊跃"。"舞跃"上承生命之流,是身处世界的谐振节奏,下启所画之意,所画之意是画者处身情境即时当下的自然展开,因此笔墨行为需要在能指创生的状态中呈现,而无法在冷却了情感、"败兴"了的事后通过理性反思与联想律来刻画。

生命总在生命活动中存在,人总在处身情景中生存,这是情不可遏、物我浑一的深层逻辑。中国人很早就意识到,具体意义是什

---

① 徐珂编撰:《清稗类钞》,中华书局1986年版,第4038页。

么(确定性)要从生命的生存活动出发,内在的理解,反过来说,对意义的理解不在于从外部分析、廓清事物的边界,而在具体中领会、把握具体得以生成的生态,这是中国人笔墨之所求的真谛。

如此这般的真谛,诗画同源。在诗中,王国维将"真"与生命自然内在联系起来:

> 境非独谓景物也。喜怒哀乐,亦人心中之一境界。故能写真境物、真感情者,谓之有境界,否则谓之无境界。①(《人间词话》)
>
> 境界有二:有诗人之境界,有常人之境界。诗人之境界,惟诗人能感之而能写之,故读其诗者,亦高举远慕,有遗世之意。……若夫悲欢离合,羁旅行役之感,常人皆能感之,而惟诗人能写之。②(《清真先生遗事·尚论三》)

景物与心情每个人都有,但是在常人眼中,心情是心情、景物是景物,它们是眼前的、现成的。诗人和常人不同,景物不独为景物,心情不独是心情,它们有意义的深度,既受到生命历史的影响,又影响着生命历史,因而永远是畅开的、待成的。比起常人,诗人不只有常人的所见所感,更能体会情景得以呈现,隐没在背后的生命力量,由于它的当下呈现,此情此景才会感人又易人。当人们不停留于眼前文字勾勒的形象,而通过形象,内心"高举远慕",汇入生命自然得"遗世之意",这就是"唯诗人能写之"的"真景物"、"真感情"。

---

① 王国维著,黄霖、周兴陆导读:《人间词话》,上海古籍出版社 2009 年版,第 8 页。
② 同上书,第 136 页。

> 青青河畔草，郁郁园中柳。盈盈楼上女，皎皎当窗牖。娥娥红粉妆，纤纤出素手。昔为倡家女，今为荡子妇。荡子行不归，空床难独守。(《古诗十九首》)

女子天生丽质，昔为倡女出身，带着不安的举动和打扮，在草木茂畅、生机勃勃的春景，发出"空房难独守"的呼唤，难以独守不是对倡女出身者搔首弄姿的偏见，是所有人在这个时节思念游子时都会有的生命状态，是女子在此天际的自然表达，所以王国维说此诗"无视为淫词鄙词者，以其真也"①。之所以"真"，是因为此时现实利害的贞洁道德、既成偏见，被由"青青"、"郁郁"建立起的春境消解，在与春生合一的处身情境里，事物的意义不再被外部力量粗暴对待，自然而内在地展开，以此为元的人情事物从而情真意切、气韵生动，成为"真景物"、"真感情"，"谓之有境界"。

在画中，宋代韩拙将"实"与生命自然内在联系起来：

> 凡用笔先求气韵……以气韵求其画，则形似自得于其间矣。且善究山水之理者，当守其实，其实不足，当去其华，而华有余。实为质干也，华为华藻也。质干本乎自然，华藻出乎人事。实为本也，华为末也。自然体也，人事用也。岂可失其本而逐其末，忘其体而执其用乎？②

本末是一体的，当"华藻"之末从"质干"之"实"出发，那么"形似"就有了源头活水，画之所画充满生命"气韵"，这是"用笔"应当追求的理。"华藻"是一种人为，人为不能肆意妄为，"华藻"不得天

---

① 曹旭选评：《古诗十九首与乐府诗选评》，上海古籍出版社 2002 年版，第 8 页。
② 〔宋〕韩拙撰：《山水纯全集·论用笔墨格法气韵之病》，载俞剑华编著：《中国古代画论类编》下卷，人民美术出版社 2004 年版，第 676 页。

花乱坠,它有自身的合理、真实性。这种合理、真实性"自得于"、"实为质干",而质干之实即以自然为体,自然不是自然主义的自然,是生命自然,"用笔"将所画之"形似"内源自其所处的生命自然,就画出了"实",即在形中透出使形成形的生命力量。人们不能舍本逐末,去复制表象的真实,掐去事物生存的活的土壤,不然所摹之物再怎么精确,都是死物。

这就是中国文化中的"真"、"实"。

与之相对,脱离了事物的基础存在,便是华而不实,在中国文化中对这类作为的描述,多取奇技淫巧之贬义。荆浩说:"巧者,雕缀小媚,假合大经,强写文章,增邈气象。此谓实不足而华有余。"①"合大经"即上合于天道,"气象"不是纯形,而于笔墨间焕发生命光彩,单纯精雕细琢看上去好像合着天道,实际上只是工艺美术,脱离了事物生长的土壤,没有生命的根底,又要陡增气象,只能用蛮力"强写文章",导致华而不实般媚俗。

因此,要得事物之真,"须明物象之源":

> 子既好写云林山水,须明物象之源。夫木之生,为受其性。松之生也,枉而不曲遇,如密如疏,匪青匪翠,从微自直,萌心不低。势既独高,枝低复偃,倒挂未坠于地下,分层似叠于林间,如君子之德风也。有画如飞龙蟠虬,狂生枝叶者,非松之气韵也。柏之生也,动而多屈,繁而不华,捧节有章,文转随日。叶如结线,枝似衣麻。有画如蛇如索,心虚逆转,亦非也。②

---

① 〔五代〕荆浩撰:《笔记法》,载俞剑华编著:《中国古代画论类编》下卷,人民美术出版社2004年版,第605页。

② 同上书,第607页。

松树"枉而不曲遇","势既独高,枝低复偃,倒挂未坠于地下";柏树"繁而不华,捧节有章,文转随日"。这样的情态是顺性而生的结果,性不是独遗于松、柏的个体之性,而是禀赋于生命自然的内在的生长方向。中国自古就有"即生言性"传统,"生"与"性"通,"生"指生命、生长,古人常从生命及其发展的角度理解"性"。"性"在中国文化中从来不是出生时的固定本质,不是事物孤立发展的品格,它既是生命自然的禀赋("天命之谓性"[《中庸》]),又在处身环境中与他者共生长,实现其禀赋而来的潜能,所以松、柏呈现出怎样的情态,与其所处境域有直接的关系,由其处身情景因势利导、相互成就,从而呈现高低、疏密的状态,层叠、错落的效果。如果画者只见眼前表象,不"明物象之源",那么他会认为松、柏的走势是任意、随机的,这样的画者容易画得张牙舞爪"如飞龙蟠虬,狂生枝叶",他们看不到看似松散的高低、疏密、层叠、错落背后,有内在的生存必然。

第三节　作为生命中介的活的身体

笔墨活动的价值直感,不同于囿于思想的知觉体验的可能性条件,有现实的生成过程;从生成过程上看,笔墨活动的承担者不是空洞的"自我—极",而是积淀着生命历史的活的身体,并属于交互主体的生命自然。

作为生命中介的活的身体,向着生命自然畅开:匿名地接受、自发地组织。畅开不存在主客,身体是与世界互嵌的身体,身体的觉知即是对互嵌关系的觉知与自组织,在此过程中,活的身体作为活的"身体—环境"的回路(耦合关系),成为生命自然展开自身的中介。

作为生命中介的活的身体,与世界互嵌的动态耦合不仅是空间性嵌入,也是时间性(历史性)嵌入。身体的时间性意味着它作为过程、成为过程,并以此为其活动的预先给予的土壤,万事万物置入其中的同时,它们的出生、发展也影响、改变着土壤。从生命活动上看,这样的土壤是生命自然,从人的社会关系上看,这样的土壤是生命自然中属人的生活世界。

在艺术活动中,许多人将客观自然误认为真,对形貌过于依赖,不知客观自然同样预设了作为根基的生命世界,客观自然不能直接被体验,它是抽象观念、命题模型、实验技术等的产物,人从存在出发,以多种实践方式、技术形态,将体验的内容流注日常世界,这才有了人们以为的客观自然,它是结果不是原因。在艺术活动中,许多人将物质性存在的魅力误认为来自物本身,包括形式主义的色彩、线条、声音,固然艺术活动需要物质性存在,但物质性存在及其组织形式归根到底是生命意义的组合(表达),最早由诗人(广义)对生存的领会确立下来,后人从中学习技法,但很快就会有人知道它们的真正价值,不再把它们当作金科玉律,在新的生命历史的体验中组织起新的感性情态。

综上所述,作为生命中介的活的身体,既是空间性身体,也是时间性身体。这样的身体,在笔墨活动中呈现出身律、身观的作态。

一、身律

身体作为生命的中介置入笔墨活动,呈现出以身体为轴的内在生命律动。

程抱一发现:"画作常常在没有原型的情况下完成(因为作品应是内在世界的投射),它和书法一样按照韵律节奏进行,仿佛艺术家乘着一股不可抗拒的气流。"[①]笔墨创作没有现成、完满的原

---

① [法]程抱一:《中国诗画语言研究》,涂卫群译,江苏人民出版社2006年版,第17页。

型待人实现,但有一股深不可测的生命力量,鼓动人,令人以生命的律动展开,它不遵从一个预成的规划,任由"内生赋形"摆布。"内生赋形"是一种运动,但不是任意运动,是经由身体实现的生命运动,张旭狂草如此,颜真卿《祭侄文稿》、苏轼《寒食贴》同样如此,在情绪来临之际,涌动着生命力量的身体,以笔墨为延伸,在徐疾、深浅、摇摆……中任情恣性、一气呵成,于具体的时、位示见生命的深度。

类似的道理,石涛说:

> 写画凡未落笔先以神会,至落笔时,勿促迫,勿急慢,勿陡削,勿散神,勿太舒,务先精思天蒙。山川步武,林木位置,不是先生树,后布地,入于林出于地也。以我襟含气度,不在山川林木之内,其精神驾驭于山川林木之外。随笔一落,随意一发,自成天蒙。处处通情,处处醒透,处处脱尘而生活,自脱天地牢笼之手归于自然矣。①

笔墨活动不以精思为先,在创作前做次序、布局设计,再待实现,这样的创作将生命自然("天蒙")装入了知性的口袋,成了置身事外、任人打扮的客体。石涛认为,"写画"时"先以神会",不紧盯着具体的山川林木("不在山川林木之内"),而将"精神驾驭于山川林木之外",置身于使山川林木成此山川林木的生命活动中,令心胸充满生意("以我襟含气度"),并持存其中("勿促迫,勿急慢,勿陡削,勿散神,勿太舒"),以生命活动为基底,体味生命的脉动,落笔时便"自成天蒙"。

---

① 〔清〕道济著,俞剑华注译:《石涛画语录·石涛题画选录第十七》,人民美术出版社1959年版,第75页。

作为过程的笔墨活动,就是置入生命的身体活动。笔墨、形迹是生命体的延伸,笔墨、形迹是其枝叶,笔墨的意义展开随着生命体运动的轨迹呈现出来;反过来说,随着形迹的不断呈现,身体的活动轨迹不断展开,而身体轨迹的展开便是生命活动的落成。生命、意义、作品、世界,就在作为生命中介的活的身体中,"天光云影共徘徊"。

二、身观

身体作为生命中介,依赖身体的直感,身体直感绕不开眼、耳、鼻、舌、身,但不对象化在色、声、香、味、触上,具有原初综合的特点。

在中国文化中,这种差异体现为"视"与"观"的不同。《周易》"观"卦第一爻:"初六,童观,小人无咎,君子吝。""童观"之"观"是"五色令人目盲,五音令人耳聋"的生理性官能,好似儿童关注眼前的、短期利益。除此之外,还有一种"大观"。《象》曰:"大观在上……观天之神道,而四时不忒。"天道不言而四时行焉,圣人置身于在场者在场的活动中,领会使之在场、不言而行的生命力,这就是大观,由于大观需要置身其中,因此是一种身观。

那么身观如何在不离眼、耳、鼻、舌、身的同时,又具有原初综合的特点呢?它既不采取纯粹内觉,也不依靠外部静观,而在生命活动中发生。

梅洛·庞蒂在这方面作了代表性的研究。他注意到在绘画中,物体的各种性质不像古典教条主义那样是可以相互分开的,比如把素描和颜色分开,先勾勒物体,再填色,实际上物体轮廓、形状都不可能和颜色的断续及其变化分离,只要我们回到我们所接触的生活,而不活在被知性打量的世界里,那么像视角主义之类,被无身体的理智所呈现的世界就不复存在,因为这种分析法"再现出来的风景完全不符合任何自然而自由的看,……还取消了这自然的看之律动和生命本身"①。

那么应该怎样看呢？要自觉到"我们和空间的关联,其实并不是一个不带肉身的主体与一个遥远对象间的那种关联,而是一个居于空间中的主体和他所亲熟的环境……的关联"②。柠檬不是两头鼓起的椭圆,再加上黄颜色,再加上凉感,再加上酸味,实际上柠檬是个统一的存在,而之所以人们感受不到这里的统一,是因为"我们还把物体的各种性质看作属于视觉、味觉、触觉等截然分梳的世界"③。实际上,它们都因为生命历史而拥有情感意味,正如马克思所说:"忧心忡忡的、贫穷的人对最美丽的景色都没有什么感觉;经营矿物的商人只看到矿物的商业价值,而看不到矿物的美和独特性。"④

当以生命活动为基底,一切都统一了起来,梅洛·庞蒂说：

> 蜜是甜的。然而,甜这一难以磨灭的柔和感,这一在吞咽之后依然无限地停留在口中的柔和感作为一种味觉,以及粘连感作为一种触觉,这两种感觉所体现的是同一个黏糊糊的存在。说蜜沾手和说蜜甜是两种说同一件事情的方法,这两个说法都是在说物和我们的某种关联,……蜜所拥有的各种性质并非各自独立地码在蜜里,恰恰相反,这种种不同的性质

---

① [法]梅洛·庞蒂：《知觉的世界》,王士盛、周子悦译,江苏人民出版社 2019 年版,第 21 页。
② 同上书,第 23 页。
③ 同上书,第 29 页。
④ [德]马克思：《1844 年经济学哲学手稿》,中共中央编译局译,人民出版社 2002 年版,第 87—88 页。

是同为一体的……萨特曾于《存在与虚无》中写道:每一个性质"都在揭示出物的存在"。他接着说道:"柠檬(的黄)贯彻于柠檬的所有性质中,且其每一个性质都是贯穿于所有其他的性质中的。……我们吃糕点的颜色……泳池中水的流动性、温热感、泛蓝色以及涌动态,这其中的每一个性质都一下子就在所有其他性质中被呈现出来了。"

所以说,物并非仅仅是些处于我们前面、为我们所思考的中性的对象……我们与物的关联并非一种遥远的关联。每一个物都向我们的身体和生活诉说着什么,每一个物都穿着人的品格(顺从、温柔、恶意、抗拒),并且,物反过来也活在我们之中,……人驻于物,物也驻于人。①

生活中,当人们通过眼、耳、鼻、舌、身与物对接时,就已经原初地把握了物本身,并因对物本身的把握而同时理解了物的其他方面,正如当你看到了泛蓝的水时,也就同时感到了水的流动。

人之所以能有上述感觉,是因为这些感觉是人在生命历史中体验到的感觉,如果离开了人的生命历史,那么即使得到了刺激,也毫无感觉。比如一个先天失明的盲人,在复明的刹那,虽然眼睛受到了外界的刺激信号,但他依然看不到景色,而只感到有什么东西贴在眼睛上。从这个意义上说,物不首先在意识中,而在生命活动中,人与物接,不首先是对外部世界的观察,而先原初地以身体为活的回路,在身与境融中把握了对象的存在。

---

① [法]梅洛·庞蒂:《知觉的世界》,王士盛、周子悦译,江苏人民出版社2019年版,第32—34页。

第四节　"寄兴"何以可能的过程性描述

自上而下看,"寄兴于笔墨"通过作为生命中介的活的身体,在价值直感中把握内源性真理,领会事物与其所处世界的内生关系与价值意蕴,这是笔墨活动的一种理想境界。然而,这种与生命自然贯通自在的状态,对日用伦常中人来说并不容易,需要一番自下而上的工夫。

一、身入生命体验

自下而上的工夫以鲜活的体验为基础。徐复观在研究中国思想时发现,中国文化的要害在体验,他说:

> 我把文学、艺术,都当作中国思想史的一部分来处理,……搜讨到根源之地时,却发现了文学、艺术,有不同于一般思想史的各自特性,更须在运用一般治思想史的方法以后,还要以"追体验"来进入形象的世界,进入感情的世界,以与作者的精神相往来,因而把握到文学艺术的本质。①

探究到思想的深处,尤其在文学、艺术领域须要"追体验"。那什么是"追体验"？徐复观说:

> 我们对一个伟大诗人的成功作品,最初成立的解释,若不

---

① 徐复观：《中国文学论集续篇·自序》,学生书局1981年版,第3页。

怀成见，而肯再反复读下去，便会感到有所不足，即是越读越感到作品对自己所呈现出的气氛、情调，不断地溢出于自己原来所作的解释之外、之上，在不断地体会、欣赏中，作品会把我们导入向更广更深的意境里面去，这便是读者与作者，在立体世界中的距离不断地在缩小，最后可能站在与作者相同的水平、相同的情境，以创作此诗时的心来读它，此之谓"追体验"。①

"追体验"说到底是设身处地的体会。设身处地体会不同于经验主义的感觉，后者仍是一种思辨，它通过外部静观获取信号材料，供理性做成知识。徐复观说的体验，是在彼此融合的场域中把握对象。这种理解事物的方式，源于：

> 我国文化，多由实际生活之体验而出。此与希腊文化之由冥想、思辨而出者大异其趣。故希腊文化系统下之各家思想，在其表现之形式上，皆具有理论之结构；读者循序研阅，即可得其思想之统纪。然其敝也，思辨愈精，距现实之人生愈远。我国传统文化中之各家思想，因皆出自生活中之体验，故多深入于人生之真实，使读者当下可以反躬自得，启其充实向上之机。……今日知识分子读书之兴趣，多在理论形式之追求，而少有反躬自得之觉悟。……在反省中对生活之锤炉澄汰，使体验之自身，已成为合理之存在。故由体验之出之零章片语，相互间亦皆有内在之关连，亦即含有实质之逻辑性。②

---

① 徐复观：《中国文学精神》，上海书店出版社 2006 年版，第 394 页。
② 徐复观：《中国学术精神》，华东师范大学出版社 2004 年版，第 270 页。

不同于抽象、形式之真,中国人对事物的理解源于生活,设身处地地在生命活动的过程中理解对象,徐复观称为"有反躬自得之觉悟",这和笛卡尔怀疑之怀疑的体验不同,示见着另一种实践方式,即:

> 在工夫、体验、实践方面下手,但不是要抹煞思辨的意义。思辨必须以前三者为前提,然后思辨的作用才可把体验于实践加以反省、贯通、扩充,否则思辨只能是空想。①

人从存在出发,先有生命体验,思辨之真以体验、实践之真为前提。

《庄子·齐物论》中有"吾丧我","我"是生理性躯体,在南郭子綦与颜成子游的对话中表现为枯槁、死灰。"吾"则不同,它和"五"紧密相连。《说文》:"吾,我自称也。从口,五声。"谢耀亭注意到"五"在中国文化中的影响分为两个系统,一个是积画义之五(平行的五条横线),另一个是相交之五(中间交叉),后者最终取代了前者,对中华文化产生重要影响。②

《说文》有:"五,五行也。从二。阴阳在天地间交午也。凡五之属皆从五。"相交之五上加一横为天,下加一横为地,是从天地阴阳之交互,而成五行之综汇、运转之中枢。据此,"吾丧我"并不消灭肉体,而是去除耳目之识执,以"五"之四通八达的居中状态深入在场者在场的活动,此时身体融于生命自然,面南背北、左东右西,通过作为生命中介的活的身体,以体身化的姿态与天地相参,把握内源性真理,在意义生成的发端处,在生命自然生生不息的过程

---

① 徐复观:《中国思想史论集》,上海书店出版社2004年版,第217页。
② 谢耀亭:《"五"数发微》,载《文博》2012年第1期,第89—93页。

里,领会其与所处世界的内生关系与价值意蕴,这也就是庄子此段最后所说的"使其自已"的"天籁"之意。

二、负的方法:身体还原的方式

诚如徐复观所说,中国文化的要害在体验,而要沉入体验,需要剔除影响体验的种种障碍,取负的方法,以消除确定性之知、对象化之识带来的戕害。

负的方法如老子"涤除玄鉴",庄子"心斋"、"坐忘",宗炳"澄怀观道"。笔墨活动同样有负法,表现为"遗"与"忘":

> 与可画竹时,见竹不见人。岂独不见人,嗒然遗其身。其身与竹化,无穷出清新。庄周世无有,谁知此疑神。①

苏轼在评价文同的墨竹时说"见竹不见人","见竹不见人"不是真的没有人,而是"身与竹化":人在竹中,竹在人中,这是如何做到的?"嗒然遗其身","遗其身"出自上文提到的《庄子·齐物论》"吾丧我"一段:"南郭子綦隐机而坐,仰天而嘘,荅焉似丧其耦。"苏轼"遗其身"对应的就是"丧其耦",是庄子"吾丧我"中的"丧我"。"遗其身"之"身"不同于"身与竹化"的身,前者和"丧我"之"我"一样是生理性躯体,苏轼所谓"遗其身",庄子所谓"吾丧我",都意味着去除耳目之识执,以"吾"之"五"的状态深入在场者在场的活动,融于生命自然,即"身与竹化",在意义生成的发端处,领会内生关系与价值意蕴,这在庄子中是"天籁"之自生,在苏轼这里即"无穷出清新"。

---

① 〔宋〕苏轼:《书晁补之所藏与可画竹三首·其一》,载李福顺编著:《苏轼与书画文献集》,荣宝斋出版社 2008 年版,第 105 页。

类似的一段,出现在《高邮陈直躬处士画雁二首》其一:

> 野雁见人时,未起意先改。君从何处看,得此无人态。无乃槁木形,人禽两自在。①

苏轼再次将"无人"与庄子"丧我"对应,表达非概念化的体身状态,以消除确定性之知、对象化之识对体身的影响,因此"无人"不是真的没有人,而是没有知性的视点,身体在物中,物也在身体中,"人禽两自在"。

"自在"对于中国文化来说,不是指超然于世的独立存在,而是事物回归其所是的生成过程,在过程中自然地展开。苏辙在《墨竹赋》中记录文同给宾客讲述如何创作时,表达了这层意思:

> 夫予之所好者道也,放乎竹矣……始也余见而悦之,今也悦之而不自知也。忽乎忘笔之在手与纸之在前,勃然而兴,而修竹森然。虽天造之无朕,亦何以异于兹焉?②

文同"所好者道也",认为创作活动的关键在"天造",即从本然出发,而要在创作中实现本然的流露,一方面须要身在其中("勃然而兴"),另一方面须要冥去识知,即忘笔、忘纸、忘自己("忘笔之在手与纸之在前","无朕","不自知也")。《庄子·大宗师》:"堕肢体,黜聪明,离形去知,同于大通,此谓坐忘。"在忘中放下耳目之识执,身与物化,自觉其与生命自然同体共流的生存状态。落实在竹

---

① 〔宋〕苏轼撰:《高邮陈直躬处士画雁二首·其一》,载李福顺编著:《苏轼与书画文献集》,荣宝斋出版社 2008 年版,第 45 页。

② 〔宋〕苏辙撰:《墨竹赋》,载《唐宋八大家文集·苏辙文集》第 1 卷,中央民族大学出版社 2002 年版,第 4 页。

中,便是深入竹子的生命世界,体会使之成形的"天造"之力。

符载《观张员外画松石序》同样如此:

> 员外居中,箕坐鼓气,神机始发。其骇人也,若流电激空,惊飙戾天。摧挫斡掣,㧑霍瞥列。毫飞墨喷,捽掌如裂,离合惝恍,忽生怪状。及其终也,则松鳞皴,石嶾岩,水湛湛,云窈渺。投笔而起,为主四顾,若雷雨之澄霁,见万物之情性。观夫张公之艺非画也,真道也。当其有事,已知夫遗去机巧,意冥玄化,而物在灵府,不在耳目。故得于心,应于手,孤姿绝状,触毫而出,气交冲漠,与神为徒。若忖短长于隘度,算妍媸于陋目,凝觚舐墨,依违良久,乃绘物之赘疣也,宁置于齿牙间哉?①

张璪的笔墨活动不是工艺美术("非画也"),而是"真道"呈现,这里的"真"如前文所说不是西方符合论的真理观,而是中国人通过价值直感的"无意"展开,深入在场者在场的活动,体身于万物得其所是的生态,示见体验与其对象(显现)的内在一致。于是,张璪勃然兴发,在与生命自然一体贯通的状态中"见万物之情性",为此须要"遗去机巧,意冥玄化……气交冲漠,与神为徒",人不再以欲望、知性之耳目入世,将之损之又损"与神为徒"。

总结来说,在中国文化中,笔墨的使命不在复制、识别事物的特征、样像,而在贯通生命的体身实践,既感受事物得其所是的内在生态,又参与进事物生成的过程中成其所是。为此,笔墨活动须要不同于知性认知的另一种思维、存在方式,这就须要"遗"、"忘"

---

① 〔唐〕符载撰:《观张员外画松石序》,载俞剑华编著:《中国古代画论类编》上卷,人民美术出版社2004年版,第20页。

的工夫。"遗"、"忘"不是心理性认知,而是消除确定性之知、对象化之识对人领会生命情意的障碍。

三、体身中的观法

负的方式剔去了知性的视点,但不意味着消解了色、声、香、味、触,而以身体为活的回路原初综合,这便是体身中的观法。

(一)以神存之

> 每行荒江断岸,遇欹树裂石,转侧望之,面面各成一势,舟行迅速,不能定取,不如以神存之,久则时入我笔端,此犀尖透月之理,断非粉本可传也。①

在人与物的动态交互中,会遭遇事物的各种面向,每个面向都不同,不可能通过静观把各个面向收集、累加成整体,因此笔墨"不能定取",而要"以神存之"。苏轼说:

> 竹之始生,一寸之萌耳,而节叶具焉,自蜩腹蛇蚹,以至于剑拔十寻者,生而有之也。今画者乃节节而为之,叶叶而累之,岂复有竹乎?故画竹必先成竹于胸中,执笔熟视,乃见其所欲画者,急起从之,振笔直遂,以追其所见,如兔走鹘落,少纵则逝矣。②

苏轼比较了两类画竹的方法,一类是"叶叶而累之"的定取,

---

① 〔明〕李日华撰:《竹嬾论画》,载俞剑华编者:《中国古代画论类编》下卷,人民美术出版社 2004 年版,第 760 页。
② 〔宋〕苏轼撰:《文与可画筼筜谷偃竹记》,载李福顺编著:《苏轼与书画文献集》,荣宝斋出版社 2008 年版,第 107 页。

一节一节接起来,一叶一叶推上去,这种面面俱到如测绘般写实的方法,是一种识性观看,哪里还有竹子？另一类是"成竹于胸",即"以神存之"的画法,竹子出生时节、叶便已俱全,因此重要的不是竹子的外形,而是先于知识的,于人生命中的意义关系,"执笔熟视"不是仔细端详竹子的外貌,而是体味本已有之的竹子与人的生命情意,涌现欲画之情,进而"振笔直遂,以追其所见"。

书卷前的读者,你是否珍藏着故去亲人的物件,又或是它们就在你居家的环境中,你是否留存着年少时的贴纸、信件与磁带,老家的街景是否没有变,和父母牵手走过的路、逛过的菜场,屋旁的水井,院子里老人栽下的花与树……它们的现实样貌,自一开始就在那里,然而当你想起它们的时候,当你想伸手紧紧握住它们的时候,呈现在你眼前的是一段又一段在你生命里永远也抹不去的回忆,你越想越清晰,仿佛就在昨天,脑海中的场景如此鲜活、亲熟,不禁情满于怀,这才是你"振笔直遂"想要呈现出来的内容。

这种感觉,好似《追忆似水年华》中母亲给普鲁斯特的玛德莱娜蛋糕,在碰到上颚的那一刻,普鲁斯特突然浑身一震,一种舒坦的感觉传遍全身,回忆起了这块点心的滋味,就是在贡布雷时的某一天,莱奥尼姨妈的房内,一块小玛德莱娜蛋糕放到了不知是茶叶泡的还是椴花泡的茶水中,浸过后送到了自己的嘴里。

(二) 神存的过程性综合性

以神存之始终包含心物之间的"互动","互动"固然不以知性为视点,而以价值直感来呈现,但此直感仍然与相关主体的生命境域不分离,因此以神存之不是透明的,情意的产生有其过程,呈现出"综合"的特点。

> 思者删拔大要,凝想形物。……夫雾云烟霭,轻重有时,势或因风,象皆不定。须去其繁章,采其大要,先能知此是非,然后受其笔法。①

"雾云烟霭"本就有轻有重,加上风力的作用,形态更加不定,因此和"舟行迅速"一样"不能定取",不能用"节节而为之,叶叶而累之"的方法,而要"以神存之"、"成竹于胸",成竹存神不是知性视点而是直观,但直观依然有其过程,即荆浩这里所说的"删拔大要,凝想形物","去其繁章,采其大要"。

荆浩的说法显出"思"之过程的两个方面:一是"删拔"、"去繁",二是"凝想"、"采要"。

人们对"删拔"、"去繁"的理解,常怀一种抽象的逻辑,认为是通过分析、取舍把握本质。这种解释是一种知性视角,荆浩要抹除的恰恰就是它,或者说,荆浩"删拔"、"去繁"的本性,就是要超越知性的视点,"度物象而取其真"②。从超越知性的视点看,"度"不是抽象、概括,而是体身于万物得其所是的生态,示见体验与其对象(显现)的内在一致,以"见万物之情性"。荆浩对此的表述是"妙者,思经天地,万类性情,文理合仪,品物流笔"③。真正的思,是要深入生命自然一体贯通的状态中,为此需要"删拔"、"去繁"。不以知性的视点看,不然就会成为"奇者,荡迹不测,与真景或乖异,致其理偏,得此者亦为有笔无思"④。徒有其表,与真景无关,虽在认识,但不入"思"。

真正的"思"要把握事物的内源性真理,而"有笔无思"着眼于

---

① 〔五代〕荆浩撰:《笔记法》,载俞剑华编著:《中国古代画论类编》下卷,人民美术出版社 2004 年版,第 606—607 页。
② 同上书,第 605 页。
③④ 同上书,第 606 页。

技法知识,无法身入在场者之下使形成形的生命力量。反之"真思",既如荆浩评价张璪时说,"员外树石,气韵俱盛,笔墨积微,真思卓然,不贵五彩",又如评价王维时说"王右丞笔墨宛丽,气韵高清,巧写象成,亦动真思"[①]。

1."原象":想象力的原初综合与拟形之基

"真思"不是删繁就简的抽象,而是把握了事物的内生情态,由于事物总是于其生命自然中的具体呈现,因此需要"凝想形物"、"采其大要",见其大端。"物"、"要"是一种形,但无定形,是如《系辞上》所说"圣人有以见天下之赜"的"赜",《系辞下》所称"几者,动之微"的"几"、"微"。将此"赜"、"几"、"微"表现出来,便是"拟诸形容"的立象活动("拟诸形容,象其物宜,是故谓之象"),广义来说通过笔墨等活动实现。

困难之处在于,如何理解先于立象活动的"物"、"要"?如果说"拟诸形容"的产物是"象",那么先于"象"的初始之貌是什么?为什么说它把握了事物的本性,如何理解这种本性有形却无定形?更为重要的是,它如何能是由"凝想"、"采要"产生的,"凝想"、"采要"到底是一种什么思?解释这些问题的关键,在生产性想象力及其原发性综合。

伴随"真思"的活动,"物"、"要"滤去具体细节,把握事物的内生情态,出现在人的意识中,这是一种原初综合(前反思的自发连续构造)的产物,由生产性想象把过去、未来置入现在的纯粹生产性构成中产生,作为知性活动的基础,综合出的内容在康德研究中一般被翻译为"图型",张祥龙从易学中得到启发,称之

[①] 〔五代〕荆浩撰:《笔记法》,载俞剑华编著:《中国古代画论类编》下卷,人民美术出版社 2004 年版,第 608 页。

为"图几"①、"纯象"②,合之为"几象"。如果把翻译看作一种理解、阐释的话,那么比起"图型",张祥龙的解释更为妥帖,"物"、"要"作为"思"之所"见",其对事物形无定形的本性领会,即是对事物之"几"、"赜"的把握,也就是对生产性想象力原初综合及其产物的自觉。由于它在"拟诸形容"的"象"形之前,并成为拟形、象物的基础,因此可以称之为"原象"③。

"原象"有形但无定形,它贯通形迹,是拟形、象物的基础。在具象活动中,人们从不同的角度与物对接,不同的角度产生理解的各种可能性,事物究竟为何、意味着什么无法判定,这个时候意识需要"原象",以之为基础,搜寻彼此的相合性,只有当"原象"与知觉对象内在相合,具象之具才能被识别、判定。因此,"拟诸形容"的立象活动离不开"原象","象其物宜"必须先有关于物之可能的"原象","拟诸形容"的迹象才能合"宜"地呈出,如果没有"原象"则物无所谓"宜"或不"宜"。生活中有各种三角形:锐角、直角、钝角,形状不同但都被叫作三角形(有其"物宜"),理解具体的三角形须有关于具体三角形的"原象",当两者内在相合,具体的行迹才能作为三角形而不是别的什么被理解、呈现。

对于笔墨活动来说,其作为"拟诸形容"的立象行为,并不是要

---

① "靠着这种先验想象力产生了一种图型(Schema 或译'图几',它是一种很微妙的图像,是那种原本的产生结构)。"参见张祥龙:《现象学导论七讲》,载《张祥龙文集》第 4 卷,商务印书馆 2022 年版,第 22 页。

② "这种'先验想象力的产生性综合'是无形而有象(纯象而非'点'象)。"参见张祥龙:《孔子的现象学阐释九讲》,华东师范大学出版社 2009 年版,第 218 页。

③ 夏开丰在讨论"大象无形"时也注意到了"原象"的存在,认为"原象"、"似有形却无形,这种无形不是绝对的空无,而只是说没有成形。它已经存在了,因此属于'有'的范畴,但它不是存在者意义上的'有',相反,它是没有存在者的'有'……是没有存在者的显现,我们不能在任何存在一个具体的存在者那里找到它的根源,尽管它总是和这个或那个存在者发生关联。"并指出"圣人有以见天下之赜"的"赜","就是指处于幽微之处的'原象'"。(夏开丰:《绘画境界论》,文化艺术出版社 2021 年版,第 74—75 页)

在图像与它所描绘的事物之间做"外部"衡量,而是"所画"作为立象活动的过程环节,在与物接的前反思中,"思"而不维,先行与"原象"有了"内在"统一。

这便是"凝"、"采"出的"形物"、"大要",作为"真思"的组成部分,在与物接("度物象")的体身过程中把握了事物的本性("取其真"),"成竹于胸",为"拟诸形容"做好准备。

2. 神思与生产性想象:生命展开中的生产性综合

"原象"是生产性想象原初综合的产物,产物不在超越的彼岸而在此世中,同时,此世中前反思的自发连续性综合不是单一的、一次性的,而是"苟日新,又日新,日日新"(《大学》)的,总在生命的生存时间中与自身、与其他"原象"融合、迭代、重构。在中国思想文化中,称为"神思"。

夏开丰梳理了"神"、"思"合为一词的发展脉络。① 王充将"神"与"思"连用——"愁神苦思"(《论衡·治期》),"用神思虑"、"一身之神,在胸中为思虑"(《论衡·卜筮》)——表示思维活动中的心神功能。孙绰把这种思维活动用到了文学中。《游天台山赋》:"余所以驰神运思,昼咏宵兴,俯仰之间,若已再升者也。方解璎珞,永托兹岭,不任吟想之至,聊奋藻以散怀。"②"驰神运思"大体指创作中的想象。"神思"连用出现在三国,多指通于神明,至宗炳虽然"神思"依然有通神的意思,但佛学背景令其转向了融通、综合之意,"峰岫峣嶷,云林森眇,圣贤映于绝代,万趣融其神思"③。画家领悟到:万物因法身遍满而有灵趣,诸灵趣综合在一起成为

---

① 夏开丰:《绘画境界论》,文化艺术出版社 2021 年版,第 273—275 页。
② 〔东晋〕孙绰:《游天台山赋》,载严可均辑:《全上古三代秦汉三国六朝文》第二册,中华书局 1999 年版,第 1806 页。
③ 〔魏晋〕宗炳著,王微、陈传席译,吴焯校:《画山水序》,人民美术出版社 2016 年版,第 8—9 页。

不可分离的整体。至此,"神思"有了综合之意。

刘勰《文心雕龙·神思》:"古人云:'形在江海之上,心存魏阙之下。'神思之谓也。文之思也,其神远矣。故寂然凝虑,思接千载,悄焉动容,视通万里;吟咏之间,吐纳珠玉之声;眉睫之前,卷舒风云之色:其思理之致乎。故思理为妙,神与物游。"江海是人所处的现实世界,魏阙这里不再指朝廷,而意味着超越经验世界,对经验世界的超越不是去向彼岸世界,而是不再以经验的知性思维看。知性思维的视听言动是对具体对象的时空感知与逻辑推断,神思不同,刘勰从时、空两个方面来说神思的这种超越性,虽然人在当下,但"思接千载"、"视通万里",通过生产性想象把过去、未来置入现在("思接千载"),通过在生命展开境域中与自身、与他者融合、迭代、重构的生产性综合("视通万里"),当下获得了意义。作为知性活动的基础,神思总在体身中前反思地向生命自然畅开:匿名地接受、自发地组织,即此刘勰说的"神与物游"。

同样的道理,陆机在《文赋》中说:"其始也,皆收视反听,耽思傍讯,精骛八极,心游万仞。"① 开始于感官的撤离("收视反听")、经验的超越,从而能够使生产性想象在生命活动中无限自由,"观古今于须臾,抚四海于一瞬",通过把古今置入须臾,四海融于一瞬,将生命展开之境中的内容综合,令"须臾"、"一瞬"在出乎自身的先验综合为一中赢得自身。

这便是老子"不出户,知天下;不窥牖,见天道……是以圣人不行而知,不见而明,不为而成"的秘密。圣人不可能真的不见、不为,只是他的所见、所为不执滞在眼前的经验对象上,他们"近取诸身,远取诸物",思入"风云变态","以通神明之德,以类万物之情",

---

① 〔西晋〕陆机著,张少康集释:《文赋集释》,中华书局2002年版,第36页。

在无涯的生命时间与生存境域中前反思地向着生命自然畅开,从而赢得自身。

(三)笔墨活动中的生产性综合

由神思的原初综合,苏轼得以在与竹子的生命交往中"成竹于胸",先行领会竹子的内生情态("原象"),于油然而生的情意中"拟诸形容","见其所欲画者"。

石涛说:

> 天有是权,能变山川之精灵;地有是衡,能运山川之气脉;我有是一画,能贯山川之形神。此予五十年前,未脱胎于山川也;亦非糟粕其山川而使山川自私也。山川使予代山川而言也,山川脱胎于予也,予脱胎于山川也。搜尽奇峰打草稿也。山川与予神遇而迹化也,所以终归之于大涤也。①

石涛的"一画"可以贯通"山川之形神",这是如何做到的呢?在"搜尽奇峰打草稿"。"打草稿"不是谋篇布局,规划好画面的每一处角落,"搜尽奇峰"也不只是徒步饱览山川形貌,工笔纸上,如是则隔绝了与天地造化的内生关系,构成对山川的孤立、抽象,这样画出的山川是一种带着认知心的私我之山川("使山川自私")。为此,需要画者自觉地向存在敞开,在身与境融中与山川耦合在一起,"山川脱胎于予也,予脱胎于山川也",在由过去、未来置入的当下("思接千载"),在与自身、他者融合、迭代、重构的生产性综合里("视通万里"),"贯山川之形神",呈现山川在天地间"精灵"、"气脉"的情态。

---

① 〔清〕道济著,俞剑华注译:《石涛画语录·山川章第八》,人民美术出版社1959年版,第8页。

而倘若没有神思,没有生命的生产性综合,那么就无法探求一个能动的生命主体(人)在什么条件下能领会、把握存在,却又要求他直接把自身带向存在,在向着生命自然畅开中理解存在。这正是保罗·利科在1965年发表《存在与诠释》中,指出的海德格尔理解存在的"直接途径"的局限,并由此走向了他的阐释学路径,即从存在如何理解,转向具体的存在者应该如何通过理解,来参透一般存在的本体论意义。

利科看来,存在总是被理解的存在,因此不能仰仗存在者对存在的"透明式"的直接领悟,而需要经自身与他者,与语言(文化)世界之生存关联,才能理解存在,由此开启了他通过语义学迂回至存在的研究路径。自身、他者、语言(文化)世界从活动领域看,是事件之杂多,理解它们需要编排、整合,使之成为叙事,即使之"情节化"。利科将叙事从文学拓至生存领域,人的生存总在经历各种事件,整合、理解事件的过程("情节化")也就是人理解、领会存在的过程。而如何整合、理解事件需要中介,中介对异质性要素进行协调,整个过程呈现出动态、交织、关联、开放等特点,最终形成某种"不和谐的和谐"(la concordance discordante)。那这样的中介是什么?它不属于任何个体思维,而是基于社会共同生活形成的活的意义(生活世界中不断创新、积淀着的语言、文化,利科称之为"象征性中介"),由之而成"情节化",这样的"情节化"是一种整合过程,将杂多组织成整体,从而赋予人们历事时的可理解性。[1]

若要进一步追问,情节化运作的核心是什么?那便是具有时间性的"异质综合"(synthesis of the heterogeneous)。利科说:"在

---

[1] Paul Ricoeur, "Life in Quest of Narrative", in *On Pual Ricoeur: Narrative and Interpretation*, ed., David Wood, London: Routledge, 1991, p. 21.

叙事领域中,对于所有的异质综合来说,'情节化'是一种范式。"①
而提及"异质综合",利科点出了它与康德"生产性想象力"的关系。
利科说:

> 图型化的任务是生成可以在哲学话语层面上系统有序的法则。图型化之所以具有这样的能力,是因为生产性想象力本身具有基础的综合功能。它通过生产性综合,使知性概念与感性直观形式(时间—空间)结合为一体,使认知得以可能。同样的,情节化在所谓思想(主题)与环境、人物、情节、命运等的直观呈现之间,产生了一种综合的可理解性。因此,我们可以用叙事的图型机制描述固属于情节化的可理解性运作。正是以图型化机制为中介,我们才能确定情节。②

可见,"情节化"与"图型化"都是"生产性想象"的作用,是"生产性想象力"把各种处境、要素综合为整体的过程。因此,对于历事之可理解性而言,这种可理解性不是认知理性的理解,而是基于生产性综合的对生存的理解,利科说:

> 这些理解的普适性不是理论思考的结果,而是由叙事的图型机制产生的。它们只能通过自觉于自身叙事传统(或各种具体传统)的建构活动才能获悉。从这个意义上说,它们在生产性想象"日日新"的循环中,可被领会,而不属于理论理性的范畴。……我们把情节界定为生产性想象力的产物,相应

---

① Paul Ricoeur, "The Text as Dynamic Identity", in *Identity of the Literary Text*, ed., Valdés M. J., Miller Q., Toronto: University of Toronto Press, 1985, p. 176.

② Ibid., p. 178.

地在叙事领域中将它作为某种可能的先验图式。①

人生在世总在经历形形色色的事,总在与自身、与他者打交道,中国人不取抽象直观,在同义反复中做空洞运算,中国人的直观有其内容,在历事(时)实践中,感通于共生的存在结构(关系),领会生命自然形无定形的内生方向与价值意蕴,天地宇宙因此呈现出"造化之妙,勃如荡如,不可形容"的态势。

在这过程中,希望、历史、情势、动机、善、恶、喜、悲……种种异质性元素,如何整合、安顿它们,在动态、交织、关联、开放中"情节化",形成某种"不和谐的和谐"(和而不同),决定了人如何理解、领会存在。这就需要神思,需要画者自觉地向着生命境域敞开,在身与境融中,通过时间的生产性综合与自身、与其他"原象"(情节、图型)融合、迭代、重构。

宋代郭熙说:

> 余因暇日,阅晋唐古今诗什,其中佳句有道尽人腹中之诗,有装出人目前之景,然不因静居燕坐,明窗净几,一炷炉香,万虑消沉。则佳句好意亦看不出,幽情美趣亦想不成。即画之主意,亦岂易及乎?境界已熟,心手已应,方始纵横中度,左右逢源。②

"晋唐古今诗什"的内容纷繁杂多,要体味出"佳句好意"、"幽

---

① Paul Ricoeur, "The Text as Dynamic Identity", in *Identity of the Literary Text*, ed., Valdes M. J., Miller Q., Toronto: University of Toronto Press, 1985, pp. 178-179.

② 〔宋〕郭熙、郭思父子撰:《林泉高致》,载俞剑华编:《中国画论类编》下卷,人民美术出版社 2004 年版,第 641 页。

情美趣",不是在知识性的解说中思考出来的,而须如利科所说"通过自觉于自身叙事传统(或各种具体传统)的建构活动",先行地与"原象"内在统一,领会其内在的意义。因此,郭熙"静居燕坐……万虑消沉",通过负的方法滤去知性的影响,体身晋唐古今的生命历史,与各异质性要素涤荡,在由过去、未来置入的当下,在与自身、他者融合、迭代、重构的生产性综合里"纵横中度,左右逢源"。由此"境界已熟",形成郭熙的情节叙事,某种尚未专题化而可领会的"不和谐的和谐",有了郭熙的"画之主意",进而"心手已应",将领会出的价值意味("意足")盎然于纸上。

可见,"好意"、"美趣"孕育于"境界已熟",而"境界已熟"的关键是体身于生命自然,"身即山川而取之"。"春山澹冶而如笑,夏山苍翠而如滴,秋山明净而如妆,冬山惨淡而如睡。"①春夏秋冬展露出的情态,不是主客二分中拟人化的经验性想象与情感投射,而是人历事(时)于四季的情节化叙事(生产性综合)。正如"采薇"之兴示见的时间是咏叹者生命境域的逗留,两者在生存中成为不可分割的整体。用《林泉高致》中的话来说,即"欲夺其造化……则莫大于饱游沃看,历历罗列于胸中,而目不见绢素,手不知笔墨,磊磊落落,杳杳漠漠,莫非吾画。此怀素夜闻嘉陵江水声而草圣益佳,张颠见公孙大娘舞剑器,而笔势益俊者也"②。

在绘画中,山、水与我同体共流,由于我历事(时)的展开,山、水有了"横看成岭侧成峰,远近高低各不同"的视点变化,而画家要呈现的不是山、水视点的客观化,而是"一山而兼数十百山之形

---

① 〔宋〕郭熙、郭思父子撰:《林泉高致》,载俞剑华编:《中国画论类编》下卷,人民美术出版社2004年版,第634页。

② 同上书,第636—637页。

状","一山而兼数十百山之意态"①的异质性综合,这就要求山、水在人的世界中,人也在山、水世界中。如郭熙所说:

> 山大物也,其形欲耸拔,欲偃蹇,欲轩豁,欲箕踞,欲盘礴,欲浑厚,欲雄豪,欲精神,欲严重,欲顾盼,欲朝揖,欲上有盖,欲下有乘,欲前有据,欲后有倚,欲上瞰而若临观,欲下游而若指麾,此山之大体也。
> 水活物也,其形欲深静,欲柔滑,欲汪洋,欲回环,欲肥腻,欲喷薄,欲激射,欲多泉,欲远流,欲瀑布插天,欲溅扑入地,欲渔钓怡怡,欲草木欣欣,欲挟烟云而秀媚,欲照溪谷而光辉。此水之活体也。②

山水的身体就是我的身体,我的欲望就是山水的欲望,彼此打成一片,构成全局性的综合。在此综合中,事物不再是孤立的事物,它们外溢自身,在向它者的过渡中获得意义,在交织、先验综合为一体中赢得自身,因此:

> 山以水为血脉,以草木为毛发,以烟云为神采。故山得水而活,得草木而华,得烟云而秀媚。水以山为面,以亭榭为眉目,以渔钓为精神,故水得山而媚,得亭榭而明快,得渔钓而旷落。此山水之布置也。③

万物相互成就、彼此呼应,综合而生"画之主意",盎然于纸上,

---

① 〔宋〕郭熙、郭思父子撰:《林泉高致》,载俞剑华编:《中国画论类编》下卷,人民美术出版社 2004 年版,第 635 页。

②③ 同上书,第 638 页。

才有"此山水之布置也"。

最后,"此山水之布置"并不是最终的结局,随着读者的进入,在阅读中开启新的生产性想象,作品、作者、读者、生命自然有了新的时空性融合、重构,进而有了新的生意。诚如利科所说:"它们依旧在生产性想象阐释的循环中,而终将被领会。"①

"寄兴于笔墨"遂成。

---

① Paul Ricoeur, "The Text as Dynamic Identity", in *Identity of the Literary Text*, ed. Valdes M J, Miller Q, Toronto: University of Toronto Press, 1985, pp. 178.

结语 "兴"的生成：中国人的思与在

语言、思维、存在间具有同构性。伽达默尔在梳理完洪堡对语言的理解后说："语言并非只是一种生活在世界上的人类所适于使用的装备，相反，以语言作为基础，并在语言中得以表现的是，人拥有世界。"[①] 汉语不是人们掌握的一项技能、一种工具，平铺在那，等待人去研究、摆置它，它是存在的肉身，是活的土壤，经由它，汉语人展开了一个世界。

孙向晨《"汉语哲学"论纲：本源思想、论域与方法》阐述了今天中国哲学研究需要以"汉语哲学"面貌登场，通过"汉语世界"的思想资源和语言特质来直面人类广泛而共同的问题，看到人类共通的理性与情感结构，以及生存性挑战。[②] 哲学研究不是虚无缥缈的，哲学始终以人类为基本视野，推进人类对自身境况的理解。人类境况不是抽象的存在，它总在语言中存在，因此我们应该设想一种不讲希腊语，而讲汉语的哲学，这不是语言选择问题，语言中蕴藏文明的基因，语言会以一种前反思的方式把这种基因暗藏在我们的思想中，哲学的任务便是以反思的方式揭示出这种本源性、根基性结构。

---

① ［德］伽达默尔：《真理与方法》下卷，洪汉鼎译，上海译文出版社2004年版，第574页。
② 孙向晨：《"汉语哲学"论纲：本源思想、论域与方法》，载《中国社会科学》2021年第12期，第153—175页。

汉语形态发展不出西方基于系词"being"而来的"存在—神—逻辑"体系。① 相应的,比之西方"不变"的理念、实体,"汉语世界"立足"生生不息"的"变化",有了深入过程、领会意义的生存体验与框架性构成,这是"汉语"给予我们的生存境域。在这一境域中,人如何安顿自己、更好的生活,是重要的命题。

"兴"便是这样一种汉语形态,经由它,立起了汉语人的世界。"兴"自诞生起,便扎根大地与万物打成一片,示见人与世界交互活动时的生命情意,在歌咏中、在舞动中,如此这般的"兴"天然地呈现出前反思、非概念化的特点。在古代这或许是汉语世界的问题,但在今天它已是全人类共同的命运。

今天的人类,在资本与工具理性的合谋下,越发丧失生命的意义。当积累起来的货币,追求超出自身价值以上的价值,"被进步"、"被发展"成了必然,当海德格尔将之描述为"进步强制"时,资本在这个时代,成了普照的光和特殊的以太,它赋予这个世界所有的事物存在的比重。在这个背景下,需求强制、生产强制,一切以数值的增长为评价标准且成为唯一的标准。当资本贪婪的获取它的利润,工具理性为其护法,当分析合理化与资本共谋,人类的生命活动被肢解,一切可计算的计算在内,一切不可计算的排除在外。在这一处境中,现代技术像病毒般自行复制、变异,人的生命进程荒诞得如同《变形记》中的甲虫。

今天的人类,绝大多数时候活在物理时间中,物理时间过去通过机械振动,今天把原子钟(如铯、氢、铷)当作节拍器来保证精确的时间。这样的时间看似很客观,提高了社会生产率,为全世界遵循,可越是精确,越是客观化的呈现越发让人丧失意义。当对象化

---

① 西方"哲学上的本体论、宗教上的上帝观,以及名学上的同一律在根本上是一起的"。张东荪:《思想语言与文化》,载《知识与文化》,岳麓书社 2011 年版,第 217 页。

的态度令眼睛成为动物的眼睛,人成了动物的人,以确定性为标准衡量整个生命自然,并压榨着其中每一位存在者的生命时,正如胡塞尔所说"现代人的整个世界观唯一受实证科学的支配,并且唯一被科学所造成的'繁荣'所迷惑,这种唯一性意味着人们以冷漠的态度避开了对真正的人性具有决定意义的问题。单纯注重事实的科学,造就单纯注重事实的人……在我们生存的危急时刻,这种科学什么也没有告诉我们。它从原则上排除的正是对于我们这个不幸时代听由命运攸关的根本变革所支配的人们来说十分紧迫的问题:即关于这整个的人的生存有意义与无意义的问题。这些对所有的人都具有普遍性和必然性的问题难道不也要求进行总体上的思考并以理性的洞察给予回答吗?"①

什么是意义?对处在物理时间中,以客观化、对象化方式思维的人来说,意义就是指称,就是可被语言符号传达的内容,是人们常说的"白纸黑字"清清楚楚的东西,也是用手段要以到达的目的、完成的绩效、指标,进而是努力实现的物质资料,并把它当作生命价值的完成。

"诸神逃遁","大地在精神上的沦落已前进得如此之远"②,人类的所作所为阉割了生存的命根。越要抓住意义,就越得不到意义,因为意义是先行的,先于所指、先于对象、先于目的,任何所指、任何对象、任何目的都不过是先行之意流向的结果罢了。因此,对确定性的把握,需要先行进入意义生成的过程里并先行领会,这需要现代人"溯洄从之",从存在的下游复归存在的上游;这需要不同于对象化思维的别样的语言、别样的思维、别样的存在方式。正是

---

① [德]胡塞尔:《欧洲科学的危机与超越论的现象学》,王炳文译,商务印书馆1988年版,第18页。
② [德]海德格尔:《形而上学导论》,雄伟、王庆节译,商务印书馆2012年版,第38—39页。

在这里,充满了中国文化的智慧,中国哲思在迎难人类生命的价值危机时,必有一席之地。

比之西方语言从"being"(存在)出发,汉语不以系词本位,不仅弱化,有时甚至省略,更不要提汉语"即没有道地的词性屈折,没有从一个共同词根构成几个新词的词语派生,没有用不同形态来表示不同词类的语法差别"①。因此,可以说汉语是从"becoming"(变化)出发的②,中国人立足于变化的世界,所谓"生生之谓《易》"(《系辞上》)。安乐哲说:"与西方古代及现代的思想家不同,早期中国的思想家们并不着力于探讨事物的本质。与之相反,他们似乎已经认定,惟一永恒的就是变化本身。《周易》对此进行过明确的阐述……因而……在中国的早期文献中,没有任何关于永恒本质与变化现象的讨论。也就是说,古代中国人认为,本质与现象是完全一致;本质就是所有的一切——自然、社会和个人都处于变动不居之中"③,本质就在变化中经由变化生成,严格说来这样理解还有二分的残迹,更准确地说,"易"兼"变易"、"不易",而"不易"本身便是"变则通"了的"周流普遍"(《系辞下》:"《易》穷则变,变则通,通则久")。

正是基于实在("reality"—真实,而非"substance"—支撑变化的不动之基)的"变易型"理解,有了人们自上而下对生命自然及其生生活动的呼应、追随,有了自下而上通过广义语言,宣告、启发价

---

① [瑞典]高本汉:《汉语的本质与历史》,聂鸿飞译,商务印书馆2011年版,第85页。

② "《周易》也罢,《老子》也罢,都是注重于讲 becoming 而不注重于 being。这固然是中国哲学的特性,却亦是由于中国语言结构上不注重'主体'使然。亦可以说中国言语上不注重主体和中国哲学上不注重本体是同表现中国人的思想上一种特性。"张东荪:《从中国言语结构上看中国哲学》,载《知识与文化》,岳麓书社2011年版,第190页。

③ 安乐哲、罗思文:《〈论语〉的哲学诠释》,余瑾译,中国社会科学出版社2003年版,第24页。

值本体的生命实践,道体活动与体道过程融合为一。也正是在这里,"兴"以其前反思、前对象化的"非—定思"特质,令人明了意义除了在主客分立的外部反思中被规定,还能在能指自指中,在万象生成活动的世界里内生。因此,"形"不是静态的既成之形,而是动态的内生赋形(去成为形),作为意义生成过程的活动环节,是在时、位中获得相对稳定的意义关系的同时,向着未来敞开的"未济"之客形。人们不聚焦"客形",而通过"客形"进入万物与其所处世界的内生关系,玩味使形成形的生命力量,示见共生的生存结构(关系)与价值意蕴。

这样的精神品性体现在中国文化的方方面面,人们"感时兴思"、"感物兴怀",在纯情境赋意中,人们"寄兴于笔墨,假道于山川"(《石涛画语录》),在体道过程与道体活动的实践与表达中,"随物以宛转"、"与心而徘徊"(《文心雕龙·物色》),周身充盈着力量,去生存充满了意义。

然而,汉语世界中生命如此这般的纯情境赋意,从情理结构上看,又不独属于中国,它是属于全世界的,是人人皆有的"根器",心同、理同。在中国,竹子可以不作"知识性观看",而先行地置入与人同体共流的生命自然;在西方,透过梵高黑洞洞的鞋,农妇的生命世界澄亮了出来。在中国,"庭有枇杷树,吾妻死之年所手植也,今已亭亭如盖矣"(《项脊轩志》),我们睹物思人,涌动着生命力量的身体,此时以笔墨为延伸,在徐疾、深浅、摇摆中"振笔直遂,以追其所见"(苏轼《文与可画筼筜谷偃竹记》)。在西方,母亲给普鲁斯特的玛德莱娜蛋糕,在碰到上颚的那一刻,普鲁斯特突然浑身一震,一种舒坦的感觉传遍全身,回忆起了这块点心的滋味,就是在贡布雷时的某一天,莱奥尼姨妈的房内,一块小玛德莱娜蛋糕放到了不知是茶叶泡的、还是椴花泡的茶水中,浸过后送到了自己的嘴里,"追忆似水年华"。

对于生命活动来说,"意义的生产性活动"与"意义的客体化活动"本不可分,表现为同一生命过程的两个方面。从这个意义上说,存在其实不分上游、下游,不同文化、不同民族、不同语言会有不同的视点,但这不意味着生命活动会因视点不同而不同。因此,从整体上看,中、西虽然在语言、文化的视点上有不同,但都不能因此特殊而画地为牢,以之特殊为人类的普遍。

　　生命之流起伏涨落,一次次的涌现便是一次次的对象化,但每一次的涌现又将复归深渊,从冰山上进入冰山下,在生命的生存展开中,成为新内容的过程性环节。

参考文献

一、古代文献

〔汉〕郑玄注,〔唐〕贾公彦疏:《周礼注疏》,《十三经注疏》聚珍仿宋本,中华书局 2020 年版。

〔汉〕毛亨传,〔汉〕郑玄笺,〔唐〕孔颖达疏,〔唐〕陆德明音释:《毛诗注疏》,上海古籍出版社 2013 年版。

〔汉〕许慎撰,〔清〕段玉裁注:《说文解字注》,上海古籍出版社 1981 年版。

〔三国魏〕何晏注,〔宋〕邢昺疏:《论语注疏》,《十三经注疏》聚珍仿宋版,中华书局 2020 年版。

〔三国魏〕王弼、〔东晋〕韩康伯注,〔唐〕孔颖达疏:《周易注疏》,《十三经注疏》聚珍仿宋版,中华书局 2020 年版。

〔三国魏〕王弼著,楼宇烈校释:《王弼集校释》,中华书局 1980 年版。

〔晋〕陆云撰,黄葵点校:《陆云集》,中华书局 1988 年版。

〔晋〕陆机、陆云撰:《陆机文集·陆云文集》,上海社会科学院出版社 2000 年版。

〔晋〕陆机著,张少康集释:《文赋集释》,人民文学出版社 2002 年版。

〔晋〕挚虞撰:《文章流别论》,载〔清〕严可均辑:《全上古三代秦汉三国六朝文》,中华书局 1958 年版。

〔晋〕孙绰撰：《游天台山赋》，载〔清〕严可均辑《全上古三代秦汉三国六朝文》，中华书局1999年版。

〔晋〕杜预注，〔唐〕孔颖达疏，黄侃经文句读：《春秋左传正义》，上海古籍出版社1990年版。

〔晋〕慧远撰：《万佛影铭》，载〔唐〕释道宣编撰：《广弘明集》，《四部丛刊》，商务印书馆1929年版。

〔南朝宋〕刘义庆撰，张㧑之译注：《世说新语译注》，上海古籍出版社2007年版。

〔南朝宋〕宗炳、王微著，陈传席译注，吴焯校订：《画山水序叙画》，人民美术出版社2016年版。

〔南朝梁〕刘勰著，詹锳义证：《文心雕龙义证》，上海古籍出版社1989年版。

〔南朝梁〕钟嵘著，曹旭笺注：《诗品笺注》，人民文学出版社2009年版。

〔唐〕窥基撰：《因明入正理论疏》，载《大正新修大藏经》，新文丰出版公司1983年版。

〔唐〕皎然撰：《诗式》，商务印书馆1940年版。

〔唐〕张彦远著，俞剑华注解：《历代名画记》，上海人民美术出版社1964年版。

〔唐〕殷璠著，王克让集注：《河岳英灵集注》，巴蜀书社2006年版。

〔宋〕张载著，章锡琛点校：《张载集》，中华书局1978年版。

〔宋〕程颢、程颐著，王孝鱼点校：《二程集》，中华书局1981年版。

〔宋〕苏辙著：《栾城应诏集》，《四部丛刊》，上海涵芬楼影印版。

〔宋〕吕祖谦撰：《吕氏家塾读诗记》，《景印文渊阁四库全书》，台湾商务印书馆1983年版。

〔宋〕朱熹集撰：《楚辞集注》，载朱杰人、严佐之、刘永翔主编《朱子全书》（修订本），上海古籍出版社、安徽教育出版社2010年版。

〔宋〕朱熹集撰，赵长征点校：《诗集传》，中华书局2017年版。

〔宋〕黎靖德编，王星贤点校：《朱子语类》，中华书局2020年版。

〔宋〕胡寅撰，容肇祖点校：《斐然集》，中华书局1993年版。

〔宋〕严羽著，郭绍虞校释：《沧浪诗话校释》，人民文学出版社1983年版。

〔宋〕洪兴祖撰：《楚辞补注》，商务印书馆1939年版。

〔宋〕杨万里著，辛更儒笺校：《杨万里集笺校》，中华书局2007年版。

〔元〕方回选评，李庆甲集评点校：《瀛奎律髓汇评》，上海古籍出版社2005年版。

〔明〕高棅撰，〔明〕汪宗尼校订：《唐诗品汇》，上海古籍出版社1982年版。

〔明〕王守仁著，吴光、钱明、董平、姚延福编校：《传习录》，载《王阳明全集》，上海古籍出版社2011年版。

〔明〕季本撰：《诗说解颐》，《景印文渊阁四库全书》，台湾商务印书馆1983年版。

〔明〕来知德撰，张万彬点校：《周易集注》，九州出版社2004年版。

〔明〕胡应麟撰：《诗薮》，中华书局1958年版。

〔清〕吴淇著，汪俊、黄进德点校：《六朝选诗定论》，广陵书社2009年版。

〔清〕王夫之撰：《姜斋诗话》，《船山全书》，岳麓书社2011

年版。

〔清〕王夫之撰:《明诗评选》,《船山全书》,岳麓书社 2011 年版。

〔清〕王夫之撰:《古诗评选》,《船山全书》,岳麓书社 2011 年版。

〔清〕王夫之撰:《唐诗评选》,《船山全书》,岳麓书社 2011 年版。

〔清〕王夫之撰:《相宗络索》,《船山全书》,岳麓书社 2011 年版。

〔清〕王夫之撰:《诗广传》,《船山全书》,岳麓书社 2011 年版。

〔清〕王夫之撰:《周易外传》,《船山全书》,岳麓书社 2011 年版。

〔清〕道济著,俞剑华注译:《石涛画语录》,人民美术出版社 1959 年版。

〔清〕陈梦雷撰:《周易浅述》,九州出版社 2004 年版。

〔清〕唐岱撰:《绘事发微》,上海人民美术出版社 1987 年版。

〔清〕叶燮、沈德潜著,孙之梅、周芳批注:《〈原诗〉〈说诗晬语〉》,凤凰出版社 2010 年版。

〔清〕沈德潜编,王晓乐、崔晨曦校注:《古诗源》,哈尔滨出版社 2011 年版。

〔清〕纪昀撰,〔清〕纪树馨编校:《鹤街诗稿序》,《纪文达公遗集》,清嘉庆十七年纪树馥精刻本。

〔清〕章学诚著,叶瑛校注:《文史通义校注》,中华书局 2000 年版。

〔清〕孙希旦撰,沈啸寰、王星贤点校:《礼记集解》,中华书局 2012 年版。

〔清〕朱彬撰,饶钦农点校:《礼记训纂》,中华书局 1996 年版。

〔清〕方东树撰，吴闿生评：《昭昧詹言》，朝华出版社 2019 年版。

〔清〕王先谦撰，沈啸寰、王星贤点校：《荀子集解》，中华书局 1988 年版。

〔清〕苏舆撰，钟哲点校：《春秋繁露义证》，中华书局 1992 年版。

程树德撰，程俊英、蒋见元点校：《论语集释》，中华书局 2013 年版。

曹旭选评：《古诗十九首与乐府诗选评》，上海古籍出版社 2002 年版。

常振国、降云编：《历代诗话论作家》，湖南人民出版社 1984 年版。

丁福保辑：《历代诗话续编》，中华书局 2006 年版。

傅璇琮等主编：《中国诗学大词典》，浙江教育出版社 1999 年版。

顾颉刚、刘起釪著：《尚书校释译论》，中华书局 2018 年版。

黄寿祺、张善文撰：《周易译注》，上海古籍出版社 2010 年版。

何志明、潘运告编著：《唐五代画论》，湖南美术出版社 1997 年版。

李运富编注：《谢灵运集》，岳麓书社 1999 年版。

李福顺编著：《苏轼与书画文献集》，荣宝斋出版社 2008 年版。

钱穆著：《论语新解》，巴蜀书社 1985 年版。

彭求定等主编：《全唐诗：精华》，陕西人民出版社 2021 年版。

《唐宋八大家文集》编委会编：《唐宋八大家文集》，中央民族大学出版社 2002 年版。

王洪主编：《唐宋词精华分卷》，朝华出版社 1991 年版。

王叔岷撰：《庄子校诠》，中华书局2007年版。

吴文治主编：《宋诗话全编》，江苏古籍出版社1998年版。

徐珂编撰：《清稗类钞》，中华书局1986年版。

夏传才、董治安主编：《诗经要籍集成》，学苑出版社2003年版。

杨伯峻注译：《论语译注》，中华书局2009年版。

杨伯峻编注：《春秋左传注》（修订本），中华书局2009年版。

俞剑华编著：《中国古代画论类编》，人民美术出版社2004年版。

二、现代中文著作

陈世骧著：《陈世骧文存》，辽宁教育出版社1998年版。

成复旺著：《艺文理论志》，上海人民出版社1998年版。

晁福林著：《上博简〈诗论〉研究》，商务印书馆2013年版。

杜晓勤著：《隋唐五代文学研究》，北京大学出版社2001年版。

邓安庆著：《启蒙伦理与现代社会的公序良俗——德国古典哲学的道德事业之重审》，人民出版社2014年版。

冯友兰著：《三松堂学术文集》，北京大学出版社1984年版。

辜鸿铭著：《辜鸿铭文集》，黄兴涛等译，海南出版社1996年版。

贡华南著：《味觉思想》，生活·读书·新知三联书店2019年版。

苟东锋著：《孔子正名思想研究》，上海人民出版社2016年版。

黄侃著：《黄侃论学杂著》，上海古籍出版社1980年版。

黄朝阳：《中国古代的类比——先秦诸子譬论》，社会科学文献出版社 2006 年版。

姜宇辉著：《画与真：梅洛·庞蒂与中国山水画境》，上海人民出版社 2013 年版。

李泽厚著：《美的历程》，载《李泽厚十年集》，安徽文艺出版社 1994 年版。

李泽厚著：《历史本体论·已卯五说》，生活·读书·新知三联书店 2003 年版。

逯钦立辑校：《先秦汉魏晋南北朝诗》，中华书局 1983 年版。

罗仲鼎编：《阮籍咏怀诗译解》，南京大学出版社 1999 年版。

李零著：《郭店楚简校读记》（增订本），中国人民大学出版社 2007 年版。

鲁洪生著：《诗经学概论》，辽海出版社 1998 年版。

鲁洪生著：《赋比兴研究史》，人民文学出版社 2017 年版。

罗宗强著：《隋唐五代文学思想史》，中华书局 2003 年版。

梁涛著：《郭店楚简与思孟学派》，中国人民大学出版社 2008 年版。

李健著：《比兴思维研究》（修订版），商务印书馆 2019 年版。

卢盈华著：《道德情感现象学——透过儒家哲学的阐明》，江苏人民出版社 2021 年版。

李荣著：《语文论衡》，商务印书馆 1985 年版。

李梦生注译：《千家诗全解》，复旦大学出版社 2007 年版。

牟宗三著：《圆善论》，载《牟宗三先生全集》，联经出版事业有限公司 2003 年版。

牟宗三著：《现象与物自身》，载《牟宗三先生全集》，联经出版事业有限公司 2003 年版。

牟宗三著：《从陆象山到刘蕺山》，载《牟宗三先生全集》，联经出版事业有限公司 2003 年版。

牟宗三著:《智的直觉与中国哲学》,载《牟宗三先生全集》,联经出版事业有限公司2003年版。

倪梁康:《现象学的始基——对胡塞尔〈逻辑研究〉的理解与思考》,广东人民出版社2004年版。

倪梁康著:《胡塞尔现象学概念通释》(增补版),商务印书馆2016年版。

钱锺书:《管锥编》,中华书局1979年版。

尚学锋、过常宝、郭英德著:《中国古典文学接受史》,山东教育出版社2000年版。

彭锋著:《诗可以兴》,安徽教育出版社2003年版。

佘碧平著:《梅洛·庞蒂历史现象学研究》,复旦大学出版社2007年版。

尚杰著:《中西:语言与思想制度》,北京大学出版社2010年版。

唐君毅著:《人生之体验》,载《唐君毅全集》,九州出版社2016年版。

唐君毅著:《中国哲学原论》,载《唐君毅全集》,九州出版社2016年版。

王国维著,黄霖、周兴陆导读:《人间词话》,上海古籍出版社2009年版。

王力著:《中国语言学史》,复旦大学出版社1981年版。

王昆吾著:《中国早期艺术与宗教》,东方出版中心1998年版。

吴云主编:《建安七子集校注》,天津古籍出版社2005年版。

吴建民著:《中国古代诗学原理》,人民文学出版社2001年版。

徐复观著:《中国文学论集续篇》,学生书局1981年版。

徐复观著：《中国人性论史》，上海三联书店2000年版。

徐复观著：《中国学术精神》，华东师范大学出版社2004年版。

徐复观著：《中国思想史论集》，上海书店出版社2004年版。

徐复观著：《中国文学精神》，上海书店出版社2006年版。

徐复观著：《中国文学论集》，九州出版社2014年版。

徐复观著：《中国艺术精神》，辽宁人民出版社2019年版。

徐中舒编：《甲骨文字典》，四川辞书出版社1990年版。

夏开丰著：《绘画境界论》，文化艺术出版社2021年版。

萧驰著：《圣道与诗心》，联经出版事业股份有限公司2012年版。

谢遐龄著：《文化走向超逻辑的研究》，华东师范大学出版社2014年版。

叶维廉著：《无言独化：道家美学论要》，《叶维廉文集》，安徽教育出版社2002年版。

叶朗著：《现代美学体系》，北京大学出版社1988年版。

叶朗著：《胸中之竹——走向现代之中国美学》，安徽教育出版社1998年版。

杨泽波著：《贡献与终结——牟宗三儒学思想研究》，上海人民出版社2014年版。

杨泽波著：《孟子性善论研究》（再修订版），上海人民出版社2016年版。

杨泽波著：《儒家生生伦理学引论》，商务印书馆2020年版。

朱自清著：《诗言志辨》，载朱乔森编：《朱自清文集》，开今文化事业有限公司1994年版。

朱自清著：《关于兴诗的意见》，载顾颉刚编：《古史辨》，上海书店影印版1992年版。

张东荪:《知识与文化》,岳麓书社 2011 年版。

周祖谟著:《问学集》下册,中华书局 1966 年版。

朱光潜著:《诗论》,上海古籍出版社 2001 年版。

宗白华著:《宗白华全集》,安徽教育出版社 1994 年版。

周发高编:《金文诂林》,香港中文大学出版社 1974 年版。

张舜微著:《说文解字约注》,中州书画社 1983 年版。

赵毅衡著:《文学符号学》,中国文联出版公司 1990 年版。

张光直:《中国青铜时代》,生活·读书·新知三联书店 2013 年版。

张祥龙著:《孔子的现象学阐释九讲》,华东师范大学出版社 2009 年版。

张祥龙著:《〈尚书·尧典〉解说》,生活·读书·新知三联书店 2015 年版。

张祥龙著:《现象学导论七讲》,载《张祥龙文集》,商务印书馆 2022 年版。

张以仁著:《中国语文学论集》,台湾东昇出版事业公司 1981 年版。

张庆熊著:《熊十力的新唯实论与胡塞尔的现象学》,上海人民出版社 1995 年版。

郑毓瑜著:《引譬连类:文学研究的关键词》,生活·读书·新知三联书店 2017 年版。

张节末著:《比兴美学》,浙江大学出版社 2020 年版。

朱立元主编:《西方美学思想史》,上海人民出版社 2009 年版。

三、期刊文章

陈炳良:《中国古代神话新释两则》,《清华学报》(台湾)1969 年第 2 期。

陈梦家：《高禖郊社祖庙通考》，《清华学报》第 12 卷，1937 年第 4 期。

陈万民：《朱熹赋比兴体系新探》，《中国古代文学理论学会第十七届年会暨国际学术研讨会论文集》2011 年 8 月。

陈蜀玉：《〈文心雕龙〉法语全译及其研究》，四川大学 2006 年博士学位论文。

贡华南：《醉与真——中国酒精神之维》，《哲学分析》2022 年第 1 期。

贡华南：《酒的形上之维——以〈浊醪有妙理赋〉为中心》，《社会科学战线》2022 年第 12 期。

苟东锋：《论"常名"》，载陈鼓应主编：《道家文化研究》第三十五辑，中华书局 2023 年版。

黄克剑：《"名"的自觉与名家》，《哲学研究》2010 年第 7 期。

鲁洪生：《从赋、比、兴产生的时代背景看其本义》，《中国社会科学》1993 年第 3 期。

李庆本：《中华文化的跨文化阐释与传播》，《人民日报》2008 年第 3 期。

刘耘华：《远程阅读时代诗学对话的方法论建构》，《华东师范大学学报》（哲学社会科学版）2020 年第 2 期。

罗钢：《当"讽喻"遭遇"比兴"——一个西方诗学观念的中国之旅》，《北京师范大学学报》（哲学社会科学版）2013 年第 3 期。

李巍：《行为、语言及其正当性——先秦诸子"类"思想辨析》，《中国社会科学》2013 年第 11 期。

李巍：《"逻辑方法还是伦理实践？——先秦儒墨'推类'思想辨析"》，《文史哲》2016 年第 5 期。

李巍：《早期中国的感应思维——四种模式及其理性诉求》，《哲学研究》2017 年第 11 期。

李巍:《相似、拣选与类比:早期中国的类概念》,《社会科学》2021 年第 2 期。

刘杰、刘耘华:《在"关联"中"论道":葛瑞汉的汉学思想探微》,《汉学研究》第三十二集,学苑出版社 2022 年版。

李志春:《从"合于〈桑林〉之舞"中的空间构成看"庖丁解牛"何以可能》,《河南社会科学》2015 年第 3 期。

倪梁康:《牟宗三与现象学》,《哲学研究》2002 年第 10 期。

倪培民:《对话的语言与儒家的"正名"》,《社会科学》2008 年第 8 期。

孙向晨:《"汉语哲学"论纲:本源思想、论域与方法》,《中国社会科学》2021 年第 12 期。

王树人:《中国哲学与文化之根——"象"与"象思维"引论》,《河北学刊》2007 年第 5 期。

王辉:《理雅各英译儒经的特色与得失》,《深圳大学学报》(人文社科学版)2003 年第 4 期。

武振玉、王业慧:《先秦汉语中"比"的词义发展》,《汉语史研究集刊》第二十九辑,2020 年。

谢耀亭:《"五"数发微》,《文博》2012 年第 1 期。

叶嘉莹:《中西文论视域中的"赋、比、兴"》,《河北学刊》2004 年第 3 期。

杨泽波:《智的直觉抑或意向性的直接性——对牟宗三"觉他"学说的重新定位》,《复旦学报》(社科科学版)2013 年第 5 期。

杨泽波:《智的直觉与善相——牟宗三道德存有论及其对西方哲学的贡献》,《中国社会科学》2013 年第 6 期。

张祥龙:《中国古代思想中的天时观》,《社会科学战线》1999 年第 2 期。

周山:《解读〈指物论〉》,《哲学研究》2002 年第 6 期。

张海明：《殷璠〈河岳英灵集〉诗学思想述略》，《中国文化研究》2003年夏之卷。

朱志荣：《论审美意象创构中的"象"》，《云南师范大学学报》（哲学社会科学版）2020年第6期。

张节末：《美学史上群己之辩的一段演进：从言志说到缘情说》，《文艺研究》1994年第5期。

郑吉雄：《名、字与概念范畴》，杭州师范大学学报（社会科学版）2017年第4期。

曾海龙：《时间性与本体论的建构》，《思想与文化》第三十一辑，华东师范大学出版社2023年版。

沈岚：《跨文化经典阐释：理雅各〈诗经〉译介研究》，苏州大学2013年博士学位论文。

罗雨涵：《中国文论"兴"词族研究》，四川大学2021年硕士学位论文。

四、翻译著作

［奥地利］维特根斯坦著：《论确实性》，张金言译，广西师范大学出版社2002年版。

［奥地利］维特根斯坦著：《哲学研究》，涂纪亮译，北京大学出版社2012年版。

［奥地利］维特根斯坦著：《文化与价值》，涂纪亮译，北京大学出版社2012年版。

［德］洪堡特著：《论人类语言结构的差异及其对人类精神发展的影响》，姚小平译，商务印书馆1997年版。

［德］康德著：《纯粹理性批判》，邓晓芒译，人民出版社2004年版。

［德］马克思著：《1844年经济学哲学手稿》，中共中央编译局

译,人民出版社 2002 年版。

［德］胡塞尔著:《欧洲科学的危机与超越论的现象学》,王炳文译,商务印书馆 2001 年版。

［德］胡塞尔著:《逻辑研究》(修订本),倪梁康译,上海译文出版社 2006 年版。

［德］胡塞尔著:《现象学的构成研究》,李幼蒸译,中国人民大学出版社 2013 年版。

［德］胡塞尔著:《内时间意识现象学》,倪梁康译,商务印书馆 2014 年版。

［德］卡西尔著:《人论》,甘阳译,上海译文出版社 2013 年版。

［德］海德格尔著:《演讲与论文集》,孙周兴译,生活·读书·新知三联书店 2005 年版。

［德］海德格尔著:《林中路》(修订本),孙周兴译,上海译文出版社 2008 年版。

［德］海德格尔著:《康德与形而上学疑难》,王庆节译,上海译文出版社 2011 年版。

［德］海德格尔著:《存在与时间》(修订译本),陈嘉映、王庆节译,生活·读书·新知三联书店 2012 年版。

［德］海德格尔著:《形而上学导论》,雄伟、王庆节译,商务印书馆 2012 年版。

［德］伽达默尔著:《真理与方法》,洪汉鼎译,上海译文出版社 2004 年版。

［德］卜松山著:《中国的美学和文学理论》,向开译,华东师范大学出版社 2010 年版。

［法］约阿基姆·加斯凯:《画室:塞尚与加斯凯的对话》,章晓明、许菂译,浙江文艺出版社 2007 年版。

［法］列维·布留尔著:《原始思维》,丁由译,商务印书馆

1981 年版。

〔法〕葛兰言著：《古代中国的节庆与歌谣》，赵丙祥、张宏明译，广西师范大学出版社 2005 年版。

〔法〕梅洛·庞蒂著：《符号·哲学家和他的影子》，姜志辉译，商务印书馆 2005 年版。

〔法〕梅洛·庞蒂著：《知觉的世界》，王士盛、周子悦译，江苏人民出版社 2019 年版。

〔法〕福柯著：《词与物》，莫伟民译，上海三联书店 2001 年版。

〔法〕程抱一著：《中国诗画语言研究》，涂卫群译，江苏人民出版社 2006 年版。

〔古印度〕陈那著：《因明正理门论本》，〔唐〕玄奘译，载《大正新修大藏经》，新文丰出版公司 1983 年版。

〔古印度〕商羯罗主著：《因明入正理论》，〔唐〕玄奘译，载《大正新修大藏经》，新文丰出版公司 1983 年版。

〔加拿大〕威廉·维斯：《光和时间的神话：先锋电影视觉美学》，胡继华、邓子燕、王小晴译，四川人民出版社 2006 年版。

〔加拿大〕戴为群著：《论"兴"：一个形式角度的新解释》，张万民、刘佼译，载《古代文学理论研究》第 31 辑，华东师范大学出版社 2010 年版。

〔古希腊〕亚里士多德著：《论诗》，崔延强译，苗立田主编：《亚里士多德全集》，中国人民大学出版社 2016 年版。

〔美〕鲁道夫·阿恩海姆著：《艺术与视知觉》，孟沛欣译，湖南美术出版社 2008 年版。

〔美〕高居翰著：《江岸送别》，夏春梅等译，生活·读书·新知三联书店 2009 年版。

〔美〕麦金泰尔著：《追寻美德：道德理论研究》，宋继杰译，译林出版社 2011 年版。

〔美〕雷·韦勒克、〔美〕奥·沃伦著：《文学理论》，刘象愚等译，生活·读书·新知三联书店1984年版。

〔美〕M.李普曼编：《当代美学》，邓鹏译，光明日报出版社1986年版。

〔美〕宇文所安著：《中国文论：英译与评论》，王柏华、陶庆梅译，上海社会科学院出版社2003年版。

〔美〕刘若愚著：《中国文学理论》，杜国清译，江苏教育出版社2006年版。

〔美〕安乐哲、〔美〕罗思文著：《〈论语〉的哲学诠释》，余瑾译，中国社会科学出版社2003年版。

〔美〕安乐哲著：《自我的圆成：中西互镜下的古典儒学与道家》，彭国翔编译，河北人民出版社2006年版。

〔美〕苏源熙著：《中国美学问题》，卞东波译，江苏人民出版社2009年版。

〔美〕克里斯托夫·科赫著：《意识探秘：意识的神经生物学研究》，顾凡及、侯晓迪译，上海科学技术出版社2012年版。

〔瑞典〕高本汉著：《汉语的本质与历史》，聂鸿飞译，商务印书馆2011年版。

〔日〕九鬼周造著：《"粹"的本质》，彭曦、汪丽影、顾长江译，载《九鬼周造著作精粹》，南京大学出版社2017年版。

〔日〕大西克礼著：《幽玄·物哀·寂》，王向远译，上海译文出版社2017年版。

〔新西兰〕罗莎琳德·赫斯特豪斯著：《美德伦理学》，李义天译，译林出版社2015年版。

〔英〕罗杰·弗莱著：《塞尚及其画风的发展》，沈语冰译，广西师范大学出版社2009年版。

〔英〕李约瑟著：《中国古代科学思想史》，陈立夫译，江西人民出版社 1999 年版。

［英］特伦斯·霍克斯著：《结构主义和符号学》，瞿铁鹏译，上海译文出版社 1997 年版。

五、外文文献

Angus Charles Graham, *Yin-Yang and Nature of Correlative Thinking*, Singapore: Institute of East Asian Philosophies, 1986.

Angus Charles Graham, *The Background of the Mencius Theory of Human Nature*, in *Chinese Philosophy and Philosophical Literature*, Singapore: The institute of East Asian Philosophies, 1986.

Arthur Waley, *The book of songs*, New York: Grove Press, 1960.

Alex Preminger and T. V. F. Brogan (ed.), *The New Princeton Encyclopedia of Poetry and Poetics*, New Jersey: Princeton University Press, 1993.

Clement Francis Ron Milly Allen, *The Book of Chinese Poetry-The Shih Ching or Classic of Poetry*, London: Kegan Paul, Trench, Trübner & Co, Ltd, 1891.

D. C. Lau, *The Analects (Penguin Classics)*, New York: Penguin Classics, 1998.

Edmund Husserl, *Thing and Space*, trans. R. Rojcewicz, Dordrecht: Kluwer Academic Publishers, 1997.

Francois Cheng, *Chinese Poetic Writing*, Bloomington: Indiana University Press, 1982.

Francois Jullien, *Detour and Access: Strategies of Meaning* in China and Greece, trans. Sophie Hawkes, New York: Zone Books, 2000.

Francisco J. Varela, Evan Thompson, Eleanor Rosch, *The Embodied Mind: Cognitive Science and Human Experience*, Cambridge: MIT Press, 1993.

Hong-Ming Gu, *The Discourses And Saying Of Confucius: A New Special Translation Illustrated With Quotations From Goethe and Other Writers*, Shanghai: Kelly and Walsh, Ltd, 1898.

Helena Wan, *The Educational Thought of Confucius*, Chicago: Loyola University of Chicago, 1980.

James Legge, *The Chinese Classics: with a Translation, Critical and Exegetical Notes, Prolegomena, and Copious Indexes*, Hong Kong: The Author's.

James Legge, *The she king or The book of ancient poetry: translated in English verse with essays and note*, London: Trübner, 1876.

James Legge, *The Chinese Classics: Translated into English with Preliminary Essays and Explanatory Notes*, London: K. Paul, Trench, Trübner &.Co. Ltd, 1895.

James Legge, *The Analects of Confucius*, See *The Chinese Classics* vol. 1 (Revised 2nd edition), Hong Kong: Hong Kong University Press, 1960.

Julian S, *La valeur allusive*, Paris: Ecole Francaised' Extreme-Orient, 1985.

John Locke, *An essay Concerning Human Understanding*, See Abrams, M. H. *A Glossary of Literary Terms*, Beijing:

Foreign Language Teaching and Research Press, 2004.

M. Merleau-Ponty, *Phenomenology of Perception*, trans. Colin Smith, digital edition(originally published 1962), London and New York: Routledge, 2005.

M. Merleau-Ponty, *The Structure of Behavior*, trans. Alden L. Fisher, Boston: Beacon Press, 1967.

Norman J. Girardot, *The Victorian Translation of China: James Legge's Oriental Pilgrimage*, Berkeley: University of California Press, 2002.

Paul de Man, *Blindness and Insight: Essays in the Rhetoric of Contemporary Criticism*, Minneapolis: University of Minnesota Press, 1983.

Peirce, *New Elements of Mathematics*, ed. Carolyn Eisele, New York: Humanities Press, 1976.

Pauline Yu, *The Reading of Imagery in the Chinese Poetic Tradition*, New Jersey: Princeton University Press, 1987.

Pauline Yu, "Metaphor and Chinese", *Chinese Literature: Essays, Articles, Reviews*, Vol. 3. 2 (1981. 7).

Paul Ricoeur, *The Rule of Metaphor: Multi-disciplinary Studies of the Creation of Meaning in Language*, trans. Robert Czemy et al., Toronto: University of Toronto Press, 1977.

Paul Ricoeur, "The Metaphorical Process as Cognition, Imagination, and Feeling", in *On Metaphor*, ed. Sheldon Sacks, Chicago and London: The University of Chicago Press, 1979.

Paul Ricoeur, "Life in Quest of Narrative", in *On Pual Ricoeur: Narrative and Interpretation*, ed. David Wood, London: Routledge, 1991.

Paul Ricoeur, "The Text as Dynamic Identity", in *Identity of the Literary Text*, ed. Valdés M J, Miller Q, Toronto: University of Toronto Press, 1985.

Raymond Dawson, *Confucius*, New York: Hill and Wang, a division of Farrar, Straus and Giroux, 1981.

Roman Jakobson, *Child Language, Aphasia and Phonological Universals*, the Hague-Paris: Mouton, 1972.

Steven Van Zoeren, *Poetry and Personality: Reading, Exegesis, and Hermeneutics in Traditional China*, Stanford: Stanford University Press, 1991.

Stephen Owen, *Traditional Chinese Poetry and Poetics: Omen of the World*, Madison: University of Wisconsin press, 1985.

Stephen Owen, "Transparencies: Reading the T'ang Lyric", Harvard Journal of Asiatic Studies, Vol. 39. 2 (1979. 12).

S. Gallagher, "Live body and environment", In *Research in Phenomenology* 16, 1986, Leiden: Brill Academic Press.

Susan Oyama, *The Ontogeny of Information: Developmental Systems and Evolution* (2nd edition), North Carolina Durham: Duke University Press, 2000.

Selimkhanov J & Taylor B & Yao J et al., *Accurate information transmission through dynamic biochemical signaling networks*, Science, Vol. 346 No. 6215 (2014).

Vincent Yu-Chung Shih, *The Literary Mind and the Carving of Dragons*, Taibei: Cave Bookstore Co, Ltd, 1970.

Wai-lim Yip, *Chinese Poetry: Major Modes and Genres*, Berkeley: University of California Press, 1976.

Wai-lim Yip, *Hiding the Universe: Poems by Wang Wei*, New York: Grossman, 1972.

William Jennings, *Confucian Analects*, London: George Routledge And Sons, Ltd, 1895.

William Edward Soothill, *The Analects of Confucius*, The Presbyterian Mission Press: Yokohama 1910.

William H. Nienhauser, *The Indiana Companion to Traditional Chinese Literature*, Bloomington: Indiana University Press, 1986.

Wolfgang Kubin, *Die chinesische Dichtkunst*, Munich: Saur, 2002.

Wolfgang Iser, *Der Akt des Lesens*, Munich: Wilhelm Fink press, 1976.

Yang Guobin, *30 chapters of Wenxin Diaolong in a new English translation with a critical introduction*, Beijing: Beijing Foreign Studies University, 1992.

后　记

　　这本书的完成标志着自己一段人生经历的结束。小时候有想过长大了要写书，现在回头看当初的自己，我想自己怎么都不会想到，多年以后，李志春将要写出的是一本与哲学有关的书。人生大概也是这样，现在想象以后的事，怎么会想到呢？个中的偶然与酸甜，会将我们引向何方？

　　书能顺利出版，最要感谢的是我的博士生导师杨泽波教授，没有杨师对我的大力支持与温暖鼓励，断不可能有这本书的出现。这些话放在别人身上或是一种程式化的感谢，但对我来说有特殊意义。

　　我是从中文跨入哲学的，最终选择哲学是因为我喜欢刨根问底，渴望讨论、研究事物背后更深远的问题，这是哲学的领地。然而，当我以为进入哲学后便可以探究那些问题时，研究现状让我这个非科班出身的"野路子"才意识到，这个圈层允许的主流做法是研究一个哲学人物或是一段思想，而不是讨论什么哲学问题，更不可能围绕一个问题的解决，将各学科门类打通综合来看。做中国哲学的用中国传统话语讨论中国历史上的人物及其思想，同样，做西方哲学的研究西哲史中的人物及其思想中的某个概念。当哲学成了思想史，我时常困惑它为什么不在历史系，要在哲学系？现在看来，我那时候的想法有些幼稚，因为从学科发展上看，只有把每一位贤哲的思想及其代际关系理析清楚，才能有效地讨论问题；从个人研究上说，只有对前人研究有了深刻认识，才能进一步谈问题。正是由于众多学者艰苦卓绝的努力为今天的学人大致厘清了贤哲的思想脉络,才有了近年来各路视野、各种问题研究层出不穷的局面。然而,事后令我好奇的是,面对我的幼稚,思想史的重要性杨泽波教授不知道?我想不是不知道,而是当他看到许多人囿于传统做着重复劳动时,他更希望后学能跳出来,有更宽阔的视野和机敏的思维,思想史的基础可以慢慢打,但若某些灵性的东西在传统的教育培养中放失了,这是他不愿意看到的。

很幸运,杨师保护了我幼稚中的天真。在我没进哲院前,我给杨师发邮件讲述自己想研究"兴",因为它是中国独特的语言表达,我们可以从这种独特的表达中见出中国人独特的思维、存在方式。自那时起,杨师便对我的想法给予了肯定,甚至在博士生复试面试会上说:这位同学要做"兴",我觉得很好。考过硕、博士生的同学都知道,这种场合有导师为你说话,分量多重。而我和杨师非亲非故,也没有教授推荐。考上后,我听朋友聊起考博的难处时,才知道有时候考博不仅需要人介绍,还要按年份排。这种"潜规则",我从来没在杨师这看到(整个复旦哲院公平性做得都很好),杨师不关心利益关系,要不然他也不会放弃在部队晋升将军的绝好机会,转业一门心思做学问。由于杨师对我想法的肯定,我有了很大的自由度,没有照着传统做法按部就班,但也因此面临前所未有的艰难。这种艰难来自别人对你的不认可,甚至当有人问你是研究什么的时候,我无法像别人那样,简明扼要地说研究朱熹的礼、张载的气,而需做更长的解释才有可能让人明白。当然现在想来,最主要的原因还是自己研究浅薄所以说不明白,这怪不得别人,只是任谁都是从不懂到懂,没有那时足以成长的空间,又怎会有今天?当大多数人不看好的时候,杨师给了我最有力的支持,经过博士学位论文开题、中期考核的"暴风雨",杨师把我叫到办公室很严肃地对我说:不要管别人说什么,你就做你自己,放心,有什么事我帮你兜着。这让当时手足无措的我有了继续下去的能量,虽然仍会忐忑不安,但至少知道了天无绝人之路。毕业后,我多次和学界的师友谈起此事,他们都说:你真的遇到了好老师。

有一个问题长期以来始终令我困惑,为什么我作为门外汉时想到的"兴",却一开始就被杨师认定是有价值的选题?他在学界那么多年究竟洞察到了什么?这个问题我没有问过杨泽波教授,直到今年陆续读完老师的两本新著《儒家生生伦理学引论》和《儒学谱系论》后,才有了自己的答案。儒学发展有两条线索,一条是道德践行,一条是道德存有。道德践行讨论如何成德成善的问题,道德存有讲的是道德之心(仁心)除了在道德行为中发用外,还有"充其极"的特性,将宇宙万物染上价值色彩,创生价值意味的存有。两条线索一主一辅、相互影响,构成儒家"生生之学"的完整形态。以往人们对道德践行的研究较多,对道德存有的重视不够,杨泽波教授梳理了道德存有这条辅线的思想史脉络,意识到它是未来大有可为的研究方向,而就在这里,从价值赋义的思维方式上看,它与"兴思维"密切相关。直到这时,我才意识到杨师当年的用心,他之所以一开始就认定这是有价值的选题,或许是因为在他心里隐约预见到,终有一天我会来到这个问题的面前。

由衷感谢杨师多年以来的呵护,才令弱不禁风的小苗没在暴风骤雨中夭折。思绪万千,无以言表。

此外,我要感谢刘旭光教授。本科时正是在刘老师课上提到的《诗·语言·思》,让我对语言与存在的关系有了了解,知道了一个叫海德格尔的人,这是我对语言存在论产生兴趣的开始。后来,经由刘老师关于康德《判断力批判》、黑格尔《美学》的导读课,我对美学有了兴趣,进而由美学走进了哲学的殿堂。

感谢曹旭教授。硕士生期间有幸在曹老师的课上,同大家一起品读《古诗十九首》,体味魏晋诗风,每个人都活得像竹林七贤,生活充满性灵。曹老师说古人就是我们的邻居,研究他们就像去邻居家串门和他们聊天,我们就在自由的聊天中,在古人的作品里哭、笑。毕业前,我对考博毫无信心,当自己犹豫不决时,曹老师给了我极大的支持,才有了现在的人生路,不然我的轨迹会是怎样,无法想象。

感谢梅子涵教授。我怀念每个周一,在老梅铺满零食、咖啡、茶香的办公室里,听他讲一下午童话故事的日子,不知道这个星期又会是哪几个人止不住眼泪,哗哗地哭。葆有童真,内心明亮,眼里有光,是这辈子最有价值的财富。

感谢为我博士学位论文提出批评意见的杨国荣教授、贡华南教授。博士论文中,我较大篇幅聚焦在"兴"之价值赋义的一面,杨国荣教授指出"兴"除了价值赋予,还要注意因物触发;贡华南教授说,"兴"概念的海外研究应该讨论。毕业后,我对这两方面做了进一步的思考,有了"释义篇"中讨论"兴"之西方译介与反思的章节,"结构篇"大幅压缩了对"兴"之价值赋义的阐释,注意力集中到因物触发的意义生成上来。

怀着沉痛的心情,我要感谢张祥龙教授对我研究的巨大帮助。其成名作《海德格尔与中国天道》带我窥见中哲的无穷魅力,而在此之前散读的一些诸子原文却始终让我不得要领,直到遇见张祥龙教授,看他的思考、讲述方式,我仿佛找到了可口的食物,细细咀嚼,逐渐有了自己的理解和感兴趣的方面。和张祥龙教授真正取得联系,是博士学位论文送审阶段,然而好巧不巧,在和张祥龙教授邮件沟通说明来意时,他正在美国开会,就在我看了回复的前半段以为没戏了的时候,张祥龙教授接着说:愿意评阅你的论文,你可以把论文电子版发我,我让助手打印出来,看后写好评阅意见,再拍照传过来。美国开会期间事情非常多,他原本可以拒绝一位陌生来客,却仍经一系列复杂的操作,给一位他素昧平生的同学写评审意见。评阅的结果,是一位德高望重的前辈对一个默默无闻学生的极尽鼓励和支持。经过这次缘分,有了我向张祥龙教授进一步学习的机会,我就研究中存在的问题与如何解决,多次向张祥龙教授求教,不仅通过邮件,也在多次学术会议的现场。张祥龙教授和我说,虽然牟宗三的智的直觉关乎价值赋义,但是牟先生的道德之心有较强烈的道德主体主义倾向,主张道德本心的超时空,这和"兴思维"有内在的时空性并不一致,因此要更好地讨论"兴"的意义生成问题,除了静态现象学,还要注意胡塞尔后期的发生现象学与其中期的意向性学说打通,并由此获得理解海德格尔和其他现象学哲学家的契机。这才有了本书无论是讨论因物触发的意义生成,还是"兴"在中国文化历程中的经验展开,都能聚焦在生成与如何生成上。都说博士学位论文的评审专家近乎是你半个亲导师,更何况张祥龙教授在这之后相当长的时期里,对我倾囊相授。自始至终,我都难以释怀张祥龙教授的离世。敬悼张祥龙教授!

最后,感谢复旦大学出版社,感谢顾雷老师为本书的顺利出版付出的心血;感谢国家社科基金重大项目"中国语言哲学史(多卷本)"首席专家彭传华教授的全力支持;感谢阅读完初稿,对全书导言与"结构篇"引言提出宝贵修改意见,并一如既往给予我信心的金雯教授;感谢学术路上的师友;感谢始终在我身边,默默付出的家人。

就本书来说,它虽然在博士学位论文的基础上有大幅改动,但仍只是初试之作,其中的部分内容我并不满意,但这不要紧,因为思想、书本的意义不在于完结了自身,有了完满的答案,而是作为一种生命的存在,它是否向未来畅开,成为开放的能生长的主体。就这一点来说,我想是成功的。

李志春
2024 年 3 月 12 日

图书在版编目(CIP)数据

兴思维:一种汉语哲学路径的阐明/李志春著.—上海:复旦大学出版社,2024.5
ISBN 978-7-309-17356-7

Ⅰ.①兴… Ⅱ.①李… Ⅲ.①哲学-研究-中国 Ⅳ.①B2

中国国家版本馆 CIP 数据核字(2024)第 063552 号

兴思维:一种汉语哲学路径的阐明
李志春 著
责任编辑/顾 雷

复旦大学出版社有限公司出版发行
上海市国权路 579 号 邮编:200433
网址:fupnet@fudanpress.com http://www.fudanpress.com
门市零售:86-21-65102580 团体订购:86-21-65104505
出版部电话:86-21-65642845
上海盛通时代印刷有限公司

开本 890 毫米×1240 毫米 1/32 印张 12.5 字数 302 千字
2024 年 5 月第 1 版
2024 年 5 月第 1 版第 1 次印刷

ISBN 978-7-309-17356-7/B·805
定价:68.00 元

如有印装质量问题,请向复旦大学出版社有限公司出版部调换。
版权所有 侵权必究